Gerard Jones
Kinder brauchen Monster

Gerard Jones

Kinder brauchen Monster

Vom Umgang mit Gewaltphantasien

Aus dem Amerikanischen
von Barbara Schaden

Ullstein

Für meinen Sohn
Nicholas Jones,
in der Hoffnung, dass seine Welt
damit ein bisschen vernünftiger wird

Inhalt

Vorwort

Mit zahnlückigem Lächeln winkt mir der zehnjährige Jonathan zum Abschied, im Arm sein Lieblingsstofftier, eine dreibeinige Giraffe. Niemand würde vermuten, dass dieses Kind gerade ein richtiges Gemetzel veranstaltet und während unserer gemeinsamen Therapiestunde vom höchsten Turm meiner Spielzeugburg Hunderte von Tieren und Soldaten in die Tiefe gestürzt hat. Einen Flugdrachen schleuderte er mit so viel Wucht gegen die steinerne Burgmauer, dass ein sichtbarer Riss entstand, und dann legte er eine Feuersbrunst, in der alle, die den Eingeschlossenen zu Hilfe eilen wollten, jämmerlich zugrunde gingen. Während dieser intensiven Stunde kam kaum ein Wort über seine Lippen. Nur einmal, als eine Mutter ihr Neugeborenes aus dem Flammenmeer zu retten versuchte, flüsterte er: »Die Welt ist grausam.« In dieser Woche war Jonathan nur eines von mehreren Kindern, die Häuser in die Luft sprengten, Großbrände verursachten und Flugzeuge abstürzen ließen. Jonathans Therapiesitzung in meiner psychiatrischen Praxis für Kinder und Jugendliche fand drei Tage nach dem 11. September 2001 statt.

Ein paar Monate zuvor hatte sich Jonathan zwanghaft mit Gewaltspielen aller Art beschäftigt. Sein Vater hatte sich vergeblich bemüht, diese Aktivitäten wenigstens einzuschränken – bis ich herausfand, dass Jonathan mit den Schikanen eines tyrannischen Mitschülers fertig zu werden versuchte. Während wir den Konflikt bearbeiteten, nahm sein gewalttätiges Spielen ab, doch nach dem 11. September schnellte es wieder sprunghaft in die Höhe. Die Terroranschläge, sagte Jonathan, hätten ihm große Angst eingejagt. Tatsächlich hatte er nur dann keine Angst, wenn er mit gewaltsamen Spielen beschäftigt war – dann ging es ihm gut.

Bei solchen mörderischen Spielen konnte Jonathan das Geschehen kontrollieren, das sich sonst seiner Kontrolle entzog. Noch wichtiger ist vielleicht, dass er dabei seine eigenen Gefühle kontrollieren konnte. Während er spielte, kam er sich nicht mehr ausgeliefert und hilflos vor, hatte weniger Angst vor den anderen und vor seinen Empfindungen.

Als Therapeutin erlebe ich Tag für Tag, dass erschreckende und grausame Gedanken, Bilder und Phantasien lebenswichtige Bestandteile des kindlichen Denkens sind. Die Bilder des 11. September entzündeten Jonathans Phantasie und verursachten einen neuerlichen Ausbruch gewaltsamer Spiele; zugleich aber halfen diese Spiele ihm zu begreifen, was in der Welt geschehen war. Der Umgang mit den Bildern der Gewalt jagte ihm Angst ein, besänftigte ihn aber auch gleichzeitig, sodass er sich stark genug fühlte, um mit den Ereignissen zurechtzukommen.

Mörderische Spiele erzählen uns viel über die Welt von Kindern und Jugendlichen. Wir müssen uns deshalb bemühen, ihnen zuzuhören, und genau dabei hilft uns Gerard Jones mit seinem Buch. Denn es ist nicht leicht, die brutalen Geschichten anzuhören, die das Leben unserer Kinder bestimmen; viel einfacher ist es, diese Themen auszuklammern oder ihre völlige Beseitigung zu fordern.

Welche Aufgabe erfüllen gewaltsame Themen und Spiele im Leben der Kinder? Welchen Wert haben sie? Mit seinem beeindruckenden und wichtigen Buch fordert Jones uns nicht nur zum Zuhören auf, sondern hilft uns auch, die richtigen Fragen zu stellen. Als einer, der sich jahrelang mit der Popkultur beschäftigt hat, als früherer Comic-Autor, Spiele-

Erfinder und, nicht minder wichtig, als Vater hat er sich mit Kindern und Jugendlichen beschäftigt, die sich für grausige Spiele und Filme begeistern. Mit Mädchen, die für *Buffy die Vampirjägerin* schwärmen und *Doom* spielenden Jungen hat er Erzähl-Workshops veranstaltet. In diesem Buch führt Gerard Jones uns vor, mit welcher Macht und Magie unsere Kinder ihre gewalttätigen Superhelden ausstatten und fordert uns auf, die »wirklichen« Gefahren zu hinterfragen: Unter welchen Umständen fördern diese Spiele tatsächlich die Gewaltbereitschaft unserer Kinder? Welche Kinder sind gefährdet?

Und, besonders wichtig: Was können und müssen wir gegen diese Gefahren unternehmen – sofern wir dazu überhaupt in der Lage sind?

Gerard Jones zeigt uns allen – Eltern, Lehrern, Politikern und Medienkritikern – den Weg auf zu einem neuen Verständnis für Gewaltphantasien und die Rolle, die sie innerhalb der Vorstellungswelt der heutigen Kinder spielen.

Dr. Lynn Ponton,
Autorin des Buches *The Romance of Risk: Why Teenagers Do the Things They Do*

1
Stark sein

In meiner frühesten Gewaltphantasie, an die ich mich erinnern kann, trete ich als mutiger Held einem grässlichen Ungeheuer entgegen.

Ich war über den See in die Halle der Krieger gekommen, die der allnächtliche Besuch eines Ungeheuers in Angst und Schrecken versetzte. Beim Met hatte ich geprahlt, ich allein könne es besiegen und hatte mich schlafend gestellt, bis das Scheusal hereinkroch, um wieder einen Krieger zu verschlingen. Als es mich packen wollte, sprang ich auf, umklammerte mit stahlhartem Griff seinen mächtigen Arm und ließ ihn nicht mehr los, während wir miteinander ringend kreuz und quer durch die Halle wirbelten und mit unserer Raserei die hölzernen Wände zum Einsturz brachten. Schließlich trennte sich das Ungeheuer in letzter Verzweiflung von seinem Arm und floh blutend, brüllend und tödlich verwundet zu seiner Höhle im wüsten Sumpfland.

Keine geringe Leistung für einen Fünfjährigen.

Als ich später die Vorschule besuchte, ging meine Mutter ans College zurück, um ihre Lehramtsprüfung abzulegen. Sie tapezierte die Wände unseres Hauses mit Drucken aus dem Metropolitan Museum und las mir als Gutenachtgeschichten klassische Literatur vor, um mir schon während der Kindheit ein Höchstmaß an kultureller Bildung zu vermitteln. Sie versuchte es mit Stevensons Balladen, mit *Gullivers Reisen,* Chaucers *Reynard.* Alle diese Bemühungen gingen spurlos an mir vorüber. Hätte ich nicht Jahrzehnte später meine Mutter danach gefragt, wüsste ich heute nichts davon. Das Einzige, was mir in Erinnerung blieb, war das altenglische Versepos *Beowulf* mit seinem heidnischen, barbarischen, Ungeheuer mordenden Helden.

Dieser Held war ein schreckliches Rollenvorbild. Er pfiff auf alles, was unsere Kinder von Helden angeblich lernen sollen: Es fiel ihm nicht im Traum ein, mit der Gruppe über verschiedene Lösungen zu diskutieren, er dachte nicht zuerst an die Sicherheit der anderen, und er gab sich keine Mühe, das Ungeheuer Grendel einzufangen, ohne es zu verletzen. Er prahlte, schikanierte, mordete und opferte um seiner Pläne willen sogar seine Verbündeten. Ja, Beowulf wollte ich sein, und ich wurde Beowulf. Ich zwang meine Mutter, mir die Geschichte immer wieder vorzulesen und merkte genau, wenn sie versuchte, die blutrünstigsten Stellen zu überspringen (»Der Dämon packte einen schlafenden Gefolgsmann in raschem Angriff und zeriss ihn in Stücke, biss seine Knochen durch, trank sein Blut und verschlang sein Fleisch«[1]). Mit dem Kugelschreiber ritzte ich Kampfszenen in meine Bauklötze und stellte Schlachten nach. Nackt rannte ich aus dem Bad über den Polyesterteppich, trommelte mir auf die magere Brust und brüllte: »Feind gegen Feind, ich trotze dem Tod!«

Im echten Leben war ich kein Krieger. Ich war ein Mamasöhnchen, spielte am liebsten in Haus und Garten und mochte gleichaltrige Kinder nur, wenn sie nicht zu wild tobten. Die Aussicht auf die Vorschule versetzte mich in Angst und Schrecken, und genauso schrecklich war das Wissen, dass meine Mama von jetzt an viele Stunden am Tag von zu Hause fort sein würde. Daheim aber, in meiner privaten Welt, konnte ich mit einem *»Rrarrr!«* ein Kissen vom Bett reißen und zusehen, wie das Ungeheuer Grendel entsetzt die Flucht ergriff.

»Du warst ein entzückender Barbar«, sagte meine Mutter,

als wir gemeinsam in einer Schachtel mit meinen Kinderzeichnungen stöberten. Ich fand einen vergilbten Zeichenblock mit Strichmännchen-Kriegern, die vor Ungeheuern mit mächtigem Gebiss ihre Muskeln spielen ließen – brotlaibartige Ausstülpungen aus stangendürren Armen – und Furcht erregende Grimassen schnitten. »Dabei hätte ich so gern einen kultivierten Sohn gehabt«, fügte meine Mutter mit einem gespielten Seufzer hinzu.

Schließlich wuchs ich doch noch zu einem einigermaßen kultivierten, zumindest zivilisierten Wesen heran. Ich war so kooperativ und pflichtbewusst, wie es sich meine Eltern nur wünschen konnten, und ein Bücherwurm war ich auch. In meinem Inneren aber trug ich die ganze Zeit den heldenhaften Drachentöter mit mir herum: Auf Beowulf folgten King Kong, Batman und James Bond. Später rückten die Superhelden zum Gegenstand wissenschaftlichen Interesses auf. Ich verließ das College wegen einer Reihe intensiver Workshops und Studienreisen mit Joseph Campbell, dem Autor von *Der Heros in tausend Gestalten.*[2] In meinen Dreißigern machte ich mir allmählich einen Namen als Historiker und Analytiker der Popkultur und schrieb unter anderem ein Buch mit dem Titel *The Comic Book Heroes,* das einige Comic-Verleger so interessant fanden, dass sie bei mir anfragten, ob ich nicht selbst einmal Comic-Geschichten schreiben wolle. Ich ließ mich auf einen Versuch ein, und es zeigte sich, dass ich nicht schlecht darin war. Bald verfasste ich Geschichten für Helden wie Batman, Spider Man und den Hulk, erfand neue Helden und half bei der Umarbeitung der Comics zu Videospielen, Zeichentrickfilmen und Action-Figuren. Außerdem schrieb ich Action-Drehbücher für Warner Brothers und Fox. Offensichtlich war der Held in mir nach wie vor lebendig.

Als Autor von Superhelden-Comics verzichtete ich bewusst auf Derbheit und Gewalttätigkeit, die ich als billige

Unterhaltung ansah. Kampfszenen verharmloste ich und betonte geistige Inhalte – mit dem Erfolg, dass meine Comics von Elternbeiräten und Antidiffamierungsvereinigungen lobend erwähnt wurden. Ich beriet Kinder, die selbst Comics schreiben und zeichnen wollten, und bemühte mich sehr um den Kontakt mit meinen Lesern, weil es mir wichtig war zu wissen, wie meine Geschichten bei ihnen ankamen. Aus diesem Grund nahm ich 1994 an einem Comic-Kongress in Chicago teil, in dessen Verlauf sich ein Gespräch ergab, das mein Verhältnis zu Action-Helden völlig veränderte.

Die Schlange der Autogrammjäger, vorwiegend halbwüchsige Jungen, hatte sich endlich aufgelöst. Ich lehnte mich zurück, um mit den anderen Autoren am Tisch zu fachsimpeln – und erblickte sie. Dem Aussehen nach vielleicht dreizehn, Brillenträgerin, unauffällig gekleidet, absolut schüchtern. Ein Mädchen, in dem ich eher eine Anhängerin englischer Fantasy-Romane oder eine frühreife Leserin von *Jane Eyre* vermutet hätte. Sie stand etwa zehn Meter von mir entfernt und starrte mich an.

»Kann ich etwas für dich tun?«, fragte ich. Sie schlurfte so widerstrebend herbei, dass sie mir vorkam wie von einem unsichtbaren Elternteil angeschoben. »Sind Sie Gerard Jones?«, fragte sie. Ich warf einen Blick auf das Namensschild an meiner Brust und heuchelte Verblüffung: »Ach ja – tatsächlich!« Eine Uraltmasche, um Kinder zum Lachen zu bringen. Sie sah mich jedoch ohne eine Spur von Belustigung weiterhin unverwandt an und verkündete: »Ich wollte nur sagen, dass *Freex* der beste Comic überhaupt ist. Finde ich.«

Freex war mein persönlicher Alptraum als Autor. Den jugendlichen Lesern gefielen meine subtilen Figuren und reizvollen Ideen, aber sie beschwerten sich über die zu harmlosen Geschichten: Sie wollten extreme Gefühle und wilde Kampfszenen wie in *X-Men*. *Freex* war mein Versuch, diese Wünsche zu erfüllen, ohne von meinen hehren Ansprüchen abzurücken. Inhaltlich gefiel mir *Freex* ausnehmend gut: Jugendliche Ausreißer, durch ihre übermenschlichen Kräfte zu Außenseitern geworden und von der Welt abgeschnitten, rotten sich zu ihrem gegenseitigen Schutz zu einer Art Straßenbande zusammen. Das Thema »Jugendliche Ausreißer« lag mir am Herzen, und ich wollte ihre Situation und ihre Nöte in diesem Superhelden-Comic darstellen. Ich fand es spannend, Teenager-Dialoge mit wilden Straßenkampf-Szenen in Großstädten zu vermischen. Aber meine Storys waren einfach nicht überzeugend. Ich brachte es nicht fertig, Charakterszenen und Schlachten nahtlos zu verschmelzen. Der Zorn der Helden wirkte gezwungen, die Gewalt wie aufgesetzt. Ich hatte nie groß darüber nachgedacht, aus welchem Grund die Auseinandersetzungen in den Storys glaubwürdig sind oder eben nicht, beziehungsweise warum sie mich in meiner Jugend so angesprochen hatten. Wut und Gewalt verursachten mir Unbehagen. Ich konnte nicht empfinden, was meine Freex empfinden sollten. Ich begann mich mit dem Gedanken anzufreunden, dass *Freex* eben keine Geschichte war, die unbedingt hätte geschrieben werden müssen, und die Leser schienen derselben Meinung zu sein: Die Verkaufszahlen gingen zurück, und auf dem Kongress hatte kein Fan *Freex* erwähnt – bis dieses Mädchen kam und sagte, es sei der beste Comic überhaupt.

Ich wollte natürlich wissen, warum, und während sie über *Freex* redete, war von ihrer Schüchternheit nichts mehr zu spüren. Sie hieß Sharon und lebte in einer Kleinstadt in Wisconsin, liebte ihre Eltern, hatte auch Freundinnen, aber es gab eigentlich niemanden, der ihre Interessen teilte. Sie las viel, sowohl Comics als auch richtige Bücher. Ihr Leben sei perfekt, beteuerte sie, aber ich hatte den Eindruck, dass ihre Beteuerungen übertrieben waren. Ich nahm Befangenheit wahr, Verschämtheit, eine depressive Stimmung, eine gespannt beherrschte Wut – lauter Gefühle, die mich an meine eigenen Empfindungen in diesem Alter erinnerten. Die Freex liebte sie wegen der Vielfalt ihrer Persönlichkeiten und deren widerstreitender Gefühle. Ich hätte gedacht, ihre Lieblingsgestalt sei die scheue Angelica, aber sie zog Lewis vor, den charismatischen Anführer, dessen Zorn seinen Körper formlos werden ließ. Ich sagte: »Es hört sich so an, als wären dir die Szenen mit den Charakterprofilen am liebsten.«

»Nein!«, rief sie aus, und das war ihre mit Abstand emotionalste Reaktion. »Es sind die *Kämpfe*!«

»Die Kämpfe?«, fragte ich verblüfft. »Ja«, sagte sie, »da merkt man, wie sie wirklich zueinander stehen. Wie Michael ausrastet, wenn er glaubt, Angela ist in Gefahr. Oder Val ist eigentlich sauer auf Ray, aber dann richtet sich ihre Wut gegen den Bösewicht, sodass man sieht, dass sie ihn in Wirklichkeit sehr mag.« Sie zögerte, suchte nach dem richtigen Wort. »Man spürt ihre *Leidenschaft*. Und es ist ihre Leidenschaft, die sie alle so stark macht.«

Ich fragte, wie es ihr selbst bei solchen Szenen ergehe. »Na ja«, sagte sie verlegen, »wenn ich von den Freex lese, *bin* ich sie, verstehen Sie? Also … bin ich auch stark.« Und das war offensichtlich das Äußerste, was sie über ihre Gefühle verraten wollte. Sie dankte mir noch einmal für *Freex* und ging.

Sharon zwang mich, meine Vorurteile unter die Lupe zu nehmen. Ich hatte Kampfszenen als notwendiges Übel betrachtet, um meine jugendlichen Leser zu den wertvolleren Inhalten der Geschichten zu locken – und jetzt verdankte ich ausgerechnet den Kampfszenen die wichtigste Leser-Begegnung meiner beruflichen Laufbahn. Die Figuren, die Handlungen und Themen spielten wohl eine Rolle, aber das wirklich bewegende, wirklich erschütternde Element der Story war die Gewalt selbst. Die Gewalt hatte in die hermetisch abgeriegelte Gefühlswelt einer Heranwachsenden eine Bresche geschlagen und ihr, wenigstens zeitweise, ein Gefühl von persönlicher Macht nahe gebracht.

Mir war nicht recht wohl bei der Sache: Was für eine Botschaft sandte ich Kindern wie Sharon? Diese Frage stellte ich meiner Freundin Anne, einer Englischprofessorin, die zahlreiche Bücher veröffentlicht hat und eine Autorität auf dem Gebiet des Paradigmenwechsels in Zusammenhang mit Geschlecht und Körperbild in der Massenkultur ist.

»Schau«, sagte sie, »du hast in das Leben des Mädchens eingegriffen. Du hast ihr etwas gegeben, das ihr wichtig ist. Und das ist so wertvoll wie nur irgendetwas, das du tun kannst.«

Dann erzählte Anne von ihrer eigenen Jugend in den Achtzigerjahren: eine zerrüttete Familie, Entfremdung von den Eltern, Alkohol und Gefängnis mit dreizehn, ein Selbstmordversuch, mit fünfzehn ganz auf sich gestellt, Prügeleien, Kleinkriminalität, Übernachtungen bei Freunden in gefährlichen Innenstadtbezirken. Das Einzige, womit sie in ihrer schwärzesten Zeit immer etwas anfangen konnte, war die Popkultur: zorniger Punk, Death Metal, Gruftie-Look, brutale Horrorfilme. »Kaum etwas, das ich heute als ›gut‹ verteidigen würde«, sagte sie. »Aber als meine Situation vollkommen aussichtslos war, entdeckte ich dieses Zeug, und mir wurde bewusst, dass ich mit meinen Gefühlen nicht allein war. Auf einmal hatte ich Worte oder zumindest Bilder für das, was ich empfand. Und ich traf andere, denen es genauso ging. Wenn ich in einem Club war oder im Kino oder mit Freunden Musik hörte, wollte ich mich nicht mehr umbringen.« Manche aus ihrer Gruppe fanden aus der Sackgasse nicht mehr heraus, sie aber gehörte zu denjenigen, die Punkbands gründeten, mit schwarzer Kunst und schwarzen Geschichten experimentierten, bis sie schließlich den Weg ans College fand.

»Was mich zum College gebracht hat, war vor allem die Hoffnung auf die Gemeinschaft mit Menschen ähnlicher Interessen«, sagte sie. »Zum Teil waren es die Musik und die ganze Junk-Kultur, die mir zeigten, was eine Gemeinschaft sein kann. Ich weiß nicht, wohin dein Comic-Heft das Mädchen vom Kongress führen wird, aber die ›Leidenschaft‹, von der sie gesprochen hat, ist jetzt Teil ihres Lebens. Sie wird immer da sein und ihr irgendwie auch immer etwas geben.«

Sharon gab auch mir etwas: einen neuen Beruf. Ich nahm meine Untersuchungen über die amerikanische Kultur wieder auf, jetzt aber mit dem Schwerpunkt »Aggressive Phantasien. Ihre Bedeutung für junge Menschen und ihre Funktion für die Persönlichkeitsentwicklung«. Ich stellte fest, dass erschreckend wenig darüber geschrieben worden war. In all den Jahrzehnten psychologischer Forschung, die zu beweisen versuchte, dass Gewalt im Spiel und in den Medien die Kinder nur aggressiver macht, abstumpft oder ihre Realitätswahrnehmung verzerrt, stellten nur sehr wenige Studien die Frage, warum Kinder eigentlich fiktive Gewalt lieben oder inwiefern sie davon sogar profitieren können. Tatsächlich fragte sich kaum jemand, wann oder warum sich gewaltorientierte Unterhaltung negativ auswirkt oder wie potenziell schädliche Auswirkungen gemildert werden könnten. In seinem Buch *Kinder brauchen Märchen*[3] legte Bruno Bettelheim eine Fülle von Erkenntnissen aus der psychologischen Forschung über den Nutzen von Märchen dar, die oftmals brutale Szenen beinhalten. Die Massenunterhaltungsmedien jedoch verurteilte auch er in Bausch und Bogen – obwohl die dort dargestellten Phantasien, die Themen und auch die Gewalt häufig ein Echo der alten Märchen sind und obwohl sie offensichtlich bei Millionen moderner Kinder sehr großen Anklang finden.

Ich begann mit Psychiatern und Psychologen, Kinderärzten, Familientherapeuten, Lehrern, Drehbuchautoren, Spiele-Entwicklern und Eltern zu sprechen. Ich las die einschlägigen Fachpublikationen, befragte Kinder und Jugendliche, welche Geschichten, Filme, Songs und Spiele ihnen am besten gefielen und was sie für sie bedeuteten. Ich stöberte in meiner eigenen Jugend. Ich beobachtete meinen Sohn, wie er die Herausforderungen der frühen Kindheit, der Kindergartenzeit, der Grundschule bewältigte und mit welchen Phantasien und Spielen er sich dabei behalf. Außerdem sammelte ich Hunderte von Beispielen junger Menschen, die sich für Superhelden-Comics, Action- und Zeichentrickfilme, *Ego-Shooter* und aggressive Rap- und Rocksongs begeisterten und davon profitiert hatten. Ich stieß auch auf Geschichten von Kindern, auf die sich die fiktive Gewalt schädlich ausgewirkt hatte und die sogar der Hilfe von Erwachsenen bedurft hatten, um keinen Schaden zu nehmen. Vor allem aber begegnete ich jungen Menschen, die die Gewaltphantasien dazu benutzt hatten, um sich stärker zu fühlen, um Zugang zu ihren Gefühlen zu finden, ihre Ängste zu steuern, mit realer Gewalt zurechtzukommen, sich den emotionalen Herausforderungen des Lebens zu stellen und sich weiterzuentwickeln.

Währenddessen wurde die Kritik an gewaltorientierter Unterhaltung immer lauter. Das Thema gewalttätiger Jugendlicher wurde verstärkt von den Medien aufgegriffen (obwohl die Jugendkriminalität an sich stark zurückging), und viele Kritiker sahen eine Verbindung zwischen den Delikten und dem Konsum von Gewalt darstellenden Filmen, Songs, Video- und Computerspielen. Es stellte sich sogar heraus, dass die Jungen, die das Massaker an der Columbine High School in Littleton veranstaltet und erst ihre Mitschüler, dann sich selbst umgebracht hatten, mit Vorliebe das Computerspiel *Doom* gespielt hatten, dessen möglicher Einfluss bald die Spekulationen über die Beweggründe der Amokschützen beherrschte. Kongressausschüsse griffen die Unterhaltungsindustrie an. Prominente Psychologen bestätigten, dass gewaltorientierte Unterhaltung für Kinder erwiesenermaßen schädlich sei. Im März 2000 forderte die amerikanische kinderärztliche Vereinigung ihre Mitglieder auf, den

Einfluss von Mediengewalt auf ihre Patienten zu beobachten und die Eltern vor den Gefahren zu warnen.[4]

Der Zufall wollte es, dass ich im selben Monat vor einem psychologischen Fachpublikum einen Vortrag über *Pokémon* halten sollte, und ich rechnete nicht damit, mich besonders beliebt zu machen.

Denn während die Erwachsenen über die von den Medien ausgehenden Gefahren debattierten, wurden die Schulen in Amerika und anderswo von der intensivsten und internationalsten Modewelle erfasst, die ich je erlebt habe: Bei *Pokémon* handelte es sich um ein echtes Produkt der Jugendkultur. Schon Monate bevor der Nintendo-Marketingapparat ansprang, hatte ich über Vorschul- und Grundschulkinder, Jungen und Mädchen, Computerfreaks und angehende Sportler von diesem sonderbaren Universum kämpfender Schoßtiermonster erfahren. Ich war fasziniert. Diese neue Welt war laut und aggressiv, aber sie war auch kuschelig und chaotisch, witzig und teuflisch kompliziert, und die Kinder spannen sich alle möglichen Phantasien und Spiele daraus zusammen. Als Viz Communications mich fragte, ob ich interessiert sei, die japanischen *Pokémon*-Comics und -Zeichentrickfilme für den amerikanischen Markt zu bearbeiten, sagte ich sofort zu.

Dank meiner ungewöhnlichen Stellung als Erfinder von Superhelden, Analytiker von Unterhaltungsmedien für Kinder und amerikanischer Dolmetscher dieses weltweiten Fantasy-Fiebers wurde ich in die TV-Sendung *Fresh Air* eingeladen, wo ich verwirrten Eltern überall in den USA das *Pokémon*-Phänomen erklärte. Aufgrund dieses Fernseh-Interviews lud mich die Psychiatrische Gesellschaft Südkaliforniens ein, auf ihrer Konferenz über »Gewalt und Gesellschaft« im Jahr 2000 die programmatische Ansprache zu halten. Obwohl mich begeisterte Psychologen und Psychiater bei meinen Forschungsarbeiten unterstützt hatten, hatte ich noch immer den Eindruck, dass das psychologische Establishment gewaltorientierte Unterhaltung generell verurteilte. Und jetzt sollte ich vor einem Saal altgedienter Psychologen den positiven Einfluss fiktiver Gewalt erläutern. Ich wappnete mich für eine anstrengende Fragestunde am Ende meines Vortrags.

Aber auch in der Diskussion um die Macht von Geschichten und Phantasien gilt, dass Verallgemeinerungen selten auf Individuen anwendbar sind. Abstraktionen wie »die Ansicht der Psychologen« oder »Mediengewalt« mögen wir als bedrohlich empfinden, aber Geschichten von Menschen, die mit den Ängsten, Nöten und Herausforderungen des Lebens kämpfen, führen uns zu unserer eigenen Wirklichkeit zurück. Aus Angst wird Mitgefühl, und auf einmal sprechen wir nicht mehr in aufbereiteten Schlagzeilen, sondern diskutieren die grenzenlose Individualität und Unvorhersehbarkeit des menschlichen Seins. Die Konferenzteilnehmer, die sich während ihres gesamten Berufslebens die Geschichten ihrer Patienten angehört hatten, wussten darüber natürlich Bescheid, und als mein Vortrag zu Ende war, begann eines der erfrischendsten Gespräche meines Lebens.

Ein Kindertherapeut berichtete, mit welchem Erfolg er *Pokémon*-Figuren bei seinen kleinen Patienten einsetzte. Ein anderer sagte, seine Sorge gelte Kindern, die nicht die Möglichkeit hätten, über das, was sie in den Medien erlebten, zu sprechen und fügte hinzu: »Und Sie haben hier demonstriert, wie nützlich *jede* Medienerfahrung sein kann, solange das Kind konstruktive Aufmerksamkeit von Erwachsenen erfährt.« Ein besonders begeisterter Psychoanalytiker merkte an: »Unsere Gesellschaft fürchtet sich dermaßen vor Aggression, dass wir nie in der Lage waren, auf intelligente Weise darüber zu sprechen. Sie tun für die Aggression, was Papa Freud für die Sexualität getan hat!« – »Sie haben einen kleinen Jungen sehr glücklich gemacht«, meinte eine Psychiaterin. »Fernsehserien wie *Pokémon* haben wir unserem Sohn immer verboten, aber jetzt, glaube ich, darf er sie sehen.«

Dann meldete sich Elizabeth Thoman zu Wort, Präsidentin des Zentrums für Medienkultur in Los Angeles und langjährige Kritikerin von Gewalt in den Medien, und ich machte mich auf ihren Protest gefasst. Aber sie fragte, ob brutale Spiele wie *Duke Nukem* ebenso nützlich sein könnten wie *Pokémon,* und ich antwortete, das hänge vom jeweiligen Jugendlichen ab und von den Gründen, weshalb er sich dafür entschieden habe. Daraufhin sagte sie: »Diese Form der Diskussion über Mediengewalt, nämlich aus dem Blickwinkel der individuellen Erfahrung, könnte wirklich hilfreich sein, und zwar nicht nur für uns, die wir uns beruflich damit auseinander setzen, sondern vor allem für die Kinder. Ich finde, Sie sollten damit in die Schulen gehen.«

Ich sei froh, dass sie so denke, sagte ich, denn ich hätte bereits damit begonnen. Schon seit Jahren – von der Kindergartengruppe meines Sohnes bis zu den Schulklassen, die er nach und nach besuchte – veranstaltete ich Workshops für Comic-Zeichnen, in denen ich die Kinder aufforderte, mit Worten und Bildern ihre persönlichen Geschichten darzustellen. So einfach die Ergebnisse waren, förderten sie doch eine Fülle von Phantasien und Erfahrungen junger Menschen zutage und dienten mir als Basis, um ein Angebot für Schüler zu entwickeln, das ich auf der Grundlage der Erkenntnisse von Erziehern, Psychologen und Experten für Medienkultur ausarbeitete: meine »Art and Story Workshops«. Das waren flexible Programme, einsetzbar für jede Jahrgangsstufe vom Kindergarten bis zur High School, die den Kindern helfen sollen, aus ihren inneren Bildern, Gedanken und Gefühlen eine Geschichte zu erfinden und in der Art eines Comics auszudrücken. In einem eigenen Klassenzimmer, das mir für einen Tag oder auch eine ganze Woche zur Verfügung stand, forderte ich die Kinder auf, über alles zu reden, was sie bewegte, und diese Gefühle und Gedanken zu Papier zu bringen – in Worten und Bildern.

Üblicherweise lernen Kinder, sich entweder in linearen Erzählungen oder statischen Bildern zu äußern; mit einer Geschichte aber, die visuell und verbal zugleich ist, lassen sich die Grenzen zwischen den abgetrennten Bereichen überwinden, Gefühle und Gedanken werden bewusster erfahren. Außerdem wohnt dem Comic, wie der Name schon sagt, von Natur aus eine gewisse Komik inne: Sie öffnet den Kindern Ausdrucksmöglichkeiten, die in anderen, erwachsenerseits gebilligten Medien eher verhindert wird. Visuelles Erzählen setzt die aus vielen Comics, Filmen und Videospielen im Gedächtnis gespeicherten Bilder frei und hilft dem Kind, die Botschaften und Geschichten in den Medien, von denen es täglich umgeben ist, besser zu begreifen. Die jungen Menschen erleben dabei ein Gefühl von Kontrolle und *Autorität* über die Vorgänge in ihrem Inneren und die Einflüsse von außen; und wir erfahren als Beobachter, auf welche Weise Kinder Phantasien, Geschichten und Medienbilder benutzen, um ihr Selbstwertgefühl aufzubauen.

Die Erfahrungen aus meinen Workshops haben meine Überzeugung bekräftigt, dass die Vielfalt der Szenen und Geschichten, die wir häufig mit dem Etikett »Mediengewalt« versehen, von den Kindern selbst ganz anders empfunden und positiv eingesetzt wird. Ich habe erlebt, wie junge Menschen imaginäre Aggression in eine Quelle emotionaler Bereicherung und Entwicklung verwandelten. Aber manchmal erschrecke ich auch. Natürlich bringe ich meine eigenen Vorurteile mit ein und meine zu wissen, was nützlich sei und was nicht. Und dann kommt es manchmal vor, dass ein Kind wie Philip meine vorgefassten Meinungen zerschlägt.

Das Thema an jenem Tag mit Philip war »Macht«. In der Arbeit mit Acht- und Neuntklässlern finde ich es hilfreich, wenn sich die ganze Klasse als Ausgangspunkt auf ein allgemeines Thema einigt (in der Regel nach einer stürmischen und lauten Diskussion). Danach muss jedes Kind die Geschichte erzählen, die es zu diesem Thema am spannendsten findet, egal, wie dumm, sentimental, grausig oder geschmacklos sie den anderen erscheinen mag. Ich gehe im Klassenzimmer herum, helfe fest steckende Ideen auszugraben, ermuntere die Verzagten und stelle dabei aber immer klar, dass es keinerlei Zwänge oder Erwartungen vonseiten der Erwachsenen gibt, sondern dass sie das alles *für sich* tun und nicht für die Schule, den Lehrer oder zur Erfüllung irgendeines Lernziels. Philip brauchte keine Hilfe; er begann sofort mit einem witzigen Comic über eine schlaue Prostituierte, die einen korrupten Polizisten hereinlegt.

»Warum das?«, fragte ich. »Weil ich Verlogenheit nicht ausstehen kann«, sagte er, »vor allem, wenn sie als Moral verpackt daherkommt.« – »Wie zum Beispiel?«, fragte ich weiter. In dem Moment fragte das Mädchen neben ihm: »Kann ich's ihm sagen?« Philip nickte und sie erzählte, er habe sich vor kurzem als homosexuell geoutet. Seither gingen ihm die Jungen in der Klasse so weit wie möglich aus dem Weg, befreundet sei er jetzt ausschließlich mit einer Clique feinfühliger und politisch liberal gesonnener Mädchen.

Während sie sprach, fiel mir auf, dass sich Philip und ein anderes Mädchen gegenseitig Verszeilen auf ihr jeweiliges Blatt schrieben. Ich wollte wissen, ob sie aus einem Song stammten. »Aus einem Rap-Song«, sagte Philip stolz, woraufhin er und seine Freundinnen mir von gemeinsamen Hip-Hop-Vorlieben erzählten: Dr. Dre, DMX, Snoop Dogg. Aber, sagte Philip mit sichtlicher Begeisterung, sein Favorit sei Eminem. Ich traute meinen Ohren nicht: Wegen seiner zornigen, schwulenfeindlichen Tiraden wie »Meine Worte sind ein Dolch mit schartiger Schneide, der dir in den Kopf sticht, ob du Schwuchtel oder Lesbe bist«[5] stand Eminem damals auf dem Gipfel seiner Berühmtheit. Philip entging meine Reaktion nicht; er setzte ein gezwungenes Grinsen auf: »Sagen Sie jetzt nicht, was meine Mom immer sagt.«

Was sie denn sage, wollte ich wissen. Er schwieg einen Moment, dann brach es aus ihm heraus: »Sie ist echt cool deswegen. Gar nicht wie mein Dad. Mein Dad macht es mir wirklich schwer, er sagt ständig, das ist nur eine Phase, das geht schon wieder vorbei, lässt mich nicht zu Selbsthilfegruppen gehen und so weiter. Meine Mom steht total auf meiner Seite und ist für mich da, egal, worum es geht. Aber die Sache mit Eminem, das kapiert sie nicht. Sie nennt seine Texte ›Hass schürend‹, und zu mir sagt sie: ›Wie kannst du dir so was anhören, wenn du schwul bist? Wieso hörst du keine Sachen, die dich aufbauen?‹ Und ich versuche ihr zu erklären, dass sie mich sehr wohl aufbauen.«

»Und warum?«, fragte ich.

»Weil sich Eminem zu sagen traut, wer er *ist*.«

Viel zu leicht sind wir bereit anzunehmen, junge Leute nähmen alles ganz wörtlich, was ihnen die Medien und die Popkultur vorführen: Wenn ihnen ein Rapper gefällt, der Schwule beschimpft, würden sie zwangsläufig zu Schwulenfeinden, und wenn sie einen Filmhelden verehren, der das Böse mit Waffen besiegt, lernten sie Probleme mit Gewalt zu lösen. Darin liegt etwas Wahres, denn es stimmt, dass Kinder anhand von Geschichten und Spielen ausprobieren, was sie im späteren Leben sein werden. Wie Anthropologen und Psychologen aufgezeigt haben,[6] erfüllt das Spiel jedoch noch andere Funktionen – unter anderem bietet es dem Kind die Möglichkeit, mit einer Rolle zu experimentieren, die es in Wirklichkeit sicher niemals spielen wird. Um die Grenzen der Wirklichkeit akzeptieren zu können, ist es wichtig, erst einmal in einem ungefährlichen und kontrollierbaren Kontext zu erforschen, was unmöglich, zu gefährlich oder auch verboten ist. Mit der Wut zu *spielen* ist eine wertvolle Möglichkeit, ihre Macht zu verringern. In der Phantasie böse und destruktiv zu sein ist eine unverzichtbare Kompensation für die Wildheit, die wir alle auf dem Weg zum »zivilisierten« Menschen ablegen müssen.

Wenn wir uns allzu sehr auf den wortwörtlichen Inhalt von Geschichten und Bildern konzentrieren, übersehen wir leicht deren *emotionale* Bedeutung. Die friedlichsten, empathischsten, pflichtbewusstesten Kinder begeistern sich oft für die aggressivsten Spiele und Filme. Junge Menschen, die Gewalt, Waffen, Selbstgerechtigkeit und Intoleranz in jeder Form ablehnen, sind durchaus in der Lage, die wörtlichen Aussagen oder Botschaften eines Films, Spiels oder Songs zu filtern und den dahinter stehenden emotionalen Gehalt zu erfassen. Kinder wollen sich stark fühlen. Angesichts einer unheimlichen, Furcht einflößenden, unkontrollierbaren Welt müssen sie sich mächtig fühlen können. Superhelden, Krieger in Videospielen, Rapper und Film-Revolverhelden sind Symbole der Stärke. Der junge Mensch, der sich im Spiel als einer von ihnen erlebt, ist selbst stark.

Erwachsene hingegen reagieren auf Bilder von Gewalt oft ganz anders – und in der Kluft zwischen den Reaktionen der Jugendlichen und der Erwachsenen entstehen manche unserer größten Missverständnisse und folgenschwersten Auseinandersetzungen. Kurz nach den Terroranschlägen vom 11. September 2001 verzeichneten viele Spielwarenhersteller eine drastische Zunahme der Verkaufszahlen für Kriegsspielzeug aller Art.[7] Gleichzeitig entfernten manche Ladenbesitzer die militaristischen Spielwaren aus ihren Regalen, vor allem auf Verlangen der Eltern. Wie die Zeitungen berichteten, verboten viele Eltern als Reaktion auf die Tragödie ihren Kindern brutale Spielsachen und gewaltorientierte Unterhaltung. Eine Mutter sagte, sie habe die Spielsoldaten ihres Sohnes versteckt, denn: »Es ist schon schlimm genug, dass sie am Flughafen Soldaten sehen.«

Viele amerikanische Eltern zerbrachen sich den Kopf, wie

sie ihren Kindern helfen sollten, mit den Ereignissen des 11. September fertig zu werden,[8] aber wann immer ich in die Klassenzimmer kam, stellte ich fest, dass die Kinder weitaus weniger erschüttert waren als ihre Eltern und Lehrer. Die meisten sprachen mit einer Mischung aus Wut und Aufregung von den schrecklichen Bildern, die sie gesehen hatten – und viele wollten Bilder malen, Geschichten erzählen oder Spiele spielen, bei denen es um Flugzeuge in Hochhäusern und Soldaten im Kampf gegen Terroristen ging. Das ist keine unangemessene Reaktion auf eine Tragödie, sondern entspricht genau der Art und Weise, wie Kinder mit verstörenden Ereignissen umgehen: Sie haben das Bedürfnis, sie im Spiel zu verarbeiten, bis sie ihnen weniger Furcht erregend erscheinen. Der Schulleiter Rick Fitzgerald bestätigte mir, dass meine Workshops heute wichtiger denn je seien: »Die brutalen Geschichten, die jetzt in den Kindern sind, müssen heraus.«

Erwachsene sind in der Regel empathischer, mehr auf die Außenwelt eingestimmt und weniger buchstabengläubig als Kinder. Wenn wir fiktive Gewalt erleben, sind wir eher imstande, den Schmerz und die Angst zu empfinden, die mit echter Gewalt einhergehen. Es verstört uns, zu erleben, wie unsere Kinder sich auf eine Weise amüsieren, die uns unerträglich ist. Wir fürchten, sie verherrlichten oder akzeptierten Gräuel, die wir uns verzweifelt aus der Wirklichkeit zu verbannen wünschen. Unsere Kinder, finden wir, sollen dieselbe Zurückhaltung, denselben Ernst und Pazifismus, dasselbe Mitgefühl empfinden wie wir Erwachsenen. Die Kinder aber können und sollen unsere erwachsenen Reaktionen nicht nachahmen. Spiel, Phantasie und emotionale Vorstellungskraft sind wichtige Instrumente für die Entwicklungsarbeit in Kindheit und Jugend.

Die Sorge, wie unsere Kinder sich entwickeln werden, ist ein unausweichlicher Aspekt des Elternlebens. In Zeiten plötzlicher Veränderung oder allgemeiner Unsicherheit und Zukunftsangst nimmt diese Sorge zwangsläufig zu. Sie kann nützlich sein, wenn sie uns erkennen hilft, auf welche Weise Kinder ihre aggressiven Phantasien einsetzen, und wenn sie uns motiviert, ihnen zu zeigen, wie die Probleme des Lebens gewaltfrei zu lösen sind. Destruktiv aber kann sie sein, wenn sie nur die Ängste der Kinder schürt oder sie von uns fort und immer tiefer hinein in eine virtuelle Realität treibt oder wenn sie die Kinder davon abhält, diejenigen Phantasien zu finden, die sie brauchen.

Die Arbeit mit Kindern hat mich immer wieder mit meinen Ängsten als Erwachsener konfrontiert. Aber sie hat mich auch daran erinnert, welchen Platz Ängste im kindlichen Leben einnehmen, wenn der junge Mensch vielleicht genau die Bilder benötigt, die der Alltag ihm vorenthält, genau die Geschichten, vor denen seine Eltern ihn zu schützen versuchen. Lange Zeit lehnte ich es ab, mich mit meiner eigenen Jugend zu beschäftigen. Ich tat sie einfach als zu behütet ab und sagte mir, dass die Superhelden-Comics nichts weiter als eine aufregende Flucht aus dem Alltag gewesen seien. Erst als ich mich ernsthaft mit der Funktion aggressiver Phantasien für die kindliche Entwicklung zu befassen begann, war ich bereit, meine eigenen Erfahrungen und Erlebnisse in jenen Jahren genauer zu betrachten, und verstand allmählich, warum die Gestalt des Helden in mir sich immer wieder den Weg an die Oberfläche bahnte.

Mit dreizehn fing ich an die Schule zu schwänzen. Ich hätte nicht sagen können, weshalb. Zu Hause kamen Angst einflößende Gefühle nicht zur Sprache. Meine Eltern legten größten Wert auf ein zivilisiertes und höfliches Familienleben, ganz anders als die Umgebung, in der sie selbst aufgewachsen waren. Meine Mutter schien jede Aufwallung von Zorn prinzipiell zu unterdrücken, mein Vater wich jeder Konfrontation aus. Auf tausenderlei Weise teilten sie mir mit, dass sie sich einen süßen kleinen Jungen wünschten, der nie wütend oder gierig wurde und sich auflehnte, und ich wollte ihrem Wunschbild um jeden Preis entsprechen.

Sie machten eine schwierige Zeit durch, wie ich heute weiß, damals jedoch wusste ich nichts davon. Meine Mutter saß vor den Abendnachrichten, trank ein Glas Wein nach dem anderen (»mein Betäubungsmittel« nannte sie das, doch über den Schmerz, der betäubt werden musste, sagte sie nichts) und erzählte mir von einer Welt, die ihre liberalen Vorstellungen durch Mord, Aufruhr, Krieg, steigende Kriminalität und brutale Rassenunruhen zum Einstürzen gebracht hatte; erzählte mir, während sie trank, von ihren Enttäuschungen als High-School-Lehrerin, von ihrem Entsetzen angesichts der neuen Jugendkultur. Mein Vater zog sich unterdessen mit der Zeitung ins Nebenzimmer zurück. Sie redeten kaum noch miteinander und sagten mir nicht, warum und von ihren gedämpften Auseinandersetzungen hinter verschlossenen Türen verstand ich nie ein Wort.

Ich wusste weder ein noch aus. Ich hasste die Schule, fühlte mich bedroht von der Entwicklung, die mit meinen Klassenkameraden vor sich ging. Ich wollte nicht erwachsen werden, wollte nicht in diese Welt eintreten, von der meine Mutter redete. Immer seltener war ich mit meinen Freunden zusammen und sagte ihnen nicht warum, ich ihnen aus dem Weg ging. Bald hörten sie auf zu fragen. Immer öfter schützte ich Kopfweh vor, um nicht zur Schule zu müssen, obwohl es zu Hause kalt und leer war. Meine Mutter machte das staatliche Schulsystem dafür verantwortlich und steckte mich in eine winzige experimentelle Schule voller Außenseiter. Ich protestierte nicht; offenbar hatte ich das Gefühl, als hinge der Fortbestand meiner zerbrechlichen Welt davon ab, dass ich der nette Junge blieb, der sämtliche Erwartungen seiner Eltern erfüllte. Aber in der achten Klasse schwänzte ich, um den ganzen Tag zu Hause zu bleiben und im abgedunkelten Zimmer vor dem Fernseher zu sitzen. In dieser

Ödnis aus Spielshows und Seifenopern gab es nichts, was mich auch nur einigermaßen ansprach, aber ich starrte weiter auf den Fernsehschirm und hoffte auf irgendetwas Aufregendes. Manchmal stahl ich mich spätabends aus dem Haus und unternahm lange Spaziergänge, allein, als wäre ich auf der Suche nach irgendetwas.

Meinen Eltern war klar, dass mit mir etwas nicht stimmte, aber sie waren genauso ratlos wie ich. Meine Mutter versuchte meine früheren Interessen wieder zu beleben, hoffte, einen Funken aus meinen jüngeren Jahren wieder zu entfachen, als ich in allem mit großer Begeisterung bei der Sache gewesen war. Sie besorgte mir gute Bücher, und ich las eine Menge. Das war eine angenehme Flucht aus meinem Alltag. Aber nichts davon vermochte mich so weit aufzurütteln, dass mein Verhalten sich änderte – bis eines Tages ein Junge namens Jack Baty, ein Schüler meiner Mutter, einen eigenwilligen Hausaufsatz abgab.

Jack war ein Junge, wie ihn sich, glaube ich, meine Mutter als Sohn gewünscht hätte: leicht verschroben, aber intelligent, ein gutes Stück vom Mainstream entfernt, aber sehr genau wissend, was ihn interessierte und immer unterwegs zu irgendwelchen originellen und kreativen Unternehmungen mit seiner Clique, die so schräg war wie er. Wahrscheinlich dachte meine Mutter, dass alles, was Jack interessant fand, einen positiven Einfluss auf mich ausüben müsste. Allerdings müssen ihr doch Zweifel gekommen sein, als sie feststellte, dass Jack über die Marvel Comics geschrieben hatte.

Ich hatte bis dahin eigentlich noch nie Comics gelesen. Meine Mutter erinnerte sich noch sehr genau an die Berichte der Fachleute aus den Fünfzigerjahren, die Comics mit Jugendkriminalität in Verbindung brachten. Ende der Sechzigerjahre waren die Nachrichten voll von Expertenmeinungen über Gewalt im Fernsehen, militaristische Spielsachen und andere brutale Manifestationen der Popkultur, die einen erheblichen Teil zur Gewalt in unserer Gesellschaft beitrügen, und meine Mutter ließ mich wissen, dass dieses Zeug tabu für mich war. Aber dann kam Jack Baty und verkündete mit leidenschaftlicher Überzeugung, die wegen ihrer Infantilität und Brutalität lange verpönten Comics seien inzwischen zu anspruchsvollen modernen Mythologien voller erhabener Botschaften über Frieden und Toleranz herangereift. Meine Mutter bat Jack, ihr ein paar Hefte zu leihen – weil das vielleicht etwas sei, das ihren Sohn begeistern könne. Am nächsten Tag brachte er ihr welche mit. Massige Schlägertypen zierten die Umschläge, aber sie glaubte Jacks Aussage über die Marvel Comics und brachte mir die Hefte nach Hause.

Ich war gefesselt. Ich fühlte mich direkt angesprochen. Diese Comics begeisterten mich mehr als alles, was ich in den Jahren zuvor gesehen und gehört hatte. Allerdings nicht wegen ihrer erhabenen Botschaften – die gab es zwar auch, als Ausschmückung der gelegentlichen Handlung, aber ich nahm sie kaum zur Kenntnis. Worum es eigentlich ging in diesen Geschichten, war *Macht*.

Die Figur, die mich in Bann schlug – und mich befreite! –, war der *Incredible Hulk*: Unheimlich männlich und dabei kaum sozialisiert, halb nackt und geistig minderbemittelt wütete er gegen eine entsetzte Welt, die ihn missverstand und verfolgte. Im normalen Leben war er Atomphysiker im Staatsdienst und musste sich verzweifelt anstrengen, um seinen Gleichmut zu bewahren – denn sobald er die Beherrschung verlor, setzte die Wut in seinem Körper eine unkontrollierbare Reaktion in Gang, die ihn in ein Scheusal von roher, destruktiver Gewalt verwandelte. »Darf es … nicht … zulassen!«, röhrte er, und im selben Moment schwoll sein Körper explosionsartig an, er wurde riesig, seine Muskeln sprengten sämtliche Kleidungsstücke, und er brach frei und mit nacktem Oberkörper durch die Wand und schnellte mit einem mächtigen Satz zum Himmel hinauf. Der Hulk riss die

Mauern der Angst ein, die ich in mir errichtet hatte, und jetzt war auch ich frei, alles zu empfinden, was ich so lange unterdrückt hatte: Wut, Stolz und den Hunger nach Macht über mein eigenes Leben.

Auf einmal hatte ich ein Phantasie-Ich, das mir zeigen konnte, wie es ist, keine Angst vor den eigenen Bedürfnissen und der Missbilligung der Welt zu haben, kühn genug zu sein, um zu vernichten, was vernichtet werden musste. Ich hatte meinen Beowulf zurück. Und als Hulk und ich mit einem welterschütternden Donnerschlag wieder aus der Höhe herabkamen, sah ich, dass wir die engen Gassen, in denen ich mich bewegt hatte, hinter uns gelassen hatten und uns in einer weiten, offenen Wüste befanden. »Schwächlicher Knabe folgt Hulk!«, röhrte mein Phantasie-Ich, und ich folgte.

Der Hulk nahm mich mit auf eine wilde Jagd nach weiteren Comics. Als das nicht mehr ausreichte, führte er mich zu Jack Baty und seinen Freunden, dann brachte er mich dazu, den Kontakt mit meinem alten Freund Brian wieder aufzunehmen und ihn zu meiner neuen Leidenschaft zu bekehren, neue Freundschaften mit anderen komischen Typen zu schließen, deren innere Superhelden ihren privaten Ängsten, Zornausbrüchen und Sehnsüchten eine Bedeutung gaben. Sehr bald gründete ich meinen eigenen Comic-Club. Ich schrieb an Comic-Verleger und erhielt Antworten. Ich besuchte Comic-Kongresse und lernte alle kennen, die Geschichten zeichneten und schrieben, in denen ich meine eigenen Bilder wiederfand. Und als sie mir nicht mehr ausreichten, fing ich selbst an, Geschichten zu schreiben.

Nach ein paar Jahren ließ ich die Comics hinter mir. Dachte ich jedenfalls. Ich wechselte zu erwachseneren Helden und raffinierteren Geschichten, etablierte mich als Autor und vermied es, auf den qualvollen Beginn zurückzublicken. Aber als ich anfing, mit Kindern und Jugendlichen zu arbeiten, konnte ich den Hulk nicht mehr ignorieren, der als Koloss mitten in meiner Jugend stand. Natürlich hatte er nicht alle meine Probleme zerschmettert, aber er hatte mir den Weg zu einem neuen Selbstwertgefühl gezeigt. Er hatte mir geholfen, mich spielerisch mit einigen meiner größten Ängste auseinander zu setzen. Er hatte mich zu der arroganten, selbstentblößenden, selbstbewussten, superheldenhaften Entscheidung gebracht, Schriftsteller zu werden und das Drehbuch meines eigenen Lebens zu schreiben.

Auch meinen Eltern konnte ich ab der Hulk-Ära anders entgegentreten. Gerry-der-Superheldenfan war ein ganz anderes Kind als Gerry-der-nette-Junge aus der Vorstellung meiner Mutter. Ich begann Phantasien und Vorlieben zu entwickeln, die sie nicht verstand und nicht unbedingt guthieß. Aber sie vertraute darauf, dass eine Sache, die mich derart begeisterte, mir auch einigermaßen gut tun musste, und wollte sie mit mir teilen. Mein Vater verglich meine Superhelden, gespielt verächtlich, mit *The Shadow* und anderen brutalen Helden aus den Groschenromanen, mit denen er aufgewachsen war. Und beide hörten zu, wie ich von meinen liebsten Figuren, Textern und Zeichnern schwafelte. Meine privaten Nöte und Frustrationen blieben unausgesprochen, aber zumindest redeten wir über meine Phantasien von Macht und Zerstörungskraft. Zum ersten Mal hatte ich das Gefühl, dass auch die dunklere Seite meines Wesens zur Kenntnis genommen und akzeptiert wurde.

Jahre später sagte meine Mutter, ihre Sorgen um mich seien kleiner geworden, als sie sah, dass meine Liebe zu den Superhelden aus mir selbst heraus kam, mir nicht von der Unterhaltungsindustrie aufgepfropft worden war. Zwar wurden die Comics von anderen hergestellt und mir als Handelsware verkauft, aber das Bedürfnis, sie zu lesen, war mein eigenes. Als Eltern machen wir oft den Fehler zu glauben, es sei das Angebot der Umgebung, das unseren Kindern bestimmte

Wünsche einimpft, und vergessen dabei, dass es ja die Kinder selbst sind, die Wünsche haben und äußern. Die Gedanken und emotionalen Bedürfnisse jedes Kindes sind weitgehend seine eigenen, auch wenn es sie mit Millionen anderer Kinder teilt. Wenn wir diesen Bedürfnissen unsere Erwachsenenängste aufbürden, verwirren und erschrecken wir die Kinder und hindern sie daran, ihre eigenen Gefühle wahrzunehmen. Die Furcht der Erwachsenen vor dem Einfluss der Unterhaltungsmedien ist manchmal die eigentliche Ursache genau jener Folgen, die wir am meisten fürchten.

Als mehrere Zeitungen und Zeitschriften meine Artikel zu diesem Thema veröffentlichten, hörte ich von Eltern und Kindern, die in der Debatte um gewaltorientierte oder gewaltfreie Unterhaltung sozusagen direkt an der Front standen. Aus einer Kleinstadt in Pennsylvania wandte sich eine Frau namens Leila mit den Nöten ihres Enkels, eines Achtklässlers, an mich. Ihre Tochter war drogensüchtig, weshalb ihr das Gericht das Sorgerecht für ihren Sohn Jimmy abgesprochen und den Jungen im Alter von fünf Jahren seinen Großeltern anvertraut hatte. Leila und ihr Mann erkannten bald, dass sie vor einer schweren Aufgabe standen. Jimmy hatte intensive Verlassens- und Trennungsängste, litt unter Asthma, starker Kurzsichtigkeit und, wie sie nach dreijährigem Kampf in der Grundschule feststellten, unter Legasthenie. Auf seine Schwächen reagierte er mit destruktivem Verhalten, in der Schule spielte er den Klassenclown. Die Schulaufsichtsbehörde ließ eine halb-professionelle Betreuerin kommen, die sich während des Schultages seiner annehmen sollte, aber de facto nicht viel mehr tat, als seine diversen Regelverstöße zu melden.

»Er ist ein großartiger Junge«, sagte Leila, »aber er hat viele Ängste. Die bekämpft er mit Humor – oft ziemlich geschmacklos und manchmal provozierend, aber immerhin mit Humor. Aber weil man ihn zum ›Problemkind‹ gestempelt hat, wird alles, was er tut, gleich zur Krise.« Einmal ließ ein anderes Kind ein Stück Pizza auf den Boden fallen, und Jimmy sagte dazu: »Sieht aus wie ein Verkehrsopfer!« Diese Bemerkung wurde in seiner Akte als »Brutalität« vermerkt und trug ihm eine weitere Auseinandersetzung mit der Schulleitung ein.

Nach der Grundschule verliebte sich Jimmy in Shooter-Spiele wie *Doom* und *Quake,* bei denen der Spieler sich durch eine Phantasiewelt bewegt und die bizarren Gegner, die ihn angreifen, abknallen muss. Leila unterstützte seine neue Leidenschaft. »Als junges Mädchen musste ich meine fünf jüngeren Geschwister aufziehen«, sagte sie. »Ich bin mit ziemlich viel Stress und Ärger aufgewachsen, und ich weiß noch, was für eine Erleichterung es war, Krieg zu spielen und nicht nur meine Geschwister abzuschießen, sondern auch die Nachbarskinder, die es so viel leichter hatten als ich. Jimmy hat diese Möglichkeit nicht, weil niemand in unserer Nachbarschaft Krieg spielt, und wahrscheinlich würden die anderen Kinder sowieso nicht mit ihm spielen. Aber ich sehe, dass er mit seinen Computerspielen dieselbe Erleichterung erlebt wie ich damals. Immer wenn er eine Weile am PC verbracht hat, ist er nachher ruhiger und selbstsicherer.«

Als Jimmy in der Schule von seinem Hobby zu erzählen begann, war die Reaktion von offizieller Seite weniger positiv. Unabhängig voneinander nahmen ihn zwei Lehrer und die Direktorin ins Gebet, warnten ihn davor, dass die Spiele, die er so liebte, ihn früher oder später gegen Gewalt abstumpfen ließen, und weckten die Überzeugung in ihm, er könne folgenlos Menschen umbringen. Sie vermittelten ihm eine falsche Vorstellung von Macht und ließen ihn Blutvergießen mit Spaß gleichsetzen. Nach jeder Unterredung dieser Art, sagte Leila, sei Jimmy aufgeregt und verstört nach Hause gekommen und habe noch mehr verrückt gespielt als zuvor. »Das arme Kind hat schon genug eigene Ängste, auch ohne dass die Erwachsenen ihre Ängste auf ihm abladen«, sagte sie. »Statt ihm zu helfen, mit seinen Ängsten zurechtzukommen, vermitteln sie ihm, dass sie Angst vor *ihm* haben – und dadurch bekommt er noch mehr Angst vor *sich selbst.*«

Leila ermutigte Jimmy, offen über alles zu reden, was ihm gefiel, denn sie sah ja, dass es ihm das Gefühl gab, stärker zu sein und sein Leben in der Hand zu haben. Dann zitierte eine Lehrerin Leila zu sich und erklärte, gemäß der »Null Toleranz«-Strategie der Schule sei Jimmy in Gefahr, wegen »Verbreitung von Gewalt« vom Unterricht ausgeschlossen zu werden. Sie forderte Leila auf, Jimmy die Computerspiele zu verbieten, ehe die Schule gezwungen sei, diese – oder »eine weit schlimmere« – Maßnahme zu ergreifen.

Leila fragte mich, ob ich irgendwelche Untersuchungsergebnisse über den Wert von Shooter-Spielen hätte, die sie der Schulleitung vorlegen könne. Ich schickte ihr eine Zusammenstellung meiner Erfahrungen sowie der von Psychologen, Ärzten und Pädagogen, mit denen ich zusammengearbeitet hatte, und empfahl ihr, die Schulleitung zu bitten, von Verallgemeinerungen abzusehen und dasselbe zu tun, was sie tat: Jimmy zu fragen, weshalb er seine Spiele liebte, sich ein bisschen in seine Phantasiewelten und Empfindungen einzufühlen, darauf zu vertrauen, dass er sein Bestes tat, um seinen komplexen emotionalen Bedürfnissen nachzukommen, und ihm nicht noch mehr Ängste aufzubürden, sondern Hilfe anzubieten.

Es bewirkte tatsächlich einiges, berichtete Leila. Die Lehrerschaft und die Schulleitung änderten ihre Ansicht zwar nicht vollkommen, doch sie hörten zu. Die Spannungen begannen nachzulassen. Jimmys Selbstwertgefühl stieg – schon allein deshalb, weil er das Gefühl hatte, dass seine Lehrer endlich wissen wollten, wer er *war und was er tat,* statt nur, was er *vielleicht tun* könnte.

In Bezug auf Massenmedien und Popkultur neigen wir dazu, Kinder als Konsumenten, Zuschauer, Empfänger und Opfer zu definieren. Aber sie sind auch *Benutzer:* Sie wählen aus, interpretieren, gestalten, spielen mit, nehmen teil, erzählen darüber Geschichten. Wenn wir Kinder nur als passive Rezipienten für die Macht der Medien sehen, stellen wir uns gegen die Phantasiewelten, die sie sich ausgesucht haben und letztlich gegen die Kinder selbst. Wenn wir sie hingegen als aktive Benutzer betrachten, sind wir in der Lage, ihnen über ihre Unterhaltung – *irgendeine* Unterhaltung – das Heranwachsen zu erleichtern. *Ego-Shooter*, Gangster Rap, *Pokémon*: Sie alle stellen Wege dar, auf denen Eltern und Lehrer jungen Menschen helfen können, sich stärker zu fühlen, ihre Ängste im Zaum zu halten und sich selbst besser kennen zu lernen.

Aus der Sorge heraus, Gewalt im wirklichen Leben verstehen und kontrollieren zu wollen, haben wir versucht, das Verhältnis unserer Kinder zu ihren gewaltreichen und zerstörerischen Phantasiewelten auf weit reichende Verallgemeinerungen zu reduzieren, die wir auf ihre Vorstellungen von Liebe und Familie, Entdeckung und Abenteuer nie und nimmer anwenden würden. Nie kämen wir auf die Idee zu fragen, ob TV-Spielshows bei unseren Kindern die Neigung zu Habgier fördern oder ob Liebeslieder die Wahrscheinlichkeit aussichtsloser Beziehungen im späteren Leben erhöhen. Wenn es jedoch um Aggression geht, versuchen wir eine Million verschiedene Spiele und Träume und Lebensgeschichten zu Statistiken zusammenzurühren. Wir stellen absurd verallgemeinernde Fragen wie: Welchen Einfluss hat Gewalt in den Medien auf Kinder? – als wäre Gewalt ein einzelnes, einschichtiges Phänomen mit lediglich gewissen Variationen vom spielerischen Sandkastengerangel bis zum Massenmord, als wären die abendlichen Nachrichten, *Reservoir Dogs* und *Daffy Duck* ununterscheidbar, als wären Kinder wie eine Reihe von Bäumen in einer Baumschule, die unter identischen äußeren Bedingungen alle identisch heranwachsen. Es ist erwiesen, dass Aggression viele mögliche auslösende Faktoren hat: religiöse Inbrunst, patriotischer Fanatismus, sportliche Rivalität, Eifersucht, heiße Sommernächte.[9] Es stimmt, dass sich manche Menschen durch Unterhaltungsmedien zu gewalttätigem Verhalten inspirieren ließen, aber dasselbe gilt auch für die Bibel, die amerikanische Verfassung, die Beatles oder Bücher über Hitler – vielfältige Einflüsse, die wir in der Regel nicht als schädlich verurteilen, weil wir sie besser verstehen und wissen, weshalb sie bei den meisten Menschen gut ankommen und durchaus positiv besetzt sind. Was uns völlig fehlt, ist das Verständnis für aggressive Phantasien und die Unterhaltungsmedien, die diese ansprechen.

»Erzählungen befassen sich mit den Wechselfällen menschlicher Absichten«, schreibt der große Psychologe Jerome Bruner in seinem Werk *Actual Minds, Possible Worlds*. »Und da es unzählige Absichten gibt und die Möglichkeiten zu scheitern grenzenlos sind – so scheint es wenigstens –, müsste es auch grenzenlos viele verschiedene Geschichten geben.«[10] Meine Arbeit mit Kindern und Unterhaltungsmedien war eine einzige Entdeckungsreise von Geschichte zu Geschichte. Jede einzelne davon, egal ob sie von Superhelden, Monstern oder zornigen Rappern transportiert wird, und sogar das Videospiel, das auf den ersten Blick so primitiv wirkt, findet ein Echo in den persönlichen Geschichten ihres Publikums. Und bei jedem Zuhörer, Zuschauer und Spieler wird eine andere Geschichte daraus. Weil seine einzigartige Geschichte es dahin geführt hat, sucht sich ein Kind einen speziellen Film oder ein bestimmtes Spiel aus und webt daraus eine neue, persönliche Erzählung.

Das hat mir niemand besser vor Augen geführt als mein Sohn. Als Nicky fünf war und Angst vor dem Wechsel vom

Kindergarten in die Vorschule hatte, las ich ihm *Beowulf* vor. Das gefiel ihm nicht. Also bot ich ihm die griechischen Mythen an und Grimms Märchen, die Dr. Dolittle-Romane, *Superman* und *King Kong* und all die anderen Geschichten, gewaltorientiert oder nicht, die mich als Kind begeistert hatten. Er wollte nichts davon wissen. Er wollte die *Mighty Morphin' Power Rangers*.

Ich glaube nicht, dass es mir so viel Spass machte, mit Nicky die Episoden der *Power Rangers* zu sehen, wie es meiner Mutter Spass gemacht hatte, mir *Beowulf* vorzulesen. Die dämlichen Gummimonster fand ich nett, aber der Weg zu ihren Szenen führte über endlos lange Durststrecken von Teenie-Geplänkel am Samstagmorgen. Nicky jedoch war von Anfang bis Ende hingerissen, und ich war hingerissen, ihn bei seinem Vergnügen zu beobachten. In jeder Werbepause rannte er herum, verwandelte sich in einen Ranger und warf boxend und tretend Furcht erregende Monster zu Boden (meistens mich) – und das mit einer Körperbeherrschung und einer Zielstrebigkeit in der Bewegung, die ich sonst selten bei ihm beobachtete. Ich konnte sehen, wie ihm die Begeisterung alle Ängste austrieb.

Dann begegneten ihm neue Phantasiegestalten: die *Teletubbies,* die zu jenem Zeitpunkt über Amerika herfielen und nicht nur bei Kleinkindern und ironischen Erwachsenen Anklang fanden, sondern auch bei zahllosen Fünf- und Sechsjährigen, die auf einmal die regressiven Tröstungen aus niedlicher Babysprache und ausgelassenem Gekuschel in unterirdischen Höhlen für sich entdeckten. Von da an watschelten Nicky und seine Freunde zum Gruppenschmusen und kreischten: »A-ooh, Laa Laa« und »Wo ist Po?«

Das, dachte ich, ist zweifellos das Ende der Power Rangers. Aber nicht für Nicky. Wenn er nicht Po war und kuscheln wollte, verwandelte er sich in den Roten Ranger und schoss ein Monster nieder. Seiner Mutter fiel auf, dass er anscheinend zum Ranger wurde, wenn er seiner sicher war, und zum Tubby, wenn er ein bisschen angeschlagen war und Zuwendung brauchte. Als die Kindergartenjahre sich dem Ende näherten, nahmen die beiden widersprüchlichen Phantasien immer mehr Raum ein und füllten den größten Teil seiner Spielzeit aus.

Eines Morgens, als ich ihn geweckt hatte und wir gemeinsam ins Bad gingen, sagte er: »Ich möchte noch mehr von dieser Kampfserie sehen.« – »Welche Kampfserie denn?«, fragte ich. Er sah mich verwirrt an. »Wir haben sie doch gerade zusammen geguckt!« Dann begriff er: »Ach, das war ein Traum!« Ich fragte ihn, was er geträumt habe, und er lachte und erzählte: »Die Teletubbies haben in Tubby-Land im Gras mit ihren Spielsachen gespielt. Dann kamen auf einmal diese Monster nach Tubby-Land. Sie sahen irgendwie aus wie Tyrannosaurier, zertrampelten die Blumen und Windmühlen und wollten auch das Haus der Tubbies kaputtmachen. Dann berührte Po irgendetwas an seinem Handgelenk, und auf einmal verwandelte er sich in den Roten Ranger! Dann wurden auch die anderen Tubbies zu Power Rangers. Nur hatten sie ihre eigenen Farben, es gab also einen Purpurnen Ranger, wegen Tinky Winky, statt einem Blauen oder einem Rosa Ranger. Sie kämpften mit den Monstern und vertrieben sie aus Tubby-Land. Dann verwandelten sie sich wieder zurück in die Teletubbies!«

Ich forderte Nicky auf, seinen Traum zu zeichnen, aber er wollte ihn mir stattdessen vorführen, und bald waren die Tubby Rangers sein Lieblingsspiel geworden. Er führte sie in seiner Kindergartengruppe ein, wo er und seine Freunde neue Details erfanden: Das unterirdische Haus der Tubbies konnte wie eine Rakete in den Himmel schießen; Nono, der glubschäugige Staubsauger, konnte sich in einen Kämpfer verwandeln, und die Fernsehschirme an ihren Bäuchen warnten die Tubbies vor bevorstehenden Gefahren.

Die Geschichten, die sich Nicky ausgesucht hatte, verbanden die beiden Extreme seiner Phantasiewelt miteinander, den aggressivsten und den sanftesten Pol. Dann gestaltete er sie nach seinen Bedürfnissen um. Jetzt konnte er so mächtig und furchtlos sein, wie er wollte, ohne sein Bedürfnis nach Trost und Schutz opfern zu müssen. Der Rote Ranger Po vereinigte die destruktivsten und die fürsorglichsten Kräfte zu einem glücklichen Ganzen.

Kinder wollen stark, beschützt und glücklich sein. Wenn wir ein offenes Ohr haben, teilen ihre Phantasien uns mit, was sie dafür brauchen. Aber wir müssen uns von unseren Erwartungen und Interpretationen als Erwachsene verabschieden und die kindlichen Phantasien mit den Augen unserer Kinder sehen. Deshalb müssen wir uns zuallererst von den Ängsten und Vorurteilen freimachen, die uns bisher den Blick verstellt haben.

2
Wir sehen, was wir sehen wollen

Im Januar 2001 veröffentlichte ein Forscherteam von der Stanford Universität eine der ermutigendsten Studien seit langem. Die Studie zeigte auf, dass Grundschulkinder sich weniger aggressiv verhielten, wenn sie freiwillig die Zahl der täglich vor dem Fernseher oder mit Videospielen verbrachten Stunden reduzierten. Aggressives Verhalten jeglicher Art, von Spielplatz-Raufereien bis zu Drohungen wie »Ich reiß dir den Arsch auf!«, nahm insgesamt ab, wenn die Kinder nach etwa einer Stunde täglich den Fernseher ausschalteten. Dazu bemerkte Dr. Thomas N. Robinson, der führende Autor der Studie: »Dies zeigt, dass es etwas ganz Praktikables gibt, das Sie im Alltag umsetzen können, um einen positiven Effekt herbeizuführen.«[1]

In den Medien fand die Studie nicht das Echo, das sie verdient hätte (wahrscheinlich weil sie unmittelbar vor dem Super Bowl veröffentlicht wurde), aber die Presseberichte und Zeitungsartikel, die sich mit ihr befassten, gelangten fast alle zu einer ähnlichen Interpretation. Der *San Francisco Chronicle* begann seine Titelstory mit der Ankündigung: »Wie eine neue Studie der Stanford Universität zeigt, lassen sich aggressive Tendenzen bei Kindern, die durch brutale TV-Sendungen und Videospiele begünstigt werden, durch Verringerung des Fernsehkonsums abschwächen.«[2] Kein einziger Artikel erwähnte dabei, dass die Studie überhaupt nicht zwischen den einzelnen Medieninhalten unterschied. Tatsache ist aber, dass sich nicht nur das Verhalten der Kindern besserte, die sich für die World Wrestling Federation begeisterten und *Dead on Arrival* spielten, sondern offensichtlich auch das der Kinder, die nur *Rugrats* und *Arthur* oder *Blind Date* und *California Highschool* zu sehen pflegten. Diese Ergebnisse sind nicht plausibel, falls es tatsächlich die brutalen Bilder sind, die aggressive Tendenzen bei Kindern verstärken.

Was beweist die Untersuchung dann? Wie bei den meisten Studien sind mehrere Interpretationen möglich. Zum Beispiel könnte diese Studie zeigen, dass Kinder, die zur Abwechslung einmal aktiv werden, statt passiv Bilder zu konsumieren, weniger gelangweilt, weniger unruhig, weniger leicht bereit sind, aus purer Unzufriedenheit auszurasten – eine Feststellung, die jeder, der viel Zeit mit Kindern verbracht hat, nur bestätigen kann. Tatsächlich hatte derselbe Dr. Robinson 1999 eine andere Studie mit demselben Ansatz durchgeführt und war zu dem Ergebnis gelangt, dass sich die Reduzierung der Stunden vor dem Fernseher beziehungsweise Bildschirm positiv auf Übergewicht auswirkt – was höchstwahrscheinlich mehr über die Vorteile körperlicher Aktivität aussagt als über den Inhalt der Fernsehprogramme.[3]

Die Studie aus dem Jahr 2001 könnte auch zeigen, dass Kinder, die weniger Zeit in geistiger Isolation verbringen, mehr soziale Fähigkeiten entwickeln. Wie Dr. Robinson selbst betont, bestätigen dies die Kommentare der befragten Familien: »Manche Eltern berichteten: ›Es hätte uns gar nichts Besseres passieren können – beim Abendessen reden wir jetzt mit den Kindern.‹ Eine Mutter rief an und erzählte, dass ihre Tochter, die früher immer zu Hause vor dem Fernseher saß, jetzt ein paar Häuser weiter eine Freundin gefunden habe, mit der sie jeden Nachmittag spiele.« Ferner legt die Studie nahe, dass Kinder, die ihre Freizeit selbst gestalten statt sich von der Gewohnheit treiben zu lassen, die also nur etwas sehen oder spielen, wofür sie sich bewusst entschieden haben, ob *Zaboomafoo* oder *Doom,* sich überhaupt besser in der Hand haben. Am interessantesten finde ich persönlich die Schlussfolgerung, dass Kinder, die eine *Aufgabe* bekommen – auch wenn es etwas so Einfaches ist wie der Vorsatz: »Wir reduzieren jetzt eine Zeit lang unseren Medienkonsum und schauen, was passiert« –, zufriedener mit sich sind und ihre Energien konstruktiver einsetzen. Wenn Kinder erleben, dass die Erwachsenen sich um sie kümmern, ihnen mehr zutrauen, sie nicht mehr sich selbst überlassen, damit sie die Zeit zwischen Schule und Schlafengehen irgendwie totschlagen, dass sie nicht nur Notiz von ihnen nehmen, wenn sie sich aufspielen, dass sie mit ihnen zusammen sein und zusammenarbeiten wollen, dann reagiert natürlich jedes Kind positiv und dankbar.

Was die Studie eindeutig *nicht* aufzeigt, ist, dass die Aggressivität nachließ, weil die Kinder weniger Gewalt zu sehen bekamen. Warum aber wurde sie dann von fast allen berichtenden und kommentierenden Medien genau so interpretiert?

Der Grund liegt meines Erachtens darin, dass diese Fehldeutung inzwischen einen zentralen Bestandteil unserer Diskussion über Gewalt in den Unterhaltungsmedien bildet und wir sie gar nicht mehr zur Kenntnis nehmen. Wenn wir »Medien« und »Aggression« in Verbindung miteinander hören, treibt es uns augenblicklich in dieselbe Schleife, ohne dass wir noch nachdenken, wovon eigentlich genau die Rede war. Wir erwarten Beweise für die Behauptung, dass brutale Bilder zu gewalttätigem Verhalten führen. Und wir erwarten die Beweise nicht nur, sondern oftmals *wollen* wir sie sehen, weil sie uns eine bequeme und vertraute Antwort liefern. Deshalb blicken wir immer nur in diese eine Richtung, auch dann, wenn logische, persönliche Erfahrungen und die wissenschaftlichen Erkenntnisse uns eines Besseren belehren sollten.

Vorurteile sind mächtig, und wir als Individuen, Berufsgemeinschaften, als Gesellschaft insgesamt geraten ihnen immer wieder in die Falle. Sind wir erst einmal zu einer Auffassung darüber gelangt, was wahr ist (oder was wir für wahr halten wollen), passiert es selbst dem Aufmerksamsten und Pflichtbewusstesten, dass seine Gedanken sich der vorgegebenen Form anpassen. Zu rasch greifen wir nach scheinbaren Beweisen und ignorieren alles, was auf das Gegenteil hindeutet. Und wenn unsere Vorurteile etwas so Wichtiges wie die Gesundheit unserer Gesellschaft oder das Wohl unserer Kinder betreffen, kann es sein, dass wir uns wütend gegen alle entgegengesetzten Informationen wehren, weil wir befürchten, sie könnten unsere Entschlossenheit untergraben, zu tun, was wir für das Beste halten.

Auch in anderen Bereichen lässt sich dieses Phänomen finden: Am Ende des neunzehnten Jahrhunderts herrschte beispielsweise in der Medizin die allgemeine und unwidersprochene Auffassung vor, Sexualität sei eine gefährliche Kraft, die am besten unangetastet und unbesprochen bleibe. Wissenschaftliche Erkenntnisse und persönliche Erfahrungen wurden stets im Licht dieses Vorurteils interpretiert und sexuelle Funktionsstörungen deshalb in der Regel als Folge einer »Überreizung« erklärt. War ein Verbrecher nicht nur seines Deliktes, sondern auch des Onanierens überführt, so galt die Masturbation als eine Ursache seiner Kriminalität. Erst als sich mit der Entwicklung der modernen Psychologie durch Sigmund Freud und andere allmählich die Überzeugung durchsetzte, das Problem sei weniger die Sexualität an sich als vielmehr unser *Verhältnis* dazu, welches bereits in der Kindheit weitgehend festgelegt wird, bekam das gesamte vorhandene Wissen eine ganz neue Gestalt. Dieselben Fallstudien und Statistiken, die bis dahin dazu benutzt worden waren, sexuelle Überreizung als Ursache von Störungen aller Art und die Tabuisierung von Sexualität als Patentlösung zu präsentieren, legten nun den überzeugenderen Schluss nahe, das größere Problem sei die sexuelle Verdrängung und der

Umgang mit der Sexualität vereinfache sich, wenn sie offen akzeptiert würde.[4]

Leider wurden viele dieser Freudschen Erkenntnisse in den darauf folgenden Jahrzehnten ihrerseits zur Grundlage von Missverständnissen. Den Ärzten und Psychiatern, die nun die Ursache von abnormen Verhaltensweisen Erwachsener in mangelnder Anpassung während der Kindheit suchten, unterlief so manche gefährliche Fehldeutung der offenkundigen Fakten. Ein anderes Beispiel: Die frühen Autismusforscher suchten nach möglichen biologischen Ursachen für die Erkrankung, erst später setzte sich die allgemeine Auffassung durch, dass das Verhalten der Eltern wesentlich sei. In der Folge wurden Familien auseinander gerissen, Kinder misshandelt, und viele Jahre Arbeit waren umsonst, bis die nächste Forschergeneration zeigen konnte, dass Autismus doch biologische Ursachen hat.[5] Oder: Bei der Mehrheit der Experten galt Homosexualität lange Zeit als eine durch widernatürliche Eltern-Kind-Beziehungen entstandene Neurose, die durch Psychoanalyse »geheilt« werden könnte und sollte. Depression, Angst, Alkoholismus und andere Störungen wurden häufig als rein psychische Erkrankungen angesehen, auch wenn sie sich physiologisch äußerten.

Bis weit in die Sechzigerjahre des 20. Jahrhunderts hinein bestimmten einige solcher Vorurteile die Ärzteschaft und die öffentliche Meinung. Dann verbreiteten sich neue Ideen in der Gesellschaft insgesamt, vor allem die Bereitschaft, Unterschiede als angeboren zu begreifen und zu akzeptieren, statt sie mit Gewalt zu »normalisieren«, ein allgemeines Umdenken setzte ein. Neue Forschungsansätze brachten aufschlussreiche neue Daten zum Vorschein, und die bereits vorhandenen Daten wurden neu bewertet. Auf einmal waren neue Sichtweisen auf alle diese Aspekte menschlichen Verhaltens möglich, und daraus ließen sich Strategien und Therapien entwickeln, die sich seither als weitaus hilfreicher und humaner erwiesen haben. Wie Emerson schrieb: »Man sieht nur, was man sehen will.«[6]

Am 26. Juli 2000 veröffentlichten der Amerikanische Ärzteverband, der Verband der amerikanischen Kinderärzte, die Amerikanische Psychiatrische Gesellschaft, die Amerikanische Psychologische Gesellschaft, die Vereinigung der Familientherapeuten und die Amerikanische Akademie für Kinder- und Jugendpsychiatrie eine »Gemeinsame Verlautbarung über den Einfluss gewaltorientierter Unterhaltungsmedien auf Kinder«, der sich in der Folge beide Kammern des US-Kongresses anschlossen.[7]

> Zum gegenwärtigen Zeitpunkt liefern weit über tausend Studien – unter anderem Berichte der Bundesgesundheitsbehörde, der Gesundheitsbehörde für mentale Gesundheit sowie zahlreiche Studien, die von maßgeblichen Vertretern unserer ärztlichen und gesundheitsdienstlichen Organisationen durchgeführt wurden – erdrückende Hinweise auf einen kausalen Zusammenhang zwischen Mediengewalt und aggressivem Verhalten bei manchen Kindern. Gestützt auf über dreißigjährige Forschung, ziehen die Vertreter des öffentlichen Gesundheitswesens den Schluss, dass »der Konsum von gewaltorientierten Unterhaltungsmedien zu einer Zunahme aggressiver Verhaltensweisen, Werte und Einstellungen führen kann, insbesondere bei Kindern ... Die Auswirkungen von Mediengewalt auf Kinder sind komplex und individuell. Manche Kinder sind stärker betroffen als andere. Aber während Dauer, Intensität und Ausmaß des Einflusses variieren können, sind einige andere negative Auswirkungen von Mediengewalt auf Kinder messbar ... Wir wollen in keiner Weise damit andeuten, dass Mediengewalt der einzige oder auch zwangsläufig wichtigste Faktor bei der Entstehung von Aggression, antisozialem Verhalten und Gewalttätigkeit bei Jugendlichen sei ... Wir befürworten auch keine Ein-

> schränkungen schöpferischer Aktivität. Der Zweck dieser Verlautbarung ist eine Bestandsaufnahme: Wir versuchen ein klares Bild der pathologischen Auswirkungen von gewaltorientierten Unterhaltungsmedien darzulegen. Aber wir hoffen selbstverständlich, mit der Formulierung und Veröffentlichung der übereinstimmenden Meinung sämtlicher Vertreter des öffentlichen Gesundheitswesens das Bewusstsein der Öffentlichkeit und der Eltern für die schädliche Wirkung von Gewalt in den Medien zu schärfen und einen aufrichtigeren Dialog über mögliche Maßnahmen zur Verbesserung von Gesundheit und Wohlbefinden der amerikanischen Kinder zu fördern.

Diese Erklärung stützte sich auf umfassende Forschungsarbeiten und sprach ausdrücklich von »manchen Kindern«. Doch die darin zutage tretende Auffassung von Kindern und gewaltorientierten Unterhaltungsmedien ist pauschal. Der Einfluss gewaltorientierter Unterhaltung, heißt es, sei zwar durch »Dauer, Intensität und Ausmaß« der gezeigten Gewalt unterschiedlich groß, die Folgen aber immer »pathologisch« und »negativ«, niemals vorteilhaft. Dabei unterscheidet die Verlautbarung nicht zwischen den verschiedenen Arten der dargestellten Gewalt und deren jeweiligem Wesen und spezifischer Qualität. Wenn über das unendlich komplexe und veränderliche Verhalten von Menschen eine derart verallgemeinerte und simple Aussage getroffen wird, müssen wir uns sehr genau ansehen, was dazu geführt hat. Wir müssen herausfinden, ob es tatsächlich eine übereinstimmende Expertenmeinung gibt, ob die Forschungsergebnisse tatsächlich aus allen möglichen Blickwinkeln betrachtet wurden und ob unsere Schlussfolgerungen uns tatsächlich zu den wirkungsvollsten Maßnahmen in der Praxis führen.

Die Antwort auf die erste Frage ist einfach: *Die* Expertenmeinung schlechthin über die Auswirkungen von in den Unterhaltungsmedien gezeigter Gewalt existiert nicht.

Dr. Stuart Fischoff, Begründer des Labors für Medienpsychologie an der California State Universität in Los Angeles, sagte 1999 in einer Rede vor der Amerikanischen Psychologischen Gesellschaft: »Egal, ob wir hundert, tausend oder zehntausend Forschungsberichte zitieren, die zu dem Schluss gelangen, dass der Konsum Gewalt zeigender Medien gewalttätiges Verhalten nach sich zieht: Wenn die ursprüngliche Fragestellung falsch ist und/oder die Extrapolation auf eine ganze Population von Verhaltensmustern offenkundig ungerechtfertigt ist, sind zehntausend Fallstudien nicht überzeugender oder glaubwürdiger als hundert. Die Gewalt in der Gesellschaft, die wir gegenwärtig erleben, ist für uns alle verstörend. Ebenso verstörend ist die übertriebene und willkürliche Gewalt in Filmen, Videospielen, Songtexten. Doch die Tatsache, dass zwei Phänomene gleichermaßen verstörend sind und zufällig zeitlich zusammenfallen, bedeutet noch keinen ursächlichen Zusammenhang … So sehr uns das Eingeständnis auch widerstrebt, bin ich doch überzeugt, dass es nicht eine einzige Studie gibt, die ein Ereignis wie das Massaker an der Columbine High School auch nur annähernd vorherzusagen vermag.«[8]

Die Gerichtspsychologin Dr. Helen Smith erstellt im Auftrag von Vollstreckungsbehörden und Gerichten Gutachten über minderjährige Gewalttäter und hat in Eigeninitiative eine landesweite Befragung gewalttätiger Jugendlicher durchgeführt, deren Ergebnisse in ihrem Buch *The Scarred Heart: Understanding and Identifying Kids Who Kill* veröffentlicht wurden. »Nach meiner Erfahrung«, versichert sie, »ist kein einziger Jugendlicher je durch Medieneinflüsse gewalttätig geworden. Junge Menschen, die von vornherein zur Aggression neigen, fühlen sich in der Tat durch Gewalt in den Medien angesprochen. Einige von ihnen kommen dadurch tatsächlich auf gefährliche Ideen. Aber die meisten sehen darin im Gegenteil eine Möglichkeit, mit ihrer Wut *fertig zu werden.*«[9]

»Unterhaltungsmedien haben die Macht, manche Kinder zu überreizen oder ihnen eine verzerrte Sicht der Dinge zu präsentieren«, berichtete Dr. Edwin Cook, Professor für Psychiatrie und Kinderheilkunde an der Universität von Chicago mit dem Spezialgebiet Entwicklungspsychologie. »Aber für andere Kinder kann eine ordentliche ›Dosis‹ aggressiver Unterhaltung genau das Richtige sein.«

Die Psychiaterin Dr. Lynn Ponton, Expertin für Verhaltenspsychologie in Kindheit und Jugend und Autorin der Bücher *The Romance of Risk* und *The Sex Lives of Teenagers,* sagte im Gespräch: »Es bestehen gewisse Gefahren für junge Menschen, die ihre Ängste isoliert von anderen durch den gewohnheitsmäßigen Konsum von Filmen oder Videospielen jeglicher Art zu beherrschen versuchen, aber ich glaube nicht, dass der *Inhalt* der Filme oder Spiele dabei irgendeine Rolle spielt.«[10]

Kein Experte würde behaupten, körperlicher Missbrauch, Vernachlässigung durch die Eltern oder Armut seien *nicht* schädlich für Kinder; hingegen erhebt sich bei unserem Thema ein ganzer Chor maßgeblicher Meinungen, der von der traditionellen Verurteilung Gewalt darstellender Unterhaltungsmedien abweicht. Sogar der Bericht der Bundesgesundheitsbehörde über jugendliche Gewalt, veröffentlicht sieben Monate nach der Gemeinsamen Verlautbarung, war in manchen entscheidenden Punkten anderer Ansicht.[11] In der Verlautbarung hieß es, »bei Kindern, die in jungen Jahren mit brutalen Medienbildern in Kontakt kommen, [sei] im späteren Leben eine größere Neigung zu gewalttätigem und aggressivem Verhalten zu beobachten«. Demgegenüber stellt die Bundesgesundheitsbehörde fest, dass der Konsum gewaltorientierter Medien eine *kurzfristige* Auswirkung nach sich ziehen könne (ein Teenager, stimuliert von einer Filmszene oder einem Videospiel, will das Gesehene in die Tat umsetzen), fand aber keine überzeugenden Beweise für einen langfristigen Effekt. Sie erklärt weiter, dass im Vergleich zu den Einflüssen von der Familie und von Gleichaltrigen die Medien bei aggressivem Verhalten unter Jugendlichen nur eine nebensächliche Rolle spielten und dass die relativ wenigen jungen Menschen, die sich wahrscheinlich davon beeinflussen lassen, »bereits aus irgendeinem anderen Grund aggressiv« seien.

Nach Auskunft von Dr. Jonathan Freedman von der Universität von Toronto, einem allgemein anerkannten Kritiker der Forschungsliteratur über Gewalt in den Medien, sind »die Leute um so aufgeregter, je weiter sie von den Daten entfernt sind«.[12] So weist er zum Beispiel darauf hin, dass gemäß jeder Meta-Analyse der Forschungsergebnisse, auch der von Befürwortern der Medien-Aggressions-Hypothese durchgeführten Untersuchungen, nicht tausend, sondern nur rund zweihundert Studien vorliegen, von denen viele der Schlussfolgerung der Gemeinsamen Verlautbarung widersprechen.[13] Wir dürfen nicht vergessen, dass die Ärzte und Verwaltungsbeamten, die Erklärungen wie die Gemeinsame Verlautbarung verfassen, in der Medien-Aggressions-Forschung häufig nicht wesentlich besser informiert sind als wir, die wir beim Frühstück in der Zeitung von der jüngsten einschlägigen Studie gelesen haben. Sie sind von ihren sonstigen beruflichen Pflichten so sehr in Anspruch genommen, dass sie auf Meinungen aus zweiter Hand und pauschale Zusammenfassungen der Forschungsliteratur angewiesen sind. Edward Hill, Sprecher des amerikanischen Ärzteverbands, erklärte, weder er noch sonst ein Mitglied des Vorstands seien in der Lage gewesen, vor der Veröffentlichung der Verlautbarung die gesamte Forschungsliteratur zum Thema zu lesen.[14]

Berücksichtigen müssen wir auch die typische Zeitverzögerung in der Entwicklung des institutionellen Denkens. Während ein Teil der Forschungserkenntnisse zu einer gemeinsamen Ansicht zusammengefasst und verschmolzen wird, kann sich in ihrem Kielwasser bereits noch unbemerkt eine ganz andere Meinung herausbilden. Die in der Gemeinsamen Verlautbarung zitierten Studien beispielsweise wurden größtenteils in den Fünfziger- und frühen Sechzigerjahren entworfen und zwischen den Sechziger- und Achtzigerjahren durchgeführt. Seither ist jedoch in Medienstudien, wie wir noch sehen werden, eine entscheidende Wende eingetreten.[15]

Und schließlich dürfen wir die bereits diskutierte Macht des im Vorfeld gefällten Urteils nicht vergessen. Es kommt selten vor, dass eine soziologische Studie unter der Prämisse durchgeführt wird: »Wir sehen uns jetzt dieses oder jenes Phänomen an und warten einfach ab, was dabei herauskommt.« Üblich und verbreitet ist vielmehr, dass die Forscher von vornherein erklären, mit welchen Ergebnissen sie rechnen. Auch in der mir vorliegenden Literatur stelle ich fest, dass in praktisch jeder Studie die Forscher *a priori* davon ausgingen, Hinweise auf negative Folgen gewaltorientierten Medienkonsums zu finden. Dasselbe Vorurteil beeinflusst sowohl jene, die die Fragen stellen, als auch den Inhalt der Fragen. »Die Überzeugung, ihre vorrangige Aufgabe bestehe darin, vor den Gefahren der Mediengewalt zu warnen«, sagte Stuart Fischoff, »ist in der akademischen und der politischen Gemeinschaft so fest verwurzelt, dass es praktisch unmöglich ist, in diesem Land eine Finanzierung für eine breit angelegte Studie zu erhalten, wenn sie nicht explizit darauf abzielt, negative Auswirkungen aufzudecken.«

Was kann die konventionelle Forschung also wirklich aussagen? Wenn wir bereit sind, unseren Betrachtungswinkel zu ändern und neue Rückschlüsse zuzulassen, können diese Forschungsergebnisse sehr viel nützlicher umgesetzt werden.

Eine Korrelation ist keine Ursache

Die konventionelle Forschung ist nach drei wesentlichen Methoden untergliedert: erstens nach korrelativen Studien, die Kinder mit gewalttätigem und nicht gewalttätigem Verhalten je nach ihren Fernsehgewohnheiten vergleichen; zweitens nach Laborstudien über das Verhalten von Kindern nach dem Konsum gewaltreicher Bilder und drittens nach Feldstudien, die versuchen, laborähnliche Tests auf Kinder im realen Alltag anzuwenden.

Nach allgemeiner Anschauung haben die vergleichenden Studien eine zehnprozentige Korrelation zwischen Mediengewalt und verstärkter Aggression nachgewiesen. In Wahrheit weichen die Ergebnisse erheblich voneinander ab: Manche Arbeiten stellen eine beträchtlich höhere Korrelation fest, andere überhaupt keine, und wieder andere entdecken eine Korrelation zwischen Mediengewalt und *geringerer* Aggression. Aber die berühmtesten unter den frühen Studien weisen eine Korrelation von rund zehn Prozent aus, und seither ist diese Zahl zu einem nicht mehr hinterfragten Gemeinplatz geworden.

Es ist jedoch problematisch, solche Studien als Beweis für den negativen Einfluss der Medien auf Kinder heranzuziehen, denn eine Korrelation ist keine Ursache. Das wissen die Forscher natürlich, und deshalb erwähnen alle in ihren Studien eine »Verbindung« oder eine »Beziehung« zwischen dem Konsum gewaltreicher Bilder und gewalttätigem Verhalten, niemals aber zwischen Ursache und Wirkung. Die »Verbindung« kann beispielsweise bedeuten, dass brutale Unterhaltung aggressiven Kindern eher *gefällt*. Wir wissen alle, dass verträumte Romantiker eine Schwäche für Liebesgeschichten haben, aber kaum jemand würde behaupten, dass ein früher und intensiver Konsum sentimentaler Melodramen die *Ursache* für ein romantisches Gemüt sei. Aber

Kinder und Jugendliche, die aggressiv, unruhig und zornig auf die Welt sind oder ganz einfach Keilereien mehr genießen als friedliche Spiele, neigen eben auch eher dazu, Action-Shows im Fernsehen zu sehen, aggressive Musik zu hören oder Killerspiele am PC zu spielen.

Solche Korrelationen können unter Umständen genau das Gegenteil der Annahme beweisen und widerlegen die Hypothese von den Medien als Ursache von Gewalt. Vielleicht fühlen sich aggressive Kinder eher zu brutaler Unterhaltung hingezogen, weil sie darin eine brauchbare Alternative zu gewalttätigem Verhalten finden oder weil sie nach einem Ventil für ihre aggressiven Gefühle suchen.[16] Mehrere Studien sprechen dafür, doch die konventionelle Interpretation der Daten geht darauf in der Regel nicht ein. Die bahnbrechende Studie von Dr. William Belson über jugendliche Gewaltverbrecher wird häufig wegen ihrer Feststellung zitiert, dass die Testpersonen, die viele brutale Filme und Bilder konsumiert hatten, mehr schwere Delikte begingen als diejenigen, deren Kontakt mit Mediengewalt gering war.[17] Viel seltener wird hingegen erwähnt, dass jene, die *am meisten* Gewalt konsumierten, weitaus *weniger* schwere Verbrechen begingen als jene mit maßvollem Konsum.

Die eine korrelative Studie, die immer wieder als Beweis für einen kausalen Zusammenhang herangezogen wurde, ist die berühmte Langzeituntersuchung, die Leonard Eron mit mehreren hundert Kindern zwischen 1960 und 1970 in ländlichen Gegenden des Staates New York durchführte.[18] Dr. Eron stellte fest, dass unter den Drittklässlern im Jahr 1960 etwa zwanzig Prozent derjenigen Jungen, die bei ihren Klassenkameraden als aggressiv galten, tatsächlich brutale Fernsehprogramme vorzogen (hauptsächlich *The Three Stooges, 77 Sunset Strip* sowie verschiedene Western). 1970 testete er dieselben Jungen, die nun die High School hinter sich hatten, noch einmal und stellte fest, dass jene, die zehn Jahre früher gern brutale Fernsehfilme gesehen hatten, inzwischen rund dreißig Prozent derjenigen ausmachten, die von der befragten Bezugsgruppe als »aggressiv« eingestuft wurden (daher die berühmte zehnprozentige Korrelation). Er schloss daraus, dass der Konsum brutaler Fernsehfilme eine Aggressivität bei Kindern fördert, die sich in den späten Teenagerjahren bemerkbar macht. In der einschlägigen Literatur steht genau diese Studie im Zentrum praktisch jeder Diskussion des angeblichen Langzeiteffekts von Mediengewalt auf Kinder; sie ist sozusagen das Fundament der Beweisführung, wonach – mit Dr. Erons Worten – »der Konsum gewaltsamer Fernsehprogramme in den frühen prägenden Jahren wahrscheinlich eine kausale Wirkung auf spätere Aggressionen hat«.

In den dreißig Jahren seit der Veröffentlichung des Berichts haben Soziologen jedoch auf mehrere sehr problematische Punkte aufmerksam gemacht.[19] Spätere Studien mit ähnlichem Ansatz konnten keine solche Korrelation aufdecken: Sie gilt für die von Dr. Eron untersuchten Jungen, unerklärlicherweise aber nicht für die Mädchen. Nun wissen wir, dass sich die Erhebung der Fernsehgewohnheiten der Neunjährigen nicht auf Beobachtung oder auf die Selbstauskunft der Testpersonen stützte, sondern auf die Aussagen der Mütter. Am bezeichnendsten ist, dass Dr. Erons Korrelation *nur* stichhaltig ist, wenn die Jungen von ihren Gleichaltrigen als »aggressiv« oder »nicht aggressiv« bezeichnet wurden (von Klassenkameraden, die sie als die aggressivsten Schüler der Klasse empfanden). Dieselbe Studie bestimmt die Aggressivität der Jungen noch anhand zweier anderer Methoden, nämlich objektiver Persönlichkeitstests und Selbstbeschreibung: In diesen Fällen ergab sich keinerlei Korrelation. Fest steht, dass die Befragung von Gleichaltrigen eine nachweisbar unzuverlässige Methode ist, um Schlüsse über das Verhalten eines Kindes zu ziehen. Besonders suspekt ist sie in diesem Fall, bei dem die erste Peer-Group (Gruppe von Testpersonen) aus Neunjährigen im Macho-Milieu der Sechzigerjahre bestand, die zweite hingegen aus jungen Erwachsenen im College-Alter, die von der Moral der Gewaltlosigkeit der Siebzigerjahre geprägt waren.

Mag sein, dass die Studie Dr. Erons Schlussfolgerung stützt. Vielleicht ist sie aber auch ein Hinweis darauf, dass die zweite Peer-Group – die jungen Leute der Siebzigerjahre, die wahrscheinlich bereits von der Medienpropaganda über die Gefahren von Gewalt im Fernsehen durchdrungen waren – von vornherein zu der Auffassung neigte, wer fiktive Gewalt billige oder gar genieße, müsse zwangsläufig aggressiver sein, unabhängig vom tatsächlichen Verhalten des Betreffenden. Aber wie ein Computer oder ein mythologisches Orakel beantwortet auch die Forschung nur die Fragen, die wir ihr stellen; auf die Fragen, die uns nicht einfallen oder die wir zu stellen vergessen, erwidert sie uns nichts. In diesem Fall lautete die einzige Frage, die Dr. Eron und die meisten Forscher nach ihm stellten: »Zeigen die Daten, dass der Konsum gewaltorientierter Medien spätere Aggression nach sich zieht?« Stellen wir die Frage anders – zum Beispiel: »Was sagen uns die Daten über die Art und Weise, wie junge Leute Gleichaltrige einschätzen?« –, so erhalten wir eine völlig andere Antwort.

Diese Mehrdeutigkeit bestimmt die konventionelle Forschung, in der populären Diskussion der Forschungsergebnisse kommt sie hingegen so gut wie nie zur Sprache. Die Soziologen, die solche Studien durchführen, wissen das und geben zu, dass sie keine Erklärung für die Ursachen der Gewalt gefunden haben. 1994, inmitten einer Flut akademischer Gipfeltreffen und Enquête-Kommissionen, auf denen er als führender Kritiker gewaltorientierter Medien auftrat, räumte Leonard Eron selbst ein, dass seine Forschungsarbeiten »die Frage nach der ursächlichen Tendenz nicht definitiv beantworten können … Nur im Labor kann man Ursache und Wirkung tatsächlich aufzeigen.«[20]

Labor ist nicht gleich Wohnzimmer

Professor Jib Fowles, Forscher an der Universität von Houston, beschrieb das typische Laborexperiment aus der Perspektive des Kindes:[21]

> Das als Testperson ausgewählte Kind müsste in ein sonderbares Universum verfrachtet werden … Der Ort des Geschehens ist institutionell, mit glatten Oberflächen und scharfen Kanten und hat weder etwas von den Strukturen einer häuslichen Umgebung noch vom Klassenzimmer mit der vertrauten Ausstellung von Bildern und Bastelarbeiten. Es sind andere jugendliche Testpersonen anwesend, von denen das Kind vermutlich die wenigsten kennt, aber alle zusammen sollen eine neue soziale Gruppe bilden, auf die sich das Kind einstellen soll. Und ringsherum sind fremde Erwachsene mit Notizblöcken, die das Geschehen bestimmen.
>
> Zusammen mit anderen, ihm unbekannten Kindern in einem Raum könnte das Kind unerwartet frustriert oder wütend werden, beispielsweise weil die Experimentleiter ihm Spielsachen zeigen, die es aber nicht anfassen darf, oder weil sie in barschem Ton mit ihm sprechen. Das Kind wird nun angewiesen, auf einen Bildschirm zu schauen. Dass es dabei irgendeine Ähnlichkeit mit der häuslichen Situation verspürt, ist höchst unwahrscheinlich. Zu Hause ist alles vertraut; hier ist alles unbekannt und verlangt Aufmerksamkeit. Zu Hause liegt das Kind vielleicht bäuchlings auf dem Teppich oder hat es sich anderswie gemütlich gemacht, und das Fernsehen ist eine ungezwungene Angelegenheit. Hier im Labor ist der Raum taghell erleuchtet, das Kind sitzt aufrecht auf dem Stuhl und starrt konzentriert auf den Bildschirm. Der größte Unterschied zur häuslichen Situation jedoch besteht wohl darin, dass zu Hause Fernsehen ganz und gar freiwillig ist … Im Verhaltenslabor ist das Kind gezwungen zuzusehen, und schlimmer noch: Es ist gezwungen, Filme zu sehen, die es

> sich nicht selbst ausgesucht hat und die ihm vielleicht auch nicht gefallen. Das wesentliche Element des häuslichen Fernseherlebnisses, nämlich das Vergnügen, ist durch die experimentelle Situation eliminiert.

Das Kind bekommt nun Bilder zu sehen, die ganz anders sind als alles, was es zu Hause im Fernsehen erlebt: Aus irgendeinem Programm herausgerissene Gewaltszenen ohne einen erzählerischen Zusammenhang, in dem solche Bilder einzuordnen wären, ohne Humor zur Abschwächung der Brutalität und ohne den dramatischen Schluss, mit dem praktisch jedes TV-Programm endet. Im Anschluss daran erhält das Kind die Anweisung, mit den anderen zu spielen, mit lauter Fremden, die alle genauso unter Stress stehen wie es selbst, während die Forscher beobachten. Auch was die Testkinder spielen sollen, wird vorgegeben:

> Typischerweise steht den jungen Testpersonen nur eine begrenzte Zahl von Optionen offen, die alle das Verhalten betreffen. Mit Sicherheit wird kein Forscher sie fragen, was die Gewalt auf dem Bildschirm für sie bedeutet.
> Zusammenfassend können wir sagen, dass Laborexperimente … künstlich konstruierte Situationen sind, die von allen wesentlichen Bedingungen des Fernsehverhaltens in der realen Welt abweichen und deshalb nichts über die Fernseherfahrung aussagen … Die Laborforschung hat den banalen Akt des Fernsehens insofern komplett auf den Kopf gestellt, als sie dem getesteten Zuschauer jegliche Selbstbestimmung verweigert. Aus der alltäglichen Erfahrung des Fernsehens ist eine Parodie geworden. Derart verzerrt, ist das Laborexperiment nur dann eine Simulation der häuslichen Situation, wenn wir fest entschlossen sind, daran zu glauben.

Dabei liegt der Theorie folgende Überlegung zugrunde: Weil Dutzende korrelativer Studien zeigen, dass aggressive

Kinder brutale Filme sehen und weil Dutzende von Laborstudien belegen, dass brutale Unterhaltung die Kinder zu aggressivem Verhalten veranlasst, können wir davon ausgehen, dass Aggression in der Realität durch reale Unterhaltungsmedien verursacht wird. Aber wie Kritiker der Laborforschung seit Jahrzehnten anprangern, besteht ein wesentliches Problem bei Experimenten über menschliches Verhalten darin, dass die Forscher im Test eine anomale Situation schaffen und damit anomales Verhalten herbeiführen. Wenn ein Kind *DragonBall Z* sehen will, weil es das schon kennt und gut findet, macht es eine fundamental andere Erfahrung als ein Kind, das *DragonBall Z* nicht ausstehen kann, aber die Anweisung erhält: »Du musst dir das jetzt anschauen« – logischerweise wird seine Reaktion völlig anders sein.[22]

Vielleicht erklärt dies die Ergebnisse der berühmten Coates-Pusser-Goodman-Studie, bei der sich herausstellte, dass Vorschulkinder dreimal so aggressiv wurden, nachdem sie ein Video gesehen hatten – obwohl dieses Video *Mister Rogers' Neighborhood* war.[23] Dies verleitete manche Kommentatoren zu der Annahme, dass Fernsehen als solches, unabhängig vom jeweiligen Inhalt, gewalttätiges Verhalten fördert. Wahrscheinlicher ist freilich, dass die Anweisung eines unbekannten Erwachsenen, dieses oder jenes TV-Programm zu sehen, durchaus Aufregung oder Ärger auslösen kann. Ich liebe Fred Rogers, aber ich kann mir vorstellen, dass auch ich wütend würde und mich aggressiv verhielte, wenn man mich zwänge, auf einem harten Plastikstuhl zu sitzen und diese Serie zu sehen, während ich viel lieber zum Spielen draußen wäre.

Soziologen sind sich solcher Grenzen natürlich bewusst und haben sie in verschiedenen neueren Tests zu vermeiden versucht. Doch wie die meisten Analysen der vorliegenden Literatur zeigen, führten alle Versuche, mithilfe besser ausgestalteter Tests Beweise zu sammeln, nur zu noch uneindeutigeren Ergebnissen. Wie Dr. Haejung Paik und Dr. George Comstock (ein Forscherpaar, das der Hypothese Medien-als-Ursache im Allgemeinen wohlwollend gegenübersteht) 1994 in ihrer Meta-Analyse der Literatur feststellten, sind die Ergebnisse häufig umso geringfügiger, je realitätsgetreuer die Studie angelegt ist.[24] Zum Beispiel versuchte ein Forscherteam 1983 die unangenehmen Laborbedingungen zu kompensieren, indem sie ihre jungen Versuchspersonen besonders großzügig und freundlich behandelten, ehe sie der einen Gruppe einen brutalen Film, einer anderen Gruppe einen Film ohne Gewaltszenen und einer dritten Gruppe gar keinen Film zeigten. Danach verhielten sich die Kinder, die den brutalen Film gesehen hatten, altruistischer und kooperativer als die Kinder der anderen Gruppen!

Wurden experimentelle Methoden vom Labor auf Feldstudien übertragen, waren die Ergebnisse ähnlich komplex. Manche sprachen für das Argument Medien-als-Ursache, aber es gab auch viele gegenläufige Resultate, wie bei der Feshbach-Singer-Studie, die fernsehende Jungen in ihren gewohnten Umgebungen beobachtete und feststellte, dass die Kinder reicher Eltern von brutalen Filmen anscheinend nicht weiter beeinflusst wurden, während die Kinder aus armen Familien, die selbst schon Straftaten begangen hatten, von der Gewalt im Film anscheinend *weniger* aggressiv wurden.[25] Sind solche Studien ein Beweis dafür, dass sich durch Unterhaltungsmedien Emotionen abreagieren lassen, wie die Analysen mancher Experten behauptet haben? Oder sind sie, in Kombination mit allen anderen Forschungsergebnissen, nur ein weiterer Beweis dafür, dass sich etwas so Komplexes wie das kindliche Verhältnis zur Phantasie nicht auf Zahlen und Messergebnisse in einem Experiment reduzieren lässt?

Alle diese Forschungsarbeiten gehen von der Idee aus, die kindliche »Gefährdung durch Gewalt« ließe sich auf dieselbe

Weise untersuchen wie etwa ihre Gefährdung durch Blei oder Nikotin in der Atemluft. Doch so reizvoll dieses Modell mit seiner Verheißung klarer, wissenschaftlicher Antworten auch sein mag, kann es uns über die Gefühle und Verhaltensweisen von Kindern einfach nicht viel sagen. Unterhaltungsmedien sind keine chemische Substanz, und die kindliche Phantasie verhält sich nicht wie Körperzellen, es gibt keine vorhersagbare physiologische Reaktion. Die Entscheidung für ein Spiel oder ein Fernsehprogramm ist eine bewusste Wahl, eine individuelle Handlung und Teil einer komplexen Wechselwirkung zwischen den Bedürfnissen eines Kindes und dem entsprechenden Angebot der Unterhaltungsmedien.[26] Wenn wir die Gefühlsregungen von Kindern untersuchten, die gezwungen werden, ihren lauten, nach Zigarren stinkenden Onkel Walter zu küssen, erhielten wir jede Menge statistische Daten, die uns zeigten, dass Küssen Gefühle wie Furcht, Abscheu und Groll auslöst. Untersuchten wir hingegen Kinder, die freiwillig ihren Müttern einen Gutenachtkuss geben, kämen wir zu völlig anderen Resultaten. Wenn wir jetzt a priori überzeugt wären, dass Küssen für Kinder schädlich ist, könnten wir zweifellos stichhaltige Beweise unserer Hypothese vorlegen. Tatsächlich vertraten in den Zwanziger- und Dreißigerjahren einige Psychologen diese Überzeugung – der berühmteste unter ihnen war John Watson –, und unweigerlich fanden sie auch die nötigen Beweise für ihre Behauptung. Zum Glück setzten sich andere Auffassungen durch.[27]

Die Daten aus den korrelativen und den Laborstudien sind wertvoll. Sie zeigen uns, dass in der Tat eine Beziehung zwischen der Unterhaltung unserer Kinder und ihrem Verhalten besteht, und zwar eine starke Beziehung mit zahlreichen Begleiterscheinungen und Auswirkungen. Wesentlich ist jedoch, dass wir die Ergebnisse richtig umzusetzen verstehen, um den Kindern im Alltag zu helfen. Leider führt uns der

Wunsch, eine grob vereinfachende, lineare Verbindung von Ursache und Wirkung aufzudecken, immer wieder aufs Glatteis. Denn auf der Suche nach diesem Zusammenhang legen wir die Forschungsergebnisse nicht nur falsch aus, sondern versäumen es sogar, genau zu definieren, was unserer Ansicht nach überhaupt verursacht wird.

»Aggression« ist nicht gleich »Aggression«

Während der Anhörungen des US-Senats zum Thema Gewalt in den Unterhaltungsmedien reduzierte Senator John McCain das Argument Medien-als-Ursache auf seine plakativsten Bestandteile. Er führte Videoaufnahmen von Vorschulkindern vor, die miteinander spielten, nachdem sie einmal *Barney und seine Freunde* und ein anderes Mal *Power Rangers* gesehen hatten. Nach Gesang und Tanz des dicken purpurnen Dinosauriers und seiner grinsenden, jugendlichen Kumpels spielten die Kinder ziemlich still und friedlich – der Traum aller erschöpften Eltern. Nachdem die fünf aufgedrehten Power Ranger-Superhelden eine Reihe von Städte zertrümmernden Gummimonstern abgeschossen und mit Karatehieben erledigt hatten, sprangen die Kinder auf und rannten herum, kreischten und rauften und kickten in die Luft. Senator McCain war es daraufhin ein Leichtes zu kommentieren: »Sehen Sie, wie aggressiv Gewalt im Fernsehen macht!« Und uns wiederum ist es ein Leichtes, uns dieselben Kinder vorzustellen, wie sie sich erst gegenseitig auf dem Spielplatz verprügeln, dann kriminelle Jugendbanden gründen und schließlich auf ihre Mitschüler schießen oder uns bei Nacht und Nebel überfallen und ausrauben.

Das ist unsere gedankliche Kette der zukünftigen Ereignisse. Im Moment ist nichts davon beweisbar, lediglich, dass die gefilmten Kinder natürlich weder Leute überfielen noch erschossen und überhaupt nicht wirklich kämpften. Sie spielten einfach.

Der Nutzen wüster Keilereien im Spiel ist ausführlich dokumentiert. Für die Eltern kann das Toben eine Plage sein, es kann außer Kontrolle geraten und zu Verletzungen führen, aber die meisten Experten sind sich darin einig, dass es normal und gesund ist und im Allgemeinen das Selbstvertrauen der Kinder stärkt. Die Profile gewalttätiger Jugendlicher weisen in der Regel kein Übermaß an aggressivem Spiel in jungen Jahren auf, im Gegenteil: Gewalttätige Teenager hatten häufig Schwierigkeiten, mit Gleichaltrigen zu normalen Kinderspielen zusammenzufinden. Es kann sein, dass John McCain – Kriegsheld, Außenseiter in der Politik, Präsidentschaftskandidat[28] – seine gesamte Kindheit hindurch so still und friedlich spielte wie die Kinder nach dem Videofilm von *Barney,* aber das bezweifle ich. Wenn er irgendeine Ähnlichkeit mit denjenigen seiner Altersgenossen besaß, die ich kannte, dann verbrachte er seine prägenden Jahre mit Hollywood-Schießereien und spielte mindestens so aggressiv wie jedes heutige Vorschulkind nach einer Episode der *Power Rangers.*

Normalerweise befürchten wir keine besonderen Gefahren, wenn wir Kinder Superhelden spielen sehen. Aber wenn wir besorgt über jugendliche Gewalt diskutieren, verlieren wir diesen Kontext aus den Augen. Auf einmal erkennen wir nur noch die gegensätzlichen Pole »Gewalt« und »Friedfertigkeit«, und wider unser besseres Wissen beginnen wir jegliche Form von Aggression als Teil einer einzigen destruktiven Entwicklung zu sehen.

Der Grundstein der Medien-Aggressions-Experimente war die Studie von Albert Bandura aus dem Jahr 1963, die zeigte, dass Kinder, die einen Film gesehen hatten, in dem jemand einen aufblasbaren Clown boxte, später denselben aufblasbaren Clown öfter boxten als die Vergleichsgruppe der

Kinder, die den Film nicht gesehen hatten.[29] Es folgten Hunderte ähnlicher Experimente mit ähnlichen Ergebnissen. Natürlich wissen wir alle aus Erfahrung, dass Kinder, die etwas Aufregendes im Fernsehen gesehen haben, dazu neigen, die Geschichten unmittelbar darauf nachzuspielen. Aber wir müssen uns vor den Interpretationen hüten, die Generationen von Kommentatoren in diese Studien hineingelesen haben, müssen uns von der Terminologie verabschieden, die von »erhöhter Aggressivität« spricht und uns ins Bewusstsein zurückrufen, was die Kinder tatsächlich tun: Sie boxen einen *aufblasbaren Gummiclown.*

Meine Mutter hatte mir auch so einen Clown gekauft. Wahrscheinlich war es sogar in dem Jahr, in dem die Bandura-Studie veröffentlicht wurde – eine Ironie, die sie Jahrzehnte später zu schätzen wusste, als ich sie daran erinnerte, wie sie sich im Lauf der Sechzigerjahre von der psychologischen Schulmeinung gegen brutale TV-Sendungen und Spielsachen hatte aufbringen lassen. Jedenfalls liebte ich diesen Clown, bis er mir langweilig wurde. Ich liebte das Gefühl, mit meiner gesamten winzigen Kraft in sein federndes Gesicht zu boxen, wissend, dass nichts passieren konnte, weder dem Clown noch meiner Hand, und zu sehen, wie er mit dankbarem Lächeln von mir fort- und wieder zurückschnellte. Dieser Clown ließ sich gerne prügeln, so viel stand fest, und ich konnte mich zu meinem Entzücken so richtig austoben. Diese Situation war äußerst befriedigend für mich. Ich fühlte mich *mächtig.* Später sagte meine Mutter, am Anfang hätte ich mich gescheut, fest zu boxen, bis mein Vater sich einmischte, um mir zu zeigen, wie das ging. Er hätte nichts Besseres tun können.

Nirgends findet sich ein Beweis, dass zwischen der Misshandlung eines aufblasbaren Clowns und späterer realer Gewalt irgendein Zusammenhang besteht. Nirgends gibt es einen Beweis dafür, dass Kinder, die gerne aufblasbare Clowns boxen, zu aggressiverem Verhalten gegenüber ihren Spielkameraden oder zu späterer Kriminalität neigen. Es gibt allerdings etliche Anekdoten, die belegen, dass das Clown-Boxen, wenn überhaupt, eine positive Wirkung hat. Dennoch erblickten Generationen von Forschern in zahlreichen Fällen von Clownboxen den Beweis für »erhöhte Aggressivität«.

Ausgeklügeltere Experimente versuchten »realere«, antisoziale Aggression aufzuspüren, indem sie Kinder nach ihren Empfindungen befragten und auf aggressive Gedanken hofften. Andere brachten Testpersonen im jungen Erwachsenenalter dazu, imaginäre Gegner mit Elektroschocks zu traktieren. Die Ergebnisse verstören uns, aber sie geben nicht mehr preis als die statistischen Daten über das Clownboxen. Wie Dr. Richard J. Borden bei seiner Studie über solche Experimente anführte, vermitteln die Versuchsleiter den Testpersonen stets, dass das, was immer sie tun oder sagen, letztlich harmlos, ein Spaß und vom Forscher gebilligt, ja sogar gewünscht sei.[30] Wieder andere versuchten es auf physiologischem Weg und maßen die Ausschüttung von Noradrenalin und anderen mit Aggression verbundenen Neurotransmittern oder die Aktivität in bestimmten Gehirnregionen, in denen qualvolle oder Wut erregende Erinnerungen verarbeitet werden, aber auch sie konnten spezifische Reaktionen nur in der stressbelasteten Laborumgebung messen.[31]

Selbst wenn die Ergebnisse all dieser Tests exakt den Erfahrungen der Kinder im wirklichen Leben entsprächen, könnte es dennoch sein, dass sie das Gegenteil dessen erfassen, was wir aufgrund der Medien-Aggressions-Hypothese erwarten. Was solche Experimente nämlich auf jeden Fall messen, ist die *allgemeine Erregung*. »Wenn wir aufgeregt sind«, sagt Stuart Fischoff, »tun wir alles mit größerem Nachdruck – reden lauter, gehen schneller, spielen wilder, streiten heftiger –, unabhängig vom Stimulus.« Alle Gefühlsregungen intensivieren sich; ist Aggression das Gefühl, auf das wir es abgesehen haben, werden wir eine verstärkte Aggression messen.[32]

Eine Studie ergab auch bei einer Gruppe von Erwachsenen nach einem brutalen Film eine erhöhte Aggressivität gegenüber der Vergleichsgruppe, die einen ruhigen Film gesehen hatte. Jedoch waren diejenigen, die einen *erotischen* Film gesehen hatten, um einiges aggressiver als die Teilnehmer der anderen beiden Gruppen! Da in der Regel jede körperliche Aktivität die Kinder aufregt, steigert sie naturgemäß auch die Aggressivität. Im Zustand der Aufregung werden sie höchstwahrscheinlich auch lauter lachen, höher springen und schneller denken – aber nach solchen positiven Nebeneffekten Ausschau zu halten sind wir nicht gewohnt.

Allgemeine Erregung kann auch bewirken, dass eine Person, die schon von Natur aus zu Aggressivität neigt, eher bereit ist, ihr nachzugeben. Benutzt sie Action-Filme und -Spiele eben zu dem Zweck, Spannung und Erregung herbeizuführen, dann lassen solche Unterhaltungsmedien tatsächlich die Wahrscheinlichkeit von Aggression steigen. Aber die Erregung verebbt auch ebenso rasch wieder, und dabei kann es sein, dass Spannungen abgebaut werden und die betreffende Person danach entspannter ist. Die Experimente mit Clowns, Fragebogen und Elektroden werden häufig als Beweis dafür zitiert, dass die Abreaktionshypothese nicht für die Medien gilt: Wenn Kinder nach dem Konsum gewaltorientierter Bilder aggressiver spielten, dann wirkten die Bilder zweifellos nicht aggressionsabbauend, sondern im Gegenteil stimulierend auf die Aggressivität. Aber wie jeder wissen sollte, der Kinder erst beim Fernsehen und dann beim anschließenden Spielen beobachtet hat, sind beide Aktivitäten keine getrennten Ereignisse, sondern zwei Phasen ein und desselben Prozesses. Eine Abreaktion verlangt eine entsprechende emotionale Stimulierung vor der Entspannung. Einen Videofilm lediglich zu *sehen* wird normalerweise keinen Abbau von Spannung oder Wut herbeiführen – aber viele Male habe ich zugesehen, wie sich ein ganzes Zimmer voller Kinder über eine *Pokémon*-Szene ereiferte und dann von der Couch sprang, um sie körperlich nachzuspielen, bis alle müde und entspannt waren. Ich war mit mürrischen Teenagern in Actionfilmen und habe erlebt, wie die Explosionen auf der Großleinwand und die markerschütternden Dolby-Soundeffekte sie aus ihrer Null-Bock-Stimmung rissen, ich habe gesehen, wie sie nachher aufgeregt plappernd herumsprangen und den Film gestenreich nachspielten. Kinder lassen die Bilder im Kopf ablaufen, probieren aus, was sie gesehen haben, um sich die Emotionen zu erklären, leben ihre Energien in Worten und Bewegungen aus.

Viele Studien maßen einen erhöhten Noradrenalin-Spiegel bei Jugendlichen, die unmittelbar zuvor ein brutales Videospiel gespielt hatten. Ähnliche Bedingungen werden jedoch auch bei Personen festgestellt, die einen knappen Tennissieg errungen oder einen schnellen Sprint hinter sich haben. Die Entspannung setzt später ein. Wenige experimentelle Studien haben sich bisher die Mühe gemacht, sich mit den unmittelbaren Auswirkungen von Stimulation durch fiktive Gewalt zu befassen; die wenigen aber, die uns vorliegen, zeigen aufschlussreiche Ergebnisse. Bei Penny Hollands jüngst durchgeführten Studien mit britischen Kindergartenkindern stellte sich heraus, dass die Aktivitäten der Kinder, die Spielgewehre zur Verfügung hatten, kurzfristig »aggressiver« wurden, »im Lauf des Tages aber war die Atmosphäre im Raum merklich entspannter«.[33]

Ob eine Abreaktion eintritt, ist allerdings nebensächlich. Die vorrangige Frage lautet vielmehr: Wenn pseudoaggressives Spielen gut für Kinder ist, und wenn diese Experimente zeigen, dass gewaltsame Unterhaltung die Kinder zu pseudoaggressivem Spielen anregt, könnte es dann sein, dass die Eperimente in Wahrheit die *positive* Wirkung von gewaltsamer Unterhaltung beweisen?

Manche korrelativen und Feldstudien befassen sich nur

mit echten Gewaltakten, aber viele heften bereits ganz harmlosen, sogar wünschenswerten Verhaltensweisen das Etikett »Aggression« an. Ein Bericht bezeichnet den Fall einer Fünfjährigen, die ihre Freundin anbrüllt, weil sie ihr ein Stofftier weggenommen hat, als Beispiel für »Aggression«. Es *ist* natürlich Agression, aber was sollen wir daraus ableiten? Ein Kind, das wegen einer Ungerechtigkeit zu brüllen anfängt, verfügt vielleicht nicht über die besten Problemlösungsmethoden, zweifellos aber ist diese Form von »Aggression« weitaus gesünder als Passivität oder stummer Groll. Ich denke an die bei so vielen Studien angewandte »Befragung von Gleichaltrigen« und fürchte, dass etliche meiner erfolgreichsten Mitschüler als »aggressiv« gebrandmarkt worden wären, wenn uns jemand interviewt hätte, als wir in der dritten Klasse waren.

Selbst wenn die Forschungsergebnisse genau das bedeuten, was die konventionelle Interpretation behauptet, wenn gewaltorientierte Unterhaltung tatsächlich bei zehn Prozent der Kinder zu vermehrter Aggressivität führt, haben wir dennoch kein vollständiges Bild. Was ist mit den übrigen neunzig Prozent? Wissen wir nur deshalb nichts von ihren Bedürfnissen, weil sie eben nicht aggressiver werden? Was wäre, wenn sogar die zehn Prozent, die erhöhte Aggressivität erleben, nebenbei auf psychologischer oder emotionaler Ebene profitieren? Was, wenn die meisten von ihnen diese Aggressivität in Durchsetzungsvermögen, gesunde Konkurrenz, einen Zuwachs an Energie, Entschlossenheit und Mut umlenken? Wenn wir außer Acht lassen, was bestimmte kindliche Verhaltensweisen *bedeuten,* entkräften wir die Forschungsergebnisse nicht nur, sondern schlimmer noch: Wir laufen Gefahr, sie genau umgekehrt auszulegen, erkennen nur negative Folgen, wo wir auch Vorteile sehen müssten und verweigern unseren Kindern damit ein wichtiges Instrument, das ihnen hätte helfen können, mit denselben Stressfaktoren zurechtzukommen, die auch uns belasten.[34] Aus diesem Grund wird die Auseinandersetzung um die »Stichhaltigkeit« der Forschungsergebnisse nie etwas anderes sein als ein sinnloser und in sich geschlossener Kreislauf. Fragen Sie im Zusammenhang mit irgendeinem eindrucksvollen Erlebnis: »Kann das in bestimmten Fällen schädlich sein?«, und wir werden mit einem »Ja« antworten können. Wenn das alles ist, wonach wir fragen, werden die Antworten uns nie zur ganzen Wahrheit führen.

Wenn wir immer wieder dieselben Fragen stellen, erhalten wir immer wieder dieselben Antworten. Wir verfallen immer wieder in das gewohnte öffentliche Reaktionsmuster, es werden immer wieder die vertrauten alten Rufe nach Verboten, Einschränkung der Menge, der Freizügigkeit oder Zugänglichkeit gewaltorientierter Unterhaltung laut. Gefangen in unserer immer gleichen Argumentation vergessen wir, dass wir das alles schon einmal hatten. Tatsächlich haben wir anscheinend sogar eine der wichtigsten Lektionen in der neueren Geschichte der amerikanischen Popkultur vergessen.

Ende der Sechzigerjahre, als die Kriminalität zunahm und der Vietnamkrieg die Gemüter erhitzte, erhob sich eine Woge der Empörung gegen gewaltorientierte Unterhaltung und brachte es tatsächlich fertig, die Landschaft kindlicher Kultur grundlegend zu verändern.[35] Mit der Hilfe des Bundesausschusses für Kommunikation und mit der widerstrebenden Kooperation der TV-Sender gelang es Initiativen wie der »Aktion für Kinderfernsehen«, praktisch jegliche Gewalt aus dem Kinderprogramm zu verbannen. Die Generation der Zeichentrickfilme aus den Siebzigerjahren, von den *Schlümpfen* bis *Emily Erdbeer,* zielten darauf ab, soziale Werte hervorzuheben, Situationskomik und physische Konflikte aber zu meiden. Sogar die Helden aus *Superfriends* brachten kaum mehr zustande als Wirbelstürme aufzupeitschen und über die Bedeutung friedlicher Zusammenarbeit zu diskutieren. Die alten *Bugs Bunny*- und *Tom & Jerry*-Zeichentrickfilme wurden zensiert, sodass die Kinder nie mehr Ambosse auf Köpfen landen oder gegen Türen geschleuderte Katzen sahen.

Actionfilme während der Hauptsendezeit wie *Der Incredible Hulk* und *Ein Duke kommt selten allein* (die eine Studie Ende der Siebzigerjahre als zwei der brutalsten TV-Serien klassifizierte) zeigten sehr wenig Action und keinen einzigen Fall von Körperverletzung. Der mächtige Hulk musste sich damit begnügen, die Stoßstangen von Autos abzureißen, verschlossene Türen zu sprengen und gelegentlich einen Bösewicht in einen Swimmingpool zu werfen – und auch das nur in zwei Action-Szenen pro einstündiger Episode. Die alte Generation der Western- und Cop-Serien versickerte oder wanderte ins Nachtprogramm ab, Gewaltszenen wurden herausgeschnitten. Zwar gab es Wiederholungen mancher Serien wie *Raumschiff Enterprise* und *Wild, Wild West,* doch die derberen, älteren Sendungen wurden fast alle ausrangiert. Kabelkanäle, die irgendetwas anderes zeigten, gab es noch nicht.

Brutale Filme wie *The French Connection* und *Wer Gewalt sät* blieben allein den Erwachsenen vorbehalten. In den frühen Jahren der Freiwilligen Selbstkontrolle wurden alle Filme mit Gewaltszenen erst ab sechzehn oder achtzehn Jahren freigegeben, und aus Prüfungsberichten wissen wir, dass die Kinobesitzer in der Regel auf die Einhaltung der Altersgrenzen genau achteten. In dem Jahrzehnt vor dem *Krieg der Sterne* waren kindgerechte Filme auf beinahe religiöse Weise gewaltfrei. Die Rockmusik musste den Vorwurf einstecken, sie wirke sich auf Sex und Drogenkonsum aus und in dieser Post-Blumenkinder-Ära konnte man ihr noch alles mögliche Andere vorhalten, aber sicher keine Gewaltverherrlichung. Die Comic-Produktion war fast zur Bedeutungslosigkeit geschrumpft. Die Spielwarenindustrie, die von der

Liga der Gewaltfreien mit ebenso viel Kritik überschüttet wurde wie das Fernsehen, wandte sich radikal von allem ab, das auch nur entfernt an Mord und Totschlag oder Krieg erinnerte. Schusswaffen, Schwerter, sogar Laserpistolen verschwanden aus den Regalen der ehrbaren Spielwarenhändler. Aus GI Joe wurde über Nacht ein »Abenteurer« in Friedenszeiten, der keine nach ihm benannte Waffe mehr besaß. Die Louis Marx Company, die in den Sechzigerjahren das Plastiksoldaten-Geschäft beherrscht hatte, nahm abrupt ihre gesamte militaristische Produktlinie aus dem Programm. »Action-Figuren« gab es noch nicht, Videospiele ebenso wenig.

Obwohl wir es heute gerne vergessen, haben wir vor nicht allzu ferner Zeit rund ein Jahrzehnt lang unsere Kinder mit der praktisch gewaltfreien Popkultur beglückt, die so viele Medienkritiker heute wieder lautstark fordern. »Als Kind dachte ich, ›Action‹ bedeutet, dass ein Auto in einen Heuballen rast«, sagt Adam Veeck, ein Schriftsteller aus liberaler Familie, 1967 geboren. »Dann wurde mir allmählich klar, dass eine frühere Generation von Kindern alle diese phantastischen Kriegsspielsachen und Prügeleien im Kino gehabt hatte, und ich kam mir total betrogen vor.«

Was war in jenen Jahren passiert? Die Kriminalität stieg. Unsere Furcht vor Gewalt stieg ebenfalls, wie Meinungsumfragen belegten, landesweit. Die Kinder, deren prägende Jahre in dieses Milieu der Popkultur fielen, waren Teenager, als Mitte der Achtzigerjahre die Jugendkriminalität von neuem zunahm. Aus den Kindern hingegen, deren prägende Jahre in die Achtziger fielen, als actiongeladene Filme, TV-Serien, Videospiele und Kampfspielsachen die Kinderkultur förmlich an sich zu reißen schienen, wurden die Teenager der späten Neunzigerjahre – und in dieser Zeit ging die Jugendkriminalität wieder zurück. Natürlich waren die *Schlümpfe* für die Kriminalitätswogen der Achtzigerjahre ebenso wenig verantwortlich wie die *Ninja Turtles* für die darauf folgende relative Ruhe. Allerdings ist zweifelhaft, ob unser Ruf nach Einschränkung der Gewalt in den Medien für die Realität überhaupt einen Wert hat.

Noch etwas ist in jenen Jahren geschehen: Der Appetit der Kinder nach fiktiver Gewalt schien zuzunehmen. Als nach einem knappen Jahrzehnt der Gewaltlosigkeit der *Krieg der Sterne* Kämpfe, Explosionen, Sprengungen und Gemetzel in die Kindermedien zurückbrachte, erzielte er ungeahnte Erfolge, die in der Jugendunterhaltung beispiellos waren, und setzte eine actionorientierte Unterhaltungs- und Spielwarenindustrie in Gang, von der bis dahin niemand auch nur zu träumen gewagt hätte – fast als hätte die Verdrängung der Gewalt aus den Unterhaltungsmedien nichts anderes bewirkt als ihre umso aggressivere Rückkehr.

Die erwähnte Gemeinsame Verlautbarung über den Einfluss gewaltorientierter Unterhaltungsmedien auf Kinder forderte »einen aufrichtigeren Dialog über mögliche Maßnahmen zur Verbesserung von Gesundheit und Wohlbefinden der amerikanischen Kinder«. Diesen Dialog brauchen unsere Kinder. Sie verdienen ihn. Aber er kann erst beginnen, wenn wir von dem Berg alter Forschungsergebnisse herabgestiegen sind und anfangen, neue Fragen zu stellen. Warum sind so viele gesunde, nicht gewalttätige Kinder derart begeistert von brutalen Geschichten? Warum lassen sich so viele von ihnen durch fiktive Kampf- und Vernichtungsszenen zu derart seligen Spielen anregen? Was sagen uns ihre Vorlieben über ihre emotionalen Bedürfnisse? Was läuft schief, wenn sie in destruktives Verhalten verfallen? Wie können wir ihnen helfen, die Bilder, die sie sehen, zu begreifen?

Und am wichtigsten: Warum lieben sie das alles eigentlich?

3
Der Zauberstab

Anfang der Siebzigerjahre waren immer mehr junge Mütter in der Gegend von Greenwich Village sehr darauf bedacht, eine friedlichere und aufgeklärtere Generation von Kindern großzuziehen. Sie hielten Gewalt jeder Art für schädlich – das betraf nicht nur den Krieg in Vietnam, nicht nur Straßenkriminalität und Rassenkrawalle, sondern auch fiktive Gewalt im Fernsehen und Gewalt in Form militaristischer Spielsachen und brutaler Spiele. Sie wollten die Aggression als solche aus dem Bewusstsein der Kinder verbannen und verknüpften damit die Hoffnung, eine neue Generation von Menschen in die Welt zu entlassen, die alle Gewalt überwunden hätte. Aus den Kinderzimmern und Kindergärten verschwanden die Spielzeugpistolen, Fernsehapparate wurden ab- oder auf gewaltfreie Sendungen umgeschaltet, und wenn eine Mutter ihr Kind beim Kriegspielen erwischte, lenkte sie es auf friedlichere Aktivitäten um.

Während der Passah-Woche erzählte die Lehrerin in der Vorschule die Passah-Geschichte (gewaltfrei, ohne all die Plagen, welche die Israeliten auf ihrem Auszug aus Ägypten erdulden mussten) und verteilte die Mazza (Osterkuchen der Juden). Ein kleiner Junge nahm seine flache, knusprige Mazza in die Hand und betrachtete sie. Er biss ein kleines Stück ab, dann noch eines und noch eines und stellte entlang dem oberen Rand eine einigermaßen gerade Linie her. Mit weiteren Bissen formte er eine L-förmige Mazza und betrachtete sie stolz. Was für eine wunderhübsche Pistole! Mit gezückter Waffe rannte er durch den Raum und schrie »Paf, paf, paf!«, während die anderen Kinder kreischten und tot umfielen und die Erwachsenen entsetzt auf ihn zu stürzten.

Die Eltern, deren Kinder vor knapp dreißig Jahren in dieser Vorschulklasse waren, erzählen die Geschichte noch heute – meistens lachend, denn aus keinem der Kinder ist ein Mörder geworden. Ich habe Dutzende ähnlicher Geschichten gehört: von dem Jungen, der mit beiden Händen die Hauskatze packt, mit ihrem verwirrten Gesicht nach vorne zielt und »Peng, peng, peng!« brüllt; von einem anderen, der eine Barbie-Puppe an den Beinen hält und unsichtbare Kugeln aus ihrem Kopf schießt; von Kindern, die einen großen Kühlschrank-Verpackungskarton als Festung benutzen, bis ihre Mutter schreit: »Hört mit der Schießerei auf! Wieso kann die Schachtel kein Raumschiff sein?« Die Schachtel wird zum Raumschiff, die Mutter macht es sich im Sessel bequem, erfreut, dass sie die kindlichen Energien umlenken konnte, und hört gleich darauf die Kinder brüllen: »Da, schau! Aliens! Knallt sie ab! Bssst! Bssst!«

Bei einem meiner Erzähl-Workshops lernte ich ein kleines Mädchen kennen, das mich neugierig machte. Emily war nicht die Einzige in ihrer Vorschulklasse, die in ihren Phantasien mit Schusswaffen umging, aber sie setzte sie mit besonderem Vergnügen ein. »Die Katze ging durch den Wald, und plötzlich kam ein Löwe daher und wollte sie fressen. Die Katze erschoss ihn mit einer Pistole und weg war er! Dann fand die Katze eine Blumenwiese. Die Katze ging durch die Blumenwiese, und ein Jäger kam und wollte sie erschießen. Die Katze hatte ihre Pistole nicht dabei, aber sie pflückte eine Blume, und die Blume verwandelte sich in eine Pistole. Die Katze schoss eine Kugel aus ihrer Pistole, und die Kugel traf erst die Kugel des Jägers, dann flog sie weiter und erschoss den Jäger!« Es sprach keine Wut, keine Grausamkeit, keine Blutrünstigkeit aus ihren Zeichnungen und den Geschichten, die sie dazu erzählte, nur Humor und ihre Begeisterung für Pistolen, die aus heiterem Himmel auftauchten und Raubtiere ebenso plötzlich – PENG! – verschwinden ließen. Mein Interesse wuchs, als ich mit ihrer Mutter sprach und erfuhr, dass Emily keine Spielzeugpistolen haben durfte – eine Regel, die zu größeren, heftigen Machtkämpfen führte.

Von der Kinderkrippe an hatte Mutter Cynthia Emily eingeschärft, dass Waffenspiele zu Hause nicht erlaubt seien. Sie erklärte, dass echte Waffen Menschen verletzten und dass es deswegen nicht richtig sei, mit Pistolen zu spielen, auch wenn sie nicht echt seien, woraufhin Emily eben mit ausgestrecktem Finger zielte und schoss. Cynthia, die nicht dauernd ihre Tochter überwachen und maßregeln wollte, begnügte sich mit der Anweisung »Nicht auf Leute!«. Emily erschoss daraufhin prompt die Eltern ihrer Freunde und Freundinnen, die sich mit der Hand an die Brust fassten und röchelten »Getroffen!«. Und Emily lachte entzückt. Als Cynthia sah, wie gut es Emily tat, derart dramatische Reaktionen bei Erwachsenen hervorrufen zu können, gab sie auch diese Einschränkung auf, blieb aber dabei, dass Spielzeugwaffen verboten seien. »Ich will einfach nicht, dass sie Schusswaffen mit Spiel und Spaß in Verbindung bringt«, sagte sie. »So entsteht doch dieser ganze Waffenkult. So wachsen Kinder mit der Überzeugung auf, Probleme könnten mit Gewalt gelöst werden.«

Aber wenn Emily bei anderen Kindern zu Hause war, sah sie Power-Ranger-Kanonen und Nerf-Guns, Spielzeugpistolen, die Schaumstoffpfeile abschießen. Die meisten anderen Eltern kannten Cynthias Wunsch, Emily »waffenfrei« aufwachsen zu lassen, und versuchten deshalb, sie von diesen Spielsachen fern zu halten. Aber Emily ließ sich nicht hinters Licht führen, und ihre Sehnsucht wuchs. Wenn sie heimkam, stellte sie lautstarke Forderungen: »Ich will auch eine Power-Kanone! Wieso darf ich keine haben, sie tut niemandem was!«

Ihre Mutter setzte ihr noch einmal auseinander, welchen Schaden echte Waffen anrichteten, bis Emily schrie: »Aber eine Power-Kanone ist doch gar nicht echt!« Sie baute Pistolen und Gewehre aus Legosteinen und anderen Dingen. Sie schwärmte von den verschiedenen Waffen, die sie sich wünschte, und fing an zu verhandeln: »Kriege ich eine Spielzeugpistole, wenn ich sechs bin? Sieben? Acht?« »Wenn wir dann irgendwann nachgeben«, seufzte Cynthia, »wird es mindestens eine Haubitze sein müssen!«

Dabei war Emily kein Kind, das zu gewalttätigen Verhaltensweisen neigte. Sie liebte Tiere und kam mit anderen Kindern gut aus. Aber sie war ausgelassen und wild und sehr körperorientiert. Sie musste auch einigen sozialen Druck aushalten, weil sie weiterhin mit Mädchen *und* Jungen spielte, während sich in der Vorschulklasse die Geschlechter allmählich voneinander absonderten. Emily war eigensinnig, maßlos sowohl in ihrer Begeisterung als auch in ihrer Frustriertheit, und sie verlor leicht die Beherrschung. Übergänge waren schwierig für sie, und sie diskutierte erbittert, wenn sie vom Spielen nach Hause musste, wenn sie nicht bekam, was sie wollte, oder wenn ihre Eltern ihr auf andere Weise klarmachten, dass *sie* den Ton angaben. Ihr Wunsch nach Schusswaffen hatte offensichtlich nicht nur mit den Spielsachen selbst zu tun, sondern ebenso sehr damit, dass sie verboten waren. Aber Spielzeugpistolen waren nicht das Einzige, das sie nicht bekam: Ihre Eltern limitierten auch ihre geliebten Barbie-Accessoires und lehnten des knappen Budgets wegen eine ganze Reihe anderer Spielsachen ab. Darum aber kämpfte sie nicht annähernd so leidenschaftlich: Es waren die Schusswaffen, die ihre Vorstellungskraft am meisten anregten.

Nicht lange nachdem ich mit ihr über Emilys Phantasien gesprochen hatte, kam Cynthia zu dem Schluss, dass durch den andauernden Streit die Schusswaffen nur immer wichtiger würden, und erlaubte Emily eine Waffe, die ein anderes

Kind ihr überlassen wollte – keine Haubitze, sondern eine Laserkanone aus Plastik, die keine Gegenstände abschießen konnte. Emily war außer sich vor Begeisterung. Sie schoss auf alles, was sie sah. Wenn sie mit anderen Kindern spielte, stand die Laserkanone im Mittelpunkt. Ihren Eltern fiel auf, dass ihre Launenhaftigkeit nachließ. Zwar verwandelte sie sich nicht über Nacht in ein sanftmütiges Kind, doch sie stritt seltener mit ihren Eltern. Wenn sie einen Besuch bei oder von anderen Kindern mit einer wilden Schießerei beenden durfte, ging der Abschied sehr viel reibungsloser über die Bühne als früher.

Cynthia berichtete mir später, dass die Laserkanone nur ein paar Wochen lang im Zentrum von Emilys Leben stand. Sobald das Schießen in ihr Phantasiearsenal Eingang gefunden hatte, fiel es als eine von vielen verschiedenen Beschäftigungen auf den Rang ihrer Stofftiere, ihres Zigeunerkostüms, ihrer Legosteine zurück. Ihre Leidenschaft verlagerte sich auf Hunde und Katzen, und von da an lag sie ihren Eltern wegen eines Haustiers in den Ohren. Sie wollte unbedingt Tierärztin werden, und ihr Lieblingsspiel war jetzt die Versorgung kranker und verletzter Phantasietiere. Als sie in der ersten Klasse war, holte sie die Laserkanone nur noch hervor, wenn ein Junge zu Besuch kam und danach fragte. »Ich glaube, die Kanone verlieh ihr die Macht, die sie zu jenem Zeitpunkt brauchte«, sagte Cynthia, »und als sie das Ding dann endlich hatte, musste sie nicht mehr so sehr darum kämpfen.«

Kindliche Spiele mit Schusswaffen sind überall auf der Welt anzutreffen. Wie wir von den Ethnologen wissen, spielen Kinder in Gesellschaften, in denen es keine Schusswaffen gibt, ähnliche Spiele mit Pfeil und Bogen oder Speeren. In jeder Kultur entwickeln die Kinder irgendwelche Phantasien, in denen sie zerstörerische Kräfte kontrollieren und mit einer mühelosen Geste mächtige Gegner besiegen.[1] Traditionell stellten solche Spiele eine Vorbereitung auf das Leben dar: Wer in der Kindheit imaginäre Speere warf, würde irgendwann echte Speere werfen. Aber auch in unserer modernen Gesellschaft, in der nur eine Minderheit im wirklichen Leben Schusswaffen benutzt, will praktisch jedes Kind zumindest gelegentlich seinen imaginären Gegner mit einer imaginären Pistole beseitigen. Sogar wenn Kinder außer am Gürtel eines Polizisten vielleicht nie echte Waffen zu Gesicht bekommen und die Botschaft der Erwachsenen unverändert Waffen ablehnend ist, entsteht irgendwann das Bedürfnis zu schießen. Es sind nicht die Pistolen als solche, die das Kind besitzen möchte, sondern die Macht, die mit einer imaginären Schusswaffe verbunden ist.

Nach meinen Erfahrungen mit den Phantasiegeschichten kleiner Kinder stellen Emilys magisch auftauchende Pistolen überhaupt keine Ausnahme dar. Manche Kinder bevorzugen Schusswaffen, andere Zauberstäbe, wieder andere stellen sich gerne Gestalten mit übermenschlichen Kräften vor, die aus ihren Händen heraus schießen können – ihre Funktion innerhalb der kindlichen Geschichten ist aber stets dieselbe. Ein Junge namens Jeremy beispielsweise zeichnete als Helden einen Frosch, der in einem Bild mit einer Pistole auf einen schrecklichen Geist schoss und gleich auf dem nächsten Blatt den schrecklichen Teufel mit einer »Zauberkugel aus seinem Zauberkasten« niedermähte. Ob Pistolen oder Zauberstäbe – beide sorgen dafür, dass die Kinder sich stark fühlen. Das weiß auch J. K. Rowling und setzt dieses Wissen in ihren Harry-Potter-Büchern um.[2] Ihre Gestalten benutzen Zauberstäbe, um ihre Feinde zu besiegen und sich zu verteidigen (womit sie sich bei Schusswaffen ablehnenden Eltern sehr viel beliebter machen), aber meistens funktionieren die Zauberstäbe genau wie die Schusswaffen in den Phantasien der Kinder: Blitzschnell zücken Harry und seine Freunde den Zauberstab, zielen, feuern, lassen Gegenstände explodieren und beseitigen Ungeheuer. Manchmal schießen sie daneben, oder der Zauber ist blockiert beziehungsweise kommt ganz anders heraus als geplant. Manchmal treffen sie versehentlich auch sich selbst.

Die »Kanone« in der kindlichen Phantasie ist deshalb eigentlich gar keine Schusswaffe, sondern eher ein Zauberstab.[3] Ein Zauberstab kann auch noch andere Aufgaben erfüllen, vor allem verwandeln (»Zack! – jetzt bist du ein Kaninchen!«), aber wenn es darum geht, einen Feind abzuknallen, empfinden die meisten Kinder die Kanone als eine viel aufregendere Form von Magie als den Zauberstab. In meiner Berufspraxis habe ich die Erfahrung gemacht, dass die Kinder, die Zauberstäbe vorzogen, meist schon etwas älter waren und sich mehr an den Erwachsenen orientierten. Außerdem waren es in der Mehrzahl Mädchen, die anscheinend die Furcht der Erwachsenen vor Waffen und Aggression verinnerlicht hatten und ihre Phantasien lieber in einer irrealeren Welt auslebten. Je freier die Phantasie eines Kindes ist, desto eher spielt es »Kanone«. Schließlich macht eine Pistole ordentlich Krach, ahmt in der Form den Finger des Schützen nach, kann mit einer raschen Geste gezückt werden und verschießt unsichtbare kleine Zauberkugeln, die die Vorstellungskraft des Kindes in einem einzigen blitzenden Punkt bündeln.

Als Erwachsene aber finden wir Waffen Furcht einflößend. Während wir versuchen, eine möglichst gewaltfreie Welt zu schaffen, reagieren wir immer empfindlicher auf das Thema Feuerwaffen, und ein Kind, das so tut, als wollte es uns erschießen, verursacht uns unweigerlich Unbehagen. Beim Anblick eines Kindes, das im Spielwarenladen eine Plastikmaschinenpistole haben will oder in einem Videospiel Aliens abschießt, stellen wir uns leicht vor, wie dasselbe Kind als zorniger Teenager eine echte Pistole zückt oder als junger Erwachsener ein Gewehr ergreift und in den Krieg zieht.

Und schließlich gibt es zahlreiche Beispiele aus der Wirklichkeit, die unsere Vorbehalte bestätigen – wie die Geschichte des Sechsjährigen, der mit einer echten Schusswaffe in die Schule kam und einen Klassenkameraden umbrachte. Unsere Ängste sind natürlich, und sie zwingen uns, uns mit den grundsätzlichen Anforderungen an die moderne Elternrolle auseinander zu setzen. Aber wenn wir die Phantasien der Kinder mit unseren Erwachsenenängsten befrachten, bürden wir den Kindern meiner Meinung nach eine Last auf, die sie nicht tragen sollten.

Ich erinnere mich noch an einen Vorfall aus dem Sommer, in dem ich neun wurde. Mit einem Spielzeugrevolver rannte ich durchs Haus und feuerte die gesamte sechsschüssige Trommel auf meine Mutter ab. Sie erstarrte sichtlich und wandte sich von mir ab. Ich ließ den Revolver sinken und sah sie an – mir war klar, dass ich etwas Schlimmes getan hatte, wusste aber nicht, wieso. Nach einer Weile sagte sie: »Ich kann das nicht sehen, ohne an all das Entsetzliche zu denken, das Waffen in der Welt angerichtet haben.« Damals lag der Mord an John F. Kennedy noch nicht lange zurück, der Krieg in Vietnam eskalierte, und in demselben Sommer hatte ein Amokschütze vom Turm der Universität von Texas aufs Geratewohl Menschen erschossen. Ich war mir all dieser schrecklichen Gewalttaten bewusst, und sie verstörten mich, aber sie geschahen in einer anderen Welt, weitab meiner Phantasiewelten, in denen ich wahrscheinlich James Bond war oder Napoleon Solo, der irgendeinen namenlosen Feind zur Strecke brachte. In meiner Phantasiewelt war ich mit meinem Spielrevolver bewaffnet und vollkommen sicher, dass ich mit allem, was mir zustieß, fertig werden konnte. Die Reaktion meiner Mutter riss mich aus dieser Welt heraus. Ich spürte ihren Abscheu, wusste, dass ich einen Teil ihrer Achtung und Unterstützung eingebüßt hatte, und übernahm einen Teil ihres Entsetzens in meine Phantasien.

Als meine Mutter und ich Jahrzehnte später darüber sprachen, sagte sie: »Ich wollte nicht, dass du mit der Vorstellung aufwächst, Waffen seien etwas Anständiges. Wahrscheinlich wäre das eine Gelegenheit für ein gutes Gespräch gewesen. Es tut mir Leid, dass ich damals nicht dazu imstande war – ich konnte einfach nicht. Es hat zu viele widerstreitende Gefühle in mir ausgelöst, als ich dich da mit diesem Revolver habe stehen sehen.« Ich wusste schon mit neun, dass echte Gewalt schlecht ist, und ich bin sicher, dass ich mich mit meinem elterlichen Vorbild auch dann zum moralischen Wesen entwickelt hätte, wenn sie mir direkt zugeredet hätten, mit meiner imaginären Kanone zu schießen. Trotzdem wäre ein Gespräch über echte Waffen und Spielzeugrevolver, wenn ich mich dabei sicher und als Person akzeptiert gefühlt hätte, vermutlich hilfreich gewesen. Zumindest hätte ich dabei üben können, mit meinen Eltern über unangenehme oder potenziell bedrohliche Themen zu reden. Aber diese Tür wurde mit jener Szene leider geschlossen. Einerseits fühlte ich mich danach schuldig wegen meiner brutalen Phantasien, andererseits war ich meiner Mutter böse, weil sie mir den Spaß daran verdorben hatte. Später versuchte ich, ihr diese Seite meines Wesens zu verheimlichen. Meine Mutter, die in ihrem kleinen Jungen so viele verwirrende Gefühle spürte, erwähnte die Sache nie wieder. Dieser und andere ähnliche Vorfälle störten nur die Kommunikation zwischen uns und belasteten meine Spiele.

Viele Eltern und Lehrer fürchten, dass Kinder, wenn sie mit Schießgewehren aus Plastik spielen und im Fernsehen Schießereien sehen dürfen, Waffen generell mit einem Zauber verklären, den sie sich bis ins Erwachsenenalter bewahren, weshalb sie dann eher geneigt sind, echte Waffen mit Macht und Aufregung in Verbindung zu bringen. Und es stimmt: So etwas kann passieren.

Dr. Donald F. Roberts, Professor für Kommunikationswissenschaften an der Stanford Universität, der mehr als dreißig Jahre lang den Umgang von Kindern mit Medien erforscht hat, sprach über die Macht von Fernsehbildern. »Eine ganze Generation von Kindern ist mit dem Vorspann von *Rauchende Colts* im Kopf aufgewachsen: Matt Dillon marschiert in Heldenpositur die Straße entlang, dann zieht er die Waffe. Die Kamera filmt zwischen seinen Beinen hindurch, während er abdrückt und sein Gegner auf der Straße zusammenbricht. Dann sehen wir sein Gesicht: eine stoische Miene, die für den erwachsenen Betrachter vielleicht ein gewisses Bedauern ausdrückt, dass er zu der Tat gezwungen war. Ein neunjähriges Kind hingegen denkt nicht so weit. Es sieht, wie der Held schießt, der Schurke getroffen niedersinkt, der Held mit keiner negativen Konsequenz zu rechnen hat. Und wie die Forschung nachgewiesen hat, empfinden wir das Ausbleiben von Konsequenzen als *Belohnung*. Marshall Dillon und in Erweiterung auch die Zuschauer werden also für den Schuss belohnt. Dem Kind prägt sich der Inhalt dieser Szene – »Heldentum, Schießen, Belohnung« – für immer ein, und es vermengt sie mit allem anderen, was ihm das Leben bringt.«[4]

Aber solche szenischen »Vorlagen« können sich unterschiedlich auswirken. Die Generation der Kinder, die in den Fünfziger- und frühen Sechzigerjahren aufwuchs, war von Bildern gewalttätigen, autoritären Heldentums tiefer durchdrungen und indoktriniert als jede andere in der Geschichte. TV-Western, Cop-Serien und die Dramen des Zweiten Weltkriegs überschwemmten die Wohnzimmer. Im Kino sahen sie noch mehr Western, noch mehr Kriegsepen und Horrorfilme, in denen Soldaten mit Bomben und Flammenwerfern Riesenmonster vernichteten. Tatsächlich stieg mit dieser Generation die Gewaltkriminalität an. Aber gleichzeitig gewann auch die Antikriegsbewegung an Zulauf, und in der ganzen Gesellschaft erhob sich in bisher unbekanntem Ausmaß eine Welle der Empörung gegen jegliche Form von Gewalt. Pazifismus, die Ablehnung des Waffenkults und Widerstand gegen Militär und Polizeigewalt waren Positionen, die einst nur eine kleine Minderheit von Außenseitern vertreten hatten und die nun untrennbar zur Kultur einer Generation gehörten – der *Rauchende Colts*-Generation. Natürlich lässt sich sowohl die steigende Kriminalität als auch die veränderte Einstellung zur Gewalt durch Kräfte erklären, die weitaus einflussreicher sind als Western im Fernsehen. Aber die Medienvorlagen waren ein Teil dieser Kräfte. Vielleicht hatte irgendein frustrierter halbwüchsiger Schläger Matt Dillon im Hinterkopf, als er zur Waffe griff; aber dasselbe gilt für den Antikriegsdemonstranten, der darin ein Modell für Entschlossenheit und Furchtlosigkeit angesichts des feindlichen politischen Establishments erblickte.

»Als wir klein waren, gab es bei uns zu Hause zwei Regeln«, berichtete Dr. John White, Neurophysiologe und Familientherapeut. »Keine Waffen am Esstisch und keine Schüsse auf unsere Schwester.« Alle Kinder aus der Nachbarschaft hatten Spielzeugwaffen, aber mit John und seinem Bruder konnte keiner mithalten: Kaum von der Schule zurück, schnallten sie sich ihren Revolvergürtel um, jeder mit zwei Halftern, und liefen so bis zum Schlafengehen herum – das Abendessen ausgenommen. »Ich glaube, unsere Eltern hatten die Waffen nur deswegen vom Tisch verbannt, um die totale Vernichtung einschließlich zermatschter Kartoffeln zu verhindern«, sagte er. »Mein Bruder und ich konnten uns kaum anschauen, ohne dass jeder versuchte, als Erster zu ziehen und den anderen abzuknallen.«

White wuchs Anfang der Sechzigerjahre in einer noch unfertigen Stadtrand-Neubausiedlung in Minnesota auf. Er beschrieb die trostlosen Kämpfe mit dem Wetter, seine schreckliche Rastlosigkeit während der endlosen Winter, wenn sie versuchten, draußen auf der gefrorenen kahlen Erde irgendeine halbwegs lustige Beschäftigung zu finden. Und er erzählte weiter, dass er als einigermaßen komischer Kauz galt: ein aufgeweckter, schüchterner jüdischer Junge in einem Viertel, in dem vorwiegend protestantische und katholische Fabrikarbeiter wohnten. »Die Revolverspiele waren ein Ventil für meine überschüssige Energie«, erinnerte er sich, »und nicht zuletzt auch für meine Frustrationen – denn irgendwelche kleinen Frustrationen gab es ständig. Sie härteten mich ab. Ich erinnere mich, dass ich als kleiner Junge echte Angst hatte, erschossen zu werden. Obwohl mein Verstand mir natürlich sagte, dass alles nur Spiel war, musste ich meinen ganzen Mut zusammennehmen, um hinter der Hausecke hervorzukommen – auf die Gefahr hin, mein Leben zu lassen. Das war eine Übung: Ich musste gewillt sein, alles anzunehmen, was auf mich zukam, um zu erreichen, was ich wollte. Außerdem steigerte ich mich mit den wilden Schießereien in eine Art Raserei hinein, sodass ich rennen konnte, ohne die Kälte zu spüren, oder auf dem hart gefrorenen Boden hinfallen konnte, ohne mir eine Spur weh zu tun.«

Im Gespräch mit Dr. White fiel mir wieder ein, weshalb auch ich Revolverspiele so unwiderstehlich gefunden hatte: Es war die mit Abstand beste Methode, um mit anderen Kindern in Kontakt zu kommen. Sport war trennend; er zog eine scharfe Grenze zwischen den Kindern, die Spitze waren, und den weniger herausragenden. Das galt ebenso für Kartenspiele und alle anderen komplizierten Gesellschaftsspiele. Aber schießen und tot umfallen konnte jeder. Es machte uns gleich, wir hatten selbst in der Hand, ob wir trafen oder daneben schossen, wir konnten alle Hemmungen fallen lassen. Wenn das größte und fürchterlichste Kind aus der Nachbarschaft »Getroffen!« schrie, konnte man zurückschreien: »Nein, daneben!«, und dann stritten wir sekundenlang, ehe einer von uns wieder anfing, den anderen niederzuknallen, und eine neue Runde einläutete.

»Ja!«, stimmte White zu, und auf einmal entstand eine nahezu elektrische Spannung zwischen uns: Wir waren wieder zwei Kinder, die mit ihren Plastikrevolvern aus dem Haus rannten und nach Opfern suchten. »Am Anfang waren Schießereien das Einzige, bei dem ich mich traute, aus voller Kehle zu brüllen und mich ins Zentrum der Aufmerksamkeit zu stellen. Ohne meine zwei Revolver machte ich mich lieber stillschweigend aus dem Staub. Aber nachdem ich mir einen Ruf als wilder Revolverheld erworben hatte, fiel es mir auch in anderen Situationen leichter, mich nicht zu verstecken.«

»Was ist denn aus Ihren Revolvern geworden?«, fragte ich. »Jetzt sind Sie ja unbewaffnet, wie ich sehe.« Er lachte: »Das sehen Sie eben nicht!« Am Ende seiner Kindheit, sagte er, habe er die Revolver zusammen mit allen anderen Plastikspielsachen ausrangiert. »Abgesehen von allen moralischen Einwänden gegen Schusswaffen, die ich als Jugendlicher wohl hatte, wäre es mir einfach *lächerlich* vorgekommen, eine echte Waffe besitzen zu wollen. Ich war ein Teenager, ich wollte ernst genommen werden im wirklichen Leben. Revolver waren Kinderkram. Sie gehörten in die Kategorie Spielsachen und Fernsehfilme. Die Erwachsenen, die ihre Probleme mit Waffen zu lösen versuchten, kamen mir, neben allem anderen, *kindisch* vor.« White arbeitete zunächst in der neurophysiologischen Forschung, später stieg er aus der reinen Laborforschung aus, um mehr mit Menschen zu tun zu haben, und ließ sich als Familientherapeut und Psychologe mit eigener Praxis nieder. »Aber meine Zeit als jugendlicher Revolverschütze wird mir immer in Erinnerung bleiben«, sagte er. »An jedem angstbehafteten Wendepunkt meines Lebens – Studienabschluss, Vaterschaft, Berufswechsel – denke ich an den wilden Mut, in den ich mich damals hineinsteigern konnte. Es war Ermutigung im wahrsten Sinn. Selbstermutigung.«

Revolverspiele empfinden wir heute natürlich anders, als sie 1960 empfunden wurden. Zum einen werden heute mehr Menschen erschossen, und obwohl nur ein winziger Prozentsatz der Jugendlichen zu Mördern wird, machen die Medien daraus ein nationales Anliegen. Zum anderen hat sich die Landschaft der Popkultur seither um blutrünstige Computerspiele erweitert. Donald Roberts aus Stanford bemerkte: »Ich habe mit meinem Sohn über die Realität von Waffen gesprochen, als er klein war, erlaubte ihm aber Spielzeugpistolen. Wenn er mir jetzt meine Enkel bringt und die sind mit Maschinengewehren bewaffnet, ertappe ich mich bei dem Gedanken, dass es mir *wirklich* lieber wäre, wenn er seine Kinder nicht mit diesen Dingern spielen ließe – weil ich jetzt sehe, wie Kinder heute von harmlosen Spielsachen zu weniger harmlosen Arcade-Spielen wechseln, in denen sie sehr menschenähnliche Gegner abknallen. Das bringt die Sache der Realität sehr viel näher.« Aber wie viel von diesen Ängsten besteht aus der echten Sorge, unsere Kinder könnten zu Mördern werden, und wie viel davon ist lediglich unser eigenes, erwachsenes Unbehagen darüber, dass uns diese Spiele an die viel realistischere Brutalität mancher Unterhaltung erinnern – und damit an das Grauen echter Gewalt? Darüber war sich auch Roberts im Klaren, als er lachend anfügte: »Vielleicht bin ich aber auch nur ein alter Knacker, der nichts mehr rafft!«

Lenore Terr, eine seit Jahrzehnten auf Kinder und kindliche Entwicklung spezialisierte Psychiaterin, erinnerte sich: »In den Siebzigerjahren bekam ich von allen Seiten zu hören, ich dürfe auf keinen Fall Spielzeugwaffen in meiner Praxis haben, und ich entgegnete darauf, dass die Kinder das Schießen bräuchten – sie müssten einander erschießen, müssten ihre Eltern erschießen, müssten mich erschießen. Tatsächlich ist es eine der besten Methoden, um mit Aggressionen fertig zu werden – wenn wir dieses Ventil blockieren, verschärfen wir genau die Probleme, denen die Feinde der Spielzeugwaffen eigentlich zu Leibe rücken wollen. Mit der

Zeit gingen auch Experten und die Öffentlichkeit mehrheitlich zu der Auffassung über, die ich die ganze Zeit vertreten hatte. Aber es wird immer Leute geben, die neue Bedenken gegen Spielzeugwaffen erheben, vor allem wenn wieder einmal die Jugendkriminalität oder eine neue Art von Mediengewalt ins Zentrum der Aufmerksamkeit rückt.«

Wir hören alarmierende Berichte über die Gewalt in den Unterhaltungsmedien der Kinder. Häufig wurde eine 1998 an der Universität von Kalifornien in Los Angeles durchgeführte Studie zitiert, wonach ein durchschnittliches Kind am Ende seiner Grundschulzeit rund 6.000 gewaltsame Todesfälle im Fernsehen gesehen hat.[5] Bei näherer Betrachtung stellt sich jedoch heraus, dass diese Zahl rein theoretisch konstruiert ist: Es handelt sich nämlich um die Zahl der gewaltsamen Todesfälle, die ein Kind hätte sehen *können,* falls es sämtliche Krimis und sonstigen brutalen Filme gesehen hätte, die in dieser Zeit ausgestrahlt wurden. Ziehen wir aber die kindlichen Fernsehgewohnheiten in Betracht, so stellen wir fest, dass die meisten Kinder während ihrer ersten sechs Lebensjahre aller Wahrscheinlichkeit nach überhaupt keinen gewaltsamen Tod sehen und auch später, wenn sie langsam anfangen, sich für die Programme und Filme der Erwachsenen zu interessieren, nur eine geringe Anzahl.[6] Ähnlich verkündete eine Harvard-Studie, dass sechzig Prozent der Videospiele ohne Altersbeschränkung Gewalt darstellende Szenen enthielten.[7] Aber wie sich herausstellte, verstanden die Autoren der Studie darunter auch Szenen, in denen *Pac Man* Geister frisst und der Zeichentrick-Gecko *Gex* mit dem Schwanz Skelette peitscht.

Es stimmt natürlich, dass die Unterhaltungsmedien für ältere Kinder heute weitaus mehr blutrünstigen Realismus enthalten als früher. Gleichzeitig aber ist die Mehrzahl der Spielzeugwaffen, insbesondere auf dem Markt für Kleinkinder, phantastischer und weniger realistisch als vor vierzig Jahren. Im Kinderfernsehen wimmelt es zwar von Superhelden, die mit Strahlenpistolen ihre Gegner abknallen, doch Schusswaffen im eigentlichen Sinn kommen praktisch nicht mehr vor, und die gespielten Schießereien sind im Wesentlichen dasselbe wie immer: Die »Kanone« ist im Grunde immer noch ein Zauberstab. Mit ihrer Zauberkraft bewirkt sie nach wie vor Ermutigung.

Wie zahlreiche Studien belegen, stammt die große Mehrheit der Jugendlichen, die zu realen Waffen greifen, aus Familien, in denen reale Waffen vorhanden waren und benutzt wurden oder ist in einem Umfeld aufgewachsen, in dem Schusswaffen Bestandteil der normalen Jugendkultur sind, zum Beispiel in einer von Jugendbanden regierten Gegend.[8] Hingegen ließ sich trotz jahrzehntelanger Bemühung vieler Forscher kein kausaler Zusammenhang zwischen tatsächlichem Waffengebrauch und frühkindlicher Vorliebe für Spielzeugwaffen, Fingerschießen oder Schießereien im Fernsehen nachweisen. Und obwohl die Eltern in den Achtziger- und Neunzigerjahren wesentlich nachsichtiger gegenüber Revolverspielen waren als in den Siebzigerjahren, konnte ich in meiner Arbeit mit jungen Menschen nicht das geringste Anzeichen einer neuerlichen Kehrtwende zur Verklärung von echten Waffen erkennen. Allenfalls haben Bandenkriege und Amokläufer an Schulen das Gegenteil bewirkt: Ich habe gehört, wie selbst die größten Machos und begeistertsten Anhänger von Computerspielen den Griff zur echten Waffe als »bescheuert« und als »Hühnerkacke« bezeichneten.

Als Fernsehnachrichten und Presse im März 2000 von dem Erstklässler berichteten, der eine Mitschülerin erschossen hatte, versuchten viele Kommentatoren seine Tat mit gewaltorientierten Medien in Verbindung zu bringen. Im Prozess sagte der Staatsanwalt, der Junge habe »damit gerechnet, dass das Opfer wieder aufsteht, genauso wie in seinen Videospielen«.[9] Aber als wir Näheres über das Leben des Jungen erfuhren, stellte sich heraus, dass er keineswegs in einer Welt imaginärer Waffen lebte. Zwar sah er gelegentlich brutale Fernsehfilme; entscheidender aber war, dass er an einem Crack-Umschlagplatz voller echter Waffen aufgewachsen war, in der Umgebung von Männern, die jeden Konflikt mit realer Gewalt aus der Welt schafften und ihrem Zorn mit Ausdrücken Luft machten wie: »Die Schlampe bring ich um.« Er hatte keine Spielsachen, Videospiele oder andere harmlose Ventile für seine Ängste und Aggressionen. Er hatte keinen vernünftigen Erwachsenen als Vorbild. Er hatte keine Kindheit. Kinder brauchen aber beides: eine erwachsene Welt der nicht-gewalttätigen und regulierten Aggression und eine von erwachsenem Denken unbelastete Phantasiewelt.

Wir helfen den Kindern nicht, zwischen Phantasie und Realität zu unterscheiden, wenn wir auf ihre Phantasien in einer Weise reagieren, die eher realer Gewalt angemessen wäre. Wenn ein Kind im Spiel einen Freund umbringt, der sich gern umbringen lässt, und wir mit einem besorgten »Du sollst doch nicht auf Leute schießen!« darauf reagieren, tragen wir nichts zur Klärung bei, im Gegenteil: Wir verwischen eben jene Grenzen, die das Kind zu ziehen versucht. Wir vermitteln ihm, dass die Erwachsenen Schießen im Spiel als *reale* Bedrohung empfinden, woraus es den Schluss zieht, dass seine Phantasien offensichtlich mächtiger und gefährlicher sind, als es dachte. Für das Kind bedeutet dies mehr Angst und Selbstzweifel, größere Bedenken wegen der Macht gewaltsamer Gedanken, weniger Kontrolle über die eigenen Gefühle und weniger Übung in der Äußerung seiner Phantasien – eine Kombination, die viel eher zu Verhaltensproblemen oder übermäßiger Schüchternheit führt, als es das harmlose Vergnügen im Spiel je tun kann.

Der Stolperstein, der uns immer wieder vor die Füße gerät, ist die *wörtliche* Bedeutung: Hier ist ein Mann mit Schusswaffe, und ein Kind, das ihm nacheifert, bereitet sich darauf vor, ebenfalls ein Mann mit Schusswaffe zu werden. Je länger ich mich jedoch mit dem Thema beschäftige, desto sicherer bin ich, dass die wichtigste Funktion einer Geschichte ihre *emotionale* Bedeutung ist. Für die Entwicklung des Kindes zählen am meisten die emotionale Verbindung, die es zu seinen Phantasien herstellt, sowie die Art und Weise, wie es sie durch Spiel und Vorstellung in sein Gefühlsleben integriert. Dies ist die Macht von Symbolen, Mythen und Metaphern. Der Versuch zu begreifen, wie ein Kind mit einem Spiel oder Spielzeug, einer Zeichentrickserie oder Ähnlichem umgeht, ist ein bisschen wie Traumdeutung: Aus einem primitiven Traumdeutungsbuch erfahren wir vielleicht, eine Schusswaffe sei ein »Phallussymbol« oder ein »Symbol für Tod«; aber damit der Träumer etwas damit anfangen kann, muss er sich fragen, welchen Stellenwert die Waffe in seinem Traum hatte – war sie bedrohlich oder absurd, hat sie ihm Macht verliehen? Dies könnten wir die *emotionale Botschaft* einer Phantasie nennen. Matt Dillon ist eine fiktive Version von uns selbst, die sich gegen eine Bedrohung zur Wehr setzt, entschlossen handelt und die Gefahr abwehrt. In dem Fall lautet die emotionale Botschaft nicht: »Bring deine Gegner mit Waffengewalt zur Strecke«, sondern: »Hab keine Angst – und tu, was du für richtig hältst«.

Was ein Kind an einer beliebigen Phantasie anspricht, ist deren emotionaler Gehalt: Kein Sechsjähriger sucht sich ein Spielzeug oder einen Zeichentrickfilm aus, weil er glaubt, er würde dadurch klüger oder fände seine Vorlieben und Ansichten bestätigt. Isaac Bashevis Singer drückte dies mit einer treffenden Bemerkung aus: »Kinder sind die einzigen ehrlichen Leser.«[10] Jeder Spielwarenhersteller weiß, dass auch die beste Werbung keine Bedürfnisse in einem Kind zu wecken vermag, die nicht mit seinen ureigenen Phantasien übereinstimmen.[11] Ein kleines Mädchen, das sich schon von Natur aus nach Glanz und Ausstrahlung und den chamäleonhaften Verwandlungsmöglichkeiten des Sich-Verkleidens sehnt, wird sich von einer Barbie-Werbung, die ihre Phantasien bündelt und verstärkt, durchaus angesprochen fühlen. Hingegen kann ihr Bruder, der bestimmten Männlichkeitsidealen anhängt, dieselbe Werbung tausendmal sehen, ohne je den Wunsch nach einer Barbie zu verspüren. Kinder fühlen sich entweder auf emotionaler Ebene von einer Phantasie angesprochen oder tun sie sofort als belanglos ab. Wir vergessen häufig, wie intensiv sie mit ihren Phantasien leben. John Michaud, ein Pädagoge und ehemaliger Vorschullehrer, der häufig Vorträge vor Eltern hält, erinnert seine Zuhörer Jahr für Jahr von neuem: »Ein Elfjähriger kann alles über Tiger lernen, aber nur ein Fünfjähriger kann einer *sein.*«

Als Erwachsene verwenden wir so viel Energie darauf, unsere mächtigsten Phantasien und Gefühle wirksam in den Hintergrund zu schieben, dass es aufwühlend und verstörend sein kann, wenn wir mit der Vorstellungskraft eines Kindes in Berührung kommen. Äußerst irritierend finden wir die Lust unserer Kinder an Dingen, die beunruhigen oder sogar erschrecken. Ein kleiner Junge erzählte mir einmal von seiner Phantasiewelt, die er Kuscheltierland nannte. »Dort leben lauter Stofftiere«, sagte er, »der König ist ein Stachelschwein, meine Stoffente ist die Königin, und die anderen sind Prinzen.« Wie reizend, dachte ich. »Und es gibt überhaupt keine Bösewichte im Kuscheltierland, niemand muss Angst haben«, fuhr er grinsend fort. Wie *reizend,* dachte ich. Dann erklärte er mit breitem Unschuldslächeln: »Dort gibt es nämlich eine Maschine, die steht am Rand des Kuscheltierlands wie eine Falle, und wenn je ein Bösewicht hereinzukommen versucht, *wird er ganz einfach von der Maschine zerhackt!*«

Ich weiß nicht, wie anschaulich die Vorstellung des Jungen von der Schurken zerhackenden Maschine war, aber aus meiner Arbeit mit Kindern weiß ich, dass sie imstande sind, sich mit Lust und offensichtlich völlig ungerührt die blutrünstigsten Bilder von ausgerissenen Gliedmaßen und spritzendem Blut auszumalen. Das ist für sie nicht nur ein natürlicher Lernprozess, bei dem sie darüber nachdenken, wie der Körper von innen aussieht und was alles mit ihm passieren kann, sondern beinhaltet auch die beglückende Erkenntnis über die eigene körperliche Unversehrtheit. Außerdem üben sie auf diese Weise, die Realität ins Monströse aufzublähen und im Kopf wieder zusammenzusetzen – ein wichtiger Schritt auf dem Weg zur Unterscheidung zwischen Wirklichkeit und Phantasie.

Wir Erwachsenen, die wir vielleicht zu fest in der Realität verankert sind, wissen oft nicht, wie wir auf kindliche Phantasien reagieren sollen. Ich weiß noch, dass mir das Lächeln auf den Lippen gefror, als der Junge mir von seiner Häckselmaschine erzählte. Vor Jahrzehnten berichtete Anna Freud von kleinen Kindern, die sichtlich ungerührt erzählten, wie sie den Körper ihrer Mutter zerstückelten, was sie als Ausdruck des »Todeswunsches« und als echtes (bei Mädchen mit dem Elektra-Komplex verbundenes) Bedürfnis auslegte, die Mutter tot zu sehen.[12] Neben ihrer brillanten und wertvollen Arbeit, der Anwendung psychoanalytischer Prinzipien auf Kinder, erscheint diese Interpretation in meinen Augen als einigermaßen nervöse und humorlose Reaktion auf eine Äußerung, die ebenso gut eine überschwängliche Phantasie gewesen sein könnte.

Einmal habe ich erlebt, wie die Phantasien eines Kindes einen Kindergarten praktisch in den Grundfesten erschütterten. Die Leiterin schrieb im Mitteilungsblatt, mit welcher Betroffenheit sie beobachtet habe, wie ein kleines Mädchen im Sandkasten zwei Löwen mit den Köpfen gegeneinander rammte und dazu murmelte: »Mörder Mufasa! Mörder Mufasa!« Die Leiterin des Kindergartens machte die »modernen Medien« dafür verantwortlich (»Meiner Erinnerung nach war mir in dem Alter das Wort ›Mörder‹ mit Sicherheit unbekannt«, schrieb sie) und forderte die Eltern auf, ihren Kindern das Fernsehen zu verbieten. Ein Vater namens Marc Laidlaw, ein Science-Fiction-Autor und Entwickler von Videospielen mit großem Feingefühl für die Kinderkultur, verfasste daraufhin eine nachdenkliche Antwort für das nächste Mitteilungsblatt, in der er einräumte, dass bestimmte Medieneinflüsse für Kinder gewiss ungesund seien, die richtigen Einflüsse aber unter den richtigen Umständen zweifellos positiv wirken könnten. Er beschrieb, wie er mit seinen Töchtern den Zeichentrickfilm *My Neighbor Totoro* gesehen hatte, welche Gespräche daraus entstanden waren und welche Phantasien die Kinder daraus entwickelt hatten. Seine Stellungnahme löste bei anderen Eltern vehemente Reaktionen aus: feindselig, anklagend und meist anonym. Ein unsignierter Brief lautete: »Für den fernsehverliebten Vater habe ich nur einen Rat: Wachen Sie auf!« Die einst harmonische Elterngemeinschaft wurde auseinander gerissen und fand nie wieder richtig zusammen.

Wir versuchen unsere Kinder vor unangenehmen Wahrheiten zu schützen, aber sie bleiben ihnen nicht erspart. Ich weiß nicht, woher das kleine Mädchen im Sandkasten das Wort »Mörder« kannte, ich weiß nur, dass es im *König der Löwen* und anderen mir bekannten Filmen für kleine Kinder nicht vorkommt. Sie könnte es in einem Gespräch zwischen Erwachsenen aufgeschnappt haben, von einem größeren Kind oder aus den Fernsehnachrichten. Jedenfalls hörte sie es, wie alle Kinder unweigerlich immer alles mitbekommen, und war vermutlich verstört. Sie versuchte sich einen Reim darauf zu machen, indem sie im Sandkasten damit spielte: die sicherste Methode, die sie kannte, um sich mit etwas auseinander zu setzen. Die wütende Diskussion der Erwachsenen, die sie unwissentlich auslöste, bekam sie zwar wohl nicht direkt zu spüren, aber genutzt hat sie ihr zweifellos ebenso wenig. Nachdem so viele Eltern vor Zorn kochten, wird die Atmosphäre in ihrem Kindergarten vermutlich nicht mehr so gedeihlich gewesen sein wie zuvor. Die ausweglose Situation erscheint mir wie der Mikrokosmos unserer universalen Debatte über Kinder und Medien, in der so viel Zeit und Energie auf Verallgemeinerungen verwendet werden, während sich kaum jemand bemüht, mit den Kindern selbst zu kommunizieren.

Nur ein paar Wochen später führte mir ein anderer Vorfall vor Augen, wie fast schon reflexartig wir zurückzucken, wenn unsere Kinder uns zeigen, dass sie von den Schattenseiten des Lebens mehr wissen, als wir wahrhaben wollen. Mit dem vierjährigen Nicky an der Hand schob ich mich im Disneyland durch das Gedränge, als ein kleiner Junge vor uns plötzlich zu seiner Mutter aufschaute und fragte: »Mama, wirst du sterben?« Seine Mutter geriet sichtlich aus der Fassung, und als erste Reaktion suchte sie den Blick des nächsten verständnisvollen Erwachsenen und sagte verlegen: »Typisch für einen Fünfjährigen!« Ich dachte ärgerlich: Wieso antwortet sie nicht einfach ehrlich auf die Frage ihres Jungen, statt ihn in Verlegenheit zu bringen? Und im selben Moment wurde mir bewusst, dass *mein* erster Gedanke gewesen war: Du lieber Gott, hoffentlich hat Nick das nicht gehört! Ich wollte mich ebenso wenig wie sie mit meinem Kind über diese unausweichliche Wahrheit auseinander setzen und war erleichtert, als ich feststellte, dass Nicky ganz davon in Anspruch genommen war ein wilder Tyrannosaurus zu sein. Erst später fiel mir ein, was den Tyrannosaurus für Nicky offensichtlich so verlockend machte: Er war ein mörderischer Räuber und er war ausgestorben. Nicky verarbeitete sein eigenes Wissen um den Tod auf der Ebene, die für ihn am geeignetsten war.

Aus den vermeintlich freundlichsten Gründen versuchen wir unsere Kinder zu schützen. Aber ihre eigenen und mächtigsten Phantasien sind unfreundlich und unvernünftig, denn schon in den ersten Lebensjahren begreifen sie, dass die Grundfesten der Welt weder vernünftig noch freundlich sind. Die treibende Kraft hinter den größten Errungenschaften der Menschheit, sagte der Philosoph Ernest Becker, sei die »Leugnung des Todes«.[13] Unsere Wissenschaft, unsere Kunst, unsere Zivilisation sind vor allem deshalb so verlockend, weil sie uns den Ausweg bieten: »Ich werde nicht sterben – nicht ganz – noch nicht.« Sogar die Kunst, die sich direkt mit dem Tod auseinander setzt, ist ein Versuch, Macht über ihn zu gewinnen und ihn damit ein Stück weit fortzuschieben. Die größte Kunst der Kinder aber ist das Spiel.

Der spielerische Umgang mit den Furcht erregendsten Realitäten des Lebens setzt sich durch die gesamte Adoleszenz hindurch fort. Wie Mary Pipher in ihrem Buch *Pubertätskrisen junger Mädchen* darlegt, sind Mädchen aus beschützten, nach außen hin abgeschirmten Familien in den frühen Teenagerjahren ruhiger und weniger aufgewühlt als Mädchen aus liberaleren und offeneren Familien.[14] Aber in der späteren Adoleszenz und im jungen Erwachsenenalter sind dieselben Mädchen viel anfälliger für Krisen, die mit Identität und Selbstbewusstsein zu tun haben. Die Mädchen, die experimentieren, Risiken eingehen, gegen die Werte der Erwachsenen protestieren und sich mit erschreckenden, aber auch faszinierenden Gefühlen auseinander setzen durften, hatten als junge Erwachsene in der Mehrzahl ein ausgeprägteres Selbstwertgefühl und mehr Flexibilität entwickelt, während diejenigen, die schon früh den Wertmaßstäben der Erwachsenen unterworfen wurden, in der Regel weniger gut darauf vorbereitet waren, ihr eigenes Leben zu führen.

Über die blutrünstigen Schießereien in Shooter-Spielen wird an späterer Stelle noch mehr zu sagen sein. Nach meiner Erfahrung aber erfüllen sie für ältere Kinder meist dieselbe Funktion wie fiktive Pistolen und Schießereien für die Kleinen. Die Phantasien der Teenager sind viel weniger allmächtig als die der kleineren Kinder, die Älteren brauchen realistische Bilder und die Überraschungseffekte, die sich in der Interaktion mit einem von anderen entwickelten Spiel ergeben. Aber wie die Phantasien der Kindergartenkinder versetzen solche Spiele auch die älteren Kinder in die Lage, mit den Realitäten, die ihnen am meisten Angst einjagen, spielerisch umzugehen und Kontrolle über sie zu gewinnen. Rap-Songs über Getto-Gewalt, Trauergesänge über Selbstmord, Filme über bösartige Killer sind Hilfsmittel von derselben Sorte. Wenn der Jugendliche das Gefühl hat, solche Schrecken besser zu begreifen, kann er sich in der Konfrontation mit ihnen auch stärker fühlen.

Damit junge Menschen ein Ich entwickeln können, mit dem sie gut durchs Leben kommen, brauchen sie Vorbilder, Anleitung, Kommunikation und Grenzen. Aber sie müssen auch phantasieren und spielen und sich in Geschichten versenken dürfen. Damit zerlegen sie die Welt und setzen sie in einer neuen Form wieder zusammen, mit der sie umgehen können. Damit spüren sie ihren Gedanken und Gefühlen nach und bekommen sie einigermaßen in Griff. Damit bringen sie ihre Monster um.

Am liebesfähigsten sind wir, wenn wir mit unseren Ängsten und unserem Zorn in Frieden leben. Aus dem Wunsch heraus, unsere Kinder glücklich und unschuldig zu sehen, neigen wir dazu, gewaltsame Phantasien an das eine Ende des Spektrums zu setzen und liebevolle Phantasien an das andere. Aber wie ich selbst festgestellt habe, vermischen sich die beiden in den kindlichen Vorstellungen häufig. Der kleine Junge, dessen Kuscheltierland von einer grausamen Häckselmaschine geschützt wurde, konnte sich innerhalb seines Reichs geborgen und sicher fühlen. Er war somit in der Lage, seine Stofftiere zu versorgen und sich von ihnen umsorgen zu lassen, eben *weil* jede potenzielle Gefahr so radikal im Keim erstickt wurde. Das ist der Grund, weshalb Bruno Bettelheim und sehr viele andere Psychiater und Psychologen gegen die Zensierung und Bereinigung von Märchen protestierten.[15] Der Wolf, der die Großmutter im Schrank einsperrt und dann vor dem Jäger davonläuft, ist eine nette Comic-Figur und nichts weiter; der Wolf hingegen, der die Großmutter verschlingt und dem der Jäger dann den Bauch aufschlitzt, entspricht der Vorstellungs- und Gefühlswelt der Kinder und hilft ihnen, die erschreckenden Realitäten des Lebens, mit denen sie selbst schon konfrontiert worden sind, zu bewältigen.

Bei einem Rundfunksender in der Nähe von New York moderierte ich einmal eine Gesprächssendung, in der mich eine Hörerin wegen ihrer Schwester und ihrer Nichte um Rat fragte. Ihre neunjährige Nichte hatte für die Großmutter im Krankenhaus ein Brettspiel erfunden, bei dem es darum ging, durch Würfeln der Katze zur Maus zu verhelfen. Die Erfindung bestand darin, dass die Katze ihre Beute stückchenweise verspeiste: Kam sie auf ein Feld mit dem Bild des Mäuseschwanzes, fraß sie den Schwanz, landete sie auf einem Bein, fraß sie das Bein und so weiter, bis schließlich auch der Mäusekopf verspeist war. Die Mutter des Mädchens bezeichnete die Idee als »verderbt«. Ich fragte die Anruferin, ob ihre Nichte irgendwie morbid oder verstört gewirkt habe, als sie sich das Spiel ausdachte, und die Tante verneinte; das Mädchen habe auch nie lebendige Tiere misshandelt. Die Reaktion der Mutter allerdings habe das Kind aus der Fassung gebracht. Mein Rat lautete, dass, wenn das Mädchen Spaß und Freude an dem Spiel gehabt habe, wenn es sich nicht in der einen oder anderen Weise negativ verhalte, dann müsse man das Werk nicht nur akzeptieren, sondern sogar loben. (Ob es das angemessene Geschenk für eine bettlägerige Großmutter im Krankenhaus war, ist eine andere Frage, aber die musste ich zum Glück nicht beantworten.) Nicht nur hatte das Mädchen etwas ganz Eigenes erfunden, sondern es hatte sich mit spielerischer Empathie mit einer der unerfreulichsten Seiten von Katzen auseinander gesetzt. Jedes neunjährige Kind weiß, dass sanfte Kätzchen süße kleine Tiere fressen, und dies auf durchaus nicht appetitliche Weise. Das Spiel half dem Mädchen, Katzen trotzdem zu lieben, ohne durch allerlei geistige Verrenkungen ihre wahre Natur leugnen zu müssen.

Natürlich gelingt es nicht jedem Kind, konstruktiv mit Gewalt umzugehen. Aber solange wir Erwachsenen von unseren eigenen ängstlichen Reaktionen auf fiktive Gewalt nicht einen Schritt zurücktreten, werden wir nie verstehen, wie ein bestimmtes Kind von einer bestimmten Phantasie profitieren kann. Vivian Gussin Paley, die bekannte Vorschulpädagogin und Autorin zahlreicher Bücher über Kinder, beschrieb anschaulich ihren Widerwillen gegen die gewaltreichen Spiele kleiner Jungen und ihre persönliche Erfahrung damit: Je mehr sie versuchte, die Schlachten der Superhelden und ihre Schießereien zu verhindern, desto hartnäckiger wurden die Gewaltphantasien – und desto mehr beharrten die Kinder darauf, sie sei ungerecht.[16]

»Bei Schießereien geht es immer darum, Menschen umzubringen«, setzte sie ihnen auseinander. »In einer Kindergartengruppe ist das nicht richtig.« Doch als die Jungen Erklärungen verlangten, erkannte sie den Widerspruch zwischen ihrer Behauptung und den Märchenspielen, die sehr wohl erlaubt waren: »Besteht etwa ein Unterschied zwischen ›Lass uns so tun, als wären unsere Eltern tot‹ und ›Lass uns spielen, dass ich dich umbringe‹? Die Kinder wissen, dass alles magische Spiele sind. Dieselbe Magie vernichtet und lässt wieder auferstehen, erzeugt Waisen oder eine Mutter – oder den grünen Schleim. Die Magie ist das kindliche Vorstellungsvermögen; die Vorstellungen in die Tat umzusetzen ist das Spiel; und das Spiel zu spielen ist der sicherste Weg, seinen Gefühlen Luft zu machen.«

Paley begann den Details der kindlichen Phantasien mehr Aufmerksamkeit zu schenken: Böse brachten Gute um und holten sie anschließend ins Leben zurück; Superhelden benutzten ihre übermenschlichen Kräfte, um verirrte Freunde zu retten; Räuber brachen in die Puppenecke ein und blieben, um sich um die Babys zu kümmern. Schließlich kam sie zu dem Schluss, dass gewaltreiche Spiele »ernst zu nehmende Dramen [sind], nicht makabrer Unfug«. Selbst wenn das Drama hauptsächlich in Aggression ausartet, kann es das gesamte kindliche Gefühlsleben umfassen. Sie bekannte, dass die Schießgeräusche eines kleinen Jungen sie lange verstörten, bis sie eines Tages eine Gruppe von Jungen bei einem Spiel beobachtete, in dem Soldaten Shogun-Roboter erschossen, die Shogun-Krieger dann wieder zum Leben erwachten und nun lieber Soldaten in der Armee sein wollten. »Shogun-Krieger sind zweifellos Brüder, die einander lieben«, erkannte sie. »Als mir das klar geworden war, hörte sich der Schlachtenlärm schon harmloser an.«

Niemand hat dies je besser auf den Punkt gebracht als der siebenjährige Sohn des Psychiaters Edwin Cook von der Universität von Chicago. Obwohl Cook der Ansicht war, dass Gewaltphantasien und Action-Unterhaltung in vielen Fällen konstruktiv sein können, hatte auch er, was seinen eigenen kleinen Jungen betraf, schwer wiegende Vorbehalte gegenüber Spielzeugpistolen und brutalen Zeichentrickfilmen. Er erlaubte ihm keine Schusswaffen als solche, schenkte ihm aber als Ersatz Throwbots von Lego – Wurfroboter, die kleine Plastikscheiben verschießen – und brachte ihm bei, Spielkameraden lieber anzurempeln wie ein Eishockey-Spieler, statt mit den Fäusten zuzuschlagen. Er versuchte ihm gewaltfreie Zeichentrickserien schmackhaft zu machen, und als der Junge darauf bestand, die *Power Rangers* und *Pokémon* zu sehen, saß Dr. Cook neben ihm und sprach über die Gefahren echter Gewalt. Eines Tages sah sein Sohn ihn ernst an und sagte: »Weißt du, Dad, du versuchst immer, aus mir jemand zu machen, der keine Gewalt mag. Aber die Sache ist die – ich *mag* Gewalt!«

Und so ist es. Manche Kinder mögen Gewalt mehr als andere. Manche aus diesen Gründen, manche aus jenen. Die Phantasien, die sie als Ausdruck finden, lassen die Kinder bisweilen glücklicher und produktiver werden, manchmal wirken sie auch verstörend auf sie. Aber der Punkt, von dem aus jede Diskussion über Kinder und gewaltreiche Phantasien beginnen sollte, ist das Eingeständnis, dass den meisten Kindern Gewalt in der einen oder anderen Form gefällt und dass sie das wissen. Auf dieser Voraussetzung gründen Kommunikation, Anleitung und Verständnis. Es ist viel darüber geschrieben worden, wie die Erwachsenen auf den Wunsch der Kinder nach Gewalt im Spiel am besten reagieren sollten: Meist geht es darum, mit den Kindern über die Realität von Gewalt zu diskutieren und sie auf andere Spielmöglichkeiten aufmerksam zu machen. Das sind alles keine schlechten Ideen. Aber die beste Reaktion von allen ist diejenige, auf die es die Kinder abgesehen haben: sich mit der Hand an die Brust zu fassen und tot umzufallen.

4
Der gute Kampf

Kind sein ist schwer. Man müht sich ab, das Aufstehen zu lernen und fällt immer wieder um. Wenn man endlich stehen kann, versucht man zu gehen – und fällt wieder um. Man kann nicht verhindern, dass die Eltern einen in den Kinderwagen setzen, wenn man im Arm gehalten werden möchte, oder einen festhalten, wenn man rennen will (obwohl manchmal ein lautes Wutgebrüll hilft). Wenn man größer wird, mehr Selbstbestimmung erlangt und mehr Macht gewinnt, sind neue Frustrationen der Preis dafür. Man sieht zu, wie Erwachsene bestimmte Tätigkeiten mit links erledigen, aber wenn man es selbst versucht, wird eine Katastrophe daraus. Die Eltern lassen Türen mit einem banalen Griff zur Klinke einfach so auffliegen, während man selbst noch viel zu kurz dafür ist. Erreicht man dann endlich die Klinke, muss man feststellen, dass die Tür trotzdem nicht aufgeht.

Eines der größten Frustrationsgefühle, mit denen Kinder fertig werden müssen, ist ihre Machtlosigkeit. Manche Kinder werden in dieser Beziehung mit besonders belastenden und schmerzlichen Ereignissen oder Zuständen konfrontiert: dem Verlust eines Elternteils, Missbrauch, Vernachlässigung, tyrannischen Mitschülern, Krankheit, Armut, Gewalt in der Nachbarschaft. Aber selbst die behütetsten Kinder mit den verständnisvollsten Eltern werden jeden Tag daran erinnert, wie klein und machtlos sie immer noch sind. Als Nicky drei Jahre alt war, gingen wir einmal mit ihm in einen Park, in dem Picknicktische inmitten von Schilfrohr standen. Mit einem Rohrkolben in der Hand rannte Nicky rund um den Tisch und kreischte vor Begeisterung, bis er auf einmal über seine kleinen Füße stolperte – bevor wir ihn auffangen konnten, fiel er aus vollem Lauf hin und prallte mit der Stirn gegen die Tischkante. Einer der glücklichsten Tage in seinem jungen Leben endete mit Schmerzen, nur weil er noch nicht gelernt hatte, mühelos über unebenen Boden zu rennen.

Egal, wie viele neue Fertigkeiten wir lernen, das Leben stellt uns immer wieder Fußangeln. Unsere Unfähigkeit, uns selbst und unsere Umwelt zu beherrschen, bringt Schmerz, Frustration, Verzagtheit und Angst mit sich. Verständlicherweise ist eine der tiefsten Sehnsüchte des heranwachsenden Kindes der Wunsch, sich stark zu fühlen.

Das beste Gegenmittel zu den Frustrationen des Lebens ist natürlich Erfahrung: Wenn wir uns bewiesen haben, dass wir eine Herausforderung meistern können, entwickeln wir Optimismus und Widerstandskraft für künftige Herausforderungen. Beinahe ebenso wichtig sind Ermutigung und Unterstützung vonseiten der Erwachsenen, denn zwischen dem Wunsch, eine Aufgabe zu meistern und ihrer tatsächlichen Beherrschung liegt oft eine weite Strecke. Was uns bei der Stange hält, ist manchmal nur die Fähigkeit, uns einzureden, wir seien stark genug. Irgendetwas soll die Stimme in unserem Kopf übertönen, die behauptet: »Das schaffst du nie«, und darauf antworten: »Ich schaffe *alles!*« Wenn die Realität nicht ausreicht, kommt ihr die Phantasie zu Hilfe.

Die Psychiaterin Lenore Terr, Autorin von *Beyond Love and Work,* analysierte die unterschiedlichen Funktionen des Spiels: Bewegung und Entspannung, Bindung und Feinschliff sozialer Fähigkeit, Perfektionierung erlernter Fertigkeiten, Übung für das spätere Leben.[1] Das Spiel eröffnet den Kindern neue Sichtweisen, die Frustrationen auf das rechte Maß zurückstutzen: »Angesichts dessen, was *Superman* und

Wonder Woman alles bewältigen, erscheint ein Problem gleich weniger riesig.« Phantasiespiele »drücken sexuelle und aggressive Gefühle, Hoffnungen und schreckliche Frustrationen über früher erlebte oder gegenwärtige Realitäten aus«. Sie versetzen Kinder in die Lage, durch Verlagerung dessen, was sie wollen oder fürchten, ihre Gefühle zu beherrschen und zu entschärfen; ein Kind, das seine Eltern bestrafen möchte, reagiert sich ab, indem es als Power Ranger Monster eliminiert. »Wir wissen aus jahrelangen Beobachtungen, dass Kinder ihre Spiele benutzen, um ihre Ängste und Stimmungen zu beschwichtigen und sich besser zu fühlen«, schrieb Terr. »Indem sie Spielgeschichten mit Gefühlen ausstatten und aufführen, können sie die starken Emotionen abbauen, die rund um innere Konflikte oder um Erfahrungen mit der Außenwelt entstanden sind.«

Machtphantasien können ein aufregendes Gegengift zu den Nöten des Lebens sein. Ich kam einmal mit einem Fünfjährigen zusammen, der kurz zuvor von einem Verwandten sexuell belästigt worden war; noch eine ganze Weile danach malte er sich großartige Phantasien von seiner eigenen Macht aus: »Ich bin so schnell, dass ich schneller als ein Auto laufen kann, sodass er mich nie einholt! Ich bin so stark, dass ich ihn mit diesen Blumen da schlagen kann, und weil ich so stark bin, hauen ihn die Blumen k. o.!« Die Phantasien begannen verbal, aber bald schon rannte er wild umher und führte sie körperlich vor. Damit verwandelte er Angst und Wut in Vergnügen. Nach und nach, als er mithilfe seiner Eltern und eines Therapeuten seine Ängste abbaute, verschoben sich seine Phantasien auf Ninjas, *Spider-Man* und andere fernere Machtsymbole. Er verlagerte seine Gefühle, erlangte mehr Macht über sie und übte eine Version seiner selbst ein, die stark und unerschrocken war. »Indem Kinder neue Schlüsse durchspielen oder Korrekturen vornehmen«, schrieb Terr, »erkennen sie, dass es beim nächsten Mal andere Möglichkeiten gibt – und tatsächlich gibt es vielleicht überhaupt kein nächstes Mal mehr.« Zum Krieger oder Superhelden zu werden, der in der Lage ist, jeden Bösewicht zu besiegen, ist ein aufregendes »neues Ende« für die vielen Alltagsgeschichten, die davon handeln, dass man nicht alt genug oder stark genug ist, um sie so ausgehen zu lassen, wie man selbst es am liebsten hätte.

Die lebenslange Belohnung ausgiebigen Spielens sind Flexibilität, Wiederstandskraft, Seelenstärke, Mut – kurz gesagt: geistige und körperliche Kraft. Je besser ein Kind in der Lage ist, die unangenehmsten Situationen aus neuen Blickwinkeln zu betrachten, je mehr es seine Ohnmachtsgefühle beeinflussen und zerstreuen kann, desto stärker fühlt es sich. Je stärker es sich fühlt, desto selbstbewusster ist es, desto weniger wird es aus Furcht und Verzagtheit heraus handeln und desto leichter fällt es ihm, sein Leben und sein Verhalten selbst zu bestimmen. Und wie Terr betont, ist die Phantasie, die am unmittelbarsten und wirkungsvollsten das kindliche Gefühl von Macht steigert, die wüste Keilerei: »Spielerisches Kämpfen hilft den Kindern, ihre Kraft kennen zu lernen und zu beherrschen. Es hilft ihnen, Grenzen zu erfahren und einzuhalten, der Welt selbstsicher entgegenzutreten – im Spiel lernen die Kinder mit kleineren Schmerzen umzugehen und Freunden versehentliche Verletzungen zu verzeihen. Es hilft ihnen, Widerstandskraft zu entwickeln, um sich der *realen* Aggression zu stellen, der sie früher oder später unweigerlich begegnen werden – durch Mitschüler und ungerechte Lehrer, mobbende Kollegen, Gewalt auf der Straße.«

Raufen, Toben und scheinbare Gewalttätigkeit, die mit dem ganzen Körper ausgelebt wird, zerschmettern Ängste und ringen die Furcht zu Boden.[2] Gespielte Wildheit holt ein Kind aus der Schüchternheit heraus und reißt diejenigen Mauern ein, die freundschaftliche Kontakte bisher verhindert haben. Fangspiele, Kissenschlachten, Spritzpistolen und Pseudokämpfe helfen Gefahren einzuschätzen und entsprechende Risiken einzugehen. Wenn das Kind sich bewusst in die gespielten Gefahren stürzt und unbeschadet daraus hervorgeht, lernt es, Phantasie und Wirklichkeit zu unterscheiden. Es fällt uns schwer zuzusehen, wie ein kleiner Junge oder ein kleines Mädchen sich in einen tretenden, um sich schlagenden, ringenden Wildfang verwandelt, und nicht einzugreifen. Aber gerade wenn ein Kind in eine andere Haut schlüpft – ob in den Verwandlungsspielen der frühen Kindheit oder in den späteren Videospielen mit ihrem künstlichen Ich –, benutzt es seine Phantasie am wirkungsvollsten, spielt mit den intensivsten Gefühlen und kann seine Affekte auf die gefahrloseste Weise verlagern.

Ich sprach mit Dr. Terr über die Eltern, die mir gegenüber äußerten, es gefalle ihnen gar nicht, wenn die aggressiven Phantasien ihrer Kinder zu körperlich und real würden. »Wenn mein Sohn im Fernsehen eine Kampfszene erlebt, fängt er selbst an zu kämpfen«, sagte eine Mutter. »Ohne Fernsehen lebt er seine Aggressionen einfach mit seinen Spielsachen aus, was ein gesünderes Ventil ist.«

»Das kann ich gut verstehen«, sagte Terr darauf, »aber sie tun ihren Kindern damit keinen Gefallen.« Zur Veranschaulichung vergleicht sie Aggression mit einem Herzen: Ist eine Arterie verstopft, muss dieselbe Menge Blut durch die restlichen Arterien gepumpt werden. Das Herz kann trotz Blockade funktionieren, weitaus gesünder aber ist es, wenn sämtliche Gefäße ungehindert passierbar sind. Wenn ein Kind sich nicht auf spielerische Kämpfe einlässt, werden sich seine Aggressionen vermutlich in Geschichten oder anderen Phantasien äußern. Für manche Kinder sind diese Ventile angemessen, häufig aber reichen sie nicht aus; dann fällt es ihnen vielleicht schwer, Aggressionen abzubauen, sie nehmen eine größere Dimension an als nötig und äußern sich in sozialen Beziehungen oder auf anderem, weniger konstruktivem

Weg. »Da treffen Sie dann Kinder, die entweder zu aggressiv sind«, sagte Terr, »oder ihre Aggressionen nach innen wenden, weil sie Angst vor ihnen haben. Für ein Kind ist es immer am besten, Aggressionen in jeder unbedenklichen Form zu äußern, die es gibt.«

In der Debatte, ob Aggression angeboren oder erlernt ist, kann man sich leicht verzetteln. In der Realität der Kindheit spielt die Frage allerdings keine große Rolle. Ob wir mit Aggression zur Welt kommen, die sich irgendwie äußern muss, oder Aggression erst erlernen, ist ohne Belang – in der Logik des Lebens ist Aggression so oder so unvermeidlich. Aggression ist eine Manifestation des Bedürfnisses, sich stark zu fühlen, eine im wahrsten Sinn »ermächtigende« Antwort auf eine unvollkommene Welt. Sie bringt auch Gefahren mit sich. Kinder erleben und spüren sie und müssen irgendwie darauf reagieren. Mit ihr zu spielen verkleinert die Gefahr, lässt sie weniger Furcht erregend wirken, gibt dem Kind ein Gefühl von Kontrolle.

Aggression ist freilich nicht leicht zu beherrschen. Fäuste fliegen, es hagelt Schläge, es fließen die Tränen. Aber auch das kann nützlich sein. »Oft kommen Eltern zu mir und fragen mich wegen der Aggressionen ihrer Kinder um Rat«, erzählte der Vorschullehrer John Michaud, »und ich sage ihnen dann, wenn ein Kind nicht wenigstens einmal während des Vorschuljahrs ein anderes Kind auf den Kopf haut, *dann* würde ich anfangen mir Sorgen zu machen. Ein misslicher Zwischenfall ist die beste Möglichkeit für ein Kind, um den Zusammenhang zwischen seinen Impulsen, seinem Handeln und den realen Konsequenzen kennen zu lernen. Wenn es keine Gelegenheit zur Übung bekommt, fürchtet es vielleicht, dass seine Impulse zu stark sind, oder weiß nicht, wie es mit späteren Stresssituationen umgehen soll. *Mit* den Aggressionen der Kinder zu arbeiten ist viel hilfreicher, als sie verhindern zu wollen.«

Aggression kann sich auch von echter Wut nähren, selbst wenn sie spielerisch begonnen hat. Keine andere Gefühlsregung verursacht so viel Unbehagen in unserer Gesellschaft wie Wut, vor keiner anderen Gefühlsregung unserer Kinder fürchten wir uns mehr. Aber Zorn kann auch kreativ sein. Er kann eine Energiequelle sein. Er hilft uns nach einer Niederlage wieder auf die Beine, lässt uns Hindernisse überwinden, verscheucht die Ängste aus unseren Gedanken, verdoppelt unsere Kräfte. Ich denke an Situationen in meinen Workshops, wo Kinder sich mit Menschen befassten, über die sie sich geärgert hatten: Verdrossen und angespannt fingen sie an, kritzelten und schmierten ihre Geschichte hin, bis sie am Ende glucksend und voller Vergnügen mit ihrem Werk prahlten. Ich denke an Nicky ein paar Stunden nach seinem Zusammenstoß mit dem Picknicktisch, als er sich in einen rachsüchtigen Allosaurus verwandelte, der Jennie und mich in die Beine biss – *fest*. Zu Hause rannte er bald wieder um den Tisch und stieß wildes Gebrüll aus, aber er lachte dabei und hatte keine Angst, mit voller Geschwindigkeit zu rennen. Als Waffe eingesetzt, ist Zorn destruktiv; aufgestauter Zorn ist selbstzerstörerisch; aber im Spiel kann Zorn sich in Vergnügen verwandeln.

Aus dem spielerischen Kampf wird manchmal eine echte Prügelei. Vielleicht weiß ein Kind nicht, wie viel Schaden es anrichten kann, oder es nutzt die Rauferei als Vorwand, um einem anderen weh zu tun. »Manche Kinder sind einfach zu wütend für das Spiel«, sagte Terr. »Anderen fällt es schwer, das rechte Maß zu finden, und sie brauchen viele Auszeiten, Gespräche und ›Du kannst es noch mal versuchen, *wenn*‹-Abmachungen, bis sie es lernen. Ich rate den Eltern, ein Auge darauf zu haben: Wenn das Kind tatsächlich seinen Zorn an Kleineren auslässt, Tiere quält oder absichtlich Schaden anrichtet, dann sollte man eingreifen. Aber ich rate den Eltern auch, spielerische Kämpfe zu *fördern* – solange es ein Spiel bleibt.«

Nicky verwandelte unser Heim in ein Labor für Spielkämpfe. Er dachte sich ein »Kriegsspiel« aus, wie er es nannte, bei dem er und ich durch das ganze Haus tobten, voreinander davonliefen, uns versteckten, dem anderen auflauerten, ihn angriffen, schlugen, traten, mit Nerf-Guns schossen, mit Toobers und Zots warfen. Er lud seine Freunde und Freundinnen ein mitzumachen und während der Vorschule und der ersten Klasse wurde daraus *das* Ereignis, nach dem alle verlangten, wenn sie zum Spielen zu Nicky kamen. Jedes Kind brachte seine eigenen Ängste, Sehnsüchte und Reaktionsmuster in den Krieg ein. Manche schlugen gern fest zu und reagierten echte Wut ab. Andere wollten bloß kreischen und sich verstecken. Wieder andere warfen sich auf den Boden und sprangen wieder auf wie aufblasbare Clowns, und manche fingen bei einem Nasenstüber zu heulen an. Nicky selbst legte Wert darauf, das Chaos nicht allzu wild werden zu lassen, sondern das Spiel mit Regeln zu strukturieren, und er reagierte ein bisschen zu empfindlich auf Wut oder Missbilligung vonseiten seiner Freunde.

Aber mit jedem Spiel kamen wir ein bisschen besser miteinander zurecht. Zornige Kinder lernten eine gewisse Selbstbeherrschung und zarte Kinder eigneten sich eine gewisse Widerstandsfähigkeit an. Nicky lernte, dass er weder die Gefühle anderer Kinder allzu persönlich nehmen noch viel Kontrolle ausüben musste. Der wilde, ausgelassene, Spannung abbauende Spaß des Kriegsspiels gab ihnen allen Gelegenheit, auch mitten in den heftigsten Gefühlsausbrüchen wie Wut und Schmerz ihre emotionalen und sozialen Fähigkeiten zu erweitern. Sie lernten, einander in dem breiten Spektrum unterschiedlicher Begabungen, Empfindlichkeiten und Temperamente zu akzeptieren und fanden Wege zueinander. Nickys Kriegsspiel sorgte für großartige Spielnachmittage und half ihm, etliche gute Freundschaften zu festigen.

Spielerische Kämpfe verdanken viel von ihrer Macht den Phantasien, die ihnen zugrunde liegen. Es reicht nicht zu sagen: »Ich bin ein Sechsjähriger, der wild herumrennt!« Vertiefung ins Spiel, Affektverlagerung und die unterschiedlichen Manifestationen hängen zu einem großen Teil davon ab, dass die Kinder sich in andere Wesen verwandeln: Superhelden, Ungeheuer, Krieger. Zeichentrickserien, Filme, Videospiele und Spielsachen aller Art können solche Phantasien nähren.[3] Sie liefern den Kindern Symbole der Macht – mächtige Wesen, die sie selbst *werden* können –, wie es die gewohnten Alltagserfahrungen niemals könnten. Vielleicht ziehen wir es vor, wenn unsere Kinder Dinosaurier oder Ritter werden oder sonst irgendetwas, das kein industrieller Markenartikel ist. Oft ist das ja auch der Fall, aber die Zeichentrick- und Action-Figuren besitzen eine besondere Macht: Sie sind individualisiert und dennoch universal, menschlich und zugleich übermenschlich, einzigartige visuelle Symbole, die sich deutlich ins Gedächtnis einprägen und auf Anhieb von allen erkannt werden. Ein Kind, das auf der Suche nach einem erweiterten Ichgefühl, einer individualisierteren, weniger universalen Größe ist, braucht manchmal mindestens ein Wesen wie *Pikachu* oder *Darth Maul*. Vor allem im Alter von vier oder fünf Jahren, wenn die Kinder sich ihrer selbst als Individuen stärker bewusst werden, können Markenartikel-Superhelden das perfekte Ersatz-Ich sein.

Womöglich regen diese Superhelden auch zu neuen Spielen an. Zu Keilereien gehört Anstrengung, manchmal auch die Missachtung elterlicher Gebote. Vielleicht braucht die Phantasie einen Anstoß durch das Fernsehen oder die Spielzeugkiste, um ein Kind auf Touren zu bringen. Bei den Erwachsenen, die dem Spielkampf nicht so recht trauen, kommt dieser Anstoß vielleicht nicht sehr gut an. Er sprengt die häusliche Ruhe, sät Chaos im Klassenzimmer und verlangt unsere bange Wachsamkeit. Er erinnert uns an echte Gewalt.

Vielleicht können wir ihn hinnehmen, wenn er aus den ureigenen unschuldigen Einfällen unserer Kinder entsteht, aber wenn er als Einflüsterung von außen auftritt, ist er uns suspekt – vor allem, wenn er in Form grellen, minderwertigen Plastikspielzeugs daherkommt, das von irgendeinem Industrieunternehmen vermarktet wird. Wir fürchten ohnehin die vollständige Vereinnahmung unserer Kinder durch die korrupte Welt des Kommerzes, und wenn wir nun auch noch mit ansehen müssen, wie sie dadurch *gewalttätig* werden, ist es uns einfach zu viel. Wie viel angstvolle Sorge doch die Bemerkung jener Mutter enthält: »Wenn mein Sohn im Fernsehen eine Kampfszene erlebt, fängt er selbst an zu kämpfen.«

In *Boys and Girls* beschrieb die Pädagogin und Autorin Vivian Gussin Paley die »tumultartigen Zustände«, die in ihrer Kindergartengruppe ausbrachen, als ein Junge zur Musikstunde seinen *Star Wars*-Soundtrack mitbrachte.[4] »Kaum geht es los, lassen die Jungen sämtliche Hemmungen fahren ... Wie auf Kommando fallen sie übereinander her, springen sich gegenseitig an und brüllen: ›Du bist tot!‹, ›Ich hab dich zuerst gekillt!‹ Roboter rammen Raumschiffe, Raketen zerstören TIE-Fighter, Sturmtruppen ballern wild um sich. Jeder kämpft gegen jeden.« Augenblicklich schaltete sie die Aufnahme ab und begann *Wilbur und Charlotte*[5] vorzulesen. Die Kinder beruhigten sich rasch. »Solche Vorfälle«, bemerkte sie, »veranlassen Lehrer und Erzieher, Superheldenspiele ausnahmslos zu ächten.«

Aber, so schloss sie, das wüste Handgemenge bedeute den Kindern zu viel, als dass man es ihnen verbieten dürfe. »Zu den angenehmen Seiten des Spiels gehört der Abbau von Spannungen, die jedoch von neuem entstehen, wenn gespielte Aggression den Kindern oder den Erziehern zu real erscheint ... Sicherlich ist das Spektrum der Gewalt in den Geschichten und Spielen heute breiter, aber die eigentlichen

Kampfszenen sind nicht mehr geworden als früher. Vielleicht hat die Zunahme der pseudoaggressiven Phantasiespiele das Bedürfnis nach echten Kämpfen sogar verringert.« Wenn die Kinder Spider-Man spielten, einander auflauerten und sich gegenseitig erschossen, stritten sie viel weniger, als wenn sie »Arbeiter« spielten. »Vielleicht braucht man echte Auseinandersetzungen nicht, wenn man sie spielt. Oder vielleicht muss ein Superheld nicht beweisen, dass er mächtig ist; sein Auftreten sagt schon alles. Ein Maurer, der vor einem eingestürzten Bauwerk steht, besitzt kein derart tragendes Symbol der Kompetenz.«

Natürlich sind mit dem Einfluss kommerzieller Unterhaltung auch Gefahren verbunden.[6] Die Kinder sehen Werbung und werden damit auch als künftige Konsumenten beeinflusst. Manche Kinder lassen sich verführen, dazusitzen und gebannt zuzuschauen, statt aufzuspringen und zu spielen. Die Geschichten können so schablonenhaft, die Spielsachen so klischeebehaftet sein, dass sie die kindliche Vorstellungskraft bei weitem nicht so stark herausfordern als weniger popularisierte Produkte. Es ist wichtig, all dem andere Werte gegenüberzustellen. Dennoch sind die tragenden Charaktere der gesehenen Geschichten für Kinder real. Wenn ich einen Erzähl-Workshop mit kleinen Kindern veranstalte, verwandeln sie sich in ihren Phantasien nicht nur in Prinzessinnen und Kätzchen, Krokodile und Piraten, sondern auch in Pokémon, Wolverine, Harry Potter und Wrestler, die sie aus dem Fernsehen kennen. Alle sind ihnen gleichermaßen wichtig. Jeder Einzelne passt zu dem, was ein Junge oder Mädchen zum jeweiligen Zeitpunkt offenbar sein möchte: bezaubernd, umsorgt, habgierig, unbesiegbar, alles vernichtend.

Aggression macht Spaß, aber auch Angst, und zwar nicht nur den Erwachsenen. Kinder werden manchmal ganz unerwartet von Gefühlen heimgesucht und tun dann Dinge, die sie eigentlich gar nicht hatten tun wollen. Aggression kann auch zur Folge haben, dass sie zu fest zuhauen, sich selbst weh tun, ihre Freunde verletzen, Spielsachen zerschlagen. Sie kann dazu führen, dass Eltern ungehalten, peinlich berührt oder wütend werden. Aggression besetzt einen festen Platz im Denken der Kinder und widersetzt sich jedem Verständnis und jeder Kontrolle.

Kein Wunder, dass Action-Szenen in Comics und Zeichentrickserien Kinder augenblicklich in ihren Bann schlagen. Die gezeichneten Kampfbilder locken deren aggressive Phantasien hervor, ohne sie in echte Konflikte oder in Gefahr zu bringen. Sie sind der tröstliche Beweis dafür, dass sogar Aggression harmlos und lustig sein kann. Spiele, die auf solchen im Zaum gehaltenen Phantasien beruhen, erscheinen deshalb unbedenklicher, vor allem nachdem die Popkultur den Kindern auch eine gemeinsame Symbolsprache als Grundlage für spielerische Kämpfe mit Freunden liefert. Mehrfach habe ich erlebt, wie das aggressivste Kind der Gruppe ein Spiel an sich reißen wollte, bis ein besorgter Mitspieler es mit einem Einwurf wie »So spielt man aber nicht Power Ranger!« zügelte. Superheldenspielen liegen eine unausgesprochene, aber inhärente Struktur und Regeln zugrunde, die verhindern, dass die Aggression außer Kontrolle gerät.

Einmal nahm ich gemeinsam mit Dr. Donna Mitroff an einer Diskussionsrunde zu dem Thema »Moral im Fernsehen« teil. Wir waren als Vertreter gegensätzlicher Positionen eingeladen. In manchen Details wichen unsere Meinungen voneinander ab, prinzipiell jedoch waren wir uns sehr einig. Mitroff ist einstige Grundschullehrerin, Spezialistin für kindliche Entwicklung und hat als Fernsehproduzentin und Erziehungsberaterin gearbeitet, ehe der Kinderkanal Fox Kids Network sie bat, eine gesellschaftlich verantwortungsvolle Zusammenstellung der Standards und Praktiken auszuarbeiten und an der Programmgestaltung entsprechend den Vorschriften der FCC, der amerikanischen Regulierungsbehörde für Telekommunikation, mitzuarbeiten. Als sie mit der neuen Aufgabe begann, rechnete sie mit endlosen Debatten über die *Power Rangers* der Fox, stellte aber fest, dass es im Gegenteil darum ging, Normen festzulegen, die inakzeptable Bilder oder Plots nicht zuließen – ohne deshalb in der Folge die Kinder daran zu hindern, sich positive Geschichten und Phantasien auszudenken und nachzuspielen, derentwegen die Serie ihnen so wichtig war.

»Das ist der Grund, weshalb wir die festgefahrenen Wege verlassen müssen«, versicherte sie. »Die Leute wollen immer alles in Schwarz oder Weiß: Ist es Gewalt oder nicht, ist ›Gewalt‹ schädlich oder nicht? Wir können über diese Fragen aber erst diskutieren, wenn wir wenigstens zwischen *Gewalt* und *Action* unterscheiden können. Action, die zu spielerischen Raufereien inspiriert, kann außerordentlich positiv sein, und es wäre ein echter Verlust, wenn sie als ›Gewalt‹ ausgemerzt oder geächtet würde. Kinder empfinden ein tiefes, beinahe körperliches Bedürfnis nach solchen Archetypen der Macht und des Heldentums.«

Die Kunst des Lebens besteht darin, ein verlässliches Ich aufzubauen, das eine Kombination aus Vorsicht und Optimismus, Zähigkeit und Offenheit, Liebe und Grenzen, Eigeninteresse und Empathie zum Inhalt hat. Aggression gehört ebenfalls dazu. Sie kann destruktiv sein, kann aber auch in energisches Auftreten, Entschlossenheit, gesunden Wettbewerb und Altruismus umgelenkt werden. Sie sorgt dafür, dass wir uns und unsere Werte sowie Überzeugungen schützen, selbstbewusst auftreten, unser Licht nicht unter den Scheffel stellen. Und wie jedes Kind in einem wilden X-Men-Spiel, jeder Athlet im Augenblick des Sieges, jeder Schriftsteller nach Bewältigung eines schwierigen Kapitels bestätigen kann, ist keine Freude süßer, keine Befriedigung unangreifbarer als gesunde Aggression, die in einen schöpferischen Prozess umgelenkt wurde.

In erster Linie ist es die Realität, die uns lehrt, die Aggression zu kanalisieren: Eltern, Gleichaltrige, Selbstverständnis, Lebenserfahrung. Aber auch das Spiel trägt seinen Teil dazu bei. Die grundlegenden Kenntnisse eignen wir uns in der Kindheit an, und Spielen ist ein unverzichtbares Element im kindlichen Entwicklungsprozess. Ein Kind, das seine Aggression zu genießen und mit ihr zu spielen lernt, arbeitet auf eine ganzheitliche Persönlichkeit hin.

Einer der Vorteile der Medienunterhaltung besteht darin, dass sie uns auch dann noch Möglichkeiten zum Spiel bietet, wenn das offiziell anerkannte Alter der Phantasiespiele schon lange vorbei ist. »Unsere Kultur ist sehr streng gegenüber dem Spielen«, sagte Lenore Terr. »Natürlich muss es in der Entwicklung immer einen Punkt geben, an dem das Spielprinzip dem Realitätsprinzip zu weichen hat. Unsere Kultur aber besteht schon weitaus früher und kategorischer darauf als viele andere Kulturen, und anscheinend rückt diese Grenze immer weiter nach vorne.« Viel zu früh schärfen wir den Kindern ein, jetzt beginne der Ernst des Lebens, sie müssten sich daran machen, für gute Schulnoten zu arbeiten, gute Manieren, ein gutes Erscheinungsbild.[7] Meist nehmen wir ihnen schon in der dritten Klasse den größten Teil ihrer unstrukturierten Zeit und verplanen ihn mit außerschulischen Aktivitäten. Wir vermitteln ihnen die Botschaft, dass sie ihre Zeit nicht mit dummen Spielen verplempern sollen. Kinder, die beim Schuleintritt immer noch mit Altersgenossen herumtoben, machen uns nervös. Oft drängen wir sie schon im Kindergartenalter zu organisiertem Sport – was zwar ebenfalls eine gute Möglichkeit ist, um spielerisch mit Aggression und Macht umzugehen, aber kein Ersatz für die Gleichheit, Freiheit und Individualität des wilden Spiels. Dies alles verinnerlichen die Kinder. Wenn die Hälfte der Grundschulzeit vorbei ist, haben sie vielleicht schon das Gefühl, sie seien über die Kinderspiele hinausgewachsen.

Ältere Kinder können durch die Medien den Eindruck gewinnen, dass aggressive Spiele akzeptabel sind. Wrestling im Fernsehen ahmt in vielerlei Weise die Keilereien der Kinder nach. Absurd muskulöse Männer, die ihre Gegner packen und auf die Matte schleudern oder sich von den Seilen abstoßen und mit gereckter Faust durch die Luft schnellen, agieren genau so, wie kleine Kinder sich selbst sehen, wenn sie miteinander raufen. Sogar die Pseudogewalt ist vorhanden; die meisten Wrestling-Fans über neun, mit denen ich gesprochen habe, wissen, dass die Kämpfe choreographiert sind, oder sie sagen, es sei ihnen egal (was bedeutet, dass sie es wissen, aber nicht laut aussprechen wollen). Viele Jüngere halten die Prügeleien noch für echt, aber auch sie haben gemerkt, dass Wrestler nie ernsthaft verletzt werden und dass in der Regel der Sympathischste gewinnt. Im Unterschied zu echten Sportarten, die in den Augen vieler phantasiebegieriger Kinder zu sehr mit den Ängsten der Erwachsenen belastet sind, ist Wrestling nichts anderes als eine wilde Keilerei.

Natürlich ist es sehr viel bösartiger: Die demonstrative Zurschaustellung von Schmerz, Wut und absichtlicher Körperverletzung macht aus Wrestling genau das, was die kindlichen Phantasiespiele nicht sind. Aber eben darum geht es: Dies bringt eine Dimension der Ernsthaftigkeit, der »Realität« ins Spiel, derentwegen die älteren Kinder diese Form von Unterhaltung legitimer finden, während sie das undankbare Stadium durchlaufen, in dem sie Kinderspiele verachten, sich aber immer noch danach sehnen. Selbst wenn Kinder Wrestling nur als Fans oder als Sammler von Karten und Action-Figuren schätzen, kommen sie dadurch noch einmal mit den Phantasien des spielerischen Kämpfens in Berührung. Und manche Kinder lassen sich dazu verlocken, ihre Lieblings-Ringkämpfer in körperlichen Spielen nachzuahmen: Für einen Zehnjährigen ist es viel cooler, Stone Cold Steve Austin zu verehren als ein Power Ranger zu sein.

Interessanterweise hat Wrestling drei Höhepunkte der Popularität im Fernsehen erlebt: Ende der Vierziger- und Anfang der Fünfzigerjahre, Ende der Sechziger- und Anfang der Siebzigerjahre und noch einmal von der Mitte bis zum Ende der Neunzigerjahre.[8] Zum ersten Höhepunkt kam es nach dem Zweiten Weltkrieg, als die reale Gewalt allen noch lebhaft in Erinnerung war, aber mit Macht verdrängt wurde und vorstädtische Bürgerlichkeit und ruhige Höflichkeit den neuen Stil des Familienlebens ausmachten. Die beiden anderen Höhepunkte der Beliebtheit fielen mit Phasen zusammen, in denen kurz zuvor sowohl die Kriminalität als auch die Ängste der Erwachsenen vor Gewalt stark zugenommen hatten und die antiautoritäre, gewaltfreie Erziehung von Kindern ein dringliches Anliegen war. In allen diesen Phasen war Gewalt ein Thema für junge Menschen, das sie aber nicht erforschen durften – mit dem Erfolg, dass die öffentliche Inszenierung einer gespielten Prügelei Millionen von ihnen faszinierte.

Videospielen fehlt die körperliche Ebene und die Freiheit des spielerischen Kampfes, aber von der damit verbundenen Phantasie haben sie sich viel bewahrt. Selbst die blutrünstigsten Ballerspiele sind im Grunde Abwandlungen des kindlichen Kriegsspiels. Wenn wir einmal absehen von den blutigen Spezialeffekten, die Erwachsene so schockieren – und derentwegen die Jugendlichen die Spiele so »cool« finden –, erkennen wir, dass die Spieler herumtoben, sich verstecken, hervorlugen, drauflosballern, abgeknallt werden, »sterben« und wieder aufstehen. Videospieler werfen sich nicht gegenseitig zu Boden, aber sie prahlen mit ihren Punkteständen und tauschen sich aufgeregt über ihre Lieblings-Spielzüge aus. Als Nicky im Alter von acht zum ersten Mal mit *Spyro* anfing, tobte er rund um die Couch, während er seine Kämpfe focht, dann rannte er durchs Haus und schrie: »Ich habe Ripto besiegt! Ich habe Ripto besiegt!« Die meisten seiner Freunde hatten mittlerweile das Interesse an unserem »Kriegsspiel« verloren, und sogar Nicky war befangen, wenn wir es noch einmal versuchten. *Spyro* gab ihm etwas davon zurück.

In einem meiner Workshops erfanden zwei aufgeweckte, ziemlich ausgeflippte Achtklässler witzige Comics über Computerspiele. Offensichtlich liebten sie die Spiele, aber sie machten sich darüber lustig, damit auch jeder begriff, dass sie in Wirklichkeit viel cooler waren, als ihre Leidenschaft für Kampfspiele vermuten ließ. Sie erfanden ein Kampfsport-Spiel mit dem »bösen Cygon« und dem »Ninja der Schmerzen«. Nach der Begeisterung zu urteilen, mit der sie sich den Kampfszenen widmeten, liebten sie nicht nur das Spiel als solches, sondern auch die Phantasie, die hinter dem Kampf stand. Sie waren als Erste fertig, und ich zeigte dem Rest der Klasse ihre Blätter. Sie waren beide stolz, aber auch verlegen und begannen zappelig zu werden, während die anderen Kinder ihre Geschichten beendeten. Auf einmal sprangen sie auf und begannen hinten im Klassenzimmer einen Ninja-Kampf aufzuführen. »Ich bin Cygon, Herr des Universums, und keiner kann mich besiegen!« – »Da, spür meine Finger totaler Vernichtung, böser Cygon!« Sie grinsten verlegen, blickten sich um, wer ihnen zuschaute und führten offensichtlich eine »Parodie« der Computerspiele auf, um den anderen ihre Überlegenheit zu beweisen. Aber ihre Fußtritte und Boxhiebe in die Luft verrieten echtes Engagement. Sie waren aufgeregt. Sie wandten jede Methode an, die großen Jungen zur Verfügung steht, um ihre Würde zu bewahren, während sie in Wahrheit einen Spielkampf inszenierten, dort im Zimmer der achten Klasse.

Gewaltorientierte Unterhaltung umfasst sehr viel mehr als die Superhelden-Phantasien der frühen Kindheit, sie äußert sich in problematischeren Formen und spielt komplexere Rollen. Im Kern aber geht es um das großartige Gefühl, sich mächtig und stark vorzukommen, um die Freiheit dessen, der alles überlebt und jedes Hindernis beseitigt. Es geht um Action, Macht und die Bewältigung des Lebens.

Martha Breen ist eine Künstlerin, die in der Tradition und im Schöpferischen gleichermaßen zu Hause ist: Von ihrer Ausbildung her Archäologin, entwirft sie Judaica und schreibt Kinderbücher, die außergewöhnlich humorvoll und menschlich sind. Sie und ihr Mann waren beide mit *Looney Toons* aufgewachsen, befanden sich aber im Zweifel, ob es für ihren kleinen Sohn das Richtige sei. Als Lenny drei Jahre alt war, ließen sie ihn *Roadrunner* ansehen. »Ich sehe, wie viel Spaß ihm Geschichten mit gewalttätigen Einlagen machen«, sagte sie. »Ich beobachte ihn und kann förmlich sehen, wie sein Körper einen regelrechten Energieschub erlebt. Er gerät in eine Art Begeisterung. Die Begeisterung gibt ihm ein Gefühl von Lebendigkeit. Und – na ja, das Leben liebt sich selbst.«

5
Starke Mädchen

Superhelden, Kampfszenen und Spielzeugpistolen gehören traditionell in den Bereich, den wir als »Jungenkultur« bezeichnen. Eltern von Mädchen gehen häufig davon aus, sie müssten sich nie mit gewaltreichen Phantasien oder Spielen auseinander setzen. Aber ebenso häufig halten ihre Töchter eine Überraschung für sie bereit – und die gegenwärtige Mädchengeneration übertrifft dabei alle vorhergehenden. Je mehr ich mich mit Kindern beschäftige und mit ihnen arbeite, desto öfter erlebe ich, wie Mädchen fiktive Gewalt entwicklungspsychologisch ebenso vielfältig einsetzen wie Jungen – häufig auf andere Weise und zu leicht unterschiedlichen Zwecken; Tatsache ist jedoch, dass sie genauso wichtig für sie sein kann wie für ihre Brüder.

In der frühen Kindheit weisen die Spiele von Jungen und Mädchen mehr Übereinstimmungen als Unterschiede auf. Beide können sich in rauflustige Dinosaurier verwandeln und kurz darauf wieder lammfromm Mama-und-Kind spielen. Aber gegen Ende der Kindergartenjahre beginnen sie auseinander zu driften. »Das Vorschuljahr«, schrieb Vivian Gussin Paley, »ist der Höhepunkt der freiwilligen geschlechtlichen Stereotypisierung.«[1] Um das fünfte bis sechste Lebensjahr herum neigen Mädchen dazu, sich von gespielten Kämpfen zu distanzieren, häufig radikal und manchmal unter heftiger Missbilligung der Brutalität kleiner Jungen. Paley beschrieb die täglichen Beschwerden der Mädchen über diejenigen Jungen, die als Superhelden oder

Räuber in die Puppenecke eindringen und die Ruhe stören.

Das Phänomen ist nahezu universal und tritt in allen Zeiten und Kulturen auf. Sogar bei den San, einer Gruppe von Kalahari-Buschmännern, deren Kultur sich von der unseren erheblich unterscheidet, haben die Mädchen im Alter von etwa sechs Jahren keine Lust mehr auf brutale Spiele und Keilereien.[2] Die Experten bieten mehrere mögliche Erklärungen dafür an, darunter die biologische Veranlagung, verweisen aber auch auf prägende kulturelle Faktoren.[3] In unserer Kultur kommt es eher selten vor, dass die Väter mit ihren Töchtern ringen wie mit ihren Söhnen; wir achten mehr darauf, wie Mädchen aussehen; wir machen mehr Aufhebens von den Schmerzen und Verletzungen kleiner Mädchen. Mit zunehmender Komplexität ihres sozialen Wesens, betonte Paley, wird es den Kindern immer wichtiger, sich als »Junge« oder »Mädchen« zu kennzeichnen, und dazu gehört eben auch die Ausgrenzung ganzer Verhaltensbereiche als unmädchen- beziehungsweise unknabenhaft.

Woher auch immer diese Verschiebung kommt, sie ist zutiefst verinnerlicht und in der Regel dauerhaft. Ich habe mit eigenen Augen gesehen, mit welcher Aufregung und Empörung ein Mädchen zum nächsten Erwachsenen rennt und alarmiert schreit: »Die Jungs raufen schon wieder!«, und dieselbe Aufregung und Empörung meine ich bei den vielen Müttern wahrzunehmen, die mich gefragt haben: »Wie kann ich meinen Sohn von den ewigen Keilereien abhalten?« In einer Studie führten der renommierte Spielforscher Brian Sutton-Smith und seine Kollegen zwei Testgruppen, einerseits Drei- bis Vierjährigen, andererseits jungen Erwachsenen, Videoaufnahmen von miteinander raufenden Kleinkindern vor.[4] Die kleinen Mädchen und Jungen erklärten im Schnitt, dass von den vierzehn Videokassetten zwei echte Prügeleien zeigten und zwölf Spielkämpfe. Die männlichen

Erwachsenen kamen fast exakt zu demselben Ergebnis. Die erwachsenen Frauen hingegen meinten in acht der vierzehn unterschiedlichen Aufnahmen echte Auseinandersetzungen zu erkennen.

Zwar bin ich gegenüber Laborexperimenten grundsätzlich misstrauisch, dieses aber stimmt mit meinen eigenen Beobachtungen in der Praxis ziemlich genau überein. Wenn Mütter auf meine Ratschläge einwenden: »Aber wenn mein Sohn brutale Zeichentrickfilme sieht, fängt er selbst an zu raufen«, frage ich: »Wie rauft er denn – im Ernst oder im Spaß?« Und ich stelle fest, dass manchen Müttern die Antwort darauf schwer fällt. Viele Mütter haben mit der Unterscheidung keine Mühe, manche hingegen stecken in einem Schwarz-Weiß-Dualismus fest, der besagt: »Raufen ist schlecht, ruhiges Spielen ist gut.« Auf der einen Seite setzen sie eine der traditionell weiblichen Rollen fort, nämlich die Beschwichtigung der instinktiven Brutalität der männlichen Kultur, um die sanfteren Seiten der Zivilisation zu beschützen und in den Vordergrund zu rücken; oder, wie Lynn Ponton sagte: »Zu verhindern, dass die Söhne sich gegenseitig umbringen, war seit jeher eine der heiligen Mutterpflichten.« Auf der anderen Seite kann es sein, dass die Mütter immer noch ihre eigenen Jugendkämpfe mit den Jungen ausfechten.

Auch bei den Mädchen verschwindet das Bedürfnis nach aggressiven Spielen nicht ganz, es verändert sich jedoch mit ihrer sich entwickelnden sozialen Identität. Vom Ende des Kindergartens an drehen sich die Spiele der Mädchen zunehmend um Beziehungen.[5] Gewaltphantasien über hirnlose Raufbolde oder zusammenprallende Raumschiffe lassen sie normalerweise kalt; wenn jedoch solche Phantasien an soziale Strukturen oder Beziehungen zwischen empfindungsfähigen Wesen anknüpfen, fühlen sich vermutlich sogar die mädchenhaftesten Mädchen davon angesprochen.

Einmal half ich mit, Nickys Kindergartengruppe zu beaufsichtigen, die von einem Ausflug zurückkehrte. Während wir auf die Straßenbahn warteten, fing Nicky an, mich spielerisch anzurempeln. Haley, die normalerweise friedlich mit Mädchen spielte und sich nicht oft mit den Jungen einließ, sah, was sich da tat, kam zögernd zu uns herüber, und dann, den Blick aufmerksam auf mich geheftet, boxte sie mich vorsichtig gegen die Brust. Ich tat so, als hätte sie mich fast umgehauen. Sie lächelte und boxte ein bisschen fester. Ich spielte mit, sie grinste breiter und boxte fester. Ein paar Jungs sprangen dazu, stürmten mit gesenkten Köpfen auf mich ein und bearbeiteten meine Flanken und Beine mit den Fäusten. Haley ließ sich nicht verscheuchen, sondern versetzte mir gut zwei Dutzend Boxhiebe, bis ich einen hübschen blauen Fleck auf dem Brustbein vorweisen konnte – und die ganze Zeit über wandte sie nie den Blick von meinem Gesicht. Ich war nicht nur ein erwachsener Körper, auf den man eintrommeln konnte, sondern ein Mensch, dessen Reaktionen geprüft und registriert wurden.

Bei den anderen Kindern aus Nickys Gruppe hatte ich bald einen Ruf als Dad, mit dem man zum Spaß ringen und raufen konnte. Kein Mädchen und kein Junge wollte Nickys »Kriegsspiel« verpassen. Den Jungen ging es in erster Linie darum, mit Nerf-Guns zu schießen – und vor allem zu treffen! – und mich mit Kissen zu bewerfen. Manchmal lauerten sie mir auf und überfielen mich heftig aus dem Hinterhalt. Auch die Mädchen liebten Nerf-Guns und Kissen, aber sie zogen es vor, mit Nicky geflüsterte Strategien auszuhecken, auf der Lauer zu liegen, zu beobachten, wie ich sie suchte, mich mit Scheinangriffen hinters Licht zu führen, lachend davonzurennen und sich umzuschauen, wie ich reagierte. Wenn sie dann tatsächlich aus der Nähe auf mich feuerten oder mich boxten, so taten sie es mit ebenso viel ausgelassenem Vergnügen wie die Jungen.

Für die Mädchen war Gewalt eher eine Unterbrechung in einem komplexen Geflecht aus Intrigen und Spannungen, während es den Jungen mehr um die Gewalt als solche ging. Aber ich sah genau, wie fröhlich und wie befreiend diese Unterbrechung war, und ich spürte, dass die Mädchen im Alltag nicht genug davon bekamen. In Nickys letztem Jahr vor der Schule sprach ich mit dem Vater eines Mädchens namens Maritte, die in unserem Kriegsspiel einer der schlimmsten Rabauken und Wildfänge war. Er sagte: »Es ist bestimmt etwas ganz anderes, wenn man einen Sohn hat. Wissen Sie, wir wehren uns zwar gegen die Klischees, aber es stimmt doch – Mädchen sind nun mal zart besaitet.« Ich widerstand der Versuchung zu fragen: »Jim, *kennen* Sie Ihre Tochter eigentlich?« Kurz darauf hörte Jim von unseren Kriegsspielen und sagte, er fände es gut, wie abgekämpft und entspannt seine Tochter jedes Mal von Nicky zurückkam. Die spielerische Brutalität war auch der Beziehung förderlich: Nicky und Maritte blieben einander auch später in der Schule nahe, als die anderen Jungen und Mädchen ihrer Klasse sich voneinander absonderten.

Wenn Mädchen sich nicht frei fühlen, Aggression im Spiel offen auszuleben, lässt das Bedürfnis, mit Macht und Konflikten zu spielen, nicht einfach nach, sondern äußert sich in anderen Formen. Lenore Terr bemerkte: »Nachdem die Mädchen die frühkindlichen Keilereien aufgegeben haben, kann ihr soziales Spiel extrem aggressiv werden. In Spielen über Aufnahme und Ausgrenzung, soziale Konkurrenz und Niederlage kommt sehr viel Aggression zum Ausdruck. Man sieht es an Phantasiespielen mit Barbie-Puppen, und man sieht es auch in den sehr ernsten sozialen Manipulationen kleiner Mädchen.« Während Jungen wild herumtoben und Schlachten spielen, zusammenstoßen und manchmal die Grenze zu echten Prügeleien überschreiten, rotten sich Mädchen zu gemeinen kleinen Cliquen zusammen und testen ihre Macht und ihre jeweilige seelische Widerstandskraft mit ständigen Auseinandersetzungen, bei denen täglich neu entschieden wird, wer dazugehört, wer ausgeschlossen wird und wer mit wem spricht. Deshalb ist Terr der Meinung, dass Mädchen durchaus profitieren könnten, würden sie mehr ermutigt, sich auf spielerische Keilereien einzulassen, die sie in ihrer Selbstbestimmtheit und Widerstandsfähigkeit als Individuen stärken, ihre Abhängigkeit von Äußerlichkeiten wie Kleidung und Erscheinung und der Zustimmung Gleichaltriger hingegen reduzieren würden. Es wäre auch eine Möglichkeit, Wut und Spannungen auf spielerische Weise auszuleben, sodass sie ihre Gefühle dann weniger aneinander auslassen oder gegen sich selbst richten müssten.

Die Popkultur der Mädchen verbirgt meist ihre gewalttätige Seite, aber wenn sie benötigt wird, finden die Mädchen sie ohne Weiteres.[6] Die Barbie-Puppe wird oft als Inbegriff von Passivität, Konsumdenken und purer Äußerlichkeit kritisiert, was sich nicht von der Hand weisen lässt: Das ist eine ihrer Rollen. In den tatsächlichen Spielen der kleinen Mädchen aber tritt sie bemerkenswert häufig auch als Action-Heldin auf. Die Autorin und Lektorin Sandra Hume erzählte mir von einem breiten Spektrum gewaltreicher Phantasien, die sie vom Kindergarten bis zum Beginn der Pubertät im Spiel mit ihren Barbie-Puppen ausagierte: »Meine Eltern trennten sich, als ich vier war, und eine Zeit lang hatten sie furchtbaren Streit miteinander. In derselben Zeit prügelten sich meine Barbies um den einen Ken in meiner Sammlung; oder eine hortete sämtliche Schuhe, und dann prügelten sie sich darum. Manchmal taten sie sich auch zusammen, um eine ihrer Schwestern vor Kens Angriffen zu schützen.« Manche dieser Bilder führte sie auf *Wonder Woman* zurück, andere auf die Serien *Dallas* und *Denver-Clan,* die sie mit ihrer Mutter sah, wieder andere auf ihre diversen Versuche, das Leben der Erwachsenen in ihrer Umgebung zu verstehen.

Während der nächsten Jahre wurden Sandras Konflikte komplexer, ebenso ihre Barbie-Spiele. Ihre Mutter hatte drei neue Beziehungen und mit jedem neuen Mann veränderte sich die innerfamiliäre Dynamik auf nicht vorhersehbare Weise. Sandra beschrieb ihr Familienleben als »hochsexualisiert«, während ihre Mutter sich abwechselnd ver- und entliebte. Angst und Wut waren für Sandra eng verbunden mit geschlechtsspezifischem Verhalten und Sex. Sie freundete sich mit Lana an, die ebenfalls aus einer turbulenten Familie stammte, und gemeinsam dachten sie sich endlose Abenteuer aus, die sich aus griechischen Göttersagen, *Wonder Woman, Star Wars* und Fantasy-Romanen speisten. »Stämme von Amazonen-Barbies metzelten mit Schwertern aus Alufolie die angreifenden Truppen der Kens nieder«, sagte Sandra. »Es rollten Köpfe. Buchstäblich – wir hatten ein paar Kens, denen die Köpfe abgefallen waren, und die benutzten wir als Opfer.«

Als die Barbies schließlich nicht mehr interessant waren, entdeckten Sandra und Lana Fantasy-Unterhaltung für Jugendliche: Gothic und Death-Rock-Musik, Rollenspiele und Comics wie der zynische, ultrabrutale, bitterböse *Preacher.* Für die Erwachsenen in ihrer Umgebung war manches davon durchaus beunruhigend, und der Unterschied zu den Barbies war gewiss radikal, aber Sandra meinte: »Im Grunde waren es dieselben Gefühle, die wir auslebten, nur auf einer komplizierteren Ebene.« Ihre Phantasien und Spiele, von Barbie bis *Preacher,* verliehen ihr ein Gefühl von »Macht über die Kräfte, die mein Leben immer wieder durcheinander wirbelten. Dadurch gewöhnte ich mir an, mit meinen Gefühlen zuerst aktiv etwas zu tun, bevor ich sie einfach abreagierte, dadurch bekam mein inneres Leben eine Kontinuität, die es in der Realität nicht hatte. Ich war in meinem Leben und meinen Beziehungen immer viel stabiler als meine Mutter«.

Weibliche Action-Figuren sind inzwischen viel weiter verbreitet als in Sandras Kindheit, aber noch heute sehe ich kleine Mädchen, die Barbie-Puppen gegen feindliche Stofftiere ins Feld führen und Ken unter einem Berg von Bauklötzen begraben, aus dem ihn Barbie mit der Kraft ihrer Arme wieder ausgraben muss. Aber so gut wie nie sehe oder höre ich von Mädchen, die Barbie gegen eine Power-Ranger-Figur antreten lassen oder Barbie in ein Spiel mit Action-Figuren einführen, das sie mit Jungen spielen. Ab dem Alter von etwa vier neigen Mädchen dazu, Barbie auf das Reich der Mädchenhaftigkeit zu beschränken, aber innerhalb dieses Reichs leben sie Phantasien aus, die unvergleichlich komplexer und eindrucksvoller sind als die Vorschläge des Herstellers auf der Verpackung und in der Werbung.

Seit langem legen Mädchen eine bemerkenswerte Fähigkeit an den Tag, sich mit männlichen Phantasiegestalten zu identifizieren, wenn ihnen keine entsprechenden weiblichen zur Verfügung stehen.[7] Als ich meine Comics erfand, stellte ich fest, dass Mädchen zwar starke und interessante Superheldinnen gut fanden, sich aber ebenso mühelos mit einem männlichen Helden identifizieren konnten, solange er psychologisch komplex war oder in interessanten Beziehungen zu anderen Charakteren stand. Sharon, die von meinen *Freex* so begeistert war, machte mir klar, dass sie sich zwar mit Angela identifizierte, der schüchternen weiblichen Figur, mit der sie am meisten Ähnlichkeit aufwies, aber ebenso sehr mit Lewis, dem flatterhaften Anführer der Gruppe, den Angela liebte. Devin Kalile Grayon, eine der erfolgreichsten Comic-Autorinnen, sagte, in Comics verliebt habe sie sich durch Batman und Robin. Tatsächlich war *Batman* eine der populärsten Identifikationsfiguren für Mädchen, die für Superhelden schwärmten, in erster Linie deshalb, weil es in seinen Geschichten ebenso sehr um Beziehungen geht – mit Robin, mit Catwoman, mit der Welt seines Alter ego Bruce Wayne – wie um Action.

Aus dem Wunsch heraus, ihr Selbstbild und ihr soziales Bild von Weiblichkeit aufrechtzuerhalten, zeigen die meisten Schulmädchen demonstrativ kein Interesse an Themen wie Superhelden-Comics, die sie als »Jungenkram« bezeichnen; wenn sie aber doch einmal aus den Medien einen Action-Helden akzeptieren, tarnen sie ihre Begeisterung oft mit einem ihrer Ansicht nach mädchenhafteren Verhalten. Wenn ich mit Frauen spreche, die mit den *Star-Wars-* und *Indiana-Jones-*Serien aufgewachsen sind, sagen sie ausnahmslos, sie hätten sich weniger mit Prinzessin Leia oder einer von Indys Freundinnen identifiziert, sondern viel mehr mit Luke Skywalker, Han Solo und Professor »Indy« Jones selbst. Janice Cohen, eine Ärztin, sagte: »Zuerst redeten wir immer davon, wie süß wir Mark Hamill und Harrison Ford fänden. Dass die Erwachsenen uns als Verehrerinnen von Indiana Jones sahen, war wichtig, und ebenso wichtig war, dass *wir selbst* uns als Verehrerinnen von Indiana Jones sahen. Aber wenn der Film dann anfing und wenn ich ihn später in der Erinnerung und mit meinen Freundinnen immer wieder ablaufen ließ, dann *war* ich Indiana Jones.« Er gab eine perfekte Phantasie für Janice ab, während sie sich bemühte, ein braves Mädchen und eine gute Schülerin zu sein und sich gleichzeitig danach sehnte, loszulaufen, Gefahren zu suchen, die Welt in Bewegung zu setzen. »Indy spielte irgendwie selbst das ›brave Mädchen‹ in seiner Identität als Professor, aber dann warf er die einengenden Kleider ab, griff zur Peitsche und wurde lebendig.«

Die Drehbücher der Filme machen immer viel Aufhebens davon, dass alle Studentinnen in Professor Jones verliebt waren. »Das war eine Bestätigung für uns«, sagte Dr. Cohen. »Denn wenn er den Vorlesungssaal verließ, dann blieben *sie* zurück – und *uns* nahm er mit. Er hatte zwar eine weibliche Verbündete dabei, aber sie war in jeder Hinsicht so, wie ein Mädchen eigentlich nicht sein sollte – sie führte unflätige Reden, sie trank, sie nervte. Wenn er dann endlich aufkreuzte und sie retten musste, dann war das *ich* in meinem absoluten Phantasie-Ideal, und ich bewies ihm, dass ich besser war als alle diese Mädchen, die sich nicht wie Mädchen aufführten. Indy war ein perfektes Vorbild – brav, fleißig, ein guter Staatsbürger und trotzdem stark und unternehmungslustig – genau so, wie ich meine ganze Schulzeit hindurch bis zum College eigentlich auch hätte sein wollen.«

In der gegenwärtigen Mädchengeneration setzt sich das Muster fort. In meinen Workshops bin ich unzähligen Harry-Potter-Phantasien begegnet, von Erstklässlern aufwärts bis zu High-School-Kindern, und es waren fast ausschließlich Mädchen. Natürlich stoßen die Potter-Bücher auch bei sehr vielen männlichen Lesern auf Begeisterung, die Mädchen aber lassen sich viel leidenschaftlicher darauf ein und sie identifizieren sich auch viel mehr mit Harry selbst. Die meisten empfinden eine Art entnervte Zuneigung zu Harrys Freundin Hermine. Mit ihrem ehrgeizigen Lerneifer, ihrem Gehorsam gegenüber den Regeln des Internats, ihrem eher zurückhaltenden Humor und Abenteuersinn steht sie für alles, was die Mädchen am traditionellen Mädchenbild einengend finden – Eigenschaften, gegen die Harry sich ständig auflehnen muss, um frei ins Reich von Kampf und Macht zu entweichen. Auch die Figur der Ginny Weasley, des jüngeren und naiveren Mädchens, dem die Schwärmerei für Harry regelrecht die Sprache verschlägt, betrachten sie mit einer gewissen amüsierten Herablassung, während die jungen männlichen Leser mir sagen, sie fänden Ginny langweilig. Ginny steht für das Interesse der Mädchen an Gefühlen und Beziehungen. Ich vermute, dass sie eine ähnliche Rolle spielt wie die Studentinnen von Indiana Jones: Sie macht es den Mädchen leichter, sich mit Harry zu identifizieren, weil sie ihn durch Ginnys Augen auch als Objekt romantischer Liebe sehen können. *Harry Potter* ist die Erfindung einer Frau, und ich bezweifle, dass irgendein männlicher Autor die emotionalen Bedürfnisse der jungen Leserinnen auch nur halb so gut hätte erfassen können wie die Autorin J. K. Rowling.

Die Phantasien von Mädchen sind in der Regel flexibler und komplexer als die der Jungen.[8] Kleine Mädchen sind viel mehr daran gewöhnt, eine Phantasiegestalt gleichzeitig als *Subjekt,* das heißt als Identifikationsfigur, und als von außen betrachtetes *Objekt* zu sehen. Ein Junge kann Indiana Jones sein, ein Mädchen hingegen kann sich sowohl mit ihm selbst als auch mit seiner in ihn verliebten Assistentin identifizieren. Dies begründet sich einerseits durch stärkere Vorstellungskraft, aber natürlich auch durch ein gewisses Maß an Selbstherabsetzung, das Mädchen traditionell von früher Kindheit an »beigebracht« wurde und bis zu einem gewissen Grad immer noch wird. Wenn wir von einer Frau erwarten, dass sie sich nicht in ihren eigenen, sondern in den Errungenschaften ihres Ehemanns sonnt, dann muss sie von Kindheit an lernen, die Leistungen eines Helden zu bewundern, ohne ihm nacheifern zu wollen.

Dieses Modell findet sich in den Kinderbüchern, -filmen und -spielen fast des gesamten 20. Jahrhunderts. Wonder Woman, die populärste Verkörperung weiblicher Stärke, war explizit außerhalb der traditionellen Dualität des Mädchen- und Jungenseins angesiedelt: Als Besucherin, die von einer abgelegenen Amazoneninsel kommt, war sie stets eine naive *Andere,* die nichts mit den normalen menschlichen Frauen verband. Als ihre jungen Fans sozial anspruchsvoller wurden, begriffen sie, dass *Wonder Woman* eine aus der Ferne zu genießende Phantasie war, aber kein zur Nachahmung empfohlenes Vorbild. Die Produzenten der TV-Serie, die in den Siebzigerjahren lief, stellten fest, dass *Wonder Woman* am besten bei Mädchen vor der Einschulung ankam, danach aber rasch an Anziehungskraft verlor. Um die Mitte der Kindheit waren ihre früheren Fans dann in Luke Skywalker verliebt und identifizierten sich mit ihm.

Erst in den letzten zehn Jahren hat sich die Unterhaltungsindustrie Symbole weiblicher Macht einfallen lassen, und die Mädchen reagierten begeistert darauf – ganz besonders dann, wenn ihre Schöpfer die Superheldinnen in den Kontext intensiver und gefühlsbetonter Beziehungen stellten.

Die Superhelden-Comics, die ich Anfang der Siebzigerjahre las, waren eine nahezu ausschließlich männliche Domäne. Egal, wie viele Heldinnen die Texter und Zeichner ausprobierten – die Mädchen waren offenbar nicht interessiert. Als ich zehn Jahre später und mittlerweile erwachsen die Comics wieder entdeckte, hatte sich die Situation auffällig verändert: Zwar stellten die Jungen noch immer den größten Teil der Fans, aber die Zahl der Leserinnen nahm rasant zu, und ihre Vorlieben hatten die Darstellung der Superhelden und den Aufbau ihrer Geschichten verändert. Ende der Siebzigerjahre hatte das Kreativteam von *X-Men,* der Texter Chris Claremont und die Zeichner Dave Cockrum und John Byrne, einen neuen Ansatz entwickelt: Aussehen und Macht der Superheldinnen spielten nun weitaus geringere Rollen, wichtig war vielmehr, mit welchen Teammitgliedern sie Bündnisse eingingen und Freundschaften schlossen, auf wen sie böse waren, wen sie bewunderten und wer ihrer Ansicht nach ihren Schutz verdient hatte. Sie würzten den Plot mit der einen oder anderen Liebesgeschichte, die im Unterschied zu den schlichten Frustrationen von Superman und Lois Lane komplexer und mit den Themenkreisen Freundschaft und Loyalität eng verflochten waren, kurz: den echten Schwärmereien der frühen Jugend viel ähnlicher, die weniger als Liebesbeziehungen interessant sind als vielmehr wegen der Komplikationen, die sich in der Folge zwischen den Mädchen ergeben. Das Konzept ging auf: Die Mädchen begannen *X-Men* zu lesen, und die Umsätze stiegen. Es folgten andere Comics, und immer mehr Mädchen und junge Frauen entdeckten darin Phantasien, die sie ansprachen. Das war einer der Gründe für den kometenhaften Aufstieg der Comics aus der Asche der späten Siebzigerjahre zu bislang unerreichter Vitalität und Universalität ein Jahrzehnt später.

Bei kleinen Kindern waren weibliche Mitglieder von Superhelden-Teams nie besonders erfolgreich gewesen. Die Comic-Helden der Achtzigerjahre – von *He-Man* und den *Masters of the Universe* bis zu den *Teenage Mutant Ninja Turtles* – waren fast ausschließlich männlich. Anfang der Neunzigerjahre hingegen gehörten bereits zwei weibliche Power Rangers zum Team; und nach den Ergebnissen der Marktforschung zu urteilen, waren sie nicht weniger beliebt als ihre männlichen Kollegen. Zum Teil waren die neuen Power Ranger deshalb so erfolgreich, weil sich die Mädchen zunehmend an Superhelden-Phantasien und die Jungen an starke weibliche Charaktere innerhalb ihrer Phantasien gewöhnten. Einen großen Teil des Erfolgs aber beruhte auf dem Wesen ihrer Gruppe.

Die Power-Ranger-Geschichten stellten Teamarbeit über alles andere. Im zivilen Leben waren die Rangers ständig zusammen, sie nahmen alle gleichzeitig ihre übermenschlichen Formen an und konnten ihre Gegner nur mittels koordinierter Angriffe des ganzen Teams besiegen. Um mit ihren größten Feinden fertig zu werden, mussten sie ihre Fahrzeuge, die »Zords«, zu »Mega-Zords« verknüpfen, was unmöglich war, wenn auch nur ein Mitglied fehlte. Die Zusammengehörigkeit spiegelt sich auch in den Power-Ranger-Spielsachen wider: Sowohl Zords als auch Waffen können zu größeren, mächtigeren Formen zusammengesteckt werden. Wenn ich Nicky und seine Freunde mit Power-Ranger-Figuren spielen sah, bemängelten sie oft ein Gefühl von Unvollständigkeit, das so lange anhielt, bis alle Rangers vollzählig zum Kampf versammelt waren. Wenn sie selbst Power Rangers waren, legten sie meist größten Wert darauf, dass jede Ranger-Farbe vertreten war, auch wenn dies bedeutete, dass ein Junge den Gelben oder den Pinkfarbenen Ranger oder ein Mädchen den Roten, Blauen oder Grünen Ranger spielen musste. Einigkeit, Zusammengehörigkeit und die Gruppenidentität waren für die geheimnisvolle Aura der Power Ranger genauso wichtig wie ihre Macht und ihre Farben. Damit wirkten sie auf Mädchen ebenso begeisternd wie auf Jungen.

Als jedoch die Geschlechter mit dem Schuleintritt auseinander drifteten, verblieben die Power Ranger im Lager der Jungen. Obwohl die weiblichen Ranger für die Gruppe unverzichtbar waren, bedeutete der Umstand, dass Helme und Visiere ihre Haare und Gesichter und die untrennbar mit der männlichen Welt der Superhelden verbundenen Trikots ihre Körper verbargen, eine Leugnung ihrer Weiblichkeit. Sie waren Frauen, deren Geschlecht keine Rolle spielte, was sie vielleicht für Eltern anziehend machte, die ihre Töchter frei von geschlechtsspezifischen Klischees aufziehen wollten, nicht aber für Mädchen, die in den zunehmend komplexen Identitätssystemen ihrer Umwelt ihre eigene Weiblichkeit entdeckten. Wenn ein Mädchen in der Vorschule oder ersten Klasse weibliche Gestalten zeichnet, legt es in der Regel viel Wert auf große Augen, lange Haare und verspielte Kleider als Merkmale der Weiblichkeit – auch wenn die Künstlerin selbst jeden Tag in Jeans herumläuft. Einmal abgesehen von Brüsten und rosafarbener Uniform, waren die augen- und haarlosen, muskelbepackten Power Ranger so ziemlich das Gegenteil dessen, was Mädchen als weibliche Vorbilder erkennen. Mit zunehmendem Alter sahen sie die weiblichen Ranger immer mehr als Mädchen, die durch ihre eigentlich männliche Körperkraft im Grunde verkappte Jungen sind.

Dr. Carla Seal-Wanner, Entwicklungspsychologin und Pädagogin mit dem Fachgebiet Kindermedien, berichtete von dem Fall der kleinen Amanda, die im Kindergarten der leidenschaftlichste Power-Ranger-Fan ihrer Gruppe war und mit größerer Wildheit und Aggressivität als alle Jungen Ranger spielte. Ihre Eltern waren anfangs entzückt von ihrer Tochter, die instinktiv alle weiblichen Klischees ablehnte und stolz Körperkraft und körperliche Macht beanspruchte. Aber Amanda wurde ihrer Phantasie-Keilereien nicht müde und spielte auch dann noch weiter, als sich nicht nur die anderen Mädchen längst abgewandt hatten, sondern auch die Jungen keine Lust mehr hatten. Ihre Ranger-Spiele bekamen etwas Zwanghaftes, Frustriertes, Zorniges, bis sogar die wilderen Jungen sich beschwerten: »Amanda ist so grob!«

In der ersten Klasse gab Amanda die Power Ranger endlich auf, suchte aber nach wie vor die Gesellschaft der Jungen und stürzte sich in aggressive Spiele; mehr noch: ihr verbales und soziales Verhalten gegenüber Jungen wie Mädchen wurde zunehmend ausfällig. In der vierten Klasse, als nicht mehr zu übersehen war, dass sie absichtlich hungerte, um sich ihre zaundürre, unweibliche Gestalt zu erhalten, wurde einigen Erwachsenen in ihrem Umfeld klar, dass Amanda offensichtlich ihr Geschlecht nicht akzeptierte. Es löste Verwirrung und Zorn in ihr aus. Sie wollte kein Mädchen sein, lehnte Mädchenhaftigkeit generell ab und steigerte die Jungenphantasien ins Maßlose, in der Hoffnung, ihre Ängste damit zu beschwichtigen und das überaus empfindsame, einsame Kind hinter einer groben Schale zu verbergen. Eine Zeit lang waren die Power Ranger eine hilfreiche Phantasie gewesen, doch als ihr kindliches Umfeld mit der Ausprägung der Geschlechtsunterschiede immer komplexer wurde, fiel es Amanda umso schwerer, sich in konstruktiverer Weise weiterzuentwickeln, je verbissener sie an den Rangern festhielt.

Eine viel umfassendere Machtphantasie tauchte ein paar Jahre später in Form von *Pokémon* auf. Einer der zahlreichen Faktoren, denen das Pokémon-Phänomen im Sommer und

Herbst 1999 seinen Erfolg verdankte, war die Tatsache, dass es unterschiedlichste Kinder mit den unterschiedlichsten Phantasien ansprach. Zwar waren die ersten und leidenschaftlichsten Pokémon-Fans Jungen, vorwiegend jene, die den Gameboy liebten und Karten sammelten, doch als die Manie auf dem Höhepunkt war, ergriff sie auch sehr viele Mädchen, vor allem in der Grundschule. Kein Action-Comic verkaufte je so viele Plüschfiguren und rosarote Lunch-Boxen wie *Pokémon*. Zwar ließ das akute Fieber bald wieder nach, doch gerade die Mädchen hielten den Pokémon zahlreich die Treue und konsumierten auch die Nachfolgeprodukte wie den speziell auf Mädchen ausgerichteten Comic *Magical Pokémon Journey*.

Ich hörte von entsetzten Müttern, dass ihre kleinen Mädchen sich derart leidenschaftlich in dieses Franchise-Produkt verliebt hatten, das aus Videospielen hervorgegangen war und im Wesentlichen aus brutalen Kämpfen zwischen bizarren Monstern bestand. Betrachtet man jedoch die Strukturen des Pokémon-Spiels, ist der überwältigende Erfolg nicht überraschend: Zum einen baut das gesamte Pokémon-Universum auf Beziehungen auf. Menschliche Trainer fangen Monster namens Pokémon ein, versorgen sie und bringen ihnen bei, ihre Fähigkeiten im Kampf einzusetzen, während die Monster ihre Trainer die Tugenden Geduld, Mitgefühl und Fürsorge lehren. Über eine Reihe von komplizierten Verbindungen sind die Trainer mit verschiedenen Sporthallen, Lehrern, Turnieren und Geheimorganisationen verbunden. Die Pokémon entwickeln sich dabei mit zunehmender Geschicklichkeit von einer Daseinsform zur nächsten weiter, sodass Pichu, Pikachu und Raichu nicht nur verschiedene Wesen sind, die man sich einprägen muss, sondern sozusagen Geschwister und Symbole des Heranwachsens.

Zum anderen sind unter den Pokémon alle möglichen Charaktere zu finden, vom wilden Drachen über das spitzbübische, niedliche Nagetier und die kuschelige Flaumkugel bis hin zum treuen Hundewesen. Kinder, die Fische liebten, konnten sich in das dumme Goldini verwandeln, andere, die gerne Mutter spielten und ein Baby versorgten, konnten eine Plüschnachbildung des infantilen, eiförmigen Togepi herumtragen. Und jede Beziehung, jede Gemütsregung konnte in Form von Pokémon-Spielen manifestiert und ins Maßlose gesteigert werden: Die wildesten Schlachten, die sanfteste Fürsorge, die dümmste Aufschneiderei, die innigsten Treueschwüre wurden plausibel als ein Teil des Ganzen.

Zu *Pokémon* gehörte auch eine menschliche Heldin. Sie sprach die meisten Mädchen mindestens ebenso an wie der männliche Protagonist, vielleicht noch mehr. Misty war sehr mädchenhaft und dazu modebewusst mit ihrem Pferdeschwanz, dem entblößten Bauchnabel, ihren mageren Armen und Beinen und ihrer uneingestandenen Schwärmerei für den desinteressierten Ash. Sie stellte all die Schwächen zur Schau, die Mädchen mit Weiblichkeit gleichsetzen: eine sentimentale Verehrung von allem Niedlichen, Anwandlungen von Eitelkeit, Zimperlichkeit, Egozentrik. Am liebsten hatte sie die hübschen Wasser-Pokémon und trug den Hauptteil der mütterlichen Verantwortung für das Baby Togepi. Sie besaß auch eine Eigenschaft, die den Mädchenfiguren in der amerikanischen Popkultur selten zugestanden wird, obwohl Mädchen genau wissen, dass sie Teil ihrer emotionalen Veranlagung sein kann: eine explosive, brüllende Wut, die den armen Ash buchstäblich umhauen konnte. Gleichzeitig war sie zäh und kampferprobt wie jeder Pokémon-Trainer und in kritischen Momenten genauso stark und engagiert wie Ash.

Nach einer alten Weisheit der Unterhaltungsindustrie, die mindestens auf die Filmstudios der Zwanzigerjahre zurückgeht, muss eine Story einerseits Action enthalten, um für Jungen und Männer attraktiv zu sein, und andererseits Charaktere und Romantik, um Mädchen und Frauen anzusprechen.[9] Aber Mädchen sprechen auf Action genauso an wie Jungen, wenn sie sich in einem Kontext wiedererkennen können. *Pokémon*-Fans lachten, wenn Mistys Wut Ash zu Boden warf, und sprangen aufgeregt in die Höhe, wenn Ash eine wilde Schlacht gegen einen überlegenen Gegner gewann, weil er und sein Pikachu eine tiefe persönliche Beziehung eingegangen waren. Comics, Zeichentrickfilme, Videospiele, karikaturhafte Live-Action wie *Power Rangers* leben alle von realistischen Gefühlen und Situationen, die der Eindrücklichkeit und Klarheit wegen für die jungen Fans übersteigert werden. In diesem Sinn ist fiktive Gewalt die karikative Zuspitzung eines Konflikts: sozusagen ein Cartoon über Zorn, Verzweiflung, Loyalität, Verrat, Liebe. In den Phantasien kleiner Mädchen sind Brutalität und menschliche Beziehungen nicht voneinander getrennt oder einander entgegengesetzt, sondern Gewalt ist ein lebendiger, aufregender und manchmal vollkommen befriedigender Ausdruck dieser Beziehungen.

Annette Roman, Redakteurin bei Viz Comics, sagte, sie habe für Action-Comics im Allgemeinen wenig übrig gehabt, aber in die *Pokémon*-Projekte, an denen sie arbeitete, habe sie sich regelrecht verliebt: »Zum Teil deswegen, weil ich sah, wie aufgeregt meine Nichten und die Töchter meiner Freundinnen davon wurden – noch nie hatte ich erlebt, dass irgendein Phänomen der Popkultur so viele Mädchen in solche Begeisterung versetzen konnte. Als ich mich dann nach und nach selbst darauf einließ, sah ich, wie sehr mir als Kind eine Phantasiewelt wie diese gut getan hätte. Es war eine Welt, in der die Mädchen *ganz* sein durften. Sie mussten nicht ihren Zorn und ihre Aggression unterdrücken wie brave kleine Mädchen, aber sie mussten sich auch nicht wie kleine Jungs benehmen. Sie konnten niedlich, witzig, liebevoll, bezaubernd sein und sich gleich darauf in einen destruktiven Alptraum verwandeln.«

Bezeichnenderweise stammen sowohl die *Power Rangers*

als auch *Pokémon* ursprünglich aus Japan. Die Amerikaner haben zwar viel mehr Zeit und Energie in die Diskussion über geschlechtsspezifische Rollenvorbilder in den Medien gesteckt, aber als Erfinder von Heldenfiguren für kleine Mädchen waren sie miserabel. Nach meinen Erfahrungen mit der Comic- und Trickfilmindustrie sind die Schöpfer von Superhelden der Ansicht, männliche Charaktere seien eigentlich die lebendigsten und legitimsten, aber nachdem »man« von ihnen auch starke weibliche Charaktere erwarte, stückeln sie eben aus abgehalfterten Archetypen und ein paar neuen feministischen Klischees Frauengestalten zusammen. Sogar George Lucas, der die stärksten Symbole für Kinder während der letzten Jahrzehnte erzeugt hat, brachte nie einen weiblichen Charakter zustande, mit dem sich die Kinder identifizieren konnten. Ein paar Frauen, die mit *Star Wars* aufgewachsen sind, sagten, sie hätten versucht, Prinzessin Leia gut zu finden, aber ihre Aufdringlichkeit und Unglaubwürdigkeit seien zermürbend gewesen; interessant sei sie letztlich nur wegen ihrer Beziehungen zu Luke und Han gewesen. Der einzige amerikanische echte Erfolg war *Wonder Woman*, und sie ist die Erfindung des Psychologen Dr. William Maulton-Marston, der in einer Zeit der unklaren Geschlechterrollen während des Zweiten Weltkriegs Verständnis für das Bedürfnis kleiner Mädchen nach Machtsymbolen hatte.

Die japanische Kultur betont die traditionellen Geschlechterrollen viel mehr als die moderne amerikanische Kultur.[10] Gleichzeitig kümmerten sich die Japaner immer viel weniger um die etwaigen sozialen oder ideologischen Aspekte kindlicher Unterhaltung; sie waren viel eher bereit als die Amerikaner, ihre Inhalte nicht von den pädagogischen Anliegen der Erwachsenen, sondern von den Vorlieben der Kinder bestimmen zu lassen. Die japanische Kultur war seit jeher sehr offen für Elemente der Phantasie. Ihre höchsten Kunstformen und spirituellen Disziplinen waren immer erfrischend frei von Realismus als Ideologie. Selbst die japanische Urreligion, der Schintoismus, gründet auf »dem Stoff, aus dem Märchen sind«, wie der Mythenforscher Joseph Campbell liebevoll sagt. So zum Beispiel in der Legende der Sonnengöttin, die sich in einer Höhle versteckt und von einer lärmenden Truppe, angeführt von ihrem Bruder, hervorgelockt werden muss: Kein heutiger Schintoist fühlt sich verpflichtet, sie zu glauben. Auch Zen ist nicht Lehre, sondern Spiel und Suggestion. Die »Schwebende Welt«-Schule der klassischen japanischen Kunst ist eine Beschwörung des Lebens als Traum. Vielleicht hat das Leben in so großer Nähe zueinander auf so engem Raum und unter den Zwängen strenger sozialer Regeln die Japaner den Wert eines inneren Lebens gelehrt. Hingegen stehen die Amerikaner mit ihrer vielsprachigen, mobilen, konfliktträchtigen Gesellschaft den Gedanken und Gefühlen der anderen viel argwöhnischer gegenüber.

Die japanische Unterhaltung für Kinder liefert komplexere und umfassendere Phantasien als die westliche Kultur, und die amerikanischen und europäischen Kinder reagieren mit Begeisterung darauf. Mit dem Film *Panik in New York* aus dem Jahr 1953 erfand Hollywood das Genre Radioaktives-Riesenmonster-greift-die-Stadt-an, aber dieser und alle folgenden Filme endeten unweigerlich – nach dem Geschmack der Erwachsenen – mit der Vernichtung des Ungeheuers durch die Polizei oder Armee. Mit dem ersten *Godzilla,* der 1954 lief, folgten die japanischen Produzenten zunächst dieser Formel, doch dann fiel ihnen auf, was Hollywood nicht erkannte oder nicht erkennen wollte: Kinder liebten die *Ungeheuer,* nicht die staatliche Ordnungsmacht. Und nicht nur die japanischen Kinder: Mein Sohn weinte sich die Augen aus, als er *Panik in New York* zum ersten Mal sah, und noch ein Jahr danach wollte er keinen Monster- oder Dinosaurierfilm sehen, wenn ich ihm nicht vorher versprechen konnte, dass das Wesen am Schluss überleben würde. Anfang der Sechzigerjahre wurden die japanischen Monster immer bewunderungswürdiger, mitfühlender, sogar liebenswert und am Ende überlebten sie immer. Die amerikanischen Produzenten fuhren fort, ihre Ungeheuer zu ermorden, bis das Genre ausgereizt war; die Japaner hingegen schufen ein international erfolgreiches Produktgenre, das nach wie vor blüht und gedeiht.

In den Siebzigerjahren, als sich die Kinderprogrammgestalter in den Sendern von körperlicher Action verabschiedeten, kamen Serien wie *Speed Racer, Astro Boy* und *Kimba* sehr gut an. In jüngerer Zeit haben die japanischen Trickserien *Power Rangers, Pokémon* und *Dragon Ball Z* die Phantasie der Kinder mit Abenteuern und Heldengeschichten herausgefordert, wie sie die Produktion weder in Amerika noch in Europa zu bieten hat. Die Unterhaltung, die sich an die Mädchen wendet, liefert Bilder weiblicher Macht, die das Gefühl der Komplexität und Unheimlichkeit der Geschlechterrollen in einer Zeit des gesellschaftlichen Wandels ansprechen. Die japanischen männlichen Produzenten und Spiele-Entwickler, die *Power Rangers* und *Pokémon* erfanden, stützten sich auf ihre Erfahrungen mit den Reaktionen weiblicher Fans auf Spiele und Comics und schufen Symbole, die sehr viel über die Phantasien aussagen, nach denen sich Mädchen auf der ganzen Welt heute sehnen.

Mädchen streben unbedingt nach persönlicher Macht und wollen gleichberechtigt an einer Welt teilhaben, die beide Geschlechter einschließt. Aber gleichzeitig wollen sie ihre Identität als Mädchen weiterentwickeln, was eine separate, intakte Mädchenkultur in der Grundschule voraussetzt. Vielleicht haben sie noch keine Ahnung, wie sie ihr Leben gestalten werden, aber in ihrer Phantasie fühlen sie genau, dass sie in eine Welt der Macht und der Gleichheit eintreten wollen, ohne deshalb die Eigenschaften aufzugeben, die sie als weiblich kennen gelernt haben. Ein Industriezweig, der unmittelbarer auf diese Phantasien reagiert hat als die Action-Unterhaltung, ist die Popmusik: Sie hat manche der für heutige junge Mädchen unwiderstehlichsten – und für ihre Eltern nervtötendsten – Bilder von weiblicher Macht hervorgebracht.

Als wir Emily, die ihrer Mutter die Erlaubnis abgetrotzt hatte, mit Plastikwaffen zu spielen, zuletzt sahen, war sie in der zweiten Klasse, hatte die brutalen Phantasiespiele aufgegeben und wollte Tierärztin werden. Ihre Mutter Cynthia hatte mit den Waffenphantasien ihrer Tochter zwar Frieden geschlossen, war aber sehr erleichtert, als sie nach und nach abklangen. Wie mir Cynthia später erzählte, spielte ihre Tochter noch immer ziemlich oft mit Jungen und war ein waghalsiges Kind geblieben, bemühte sich jetzt aber mehr um Freundschaften mit Mädchen. Insgesamt war Cynthia sehr zufrieden mit der Entwicklung ihrer Tochter, deren Medieninteressen und Phantasien ihr nicht mehr viel Anlass zur Besorgnis gaben. Dann entdeckte Emily Britney Spears.

In dem Jahr fuhren fast alle Mädchen in Emilys Klasse auf Britney Spears ab. Emily war zwar nicht unter den Ersten, die sie entdeckten, aber als es dann so weit war, griff sie begieriger und aggressiver danach als alle ihre Freundinnen. Sie initiierte Spiele: »Also, ich bin Britney, und ihr seid ihre Freundinnen.« – »Aber *ich* will Britney sein!« – »Ich auch!« – »Dann sind wir eben alle Britney. Im Tierpark bricht ein Feuer aus, Tiere sind gefangen und wir kommen, um sie zu retten.« Sie wollte sich wie Britney kleiden – aber nicht wie die aufreizende Britney der Preisverleihungen, sondern wie das coole Girlie aus den Videos. Sie fand Freundinnen, die an Britneys Songs herankamen und kannte alle Texte auswendig, noch ehe Cynthia sich entschieden hatte, ob die Lieder zu Hause gespielt werden durften oder nicht. Emily träumte sogar von ihr: »Sie kam in mein Zimmer und weckte mich auf, dann trug sie mich durchs Fenster davon und brachte mich in ein riesiges Haus voller Hunde und Katzen.«

Cynthia geriet in noch ärgere Gewissensnöte als Jahre zuvor mit den Waffen. Sie wollte nicht, dass ihr kleines Mädchen durch die Medien stereotype Geschlechterrollen lernte, wollte nicht, dass Emily bereits in der Grundschule sexualisiert wurde, dass sie mit der Vorstellung aufwuchs, die einzige Macht eines Mädchens bestehe darin, hübsch auszusehen und Jungen zu manipulieren. Was bedeutete es, dass Emily in Britney Spears verliebt war, deren Songs sich ausnahmslos um Jungen drehten, deren gesamtes Image auf übersteigerten Geschlechtsmerkmalen aufgebaut war und deren erster Hit sämtliche Eltern mit dem Titel »Hit me Baby one more time« schockiert hatte?

Als sie mir von ihren Sorgen berichtete, war ich geneigt, ihr zuzustimmen. Auch ich tendierte zu der Auffassung, Popsängerinnen wie Spears seien Sexobjekte, vermarktet an Kinder, die nicht wussten, worauf sie sich einließen. Dann stellte ich die Frage, die ich bei den Vorarbeiten zu dieser Untersuchung immer wieder gestellt habe, nämlich nicht: »Wie wirkt es auf mich als Erwachsenen?«, sondern: »Warum lieben Kinder das so sehr?« Ich unterhielt mich mit Kindern, auch mit Emily, über Britney Spears und fing an, ihre Videos mit den Augen eines kleinen Mädchens zu sehen, dessen frühere Phantasien zeigten, dass es sich nach Symbolen persönlicher, körperlicher Macht sehnte. Und ich begriff. Spears wurde tatsächlich als hübsches Sexualobjekt vorgeführt, ihre Songs drehten sich tatsächlich immer nur darum, Jungs herumzukriegen, aber ihre lebhaftesten, eindrucksvollsten Aktionen waren Symbole körperlicher Macht.

Popsänger und -sängerinnen waren schon immer Machtsymbole, allein deshalb, weil sie das Mikrofon, die Kamera und die Aufmerksamkeit einer Menschenmenge beherrschen. Bereits Tiffany und Olivia Newton-John waren starke

Frauen für die Mädchen der späten Siebzigerjahre und die jungen Mädchen, die sie heute entsetzlich nichts sagend finden, ließen sich in jüngeren Jahren durchaus von ihnen inspirieren, die eine oder andere nachzuspielen. Als die Geschlechterrollen sich veränderten und die Mädchen anfingen, unverhohlenere Machtsymbole zu begehren, brachten ihre Vorlieben einen Markt für einen aggressiveren, auf Konfrontation ausgerichteten Stil der Popmusik hervor. Britney Spears' typische Tanzbewegung, ihr Markenzeichen sozusagen, bestand darin, die Faust zu recken und den Unterarm mit einer ausladenden Geste an ihrem Oberkörper vorbei hin und her zu schwingen. Außerdem rammte sie beide Fäuste in die Luft, sprang, stampfte, wirbelte herum und trat – sie vollführte eine Kombination aus Bühnentanz, Gymnastik und Kampfsportbewegungen, die in der Phantasie jedes Kindes als Power-und-Action-Bilder einrasten. Außerdem vollführte sie Beckenstöße, die mit ihrer sexuellen Eindeutigkeit den Eltern auf die Nerven gehen, die aber auch, für jede/n, die/der ungehemmt und beweglich genug dafür ist, außerordentlich starke, mächtige, befreiende Bewegungen sind. Jedes Mal wenn Spears trat, boxte, stieß, provozierte sie heftige Reaktionen in ihrer fiktionalen Welt. Die Musik hämmerte, die Background-Tänzerinnen sprangen in die Luft, die Kamera zoomte auf die Bühne, und die Menge kreischte.

Als Cartoon über individuelle körperliche Action, die zupackt, die Wirklichkeit bestimmt und in eine neue Form zwingt, war Spears so wirkungsvoll wie die *Power Rangers* oder *Pokémon*. Selbst ihre viel geschmähten Texte enthielten etliche aufregende Macht-Bilder. Zwar drehten sie sich inhaltlich immer wieder nur um Jungen, aber wenn kleine Mädchen den Refrain von »Crazy«, »Stronger« oder »Oops! ... I Did It Again« sangen, schwelgten sie in genau den Gefühlen, für die Spears stand: sich in den Vordergrund spielen, tough sein, protzen mit ihrer Macht, das Leben anderer Leute aufzumischen. In diesem Licht war sogar »(Hit me) Baby one more time« ein Song, der den Wunsch nach *Action* zum Thema hatte: die Forderung nach einer unmissverständlichen Bekundung von Zuneigung. Ein »Hit« ist alles Mögliche, nicht nur ein Schlag, sondern auch ein Treffer, im Sport wie im Kartenspiel, und auf jeden Fall eine spielerische Metapher für eine schnelle, aufregende Befriedigung. Einen »Hit« zu verlangen ist ein Ausdruck von selbstbewusster Durchsetzungskraft, nicht von Passivität. Eine Aufforderung zu körperlichem Missbrauch herauszuhören heißt, nicht die Realität der Kinder, sondern die eigenen Ängste in den Vordergrund zu stellen.

Kritiker und Erziehungsexperten warnten vor den Botschaften, die kleine Mädchen erhalten, wenn sie herumspringen wie Britney Spears und damit die allgemeine Aufmerksamkeit erregen. In einem Punkt haben sie Recht: Wenn Mädchen nur Bestätigung und Aufmerksamkeit erhalten, wenn sie sich aufführen wie ein Popstar, haben sie vermutlich wenig Anlass, ihre übrigen Stärken zu entwickeln. Es ist wichtig, dass wir uns der sexuellen und konsumistischen Bildersprache bewusst und für Diskussionen mit unseren Kindern offen sind. Aber noch wichtiger ist, die Macht zu respektieren, die Mädchen empfinden, wenn sie die Fäuste recken und stampfen und singen.

Emily hatte eine Menge sozialer Information zu verarbeiten: Sie war ein eigensinniges Mädchen, das Jungenspiele liebte, und es war ihr egal, dass sich einige ihrer besten Freundinnen weigerten, mit Jungen zu spielen. In einem Alter, in dem sie und ihre Freundinnen sich zunehmend für das Verhältnis zwischen Mann und Frau zu interessieren begannen, gab es in ihrem häuslichen Leben keine erwachsene männliche Bezugsperson mehr. Ihre allein erziehende Mutter ermutigte ihr geschlechtsübergreifendes Verhalten und missbilligte die gesellschaftlich kodifizierte Weiblichkeit, auch wenn die Mädchen in Emilys Umfeld ihre Weiblichkeit immer nachdrücklicher äußerten. Emily wollte Macht und Individualität, dazu gleichzeitig das gesamte Spektrum der Mädchenhaftigkeit beherrschen – Britney Spears sein, jeder Zoll eine lebende Barbie-Puppe und zugleich die geballten Fäuste recken, über die Bühne stolzieren, ihre Pop-Texte über Selbstbewusstsein und Kraft hinausschreien, Videos voller springender Körper und blitzender Explosionen mit der schieren Kraft ihrer körperlichen, sexuellen, cartoonhaften Präsenz dominieren.

Ich erzählte Cynthia, was ich von einer anderen Mutter gehört hatte: Rachel lehnte es ab, ihrer Tochter eine Barbie-Puppe zu kaufen, um sie vor den expliziten Botschaften über Geschlechterrollen zu schützen, die *Barbie* verkörperte. Aber je mehr sie sich wehrte, desto heftiger wurde der Wunsch ihrer Tochter und desto beunruhigter fragte sie sich, *warum* sie keine *Barbie* haben durfte – war mit *ihr* etwas nicht in Ordnung? »Schließlich«, sagte Rachel, »begriff ich, dass meine Tochter meine Zustimmung dringender brauchte als meinen Schutz.« *Barbie*, Britney Spears, Waffen, *Pokémon* – sie laufen alle auf dasselbe elterliche Dilemma hinaus: Bringen diese Produkte meinen Kindern übersteigerte Geschlechtsmerkmale und negatives Verhalten bei, oder geben sie ihnen eine Möglichkeit an die Hand, mit ihren Sorgen und Problemen spielerisch umzugehen?

Ruth Handler, die Ende der Fünfzigerjahre die Barbie-Puppe erfunden hat, sagte, sie habe ihrer Tochter beim Spielen zugesehen und die Überzeugung gewonnen, dass Mädchen unvermeidlich neugierig sind, sich den Kopf darüber zerbrechen, was es heißt, eine erwachsene Frau zu sein – mit allen nahe liegenden Konsequenzen –, und sich nach Möglichkeiten sehnen, ihre Gefühle im Spiel zu erkunden.[11] »Mir wurde klar, dass das Experimentieren mit der Zukunft in Form von Identifikationsspielen ein sehr wichtiges Element des

Heranwachsens ist«, sagte sie. »Ich fand es wichtig für das Selbstwertgefühl eines kleinen Mädchens, mit einer Puppe zu spielen, die Brüste hat.« Es ist also nicht die Barbie, die kleine Mädchen dazu bringt, sich mit ihrem Körper zu beschäftigen, wie so viele ihrer Kritiker behaupten, sondern es geht ihnen um den realen Körper und das reale Verhalten der erwachsenen Frauen in ihrem Leben. Barbie eröffnet ihnen eine Möglichkeit, Macht über solche Anliegen und Sorgen zu gewinnen. Gleichwohl weckt der Anblick eines kleinen Mädchens, das mit Barbie-Puppen spielt oder Britney Spears imitiert, natürlich Vorbehalte bei den Erwachsenen, die sich fragen, was für eine Person aus ihr werden wird. Wir glauben, wir könnten ihre Sorgen und Ängste ebenso verscheuchen wie unsere eigenen, wenn wir ihnen das Symbol dafür wegnehmen, aber das kann im Gegenteil dazu führen, dass das kleine Mädchen sich ihnen machtlos ausgeliefert fühlt.

Auch Cynthia entschied sich für Zustimmung. »Es ist schon stressig genug für Emily, wenn sie mit all den Macht- und Intrigenspielchen der Mädchen in der zweiten Klasse zurechtkommen muss – da brauche ich ihr nicht noch zu erzählen, es sei gefährlich für sie, wenn sie sieht, dass sie die Mädchenrolle erfolgreich spielen kann. Wenn sie Britney ist, dann ist sie gut drauf. Wenn ich sage, sie soll damit aufhören, wird sie unruhig oder wütend. Ich finde, sie soll wissen, dass sie alles sein kann, was sie sein will. Wie soll ich ihr das klar machen – es sei denn, ich lasse sie beweisen, dass sie auch Britney Spears sein kann, wenn sie will?«

Also kamen Britney-Spears-CDs und -Videos ins Haus. Cynthia gefiel nichts davon, aber sie freute sich, dass Emily so viel Spaß damit hatte, und sie freute sich, wenn sie miteinander besprachen, welche Songs ihr am besten gefielen und warum. Eines Tages begann die Britney-Spears-Leidenschaft abzukühlen wie seinerzeit die Waffenbegeisterung. Emily und eine Freundin entdeckten die Beatles-Platten ihrer Eltern, was Cynthia befriedigte, wenn auch, wie sie sagte, »weniger als noch vor einer Weile. Ich habe mich von der Vorstellung verabschiedet, dass ihre Phantasien eine Bestätigung meiner Werte sein sollten. Ich weiß nicht, ob meine Phantasien in ihrem Alter irgendetwas mit den Werten zu tun hatten, die mir schließlich wichtig wurden, und es ist nicht einzusehen, warum sie mit denselben Phantasien in ihrer Welt zurechtkommen sollte, die ich in einer ganz anderen Welt hatte.«

In den letzten Jahrzehnten hat sich das Leben für junge Mädchen drastisch verändert und verändert sich weiter. Die Erwachsenen zeigen ihnen mehr Möglichkeiten auf denn je, stellen aber auch auf intellektuellem, sportlichem und persönlichem Niveau höhere Ansprüche an sie. Es wird nicht mehr erwartet, dass sie heiraten und sich von ihrem Mann ernähren lassen, während sie die Kinder aufziehen, im Gegenteil: Sie sollen so hart arbeiten wie jeder Mann und dennoch die Kinder aufziehen, häufig ohne große Hilfe. Sie wissen, dass die Erwachsenen sich um sie sorgen: um ihre seelische Gesundheit, ihr Selbstwertgefühl, ihre Essgewohnheiten und die unzähligen namenlosen Gefahren, die in der Jugend auf sie zukommen. Die Erwachsenen versichern ihnen, Aussehen, Beliebtheit, In-Sein, Erfolg bei Jungen spielten keine Rolle – aber ihre tägliche Wirklichkeit beweist ihnen das Gegenteil: Das alles spielt sehr wohl eine Rolle, ob es den Erwachsenen passt oder nicht. Zudem lernen sie aus dem Verhalten der Erwachsenen, dass es eine sehr viel größere Rolle spielt, als die Erwachsenen zugeben. Wenn die Mädchen auf eine Form von Unterhaltung gestoßen sind, die ihnen hilft, spielerisch mit diesen erschreckenden Realitäten umzugehen, konzentrieren die Erwachsenen ihre gesamten Ängste darauf, statt auf die Realität – und machen aus den Phantasien der Mädchen eine weitere Ursache für Spannungen.

Wenn das Mädchensein sich ändert, ändern sich auch die Phantasien der Mädchen, und die Unterhaltungsindustrie beeilt sich, Schritt zu halten und Geschichten zu erfinden, von denen die Mädchen sich angesprochen fühlen.[12] Zwar mag ihr Beweggrund nichts als Profitstreben sein, doch indem sie Geschichten und Bilder zu finden versucht, die sich verkaufen, entdeckt sie die größten Sehnsüchte der Mädchen. Im Moment sehnen sich die Mädchen nach mehr Macht, während sie gleichzeitig versuchen, diese Macht auf vielfältige Weise in ein neues weibliches Selbstbild zu integrieren. Wir können ihnen dabei helfen, indem wir ihnen erlauben, ihre Phantasien auszuleben und ihre Spiele zu spielen – und ihnen zugleich glaubwürdig klar machen, dass sie alles sein können, was sie sein wollen.

Mit der Welt verändert sich auch die Popkultur in einer Weise, die uns zwingt, uns mit unseren Vorurteilen auseinander zu setzen. Wie das nächste Kapitel zeigt, können wir manchmal erleben, dass Machtphantasien nicht immer vertrauten Formen folgen und Aggressionsphantasien nicht immer den emotionalen Zweck erfüllen, den wir erwarten.

6
Die Wogen glätten

Tatsächlich existiert eine Korrelation zwischen Gewaltkriminalität und intensiv gewaltorientierter Unterhaltung, jedoch in anderer Form, als die üblichen Hypothesen vermuten lassen: Ihre grausamsten Blüten treibt die Unterhaltungsindustrie nämlich erst, wenn die *reale* Kriminalität zum Tagesgespräch geworden ist und sämtliche Medien beherrscht.

In den späten Zwanzigerjahren des letzten Jahrhunderts erlebten die USA eine Zunahme sowohl der Kriminalität als auch der Presseberichte über die Kriege der Schwarzbrenner und Alkoholschmuggler untereinander.[1] Meinungsumfragen zufolge war 1930 das wichtigste Thema für die Amerikaner die allgemeine »Gesetzlosigkeit«. Im gleichen Jahr wurde *Little Caesar,* eine Billigproduktion der bis dahin unbedeutenden Gattung Gangsterfilm, völlig unerwartet zum Kassenschlager. Während der nächsten Jahre verschlang das Publikum mit einem Appetit, dem die Traumfabrik Hollywood kaum noch nachkam, einen brutalen Krimi nach dem anderen. 1931 gaben die Überraschungserfolge von *Dracula* und *Frankenstein* den Auftakt zur neuen Gattung des Horrorfilms. Viele Psychologen, Politiker und Religionsführer warfen der Filmindustrie vor, sie heize Kriminalität und Gesetzlosigkeit an; in Wahrheit aber nahm die Kriminalität nach 1933 wieder ab, während die Kinofilme sich nach wie vor größter Beliebtheit erfreuten. Erst als sich die Verbrechensangst der Amerikaner wieder einigermaßen gelegt hatte, verebbte auch der Ansturm auf Krimis und Horrorfilme.

Dreißig Jahre später ließen ein neuerlicher Anstieg von Verbrechen und Morden sowie der Krieg in Vietnam die Furcht vor Gewalt in beispiellosem Ausmaß wachsen – und kurz darauf entstanden brutale und schreckliche Filme wie *Bonnie und Clyde, The Wild Bunch* und *Rosemarys Baby,* deren kommerzieller Erfolg alle Erwartungen weit übertraf. Fernsehkrimis hatten bis dahin nie besonders hohe Einschaltquoten erzielt; das änderte sich schlagartig Ende der Sechzigerjahre, als das Publikum sich mit einem Mal für Serien voller wilder Verfolgungsjagden, Schlägereien und Schießereien begeisterte, wie zum Beispiel in *Mannix* und *Hawaii Fünf-Null.* In den Siebzigerjahren waren sowohl die Nachrichtenstudios als auch das Publikum zunehmend fasziniert von Serienmördern und anderen bizarren Gewaltverbrechern, und dementsprechend erfreuten sich blutrünstige Horrorfilme, von *Blutgericht in Texas* (1976) bis *Freitag der 13.* (1980), wachsender Beliebtheit und wurden schließlich zum fest etablierten Genre.

Ab Mitte der Achtzigerjahre lösten die Bandenkriege der Crack-Dealer eine neuerliche Welle der Furcht vor Gewaltverbrechen aus, und 1989 entdeckte plötzlich ein breites Publikum den Gangster Rap. Zwischen 1992 und 1995 erlebte Hollywood die blutigste Phase seiner Geschichte: Praktisch jeder Film, von den Blockbustern bis hin zu den Independent-Produktionen, drehte sich um Mord und Vernichtung: *T2, Reservoir Dogs, Pulp Fiction, Natural Born Killers.* Einen Besorgnis erregenden Höhepunkt der Popularität erreichte auch die im Fernsehen gezeigte Gewalt, von den Nachmittags-Talkshows, bei denen die Fetzen flogen, bis hin zu Wrestling-Veranstaltungen. Wieder hielten viele die Brutalität in den Medien für die Ursache realer Gewalt, aber als die gewaltorientierte Unterhaltung auf dem Gipfel der Beliebtheit stand, war die Kriminalität bereits wieder zurückgegangen.

Ähnliche Reaktionen kann die Berichterstattung über reale Gewalt in den Medien auslösen. Während der ersten sechs Wochen nach den Terroranschlägen vom 11. September 2001 verzeichneten die Filme gewalttätigen und grausigen Inhalts die größten Besucherzahlen – was für den Herbst sonst ganz ungewöhnlich ist. Wenn die Angst vor realer Gewalt am größten ist, wächst offensichtlich auch das Bedürfnis nach fiktiver Gewalt.

Oft ist zu hören, gewaltorientierte Unterhaltung jage den Kindern zusätzliche Angst vor realer Gewalt ein, stumpfe sie ab gegenüber den Gräueln der Wirklichkeit oder mache ihnen weis, dass die Welt noch schrecklicher sei, als sie in Wahrheit ist. Tatsache ist aber, dass die *Realität* selbst genau diese Folgen haben kann – vor allem die verzerrte Version der Realität, die uns die kommerziellen Nachrichtenmedien vorführen. Ein Gegengift bietet die Phantasie. Sie kann uns helfen, unsere Ängste zu kontrollieren und den Furcht erregenden Seiten des Lebens realistischer zu begegnen.

Kaum ein öffentliches Ereignis hat die jungen Menschen derart stark beeinflusst wie die Massaker an Schulen, die ab Ende der Neunzigerjahre in Amerika passierten. Wochenlang war in den Nachrichtenmedien von nichts anderem die Rede, und die Gespräche der Erwachsenen drehten sich immer wieder um das Grauen, die Unvorhersehbarkeit, die Alltäglichkeit der Schauplätze. Vor allem nach dem Massaker an der Columbine High School reagierten Eltern, Lehrer und Schulverwaltungen mit einer angstvollen Wachsamkeit, die jedem Kind zu verstehen gab, es könne jederzeit, in jedem beliebigen Klassenzimmer zu einem neuerlichen Ausbruch von Gewalt kommen. Unter zusätzlichen Druck gerieten männliche Jugendliche durch das Bewusstsein, dass die Erwachsenen auf einmal potenzielle Mörder in ihnen sahen. Viele von ihnen lechzten daraufhin nach Computerspielen, die ihnen eine Möglichkeit verschafften, diese enormen Spannungen abzubauen. Vor Littleton waren Shooter-Spiele wie *Doom, Quake* und *Castle Wolfenstein* mit Phantasie-Ambiente und Phantasie-Gegnern beliebt gewesen, doch im Jahr nach dem Massaker begannen sich Spiele mit realistischerem Ambiente und menschlichen Gegnern durchzusetzen, wie *Soldier of Fortune* und *Unreal Tournament*.[2]

Ich arbeitete zu der Zeit mit einem Sechstklässler namens Andrew, dessen Eltern sich wegen seines plötzlichen Interesses an brutalen Kino- und Fernsehfilmen sowie Videospielen sorgten. Bis zum Frühling des Vorjahres hatte er wenig Interesse an Gewalt gehabt – bis in allen Nachrichtenmedien nur noch von den Morden in Littleton die Rede war. Wochenlang beherrschte der Fall die Fernsehsendungen, die Andrew sah, und die Gespräche, die er mit anhörte. Er dachte viel darüber nach. Er wurde sehr neugierig auf die Mediengewalt, die bei dem Massaker eine Rolle gespielt haben sollte, und als er der Neugier nachgab, stellte er fest, dass ihm die Sache ausnehmend gefiel. Bald füllten Shooter-Spiele und Actionfilme seine Nachmittage und Wochenenden. Seine Eltern versuchten ihn wenigstens auf altersgerechtes Material zu beschränken, doch im Sommer vor der sechsten Klasse entdeckte er bei einem Freund *Natural Born Killers*, den Film, der als eine mögliche Inspiration für mehrere Schießereien an Schulen im Gespräch war, und er wollte ihn unbedingt sehen. Im Zeitraum von mehreren Wochen sahen er und sein Freund sich den Film immer wieder an.

»Das hat es irgendwie real gemacht«, sagte er. »Irgendwie gewöhnte ich mich daran.« Ich fragte ihn, wie es weitergegangen sei. Er zuckte die Achseln. »Danach dachte ich nicht mehr so oft daran.« Zwar spielte er weiter gewaltorientierte Computerspiele und sah brutale Filme, doch die Intensität seines Interesses und sein Bedürfnis nach häufigen Wiederholungen ließen stark nach. Statt *Natural Born Killers* zu sehen, spielten er und sein Freund wieder *Mario Tennis*, und

Andrew traf sich wieder mit seinen früheren Freunden. Schießereien an Schulen beschäftigten ihn kaum noch.

Eine Zeit lang war Andrew übersensibilisiert für Gewalt und Gefahr gewesen. Sich wiederholt mit der Gewalt in einem Videofilm auseinander zu setzen, bis er »sich daran gewöhnte«, half ihm, die Sensibilisierung auf ein realistischeres Maß zu reduzieren. Indem er die Gewalt »irgendwie real« machte, nahm er ihr viel von ihrer Macht über seine Vorstellungskraft.

Die Jugendpsychiaterin Lynn Ponton hat häufig beobachtet, wie junge Menschen ihre Ängste durch Unterhaltung beschwichtigen. Normalerweise sind sie nicht so spezifisch wie bei Andrew. Wenn Jugendliche unter der Konkurrenz Gleichaltriger leiden, kommt es vor, dass sie sich *Zehn Dinge, die ich an dir hasse* ansehen, vielleicht zehnmal hintereinander; wenn sie zornig sind oder sich körperlich unterlegen fühlen, entscheiden sie sich vielleicht für einen Action- oder Horrorfilm. Egal, welche Sorgen sie plagen, finden sie es offensichtlich beruhigend, sich in vertraute oder vorhersehbare Porträts unwirklicher Menschen zu versenken, die eine übersteigerte Version dessen erleben, was sie selbst in Verwirrung stürzt. Auf Geschichten, die entweder sehr glaubwürdig oder emotional aufwühlend sind, kommen sie nach dem ersten Mal meist nicht mehr zurück. Mag sein, dass die Geschichten sie zutiefst beeindrucken, doch die Unterhaltung, die bei der Beschwichtigung von Ängsten hilft, muss karikativ, intensiv und unwirklich sein.

Das kann problematisch sein, warnte Ponton. Junge Menschen, deren Konflikte zu schwer wiegend sind und die keinen anderen Ausweg finden, um ihre Probleme zu lösen, verfallen möglicherweise in einen gewohnheitsmäßigen Medienkonsum und drehen sich mit ihren Ängsten dann nur im Kreis. Die Unterhaltung verschlimmert die Probleme zwar nicht, schafft aber auch keine Linderung, sondern sorgt für die Aufrechterhaltung des Zustands. Für die meisten jungen Leute kann Unterhaltung jedoch eine große Hilfe sein, um die Spannungen des realen Lebens abzubauen.

Auch jüngere Kinder waren von den Massakern aufgewühlt, und während der folgenden Monate erreichten aggressive Action-Zeichentrickserien – *Pokémon, DragonBall Z, Digimon, Monster Rancher* – eine bis dahin unerreichte Popularität. *Pokémon* war bereits sehr populär und verdankte seinen Erfolg, wie erwähnt, einer Vielzahl von Faktoren. Als ich selbst Pokémon-Material verfasste, mit meinem Sohn spielte, während er seine Pokémon-Manie auslebte, und auf dem Höhepunkt der allgemeinen Pokémon-Begeisterung meine Workshops veranstaltete, spürte ich, welcher enge Zusammenhang zwischen den Stimmungen der Kinder und dem plötzlichen Aufstieg dieser Modeerscheinung bestand. Die Kinder waren sehr unruhig in diesem Frühjahr. Selbst jene, denen die Details erspart geblieben waren, wussten, dass an irgendeiner Schule etwas Schreckliches passiert war. Nie zuvor hatte ich in Schulklassen so viel explosive, nervöse Energie erlebt. Die Geschichten, die sie in meinen Workshops schrieben, waren brutaler als sonst. Genau zu dem Zeitpunkt verließ *Pokémon* unerwartet den Kultstatus, den es bei Gameboy-Spielern und Kartensammlern hatte und wurde bei praktisch sämtlichen Kindern in Amerika populär. Pokémon-Gewalt war laut, grell, zornig, sie wiederholte sich ständig, aber sie war auch unblutig, niemand musste sterben und immer gab es ein Happyend. Das Hauptthema waren Kinder, die manchmal auf verlorenem Posten gegen ältere Gegner standen, sich der Gefahr aber stellten und immer unbeschadet davonkamen. Auf einmal wollten Millionen von Kindern in diese Welt eintauchen – und sie waren derart versessen darauf wie auf kaum etwas zuvor.

Pokémon bediente viele Bedürfnisse; ich glaube aber, dass diese ungefährlichen, endlos wiederholten Ausflüge in die

Phantasie-Gewalt dazu beitrugen, dass eine ganze Nation verschreckter Kinder ihre Ängste aufarbeiten konnte. Deshalb waren meiner Meinung nach die Kinder später in der Lage, das Pokémon-Spiel so plötzlich wieder aufzugeben, nachdem sie – und ihre Eltern – sich ein bisschen beruhigt hatten und das Leben wieder seinen gewohnten Gang nahm.

Zu den wesentlichen Aufgaben des Spiels gehört, dass es Spannungen durch emotionale Erregung und fiktive Aggression buchstäblich verpuffen lässt; dass es ein Gegenmittel anbietet, ein Happyend, das den Kindern eine Vorstellung davon vermittelt, wie Furcht erregende Ereignisse überwunden werden können; dass es ihnen hilft, über Strukturen und Regeln, die sie lernen und voraussehen und folglich auch beherrschen können, ihre Sorgen und Nöte zu kontrollieren; dass es ihnen eine Möglichkeit bietet, mit verstörenden Gedanken so lange umzugehen, bis sie vertraut werden und ihre Übermacht verlieren.[3] Dieselben Aufgaben wie das Spiel erfüllt Unterhaltung, wenn junge Menschen sie in ihre Phantasien oder in ihr Sozialleben einbauen oder sie in Form eines Videospiels praktizieren.

Kinder lieben Phantasie-Gewalt aus mehreren Gründen. Ein Grund, weshalb sie oft so sehr nach grober, lauter, zorniger Brutalität verlangen, ist der Wunsch, sich stark genug zu fühlen, um ihren Ängsten und ihrer Wut gewachsen zu sein und sie zu beherrschen. Gewaltorientierte Unterhaltung ist während der letzten vierzig Jahre um so viel intensiver und unverhohlener geworden, weil auch die Realität, mit der wir junge Menschen konfrontieren, so viel intensiver und unverhohlener geworden ist. Was die Reportagesendungen im Fernsehen zu zeigen bereit sind, worüber Eltern in Hörweite ihrer Kinder zu diskutieren gewillt sind, mutet jungen Menschen Gedanken und Bilder zu, die nach einem ebenso mächtigen Gegengewicht aus Phantasie-Gedanken und -Bildern verlangen: Innerhalb der sicheren Grenzen der Phantasie von einem Bild schockiert zu sein ist vielleicht eine Möglichkeit, sich von der Realität weniger schockieren zu lassen. Das ist einer der Gründe, weshalb ältere Kinder einander und sich selbst klar machen, dass gerade das schrecklichste Blutbad »cool« ist. Gedanken an echte Brutalität verstören die Kinder; eine fiktive Version davon beruhigt sie und erlaubt ihnen, sich aktiv solchen Gedanken zu stellen.

Für diese These sprechen auch mehrere Korrelationsstudien über die Auswirkungen von Medien, obwohl die Ergebnisse häufig fehlinterpretiert und viele entscheidende Fragen nie gestellt wurden. Die im Juli 2000 veröffentlichte Gemeinsame Verlautbarung über den Einfluss gewaltorientierter Unterhaltungsmedien auf Kinder behauptet nicht nur, der Konsum von gewaltorientierter Unterhaltung führe zu realer Gewalt, sondern postuliert außerdem: »Gewaltorientierte Unterhaltung nährt die Auffassung, die Welt sei böse und gewalttätig … [und] steigert die Angst, selbst Opfer der Gewalt zu werden, was wiederum zu verstärktem Selbstschutzverhalten und Misstrauen gegenüber den Mitmenschen führt.«[4] Diese Aussage stammt beinahe wörtlich von Georg Gerbner, der in seiner Arbeit den Schwerpunkt auf den »Opfereffekt« legte – dasselbe, was andere Psychologen das »Böse-Welt-Syndrom« genannt haben –, indem er die subjektive Wahrnehmung von Kriminalität dem TV-Konsum der Befragten gegenüberstellte: Wer mehr fernsah, hielt die Kriminalität in der Gesellschaft für höher, als sie tatsächlich war.[5]

Spätere Studien stützten einige von Gerbners Erkenntnissen, gelangten allerdings zu signifikant abweichenden Schlussfolgerungen.[6] So hielten ihm andere Forscher vor, er habe die sozioökonomischen und sonstigen demographischen Faktoren nicht berücksichtigt: Der größte Fernsehkonsum sei bei einkommensschwachen Personen zu beobachten, und unter diesen wiederum bildeten arme Schwarze die Gruppe mit dem größten Fernsehkonsum. Außerdem sähen ältere Menschen mehr fern als junge Erwachsene. Da Arme häufig in Stadtvierteln mit hoher Kriminalität und arme Schwarze häufig in den Vierteln mit der höchsten Kriminalität lebten, und da sich außerdem ältere Menschen zu Recht besonders anfällig fühlten, spiegle die Furcht der genannten Gruppen vor Kriminalität nicht die unrealistische Sicht des Fernsehens von einer »bösen Welt« wider, sondern eine durchaus *realistische* Furcht vor ihrer realen Umgebung. Ein noch schwer wiegenderer Vorwurf an Gerbner lautet, er habe es in seinen Studien versäumt, die Sehgewohnheiten der untersuchten Personen zu spezifizieren: Sahen sie Krimis, Seifenopern, Sitcoms, Zeichentrickfilme oder Nachrichten und Reportagesendungen? Dieses Problem ist vielen Studien über »Mediengewalt« gemeinsam; häufig unterscheiden sie nicht zwischen fiktionaler Unterhaltung und der Fernsehversion von »Realität«. Die sensationslüsterne Maxime »Blut kommt gut« der Berichterstattung in Privatsendern, die Meldungen als die Realität und in der Regel als die *lokale* Realität präsentiert, ist durchaus in der Lage, den Zuschauern einzureden, die Welt sei noch viel schlechter, als sie tatsächlich ist. Die Macht der Unterhaltung wirkt sich genau entgegengesetzt aus. Detailliertere Studien im Anschluss an Gerbners Arbeit haben gezeigt, dass Menschen, die sich vor Verbrechen fürchten, tatsächlich zu einer Vorliebe für Krimis im Fernsehen neigen. Bekanntlich enden Krimis fast immer damit, dass das Gute siegt und der Held ungeschoren davonkommt – ein beruhigendes Gegengewicht zu der Realität, wie sie die Medien in ihrer Berichterstattung darstellen.

Wenn junge Menschen in einer Gesellschaft aufwachsen, die sich weniger mit Gewalt und Grauen beschäftigt, ist ihr Bedürfnis nach blutrünstiger Unterhaltung vielleicht geringer. Vielleicht geht es ihnen auch besser. Aber es ist widersinnig, von ihnen zu verlangen, dass sie sich mit Fiktionen zufrieden geben, die keimfreier sind als ihre Realität. Die Realität wird nicht besser, wenn wir ihnen die Unterhaltung, die ihnen helfen könnte, mit der Gewalt in der Umgebung besser zurechtzukommen, kurzerhand verweigern – allenfalls bewirken wir damit, dass sie sich schutzloser fühlen.

Es steht außer Frage, dass Gewalt, die reale ebenso wie die fiktive, zahlreiche Menschen verstört. Kinder unter sieben oder acht Jahren, die sich noch über den Unterschied zwischen Phantasie und Realität klar werden müssen, empfinden realistische Darstellungen negativer Gefühle und den dramaturgischen Aufbau aufwühlender Spannung möglicherweise als abstoßend. Ältere Kinder und sensible Erwachsene, die empfindlicher auf die Nöte anderer reagieren oder den Anblick von Blut, auch von künstlichem, nicht ertragen, stellen vielleicht fest, dass Hollywood-Bilder ihre Ängste eher schüren als beschwichtigen. Untersuchungen haben jedoch gezeigt, dass schon die kleinsten Kinder verstörenden Anblicken auszuweichen versuchen; ein Kindergartenkind dreht dem Fernseher, in dem ein aufwühlender Film läuft, in der Regel den Rücken zu oder lenkt sich mit einem Spielzeug ab.[7] Wir müssen vorsichtig sein, wenn wir unsere Kinder mit Bildern konfrontieren, auf die sie nicht vorbereitet sind oder an denen sie nicht von sich aus Interesse bekunden. Wenn sie hingegen eine bestimmte Unterhaltung sehen *wollen,* so deshalb, weil sie vermutlich ihre Ängste widerspiegelt und ihnen deshalb einen gewissen Trost bietet – und über die krassesten Realitäten können oft nur die krassesten Phantasien hinweghelfen.

Mary Cotter war früher in der Strafrechtspflege tätig und arbeitet bei einer New Yorker Wohlfahrtsorganisation, die sich um Aids-Kranke kümmert. Sie wuchs in einem Arbeiterviertel der Bronx auf und erlebte ihre Adoleszenz Anfang der Siebzigerjahre, als die Kriminalität in New York so hoch wie nie war, die wirtschaftliche und soziale Lage in der Stadt aber ihren Tiefststand erreicht hatte. Jeden Tag berichteten die Medien von blutigen Kämpfen, Terror, apokalyptischen Ängsten. In dem Sommer, als sie vierzehn war, terrorisierte der Serienmörder Son of Sam die Stadt. Jahrelang ließ sie die Furcht vor perverser, willkürlicher Gewalt nicht mehr los.

Mit fünfzehn erlebte sie einen schweren persönlichen Schicksalsschlag, als völlig unerwartet ihr Vater starb. Ihre Mutter war kaum in der Lage, ihr eigenes Leben in die Hand zu nehmen, sodass Mary ihre ganze Jugend hindurch mehr oder weniger auf sich selbst gestellt war, zornig und verletzlich, in einer sehr feindseligen Welt. Als hilfreich empfand sie dabei aggressive Punkmusik, Underground-Comics – und Horrorschocker.

Sadistisch blutige Horrorfilme gab es schon seit den frühen Sechzigerjahren, allerdings bewegten sie sich weitab vom Mainstream und blieben in der Regel auf ein kleines männliches Publikum am unteren Ende der Einkommensskala beschränkt – bis sie Mitte der Siebzigerjahre auf einmal bei Teenagern und jungen Erwachsenen beiderlei Geschlechts und jeder sozialen Herkunft auf Interesse stießen. Nun begannen die Studios in Hollywood solche Filme zu produzieren und zu verleihen. Kommentatoren, Kritiker und Eltern waren entsetzt; die Filme waren frauenfeindlich, lüstern und sehr wahrscheinlich eine Aufforderung zur Gewalt gegen Frauen. »Ich hatte immerhin so viel Durchblick, dass ich kapierte, worum es in den Filmen ging«, sagte Cotter, »und ich weiß noch, dass mir nicht ganz wohl dabei war. Aber die Bilder waren so stark, dass es mir egal war – das nahm ich in Kauf. Diese Horrorfilme waren wie die schlimmsten Auswüchse meiner Phantasie, und die konnte ich jetzt immer wieder sehen und spüren. Während der grausigen Szenen flammten alle meine Ängste von neuem auf, aber dann kam ich wieder herunter und war danach jedes Mal ein bisschen weniger verstört.«

Als 1980 der Film *Freitag der 13.* anlief, mit seiner schlauen Heldin, die sich nie unterkriegen lässt und den Mörder am Ende besiegt, war Cotter begeistert. »Jetzt hatte ich eine Heldin, mit der ich mich identifizieren, für die ich schwärmen konnte, aber zugleich hatte ich noch immer den blutrünstigen Horror für alle diese unterschwelligen, dunklen Gefühle.« Millionen von Gleichaltrigen empfanden offensichtlich genauso, denn *Freitag der 13.* war der Durchbruch in der Gattung Horrorschocker und der Auftakt zu einer Industrie blutrünstiger Filme, die während der gesamten Achtzigerjahre prosperierte. »Die Heldin machte meine allerschlimmsten Alpträume durch und überlebte. Es war so eine *Erleichterung*! Wenn ich den Film mit Freunden sah, war es noch besser – geteilte Ängste, doppelte Erleichterung.«

Cotter sagt, die Popkultur, in die sie während ihrer Jugend eintauchte, habe ihr Leben verändert. »Es war vielleicht nicht meine größte Leistung, aber es *war* eine Leistung, dass ich meine Ängste und meine Wut immerhin so weit in den Griff bekam, um darüber *nachdenken* zu können. Das wiederum machte es mir möglich, aufgewühlte und verstörte Menschen zu verstehen und mit ihnen zu fühlen, statt aus meinen eigenen Ängsten heraus bloß auf sie zu reagieren. Man kann nie genau sagen, warum man wo hingekommen ist, aber für mich steht außer Frage, dass Unterhaltung, und zwar *brutale* Unterhaltung, immerhin mit dafür verantwortlich war, dass ich schließlich beruflich mit Menschen zu tun bekam, die Opfer von Gewalt wurden oder aus anderen Gründen traumatisiert sind.«

Wie der Junge Andrew war Mary Cotter übersensibilisiert für Gewalt gewesen. Umso schwerer fiel es ihr, sich in der Welt zurechtzufinden und Beziehungen mit anderen Menschen einzugehen. Erst mithilfe der Unterhaltung, die sie sich aussuchte, gelang es ihr, sich nach und nach zu desensibilisieren, sich zu öffnen und weiterzuentwickeln.

Desensibilisierung ist zum Furcht erregenden Wort geworden, weil es mit *Abstumpfung* gleichgesetzt wird. In der Gemeinsamen Verlautbarung über den Einfluss von gewaltorientierten Unterhaltungsmedien auf Kinder heißt es an anderer Stelle: »Der häufige Kontakt mit fiktiver Gewalt kann zur emotionalen Desensibilisierung gegenüber Gewalt im wirklichen Leben führen. Er kann die Wahrscheinlichkeit des Eingreifens zugunsten Dritter im Fall eines gewalttätigen Angriffs herabsetzen.«[8] Tatsächlich kennen wir extreme Formen von Abstumpfung, die für das Individuum ebenso fatal sind wie für die Gesellschaft im Ganzen. »Ich habe mit Kindern aus Stadtvierteln gearbeitet, in denen Gewalt etwas so Alltägliches ist, dass Leichensäcke zu ihrer normalen Umgebung gehören«, sagte Lynn Ponton. »Mit der größten Selbstverständlichkeit gehen sie auf die Straße und spielen neben Leichensäcken, als wären sie ein Sandkasten. Solchen Kindern fällt es schwer, sich eine gewaltfreie Welt auch nur vorzustellen.« Es gibt aber keinen Hinweis aus dem Alltagsleben, weder wissenschaftlich noch empirisch begründet, der einen Zusammenhang zwischen dem Kontakt mit Mediengewalt irgendeiner Art und Gleichgültigkeit gegenüber echter Gewalt herstellt.

Wie viele hartnäckige Vorurteile auch, ist die Abstumpfungshypothese ein Versuch, reales Grauen zu verstehen. 1964 wurde in einem friedlichen New Yorker Stadtviertel, in dem Unter- und Mittelschichtfamilien lebten, eine junge Frau namens Kitty Genovese mit zahlreichen Messerstichen ermordet, während sie vergeblich um Hilfe rief. Achtunddreißig Menschen hörten sie mehr als eine halbe Stunde lang schreien, bis endlich jemand wenigstens die Polizei alarmierte.[9] Es war ein entsetzlicher und unverständlicher Vorfall, bei dem sich jedem sozial engagierten und verantwortungsbewussten Bürger die Haare sträubten. Mehrere Psychologen und Soziologen argumentierten, die Amerikaner seien offensichtlich im Begriff, gegen Gewalt und die Leiden ihrer Mitmenschen völlig abzustumpfen und schuld daran sei zumindest teilweise das noch relativ neue Medium Fernsehen.

Die Zeit widerlegte die Vermutung. Der Fall Genovese war kein Anzeichen eines Trends, sondern ein schrecklicher Zufall. Trotz jahrzehntelanger Mediengewalt sind Zivilcourage und Heldentum im Alltag nicht geringer geworden. Tausende Bilder von Explosionen und Tod konnten das Grauen nicht mildern, das jeder angesichts der realen Ereignisse vom 11. September 2001 empfand. In einem meiner Workshops sagte ein dreizehnjähriger Junge, für ihn sei es genau umgekehrt gewesen: »Ich sah immer wieder die Aufnahme von dem Flugzeug, das in den Turm rast, und es sah aus wie eine Szene aus einem Videospiel oder einem Film. Und ich dachte: Ich habe so was eine Million Mal gesehen, aber jetzt ist es *echt*. Dass es genauso aussah wie irgendwas, das eigentlich Spaß machen oder aufregend sein sollte, machte alles nur noch *schlimmer.*«

Spätere Untersuchungen des Falls Genovese ergaben, dass die Nachbarn nicht alle abgestumpft gegen Gewalt waren.[10] Tatsächlich waren die meisten sehr verängstigt und fürchteten sich vor Verbrechen, zumindest teilweise wegen des enormen Widerhalls, den die wachsende New Yorker Kriminalität in den Medien fand. In ihrer Furchtsamkeit wollten sie »nicht hineingezogen werden« und redeten sich ein, in Wirklichkeit passiere ja gar nichts Schreckliches oder es habe sich inzwischen sicher schon jemand anderes darum gekümmert. Was Kitty Genovese gebraucht hätte, wären nicht übersensibilisiertere, sondern im Gegenteil selbstbewusstere, weniger verängstigte Nachbarn gewesen. Sich gegen Gewalt zur Wehr setzen kann am besten, wer am wenigsten Angst vor ihr hat. Polizeibeamte wären kaum in der Lage, ihren Beruf auszuüben, wenn sie auf Gewalt ebenso empfindlich reagierten wie die Mehrheit der Zivilbevölkerung. Auch für den Beruf des Chirurgen ist eine gewisse Desensibilisierung gegenüber dem Anblick von Blut Voraussetzung, und jeder Sozialarbeiter muss in der Lage sein, sich zumindest ein Stück weit gegen soziale Not und Elend abzuschotten.

Zwar ist die Annahme, Mediengewalt bewirke Abstumpfung gegenüber echter Gewalt, mittlerweile widerlegt, doch die Angst davor plagt uns nach wie vor. Mehrere Forscher haben versucht, gewalttätige Fernsehbilder als Ursache des »Zuschauer-Effekts« auszumachen. Die am häufigsten zitierten Abstumpfungsexperimente stammen von Ronald Drabman, Margaret Thomas, Fred Molitor und Kenneth Hirsch. Bei dem jüngsten Experiment aus dem Jahr 1988 setzten Molitor und Hirsch zwei Gruppen von Zehnjährigen vor Monitore, auf denen spielende Kindergartenkinder zu sehen waren, und sagten, sie sollten einen Erwachsenen herbeirufen, sobald die Kleinkinder sich ungezogen benähmen. Die eine Gruppe der Testpersonen hatte kurz zuvor eine Kampfszene aus *Karate Kid* gesehen, die andere olympische Wettkämpfe. Das Experiment erbrachte folgendes Ergebnis: Nachdem die gefilmten Kleinkinder angefangen hatten, sich gegenseitig die Spielsachen aus der Hand zu reißen, warteten die Zehnjährigen der ersten Gruppe im Durchschnitt ein bisschen länger als die anderen, ehe sie einen Erwachsenen herbeiriefen.[11]

Nun lässt sich dieses Ergebnis ohne weiteres als Beweis dafür interpretieren, dass Gewalt in den Medien die kindliche Hilfsbereitschaft verringert. Wenn wir aus dem Mund des Forschers vernehmen, die eine Gruppe habe den Erwachsenen erst »nach einer bestimmten Verzögerung« herbeigerufen – vor allem, wenn man uns zuvor darauf vorbereitet hat, dass wir einen Beweis für die Abstumpfungshypothese hören werden –, stellen wir uns mühelos Kinder vor, die passiv und teilnahmslos dasitzen, während sich vor ihren Augen brutale Szenen abspielen – ein erschreckender Beweis des Zuschauer-Effekts. Wenn wir hingegen ihr Verhalten mit einer gewissen Empathie und Vernunft betrachten, erkennen wir, dass die Kinder der ersten Gruppe emotional wahrscheinlich viel gesünder reagierten.[12]

Diese Kinder sahen sich die Sache zwar erst eine Zeit lang an, ehe sie die Erwachsenen herbeiriefen, aber in keinem Fall ließen sie es so weit kommen, dass die Kleinkinder unter ihrer Aufsicht in echte Gefahr gerieten. Tatsächlich bestand *zu keinem Zeitpunkt* eine reale Gefahr, denn es handelte sich nicht um eine Live-Übertragung, sondern die »zu beaufsichtigenden« Kleinkinder agierten in einem gestellten Rahmen, in dem nichts Unvorhergesehenes geschah. Wie jeder bestätigen kann, der schon einmal eine Gruppe spielender Kinder beaufsichtigt hat, ist das Kind, das beim geringsten Anlass zum erstbesten Erwachsenen rennt und schreit: »Der (die) soll damit aufhören!«, in der Regel nicht das fürsorglichste, tapferste oder mit dem größten Sozialbewusstsein ausgestattete, sondern das furchtsamste der Kinder. Die Versuchsleiter bemühten sich weder zu ergründen, weshalb welche Kinder zu welchem Zeitpunkt einen Erwachsenen herbeigerufen hatten, noch kamen sie auch nur einen Moment lang auf die Idee, dass es vielleicht nicht das vernünftigste Verhalten sei, beim ersten Anzeichen von Aggression Erwachsene um Hilfe zu rufen. Angesichts dessen, was die Versuchspersonen auf den Monitoren zu sehen bekamen, würde ich sagen, dass sich diejenigen, die länger warteten, sogar fürsorglicher und verantwortungsvoller verhielten als die anderen.

Wie spätere Analytiker der vorliegenden Daten hervorhoben, ist denkbar, dass die Kinder, die länger warteten, eine Möglichkeit gehabt hatten, sich abzureagieren, und deshalb weniger nervös und misstrauisch waren. Es ist auch denkbar, dass sie wegen der Stresssituation im Versuchslabor *über*sensibilisiert waren, sodass eine kleine »positive Desensibilisierung« durch einen Karatefilm genau das war, was sie in dem Moment brauchten. Aus meiner eigenen Erfahrung sowohl mit Kindern als auch mit Unterhaltung kann ich noch eine dritte mögliche Erklärung beisteuern: Spätere Interviews mit den Versuchspersonen ergaben, dass sämtliche Kinder, die den Ausschnitt aus *Karate Kid* gesehen hatten, bereits den ganzen Film kannten – manche hatten ihn bis zu zehn Mal gesehen. Für sie war der Ausschnitt nicht einfach eine zusammenhanglose Szene voller Handkantenschläge und Fußtritte, wie die Forscher angenommen hatten, sondern die Erinnerung an eine Geschichte, die sie gut kannten – die Geschichte von einem Jungen, der lernt, Aggression zu beherrschen, sein Leben in die Hand zu nehmen und sich mit eigener Kraft gegen seine Feinde durchzusetzen, statt andere um Hilfe zu rufen.

Was Kinder in Unterhaltung suchen, ist nicht Desensibilisierung gegen reales Leiden, sondern *Bilder* von Gewalt, die absichtlich unwirklich und damit ungefährlich erscheinen. Kein Experiment war je in der Lage, überzeugend einen Zusammenhang zwischen brutaler Unterhaltung und Gleichgültigkeit gegenüber realer Gewalt zu beweisen. Beobachtungen aus der Praxis legen darüber hinaus den Schluss nahe, dass brutale Bilder bei Kindern auch keine Abstumpfung gegenüber menschlich ergreifender Unterhaltung bewirken: Wenn Kinder auf einfühlsame oder glaubwürdige Schilderungen von menschlichem Leiden ansprechen, wollen sie in der Regel die dargestellten Gefühle selbst empfinden, und in den meisten Fällen legen sie keinen Wert auf Wiederholungen. Fiktive Brutalität darf für junge Menschen ruhig krass und blutrünstig sein, aber sie soll auch übertrieben sein: überlebensgroß und deutlich unterscheidbar von der emotionalen Realität.

Diane Stern, eine Familientherapeutin und Mutter zweier

Söhne, erzählte mir von ihrem Älteren: Seit seiner Kindergartenzeit hatte sich Sam für Action-Unterhaltung begeistert: *Power Rangers,* dann James Bond, dann Kampfsport-Videospiele – Hauptsache, es knallte und krachte. Mit Beginn der Pubertät wandte er sich den erwachseneren Varianten dieser Unterhaltung zu: *The Matrix,* Rap-Musik, Shooter-Spiele, Stephen-King-Romane. Er war hingerissen.

Eines Abends wollte Sam gemeinsam mit seinen Eltern den Film *Traffic* sehen. Die typischen Hollywood-Bilder von Gemetzel und Chaos regten ihn schon lange nicht mehr auf. In diesem Film aber kam eine Szene vor, in der ein Drogendealer von einem Konkurrenten körperlich und seelisch gefoltert wird. Er war ein verabscheuenswerter Charakter und ein schrecklich unsympathischer Kerl, aber er war nackt, ausgeliefert, verletzlich und offensichtlich leidend. »Also, das kann ich nicht sehen«, sagte Sam, ging aus dem Zimmer und spielte eines seiner brutalen Computerspiele. Als seine Mutter später fragte, was ihn an der Szene so gestört habe, sagte Sam, sie sei »zu echt« gewesen. An James Bond, der Schurken in die Luft sprengt, konnte er sich nicht satt sehen, und wenn Diane ihr Unbehagen darüber äußerte, pflegte er zu antworten: »Aber Mama, das ist doch ein Bösewicht! Er ist *dafür da,* gekillt zu werden!« Menschliches Leiden *realistisch* dargestellt zu sehen, konnte er hingegen nicht ertragen, auch dann nicht, wenn das Opfer ein »Bösewicht« war.

Wir wünschen uns unsere Kinder sensibilisiert für Gewalt. Dass Grausamkeit im Film einen Jungen wie Sam immer noch abschrecken kann, ist tröstlich. Vielleicht hätten wir gerne, dass er auf *jede* Form von Gewalt so reagiert, dass er keinen einzigen menschlichen Charakter als eine Person abqualifiziert, die »dafür da ist, gekillt zu werden«. Wir fürchten, brutale Bilder könnten echte Gewalt *weniger* real für ihn werden lassen. Natürlich sollen sich unsere Kinder vor Gewalt auch nicht zu Tode fürchten. Wir sorgen dafür, dass sie so gewaltfrei und behütet wie möglich aufwachsen, und finden es verstörend, wenn Fernsehen und Videospiele unser Wohnzimmer und das Kinderzimmer mit grausigen Bildern überschwemmen. Wenn ein Junge wie Andrew den harmlosen Spielplätzen in seiner Nachbarschaft die Horrorszenen aus *Natural Born Killers* vorzieht, fürchten wir, Gewalt würde dadurch *zu* real für ihn.

Gewaltorientierte Unterhaltung kann den Kindern jedoch helfen, den Unterschied zwischen echt und unecht besser zu begreifen. Sie beschwichtigt die kindlichen Ängste vor Gewalt und hilft ihnen, sich an die brutalen Bilder zu gewöhnen, mit denen sie zwangsläufig konfrontiert werden, bis sie lernen, abstrakte Angst von der Furcht vor einer konkreten Gefahr zu trennen.

Wie dieser Prozess abläuft, konnte ich erleben, als ich zu einer internationalen Konferenz über Jugend und Medien in Verbindung mit dem internationalen Filmfestival Cine-Magic in Belfast eingeladen wurde. Nordirland war ein passender Rahmen für Diskussionen über Gewalt: Der Waffenstillstand, der dreißig Jahre Bürgerkrieg in der Region beendet hatte, war noch in Kraft, aber bereits gefährdet. Ein paar Monate zuvor war es zwischen protestantischen Jugendlichen aus dem Stadtviertel Shankill und katholischen Jugendlichen aus der Gegend um die Falls Road zu Krawallen gekommen. Zusammen mit Declan Croghan, einem Jugendarbeiter und BBC-Drehbuchautor, leitete ich ein Seminar über das Filmemachen und andere Formen des Erzählens als Möglichkeiten für benachteiligte junge Menschen, sich auszudrücken, ihre Geschichte darzustellen und die Erwachsenen auf sich aufmerksam zu machen. Unter den Teilnehmern waren etliche junge Männer, die an den Krawallen im Sommer beteiligt gewesen waren und bei ihren Nachbarn als Schläger galten. Dank dem von der Stadt organisierten Rehabilitationsprojekt Belfast Outreach waren sie im Ansehen der Gemeinde mittlerweile wieder ein wenig gestiegen, und vor allem war ihr Selbstbewusstsein gewachsen, seitdem sie eine Rap-CD aufgenommen und mehrere Videos über ihre Erlebnisse gedreht hatten.

Im Publikum saß ein junger Mann namens Richard, der sich von der Menge auffällig abhob: spindeldürr, still, konservativ gekleidet, sehr gesetzt für seine neunzehn oder zwanzig Jahre. Er stellte ein paar sehr ernste Fragen und sprach von der Möglichkeit, über Jugendzentren Programme zu entwickeln, um mithilfe von Medien katholische und protestantische Jugendliche zusammenzubringen. Es stellte sich heraus, dass er in einem Jugendzentrum der Society of Friends in Shankill arbeitete, wo der Waffenstillstand wenig Zustimmung fand, wo zwischen katholischen und protestantischen Wohnblocks immer noch sechs Meter hohe »Friedensmauern« standen, wo die Wände des Kentucky Fried Chicken-Lokals Bilder von vermummten Attentätern mit Maschinengewehren zierten. Richard engagierte sich dafür, arme und zornige Jugendliche von den Vorteilen des Friedens zu überzeugen; seine Gegenspieler waren paramilitärische Banden, die dieselben Jugendlichen Tag für Tag mit der Aussicht auf Waffen, Uniformen und der Erlaubnis zu töten lockten. In voller Montur marschierten Schläger der Ulster Volunteer Army und der Ulster Defense Force durch sein Jugendzentrum, provozierten die jungen Leute, die hierher kamen, um Darts zu spielen und zu reden, und stellten die Courage der ehrenamtlichen Mitarbeiter auf die Probe. Aber Richard ließ sich nicht unterkriegen; dank seinem Glauben an Gott und den Überzeugungen der Quäker war er jeden Tag aufs Neue bereit, die Türen des Jugendzentrums aufzusperren.

Nach dem Seminar sah ich ihn auf dem Weg zur Multimedia-Arena des Konferenzzentrums, wo allen jugendlichen Teilnehmern Computer zur Verfügung standen. Ich lief ihm nach, und als ich ihn eingeholt hatte, sprach ich ihm meine Anerkennung für seine Arbeit aus. Ich erzählte von meiner eigenen Familie und ihrem Engagement in der Bürgerrechtsbewegung in Mississippi und berichtete vom langsamen, unvollständigen und trotzdem ermutigenden Fortschritt der Amerikaner im Zusammenhang mit ihren eigenen Rassenkonflikten. Er sah sich unterdessen die Bildschirme ringsum an und während er sich einen Computer aussuchte und vor dem Monitor Platz nahm, sprach er über Belfast und die nordirischen Religionskriege, über seine Verpflichtung als Christ, sein gutes Werk fortzusetzen, unabhängig davon, ob ein Ende in Sicht sei. Während er redete, merkte ich auf einmal, mit welchem Computerspiel er begonnen hatte: Es war *Quake 3,* die neueste Version eines der beliebtesten Ego-Shooter der Neunzigerjahre.

Dass es dieses Spiel überhaupt hier gab, war erstaunlich. Nie im Leben hätte in Amerika eine von Jugendarbeitern und Pädagogen besuchte Konferenz über Kinder stattfinden können, auf der den jugendlichen Teilnehmern blutrünstige Computerspiele zur Verfügung standen! Aber in Belfast, wo Gewalt eine sehr viel unmittelbarere Realität ist als für die meisten Amerikaner und wo eine realistischere Auffassung von ihren Ursachen herrscht, war ein bisschen virtuelle Gewalt nichts Besorgnis erregendes. Viel mehr wunderte mich, dass ein Friedensaktivist sich unter zahlreichen weniger brutalen Alternativen ausgerechnet dieses Spiel aussuchte.

Richard erzählte jetzt von einem Mann, einem »von Terroristen abgeschlachteten« Kollegen, der sich bemüht hatte, das christliche Gebot des Vergebens einzuhalten, während sein Instinkt und seine Erinnerungen ihm nur Hass auf seine Angreifer befahlen. Während Richard sprach, huschten seine Finger über die Steuerungstasten, sodass sein Spiel-Ego um Ecken schlich, nach Feinden Ausschau hielt und sie gleich darauf – PAF PAF PAF – in der Luft zerriss.

»Du bist ja ziemlich gut«, bemerkte ich.

»Lange Übung – das hab ich schon als Kind gespielt«, erwiderte er.

Eine Minute lang sah ich ihm zu, dann musste ich ihn fragen: »Siehst du keinen Widerspruch zwischen dieser Abknallerei und deinen pazifistischen Überzeugungen?«

»Das ist doch bloß ein Spiel«, sagte er, bog um eine Ecke und stand unversehens gleich zwei feindlichen Ungeheuern gegenüber, sodass er eine Sekunde lang anderweitig in Anspruch genommen war. Ich verkniff mir einen Scherz über den »*Quake*-spielenden Quäker« und fragte stattdessen, was er dabei empfinde. Er erledigte beide Feinde mit einem flinken Hämmern der Finger auf den Tasten und sagte: »Es ist aufregend. Ich bin in Alarmbereitschaft. Aber ich hab alles unter Kontrolle.«

Mir wurde die Vermischung der brutalen Bilder auf dem Monitor mit den Geschichten von Gemetzel und Wut bald zu viel. Ich wandte mich vom Bildschirm ab und sagte, ich sei dabei, den vielfältigen Zweck und Nutzen grausamer Geschichten und Spiele für Kinder und Jugendliche zu untersuchen.

»Spiele sind klasse«, sagte er, ohne den Blick vom Bildschirm zu wenden. »Sie sind ein Ventil für überschüssige Energien.« Dann fügte er hinzu: »Es wäre gut, wenn wir so ein Ballerspiel für das Zentrum bekämen. Damit hätten viel mehr Leute einen Grund zu kommen.«

»Und du würdest dir *Quake* aussuchen?«, fragte ich. »Es gibt schließlich auch weniger brutale Spiele.«

Richard sah mich endlich an. Ungehalten. Beinahe verächtlich. »*Damit* würden die doch nicht spielen!«

Die jungen Leute wollen mit dem spielen, was ihnen wichtig ist, was sie aufregt, fasziniert oder ihnen Angst macht. Das kann etwas sein, das ihre Phantasien anspricht, was sie im Fernsehen gesehen oder selbst erlebt haben. Für Richard war *Quake* eine Machtphantasie, deren Macht darin bestand, angesichts einer Furcht erregenden Wirklichkeit die Ruhe zu bewahren. Wenn er aus der Phantasie des Spiels in seine komplizierte Wirklichkeit zurückkehrte, fühlte er sich erfrischt und bereit, den Kampf wieder aufzunehmen. Den zornigen, verängstigten Jungen in seinem Jugendzentrum wollte er Zutritt zu derselben Phantasiewelt verschaffen, in der jeder seine eigenen Ungeheuer umbringen konnte. Nicht durch Angst und Sorgen werden wir zu besseren Menschen, sondern durch Zivilcourage, Selbstvertrauen und Ruhe. Je realistischer und mutiger wir Gewalt und Leiden entgegentreten können, desto wirkungsvoller werden wir uns zur Wehr setzen.

Ihre Spiele können Kinder allerdings nur dann einsetzen, um ihre Ängste zu beschwichtigen und zu beherrschen, wenn ihnen der Unterschied zwischen Phantasie und Wirklichkeit vollständig bewusst ist. Wenn wir ihnen dabei unter die Arme greifen wollen, müssen wir uns manchmal erst selbst klar machen, wo die Phantasie endet und die Wirklichkeit beginnt.

7
Phantasie und Wirklichkeit

»Als Harrison noch sehr klein war, gingen wir mit ihm in den Zirkus; dort gab es diese Leuchtschwerter und er wollte unbedingt eines haben«, erzählte Gina Weinberg. »Wir sagten nein, aber er ließ nicht locker und wollte wissen, *warum* er dieses Schwert nicht haben durfte. Wir waren zum ersten Mal in dieser Situation, aber wir hatten schon vor Harrisons Geburt besprochen, wie wir in so einem Fall reagieren würden. Also antworteten wir: ›Weil Schwerter dazu da sind, Menschen zu verletzen, und wir haben Angst, dass du mit einem Spielschwert lernst, anderen Leuten *in echt* weh zu tun.‹«

Gina war Lehrerin an einer staatlichen Schule gewesen, ehe sie aus dem Schuldienst ausschied, um nur noch Mutter zu sein. In beiden Rollen war sie stets darum bemüht, sich so besonnen und gewissenhaft zu verhalten, wie es ihr möglich war. Sie und ihr Mann, sagte sie, seien gewesen »wie alle frischgebackenen Eltern: unsicher und ohne einen blassen Schimmer und deshalb davon abhängig, was die Gesellschaft unter richtiger Kindererziehung verstand. Was ich von der Gesellschaft und den Experten zu hören bekam, war immer nur das eine: dass Kriegsspielzeug und brutale Unterhaltung die Kinder gewalttätig werden lassen. Also lautete unsere Regel: keine Schwerter, keine Schusswaffen, keine Spiel- oder Zeichentrickfilme, in denen einer den anderen verletzt.«

Außerdem fürchteten sie, dass aggressives Spielen Harrisons Frustrationstoleranz noch weiter herabsetzen könnte:

Es fiel ihm ohnehin schwer genug, Wut zu beherrschen; er erlebte alle Emotionen sehr intensiv und neigte dazu, praktisch jedes negative Gefühl – Traurigkeit, Angst, Verlegenheit – als Zorn zu empfinden. Dann fing er an zu schreien, warf mit Gegenständen, knallte Türen zu. Gina und Allen erkannten, dass Harrison die Unfähigkeit, seine Impulse zu beherrschen, ziemlich zu schaffen machte. Die Gewaltverzichtsregel fand er anfangs gut, er legte sich regelrecht ins Zeug, um sie einzuhalten. Wenn Gina mit ihm in ein Spielwarengeschäft ging und er sich Lego-Bausätze aussuchen durfte, sagte er: »Warte, Mom, den hier können wir nicht nehmen. Siehst du den kleinen Ritter da hinten? Der hat ein Schwert!« Offensichtlich fühlte er sich stark, wenn er es fertig brachte, seinen Wunsch nach Spielzeugwaffen zu überwinden.

Die Situation veränderte sich, als Harrisons kleiner Bruder Joseph älter wurde. Mit drei Jahren, als Harrison sechs war, entwickelte Joseph eine Leidenschaft für Schwerter. »Ich habe keine Ahnung, wie er überhaupt auf die Idee kam!«, sagte Gina zu mir. »Aus heiterem Himmel wurde alles, was er anfasste, zum Schwert!« Zuerst versuchte sie ihm seine imaginären Schwerter wegzunehmen, aber es fand sich immer wieder ein Besen oder ein Bleistift, der sich in eine Waffe verwandeln ließ. Sie und ihr Mann begannen von den »langen Dingern« zu reden (»Um nichts auf der Welt hätten wir ›Schwerter‹ gesagt!«) und schärften Joseph ein, er dürfe nur damit spielen, wenn er sie als Zauberstab benutzte. Er versuchte es, aber die »langen Dinger« verwandelten sich immer wieder in Schwerter. »Irgendwann«, sagte Gina, »begriff ich, dass dieser kleine Kerl Schwertkämpfe *brauchte*. Ich hätte nicht sagen können, warum. Aber als Mutter war mir einfach klar, dass er sie *brauchte*.«

Kurz nachdem Gina und Allen die Schwertregel gelockert hatten, kam es zu der Schießerei an der Columbine High

School. Gina fühlte sich von den Kommentaren in den Medien und den anderen Eltern mit der Botschaft bombardiert, die beiden Schüler seien durch brutale Videospiele und Filme zu Amokschützen geworden. Harrisons Lehrerin war überzeugt, dass brutale Spiele in brutale Wirklichkeit münden und verbot nicht nur sämtliche Spielsachen, die auch nur entfernt mit Kampf zu tun hatten, sondern zitierte die Eltern zu sich, wann immer sich ein Kind aggressiv verhielt und wollte wissen, womit das Kind zu Hause spielte oder was es im Fernsehen sah. Gina fragte sich, ob es nicht ein verhängnisvoller Fehler war, ihren Kindern Spielzeugwaffen zu erlauben. Allen widersprach ihr: Er selbst war ein typisches Kind der Sechzigerjahre, hatte Spielzeugpistolen und Kriegsfilme geliebt und war trotzdem überzeugter Pazifist geworden. »Ich erzählte ihm, was ich Tag für Tag zu hören bekam«, sagte Gina, »nämlich dass die Welt heute brutaler ist, dass die Gewalt in den Medien viel schlimmer und der Umgang mit Kriegsspielzeug deshalb auch um einiges riskanter ist.«

Inzwischen hatte ich selbst mit Harrisons Phantasiewelt Bekanntschaft gemacht. Er besuchte dieselbe erste Klasse wie mein Sohn und war eindeutig eines der wildesten und einfallsreichsten Kinder der Gruppe. Ich veranstaltete damals einen Comic-Workshop, und unter allen Geschichten, von denen viele von Action- und Kampfszenen strotzten, fielen mir die seinen wegen ihrer begeisterten, explosiven, phantastischen Gewalt auf. Sein Protagonist war ein Frosch mit Feuerbauch, der von einer Bande »Froschmörder« verfolgt wurde. Der Feuerfrosch überwand mühelos eine Reihe tödlicher Fallen aus wirbelnden Messern und Hämmern, die seine Gegner zermalmten. Mit breitem Grinsen führte mir Harrison seine riesigen, bunten Bilder von blitzenden Klingen und platt gewalzten Bösewichten vor, und er strahlte vor Begeisterung über das komische Zerstörungswerk, das er ausgeheckt hatte – gleichzeitig achtete er sehr auf meine Reaktion, öfter und aufmerksamer als die meisten anderen Kinder. Je mehr ich meine Anerkennung bekundete, desto mehr strahlte er.

Ich nahm mir vor, Harrisons Phantasien im Auge zu behalten. Später erfuhr ich, dass aus manchen seiner Geschichten beliebte Pausenspiele geworden waren: Die ganze Klasse, Jungen und Mädchen, teilte sich in Gruppen von »Fröschen« und »Froschmördern«, die herumrannten und erbitterte Kriege ausfochten. In leicht veränderter Form, etwa als »Umweltschützer« kontra »Umweltkiller«, setzten sich diese Spiele bis in die zweite Klasse fort. Sein »Superfrosch« avancierte zum Helden, der Schurken zerschmetterte, verschlang und versengte, »um das Klassenzimmer zu beschützen«. Außerhalb der Familie war Harrison ausnahmslos derjenige, der sich die mit Abstand aufregendsten – und glückseligsten – Phantasien von Gemetzel, Kampf und Superheldentum ausdachte.

Zu Hause hingegen setzten Harrison und Joseph ihre Eltern zunehmend unter Druck, eine Entscheidung über brutale Spiele zu treffen. Mit Gefühlen wie Ärger und Wut umzugehen fiel Harrison immer schwerer. Mit wachsender Selbstwahrnehmung wuchs auch seine Verstörung über seine Unfähigkeit, seine Reaktionen zu kontrollieren. Sein Verhalten schlug ins gegenteilige Extrem um, er verfiel in Regression: Nur indem er Baby spielte und übertriebenes Weinen mimte, konnte er verhindern, durch eine Enttäuschung in extreme Wut zu geraten. Seine Eltern wollten ihm helfen, einen Mittelweg zwischen den Extremen zu finden, aber es war schwierig.

Joseph war ebenfalls ein leidenschaftliches Kind, aber er konnte mit Wut besser umgehen als sein Bruder im selben Alter. »Irgendwann fiel uns auf, dass sie beide besser zurechtkamen, wenn sie miteinander spielten«, sagte Gina, »und am besten ging es ihnen meistens dann, wenn sich ihre Spiele um irgendwelche Macht- oder Kampfphantasien drehten. Je mehr uns klar wurde, wie gut das funktionierte, desto mehr lockerten wir unsere Regeln. Wir kauften ihnen sogar dieses kleine Spielzeugding, das Plastikpfeile verschießt – und das war einer echten Waffe so nahe, wie ich es über mich brachte.«

Dann steckte Allen seinen älteren Sohn mit seiner Begeisterung für Militärfahrzeuge und -ausrüstung an, und Gina fragte: »Glaubst du nicht, dass du damit in seinen Augen den Krieg verherrlichst – am Ende wird er noch zum Militär wollen?« Allen lachte bloß. »Du spinnst«, sagte er. »Glaub mir, ich habe mein Leben lang für dieses Zeug geschwärmt und wäre *nie* auf die Idee gekommen, Soldat zu werden. Nicht einen *Augenblick* lang.«

Als Nächstes begannen Vater und Söhne mit einem Polizeispiel. Mit Begeisterung nahm Harrison seinen Vater fest und legte ihm Handschellen an. »Als ich das sah, ging mir ein Licht auf«, sagte Gina. »Alle diese Spiele gaben ihm ein Gefühl von *Macht*. Wir fürchten immer, die Kinder könnten außer Kontrolle geraten oder sich in eine Richtung entwickeln, die sich unserer Kontrolle entzieht, und vergessen dabei völlig, wie schwach sie selbst sind. Harrison hat von sich selbst den Eindruck, er könnte seine Gefühle nicht kontrollieren, ebenso wenig wie seinen Bruder oder die Wut, die sein Bruder in ihm auslöst. Und dass er seine Eltern, das Familienleben – das Leben überhaupt – nicht kontrollieren kann, ist ja eine Tatsache. Kein Wunder, dass er das Bedürfnis hat, sich stark zu fühlen!«

Als Harrison in die zweite Klasse kam, wollte Gina alle Einschränkungen im Zusammenhang mit fiktiver Gewalt aufheben, aber noch fehlte ihr der Mut. Sie suchte Rat bei dem Psychologen Eric Stein, einem Therapeuten, der sowohl mit Kindern als auch mit Erwachsenen arbeitet und ein besonderes Interesse an Spiel und Phantasie hat. Zu ihrer Überraschung erfuhr Gina, dass auch er seinen jungen Klienten in seiner Praxis Spielzeugwaffen erlaubt. Sie fragte, welche Botschaft sie ihren Kindern denn übermittelte, wenn sie ihnen Gewaltspiele erlaubte.

Seine Antwort sei ganz einfach gewesen, sagte sie, aber eine Offenbarung: Er sagte, eine der größten Herausforderungen für Kinder sei die Unterscheidung von Phantasie und Wirklichkeit, und es sei eine der wichtigsten Erziehungsaufgaben der Eltern, ihnen dabei zu helfen. Die beste Möglichkeit bestehe darin, die Kinder ihre Phantasien *besitzen* zu lassen.

»Mir fiel es wie Schuppen von den Augen«, sagte Gina. »Auf einmal begriff ich, dass *ich* diejenige war, die ständig Phantasie und Wirklichkeit verwechselte! Da ist ein kleiner Junge mit Plastikschwert, und ich versuche ihm weiszumachen, dass er auf diese Weise vielleicht gewalttätig wird. Wie verunsichernd das für ein Kind sein muss! Statt dass die Eltern ihm sagen: Das ist ein Spielzeug, das ist Phantasie, damit ist keine *echte* Gefahr verbunden, *du* hast die totale Macht darüber, bekommt es nur zu hören: Das macht mir Angst, das ist stärker als du, das wird *dich* zum Mörder machen!«

Ihre Söhne sollten begreifen, sagte Gina, dass sie sich alles vorstellen, alles spielen, alles wollen können. Dass sie in Gedanken so böse auf jemanden sein dürfen, wie sie nur wollen, dass sie ihn in der Vorstellung erschießen, mit einer Dampfwalze überfahren können, was auch immer. Sie dürfen es nur nicht *tun*. »Ich sehe meine wichtigste Aufgabe darin, ihnen den Unterschied zwischen *Denken* und *Tun* klar zu machen, und wenn meine Ängste ihnen die Botschaft vermitteln, ihre Spiele oder irgendwelche Filme im Fernsehen seien gleichbedeutend mit *echter* Gewalt, dann ist der Schuss komplett nach hinten losgegangen.« Sie stockte und fing an zu lachen. »Der Schuss geht nach hinten los. Ist das vielleicht keine brutale Metapher?«

Genau darum geht es: Wir müssen den Kindern helfen, den richtigen Umgang mit brutaler Unterhaltung, Kriegsspielsachen, gewaltreichen Spielen zu lernen. Dabei kommt es darauf an, dass wir genau unterscheiden, was diese Spiele oder Filme für Kinder bedeuten und was sie für uns bedeuten. Wir müssen ihnen Phantasien als *Phantasien* erlauben und ihnen gleichzeitig beibringen, was Wirklichkeit ist. Wir müssen lernen, unsere eigenen Phantasien und Ängste als solche zu begreifen und eine klare Trennlinie zwischen unserem und dem kindlichen Verhältnis zu Gewalt zu ziehen.

Gina schränkt nach wie vor den Fernsehkonsum ihrer Söhne ein, wobei es ihr allerdings eher um den Konsum als solchen geht als um gewaltreiche Inhalte. Sie achtet nach wie vor darauf, dass die Unterhaltung der Kinder sich auf das altersgerechte Niveau beschränkt, und versucht, ihre Spiele nicht so wild werden zu lassen, dass sich jemand dabei verletzt. Alles andere überlässt sie den Vorlieben und Phantasien der Kinder. Harrison hat immer noch ein bisschen Mühe, seine Emotionen zu dämpfen, aber inzwischen gelingt es ihm schon viel häufiger, den Mittelweg zu finden, auf den seine Eltern immer hingearbeitet hatten.

»Eines hat sich grundlegend geändert«, sagte Gina. »Wenn er jetzt Polizist oder Soldat spielt oder wenn er mir seine Zeichnungen zeigt, auf denen sein Superfrosch von einer F-16 im Tiefflug angegriffen wird, dann sehe ich einen Harrison, den ich früher kaum zur Kenntnis nehmen konnte. Er ist nur ein *Achtjähriger*! Nur ein glückliches, selbstbewusstes, spielendes Kind, das keine Angst vor seinen Gefühlen hat – genau so soll es sein. Ich sehe, wie er sich Sorgen macht, ob er mit den Impulsen umgehen kann, die von ihm ausgehen. Und ich sehe, dass ihm allein das schon mehr Macht über seine Gefühle verleiht.«

Das ist nur eines von vielen Beispielen. Aber was Gina beschreibt, spiegelt genau wider, wie schwer es unserer Gesellschaft fällt, mit dem Thema Gewalt realistisch umzugehen. Unsere Bedenken hinsichtlich der Auswirkungen von fiktiver Gewalt machen es den Kindern noch schwerer, Wirklichkeit und Phantasie zu trennen. Leider gibt es dazu auch andere Geschichten mit fatalem Ausgang.

»Bei uns zu Hause war Gewalt streng tabu«, sagte Kristin Kinkel in einem Interview.[1] Sie beschrieb, wie ihre Eltern, beide Lehrer an der High School in einer Kleinstadt in Oregon, bemüht waren, genau das zu tun, was die meisten aufgeklärten Eltern Anfang der Achtzigerjahre für das Richtige hielten: Sie ließen ihre Kinder keine Actionfilme im Fernsehen oder im Kino sehen, verboten ihnen Spielzeugwaffen und duldeten auch keine Spielkämpfe. Kristin fiel es nicht besonders schwer, sich an die Regeln zu halten, ihr jüngerer Bruder Kipland jedoch hatte größte Mühe damit. »So weit ich mich zurückerinnern kann, hat er sich für Waffen interessiert«, sagte sie, »schon als winziges Kind. Aber er durfte nicht mal Soldaten haben. Er durfte überhaupt keine Spielsachen haben, die irgendetwas mit Gewalt zu tun hatten.« Daraus entstand ein familiärer Dauerkonflikt.

Jeder Bericht über Kip Kinkels Jugend betonte diesen wachsenden Konflikt mit seinen Eltern.[2] Seine ältere Schwester war eine ausgezeichnete Schülerin und zugleich eine begnadete Sportlerin und in keiner Weise verhaltensauffällig. Kip war Legastheniker, weniger gut koordiniert, neigte zu Wutausbrüchen, um Aufmerksamkeit zu erhalten, und wurde bald zum »Problemkind« der Familie. Bill, der Vater, wurde übereinstimmend als ehrlich besorgt beschrieben, aber auch als autoritär, konkurrenzorientiert und sehr auf den äußeren Schein bedacht: Sein eigenes Selbstwertgefühl sei zu einem großen Teil von Kips Erfolg abhängig gewesen. Die Schwächen seiner Kinder zu akzeptieren, fiel ihm ebenso schwer, wie Kompromisse einzugehen. Über sein erstes Kind soll er sich nie beklagt haben, mit dem zweiten hingegen geriet er in ein verhängnisvolles Muster aus Druck, Kritik und Konflikt. Kips Mutter versuchte zu vermitteln, aber ohne viel Erfolg, sodass sich Kip seinem Vater auf Gedeih und Verderb ausgeliefert fühlte. Alle, die von seiner Kindheit erzählten, wiesen darauf hin, wie sehr sich Kip anstrengte zu gefallen und wie sehr er unter seiner Unfähigkeit litt, sich zu ändern oder bei seinem Vater Anerkennung zu finden. Wer ihn kannte, beschrieb Kip als ein berechtigterweise zorniges Kind, doch mit seinem Zorn sei er zu Hause schlecht angekommen. Er habe nie die Möglichkeit gehabt, die Wut herauszulassen oder mit ihr zu experimentieren – bis er sich in der Mittelstufe mit ein paar harten Burschen zusammentat und auf die schiefe Bahn geriet.

Kip suchte im Internet und stieß auf Anleitungen zur Herstellung von Sprengstoffen. Millionen junger Menschen suchen im Internet nach verbotenem Wissen und stellen allerlei Gedankenspiele an, aber Kip reichte es nicht, darüber zu lesen und sich auszumalen, was man damit anfangen konnte. Seine Wutphantasien waren Teil eines sehr realen häuslichen Konflikts geworden: Man hatte ihm beigebracht, diese Phantasien als echtes Problem zu sehen. Er baute echte Bomben und ging in den Wald, um sie zu zünden. Dann begann er sich mit Waffen zu beschäftigen und bestürmte seine Eltern, ihm eine zu kaufen. Er ließ sich in keiner Weise davon abbringen, vielleicht weil er den einzigen Ausweg für seine Wut in der realen Macht einer tödlichen Waffe sah. Seine Eltern waren so beunruhigt, dass sie ihn zu einem Psychologen schickten. Der zitierte in seinem Bericht eine Bemerkung des Jungen, die zeigt, wie verheerend er sich in den Augen des Vaters beurteilt fühlte: »Meine Mom hält mich für einen guten Kerl mit miesen Angewohnheiten. Mein Dad hält mich für einen miesen Kerl mit miesen Angewohnheiten.«

Für die Familie Kinkel waren Phantasie und Wirklichkeit

gefährlich ineinander verflochten. Kip war zum Teenager herangewachsen, ohne dass er je eine Möglichkeit kennen gelernt hatte, seine Wut anders zu äußern als über den Einsatz echter Waffen. Sein Vater war offensichtlich nicht in der Lage, Kips Gefühle und Phantasien von einer Beurteilung seines Sohns als Menschen zu trennen. Beide waren unfähig zu sagen: »Das sind meine *Gedanken,* und meine Gedanken kann ich kontrollieren.« Alles war real. »Ich muss eine Waffe haben.« – »Mein Sohn ist schlecht.« Ihr emotionaler Konflikt eskalierte zu einem symbolischen Kampf um Bomben und Waffen, der mit den ursprünglichen Gründen ihrer Auseinandersetzung nicht mehr viel zu tun hatte.

Der Psychologe riet Kip und seinem Vater, eine Pistole zu kaufen und gemeinsam einem Schützenverein beizutreten, was vielleicht die Chance böte, eine ungefährliche, gemeinsame Realität zu schaffen, in der sie möglicherweise beide in der Lage wären, von ihrem Zorn zu lassen und eine bessere Kommunikation zu lernen. Sie folgten dem Rat, und es schien zu klappen. Kips Verhalten besserte sich, seine Mutter bekundete Optimismus, und der Psychologe meinte, Kip könne die Therapie abschließen. Aber aus irgendeinem Grund kippte die Situation. Bill begleitete Kip nicht mehr zum Schießstand, überließ ihm aber die Pistole. Er kaufte ihm weitere, immer gefährlichere Waffen und gab sich gleichzeitig immer weniger mit ihm ab. Bekannte sagten später, Bill habe, nach eigener Aussage, seinen Sohn »aufgegeben«. Gelegentlich rechtfertigte er die Waffenkäufe als die einzige Möglichkeit, die Besessenheit seines Sohnes halbwegs im Zaum zu halten. Er benahm sich, als hätte er sich in den Gedanken geflüchtet, Kips emotionale Bedürfnisse würden von selbst verschwinden, damit er sich nicht mehr mit einer erschreckenden Wirklichkeit auseinander setzen musste.

Für Kip rückten unterdessen Phantasie und Wirklichkeit immer enger zusammen. Die Nachrichten im Fernsehen berichteten immer wieder von Schießereien an Schulen. Diese Realität – schauerlich präsentiert und von den Medien aus Sensationslust zusätzlich aufgebauscht – fügte sich nahtlos in seine Wut- und Rachephantasien. Er redete darüber, wie *er* einen Amoklauf an einer Schule verüben würde. Wenn Schulaufsätze geschrieben wurden, verfasste er Geschichten, die einen mörderischen Zorn verrieten. Niemand sprach je mit ihm darüber. In seinem Zimmer schrieb er den Text eines Marilyn-Manson-Songs an die Wand, in dem es hieß, es gebe »keine Rettung«. Seine Schwester sagte, es sei unwahrscheinlich, dass irgendjemand in der Familie ihn je gefragt hätte, weshalb ihm diese Worte so viel bedeuteten. Schließlich wurde Kip dabei erwischt, wie er in der Schule eine illegale Handfeuerwaffe kaufte. Er wurde festgenommen und von der Schule verwiesen. Sein Vater holte ihn aus dem Gefängnis ab, beschämt und erbittert. Kips Phantasien waren unübersehbar Wirklichkeit geworden.

Niemand konnte genau sagen, was danach geschah, aber Kristin Kinkel vermutete, dass ihr Vater und ihr Bruder in heftigen Streit gerieten, in dem es höchstwahrscheinlich um Kips Waffenwahn ging. Jedenfalls schoss Kip seinem Vater eine Kugel in den Kopf. Als seine Mutter nach Hause kam, erschoss er sie ebenfalls. Dann kehrte er in die Schule zurück und fing an, wahllos auf Mitschüler zu feuern, bis ein Junge ihn überwältigte. Kaum hatte er die Waffe fallen lassen, sagte Kip zu ihm: »Jetzt erschieß mich.«

Die Geschichte von Kip Kinkel ist selbstverständlich außergewöhnlich. Millionen Kinder werden von gewaltorientierten Medien fern gehalten und an brutalen Spielen gehindert, und sicher haben etliche von ihnen ein schlechtes Verhältnis zu einem oder beiden Elternteilen und werden mit ihrem Zorn allein gelassen. Aber sie erschießen niemanden. Von den anderen Kindern, die ihrer Wut in blindwütigen Schießereien freien Lauf ließen, wurden manche von klein auf von brutalen Medien und Spielen fern gehalten, andere hingegen nicht. Manche, wie die Amokschützen von Littleton, bekamen von ihrer Familie oder der Schule die Botschaft vermittelt, ihr Interesse an gewaltorientierter Unterhaltung sei Furcht erregend oder krank; andere erlebten nichts dergleichen.

Die Geschichte von Kip Kinkel veranschaulicht auf grausige Weise, wohin es führen kann, wenn Phantasien mit zu viel Realität ausgestattet werden. Dass jemand, der andere Menschen erschießt, um seiner zwanghaften Wut Luft zu machen, irgendwann im Lauf seiner Entwicklung den Unterschied zwischen Phantasie und Wirklichkeit aus den Augen verloren hat, erscheint plausibel. Sicher hatte schon jeder von uns, wenigstens sekundenlang, in der Phantasie den Wunsch, einen Menschen, der uns etwas angetan hat, zu vernichten. Die meisten von uns sind aber durchaus in der Lage, solche Gedanken im Licht der Realität zu betrachten und zu erkennen, dass alles nur schlimmer würde, wenn wir sie in die Tat umsetzten. Diese Fähigkeit erwirbt allerdings nicht jeder.

Dr. Helen Smith, eine Gerichtspsychologin, die Tausende gewalttätiger Teenager begutachtet hat, sagte, die meisten jungen Gewaltverbrecher stammten aus einkommensschwachen Familien und handelten aus utilitaristischen Motiven, etwa wegen Geld, Drogen oder Bandenkriegen. Jene aber, die aus zwanghafter Wut heraus agierten, hätten fast immer Mühe, ihre Gedanken und Gefühle in die richtige Perspektive zu rücken: »Oft fühlen sie sich ohnmächtig, viel ohnmächtiger, als überhaupt realistisch ist, und greifen nach dem erstbesten Mittel, von dem sie sich einen Machtgewinn erhoffen. Oder sie leiden an einem übersteigerten Selbstwertgefühl, das zugleich aber sehr zerbrechlich ist, sodass sie jede Kritik als reale Bedrohung auffassen. Sie nehmen die Wirklichkeit verzerrt wahr und haben nicht gelernt, ihre subjektiven Wahrnehmungen als *Wahrnehmungen* zu sehen. Sie verwechseln ihre emotionalen Reaktionen mit der Realität. Das hat sehr viel mit der Unfähigkeit zu tun, zwischen Phantasie und Wirklichkeit zu unterscheiden.«

Nach Ansicht von Dr. Smith ist das Problem zum Teil in der mangelhaften Ausbildung der beiden Fähigkeiten Problemlösung und kritisches Denken während der Kindheit zu suchen, zum anderen Teil aber in unserer generellen Furcht vor Gewalt. »Ich werde ständig gefragt, warum unsere Gesellschaft so gewalttätig sei, aber in mancher Hinsicht denke ich, sie ist nicht gewalttätig *genug*. Diese Kinder wachsen ohne jegliches Verständnis für ihre eigene Aggression auf. Lehrer und Eltern bringen ihnen bei, stillzusitzen, lieb zu sein, zu gehorchen, und geben ihnen überhaupt keine Gelegenheit, mit den aggressiven Gefühlen, die ihnen begegnen, spielerisch umzugehen. Väter trauen sich nicht, mit ihren Söhnen zu raufen, gegenseitiges Umbringen im Spiel ist verboten, und ganz sicher lernen sie nicht, kontrolliert miteinander zu kämpfen oder sich wenigstens zu wehren, wenn jemand sie angreift. Heute wird sehr viel Wert darauf gelegt – gerade auch an den Schulen –, die Kinder mit ihren Gefühlen vertraut zu machen, aber die unangenehmen Empfindungen wie Wut und Aggressivität werden einfach ausgeblendet. Da sagt ein Kind: ›Ich hab dich lieb‹, und wir darauf: ›Supertoll!‹. Dann sagt es: ›Ich will dich umbringen‹, und wir sagen: ›Nein, das willst du nicht.‹ Irgendwann gerät es dann in einen realen Konflikt, merkt, wie die Wut in ihm aufsteigt, und weiß nicht, wie es damit umgehen soll.«

Was wäre gewesen, wenn Kip Kinkel vom ersten Moment an, in dem er Lust darauf verspürte, mit Spielzeuggewehren und imaginären Bomben hätte spielen dürfen? Wenn ihm jemand im Lauf seines Lebens geholfen hätte, klar zu unterscheiden: »Hier ist meine Wut, hier sind meine Phantasien, und dort ist die Welt, der ich ganz real schaden kann?« Wenn man ihm erlaubt hätte, sich im Spiel mächtig zu fühlen und damit wenigstens Macht über die eigenen Phantasien zu gewinnen – statt immer nur zu hören, seine Phantasien seien zu mächtig und gewaltreich, als dass er damit spielen dürfte?

An einem meiner Workshops nahm einmal ein Achtklässler namens Dan teil. Er gab einen spekulativen autobiographischen Comic ab, die Darstellung eines zornigen Schülers der Mittelstufe, der gute Noten hat, sich von den Gleichaltrigen aber ausgegrenzt fühlt. Der Schüler malt sich in seiner Phantasie aus, wie er mit einer Kanone in die Schule kommt und seine Mitschüler abknallt. In der Realität jedoch lenkt er seine Wut in andere Bahnen, konzentriert sich auf seine Karriere und wird ein reicher, skrupelloser Anwalt. Die meisten Bilder auf dem Blatt waren geschickt, aber oberflächlich gezeichnet, nur eine Zeichnung war mit erstaunlicher Präzision und Intensität ausgeführt: der Amoklauf in der Phantasie des Protagonisten. Die Wunden und die starren Augen der toten Kinder auf dem Boden, das Entsetzen in den Mienen der Überlebenden, die kalte Wut des Schützen, die Details seiner Waffe – das alles war mit unverkennbarer, rauschhafter Liebe dargestellt. Ich konnte kaum den Blick davon wenden, durfte diese Zeichnung aber auch nicht auf die leichte Schulter nehmen. Es war Mai 1999, kaum einen Monat nach dem Massaker von Littleton.

Normalerweise zeigte ich am Ende eines Workshops die besten oder aufrichtigsten Geschichten vor der ganzen Klasse, und wir besprachen sie miteinander, aber mit dieser Geschichte wandte ich mich zuerst an Dans Klassenlehrerin. Sie sagte, Dan sei in keiner Weise als gewalttätig oder auch nur als gewaltinteressiert auffällig geworden. Er verhalte sich anständig, habe immer gute Noten und werde sicher in der besten High School der Stadt Aufnahme finden. Allerdings stehe er in angespanntem, manchmal feindseligem Verhältnis zu seinem sehr leistungsorientierten Vater. Er neige dazu, sich von seinen Mitschülern abzusondern und in düstere Grübeleien zu versinken. Seine Lehrerin war von der Zeichnung ebenso beunruhigt wie ich, aber sie stimmte mir zu, dass wir sie weder ignorieren noch überbewerten sollten.

Ich zeigte der Klasse Dans Comic zusammen mit den Arbeiten mehrer anderer Kinder. Dan, teenagermäßig cool, lümmelte halb unter dem Tisch versunken auf seinem Stuhl, aber seine Augen beobachteten mich gespannt. Ich lobte ihn für seine unverkennbare Leidenschaft und Aufrichtigkeit. »Das ist etwas, womit man den Erwachsenen einen ordentlichen Schrecken einjagen kann«, sagte ich, und er nickte stoisch. »Aber es ist wichtig, dass man es ausspricht, weil es wahrscheinlich vielen Leuten im Kopf herumgeht.« Er sagte: »Danke.« Er hielt seine Gefühle fest unter Verschluss, aber er wuchs ein paar Zentimeter und wirkte so angeregt wie nie während der letzten drei Tage. Ich ließ die Arbeiten herumgehen und stellte fest, dass es Dans Geschichte war, worauf sich die anderen Schüler am eifrigsten stürzten. Manche fanden sie zu unheimlich und legten sie rasch wieder aus der Hand, aber etliche andere, Jungen wie Mädchen, starrten lange auf die Zeichnung von dem Blutbad. Ich beobachtete, wie sie förmlich darin aufgingen, und ich sah, wie auch Dan sie beobachtete.

Ich fragte Dan, was der Workshop für ihn bedeutet habe, aber ich bekam nicht mehr aus ihm heraus als: »War eine nette Abwechslung zum Unterricht.« Ich hatte den Verdacht, dass noch mehr dahinter steckte und setzte mich ein paar Monate später, als er sich in der High School eingelebt hatte, noch einmal mit ihm in Verbindung. Diesmal war er weniger zugeknöpft. Er sagte, damals habe er dauernd an das Littleton-Massaker denken müssen. Dabei war er nicht der Einzige, dem es so ging. Einer seiner Mitschüler fing an, im schwarzen Trenchcoat in die Schule zu kommen, und war entzückt, wenn Schülereltern sich beschwerten. Ein anderer riss ständig Witze über das Gemetzel, bis eine Gruppe von Mitschülern Angst bekam und ihm drohte, ihn beim Direktor zu melden. Dan behielt seine Gedanken für sich, entkam ihnen aber nicht. »Ich dachte immer, ich habe auch das Profil eines Amokschützen«, sagte er. »Ich bin oft irrsinnig zornig, lasse mir aber nichts anmerken. Ich glaube nicht, dass irgendwer was davon wissen will. Ich habe das Gefühl, dass es in mir kocht, und manchmal möchte ich einfach explodieren. Heißt das jetzt, ich wäre auch imstande, so was zu tun? Oder heißt es, dass mir die anderen so was zutrauen, obwohl es gar nicht stimmt?«

Ob ihm seine Gedanken Angst machten, wollte ich wissen. »Manchmal«, sagte er. »Eigentlich dachte ich ja nie, dass ich so etwas tun würde. Aber es ging mir auf die Nerven, dass ich ständig dran denken musste.« Ich fragte ihn, ob er sich vorstellen könne, dass andere Kinder Ähnliches erlebten wie er. »Ich *weiß* es«, antwortete er. »Viele sogar. Aber keiner will was davon wissen. Weil sie alle überzeugt sind, wenn einer so etwas denkt, dann tut er es auch. Jedenfalls sind sie überzeugt, dass die Erwachsenen so denken, und wollen kein Risiko eingehen. Deswegen denken wir öfter darüber nach, weil wir nicht darüber reden können. Und die Erwachsenen ebenfalls. Und alle werden verrückt.«

Wieder geht es um die Grenzen zwischen Phantasie und Wirklichkeit. Die Realität des Massakers von Littleton hatte eine Saite in Dan derart in Schwingungen versetzt, dass er immer wieder darüber nachgrübeln musste und sich eigene Phantasien dazu zusammenspann. Diese verstörten ihn jedoch, weil sie ihn zu sehr an die Wirklichkeit erinnerten. Er wagte nicht, sie zu artikulieren, weil ihm klar war, dass sie auch die Erwachsenen zu sehr an die Wirklichkeit erinnern würden.

Ich fragte ihn, wie es für ihn gewesen sei, als seine Phantasien im Workshop öffentlich vor allen Teilnehmern besprochen wurden. »Gut«, sagte er. »Inwiefern?«, fragte ich. »Es war eine Erleichterung«, sagte er. Wie es für ihn gewesen sei, als ich das spezielle Blatt vor der Klasse hochgehoben und gelobt hatte? »Gut«, sagte er wieder. »Geht's vielleicht ein bisschen genauer?«, fragte ich. Er lachte – der größte Gefühlsausbruch, zu den ich ihn bislang verleitet hatte. »Okay«, sagte er. »Ich hatte das Gefühl, zur Kenntnis genommen zu werden. Akzeptiert. Ich hab diese Bilder rausgelassen, hab gesagt, okay, das bin ich, das sind meine Gefühle. Und ich bekam die Botschaft zurück, dass ich *okay* bin. Also konnte ich aufhören, darüber nachzudenken, und, na ja, mit meinem eigenen Kram weitermachen.«

Dr. Ralph DiClementi von der Emory University, der sich speziell mit der Risikobereitschaft Jugendlicher befasst, hält unsere Angst vor Gewalt auf innenpolitischer Ebene ebenfalls für problematisch. Er meint zwar, dass unter jungen Leuten zu viel Gewalt herrscht, wies aber auch schon darauf hin, dass Jugendgewalt nicht annähernd so verbreitet ist, wie wir häufig annehmen, und dass die meisten statistischen Angaben Rückgang vermelden. »In unserer Furcht verfallen wir in ein Krisendenken«, sagte er. »Da passiert ein Massaker an einer Schule, und mit einem Schlag dreht sich die gesamte öffentliche Diskussion nur noch darum – dabei sind Amokschützen an Schulen natürlich die große Ausnahme. Dann ereignet sich ein zweiter Vorfall, und alles ist anders. Das hindert uns daran, eine vernünftige, sachliche Politik auszuarbeiten, eine Strategie, mit der wir jungen Menschen helfen, sich über die Realität von Gewalt klar zu werden und ihr Leben besser in den Griff zu bekommen.«

DiClementi ist kein Fan von Mediengewalt. Durch seine Arbeit mit Teenagern aus einkommensschwachen Familien ist er zu der Erkenntnis gelangt, dass Medienübersättigung, Gangster Rap und die niedrigen Wertmaßstäbe kommerzieller Unterhaltung alle zu dem »komplexen Netz der Ursachen« beitragen, die letztlich zu Gewalt führen. »Aber man kann die Gewalt in den Medien nicht zum Verschwinden bringen«, sagte er. »Der Versuch, sie durch Gesetze abzuschaffen, wird ohnehin kaum funktionieren. Aber auch im Erfolgsfall wäre mehr verloren als gewonnen, wenn man den jungen Leuten etwas wegnimmt, mit dem sie sich so stark identifizieren und das ihnen offensichtlich so viel bedeutet. Stattdessen ist es notwendig, Strategien zu entwickeln – über die Familie, die Schulen, Kirchen, Service-Einrichtungen und so weiter –, die ihnen helfen, Mediengewalt besser zu verstehen.« Ich fragte, ob dazu nicht auch gehöre, dass wir Erwachsenen die Begeisterung der jungen Menschen für gewaltorientierte Unterhaltung akzeptieren und versuchen, sie selbst besser zu verstehen. »Eigentlich schon«, sagte er. »Aber daran hindert uns eben dieses Krisendenken. Wir verstehen nicht; wir reagieren einfach und verbieten, das macht die Sache leider nur schlimmer.«

Es ist immer dieselbe Geschichte in vielen unterschiedlichen Variationen: Die Ängste der Erwachsenen vor Gewalt bringen die Jugendlichen mit ihren Gedanken und Gefühlen in Konflikt und verwischen die Grenze zwischen Wirklichkeit und Phantasie. Unsere Ängste sind real und verständlich, aber sie gehen auch mit uns durch. In welchem Ausmaß sie uns den Blick verstellen wird deutlich, wenn wir das Interesse der Medien und die öffentliche Wahrnehmung von Jugendkriminalität mit den Fakten vergleichen.

Mike A. Males vom amerikanischen Institut für Rechtspflege, Autor der Bücher *The Scapegoat Generation* und *Framing Youth,* berichtete von einer bemerkenswerten Fokusgruppe, die er 1997 an der Universität von Californien in Irvine geleitet hatte.[3] Die zwölf Teilnehmer beiderlei Geschlechts unterschieden sich nach ethnischer Herkunft, Einkommen, Bildungsniveau und Alter. Er bezeichnete sie in der Mehrzahl als »menschenfreundlich«, bis er die Frage stellte: »Wie hoch schätzen Sie den Anteil der jugendlichen Gewaltverbrecher unter achtzehn in Orange County an der gesamten Gruppe der Gewaltverbrecher?« Er schreibt: »Auf einmal wurden die Leute fanatisch wie bei keinem anderen Thema zuvor.« Die niedrigste Schätzung, die von einer neunzehnjährigen Frau stammte, lautete vierzig Prozent, die höchste, von einem älteren Mann, achtzig Prozent. Der Gruppendurchschnitt betrug fünfundsechzig Prozent. Polizeiberichten zufolge betrug der tatsächliche Anteil zehn Prozent. Nur zehn Prozent der Gewaltverbrechen in Orange County waren in dem betreffenden Jahr von Minderjährigen verübt worden – sechseinhalbmal weniger, als die einheimischen Erwachsenen geschätzt hatten!

Males fragte sich daraufhin, ob die übertrieben negative Meinung über junge Menschen eine Reaktion auf traumatische Erlebnisse sei, und wollte wissen, ob jemand aus der Gruppe je persönlich mit Jugendkriminalität in Berührung gekommen sei. Nur eine Teilnehmerin meldete sich: die Neunzehnjährige, welche die Gewaltverbrechen von Minderjährigen »nur« um den relativ milden Faktor vier überschätzt hatte. Sie berichtete von einem »kriminellen« Vorfall: Ein jugendlicher Latino hatte ihren Freund angestarrt und geschnauzt: »Ist was?«, bevor er weiterging. Die subjektive Wahrnehmung der Gruppe ging praktisch ausschließlich auf die Berichterstattung in den Medien zurück.

Studien aus anderen Landesteilen förderten ähnliche Ergebnisse zutage. In Chicago ermittelte Youth Vision bei den befragten Erwachsenen die »allgemeine Auffassung, dass Jugendliche außer Rand und Band seien«; die meisten von ihnen führten ihre Einschätzung auf die Presse zurück. Eine Auswertung der Inhalte von Zeitungen und Nachrichtensendungen im Fernsehen zeigt, weshalb. Einer Medienstudie zufolge betrafen zwei Drittel der Meldungen über Gewaltverbrechen in Kalifornien Jugendliche oder junge

Erwachsene – Altersgruppen, die in Wirklichkeit für nicht einmal ein Drittel der Verbrechen verantwortlich waren. Eine andere Studie stellte fest, dass sich die Berichterstattung über Bandenkriminalität im Bundesstaat Hawaii zwischen 1992 und 1996 verzehnfacht hatte, während die reale Quote gemäß den Polizeiberichten etwa gleich geblieben war und die Zahl der wegen Schwerverbrechen festgenommenen jungen Menschen sogar stetig abgenommen hatte. Nach einem Pressespiegel, zusammengestellt aus der *Los Angeles Times* im Jahr 1997, wurde über minderjährige Mörder im Schnitt dreimal so häufig berichtet wie über erwachsene Mörder.[4]

Anscheinend wollen wir Kinder und Jugendliche für gewalttätiger halten, als sie tatsächlich sind. Einige angesehene Nachrichtenagenturen wurden sogar der Verzerrung von Fakten überführt, begangen in der Absicht, die Ängste der Bevölkerung vor unkontrollierbaren Jugendlichen zu schüren. 1996 meldeten zahlreiche Berichte der größeren TV-Sender und Nachrichtenagenturen (hier mit den Worten einer AP-Meldung): »Obwohl die allgemeine Kriminalität zurückgeht, scheint die Jugendkriminalität im Ansteigen begriffen zu sein.« Wie sich bei späteren Medienstudien herausstellte, waren die Berichte zustande gekommen, indem zwei sehr unterschiedliche Untersuchungsergebnisse aus dem Justizministerium, die genau das Gegenteil belegten, vermischt wurden. Tatsächlich war zwischen 1980 und 1996 die Zahl der Schwerverbrechen von Jugendlichen unter siebzehn Jahren um fünfzehn Prozent zurückgegangen, und der Anteil der Schwerverbrechen von jungen Erwachsenen zwischen achtzehn und neunundzwanzig Jahren war um elf Prozent gesunken. Demgegenüber war die Anzahl der Schwerverbrecher unter Erwachsenen zwischen dreißig und vierzig um bemerkenswerte sechsunddreißig Prozent *gestiegen;* auch unter den Erwachsenen über vierzig hatte die Kriminalität zugenommen, nämlich um zwanzig Prozent.

Wie Mike Males darlegte, spiegelt die Jugendkriminalität häufig den Zustand der Wirtschaft und den Prozentsatz der Arbeitslosigkeit wider. Die anderen Zahlen entsprechen eher den Angaben über Drogenmissbrauch innerhalb der zwischen 1945 und 1965 geborenen Babyboom-Generation, die ihre Jugend während der »Drogenkultur« und in den turbulenten Sechziger- und Siebzigerjahren erlebten. Anders ausgedrückt: Für einen Teenager der Siebzigerjahre war die Wahrscheinlichkeit, wegen eines Verbrechens verhaftet zu werden, rund elfmal größer als für seinen vierzigjährigen Vater. Ende der Neunzigerjahre war die Chance einer Verhaftung für den Vierzigjährigen nahezu gleich. Die heutigen Jugendlichen führen sich nicht nur anständiger auf als ihre Eltern in deren Jugend, sondern in vielen Fällen sogar anständiger als ihre Eltern heute.[5]

Sogar die Fürsprecher der Jugend tragen mitunter zur Panikmache bei. Im Finanzierungsantrag für ein Interventionsprogramm für jugendliche Straftäter, der in mehreren Westküsten-Zeitungen abgedruckt wurde, hieß es: »Mord beziehungsweise Totschlag ist heute die vierthäufigste Todesursache unter amerikanischen Jugendlichen. Die tragische Wahrheit ist, dass Kinder andere Kinder töten.«[6] Was zwischen solchen Sätzen völlig untergeht, ist die Tatsache, dass fast achtzig Prozent der jugendlichen Todesopfer nicht auf das Konto von Kindern, sondern von Erwachsenen gehen. Nicht einmal ein Prozent sind Opfer von Gewalt an Schulen.[7] Schulmassaker beherrschen nicht deshalb die Schlagzeilen, weil sie epidemisch um sich greifen, sondern weil sie selten vorkommen – und weil wir von unseren eigenen Angstvorstellungen über die künftige Entwicklung unserer Kinder geplagt werden.

Einer statistischen Hochrechnung zufolge wird einer von rund 5 000 Teenagern ein schweres Verbrechen begehen. Die große Mehrheit dieser jugendlichen Kriminellen ist sehr arm, ihre Verbrechen sind wirtschaftlich motiviert. Außerdem stammen sie überwiegend aus gestörten oder zerrütteten Familien und sind in einer von Gewalt, Drogen und Misshandlungen geprägten Umgebung aufgewachsen. Die Wahrscheinlichkeit, dass ein Kind aus einer Durchschnittsfamilie mit durchschnittlichem Einkommen ein schweres Verbrechen verübt, ist verschwindend gering. Damit soll natürlich nicht die Realität oder der Schrecken von Gewalt bagatellisiert werden. Wir müssen jedoch erkennen, dass unsere Ängste im Vergleich zur Realität unverhältnismäßig groß geworden sind, was uns daran hindert, mit dem Problem realistisch umzugehen. Dies wiederum ist möglicherweise mit daran schuld, dass es immer noch zu viel reale Gewalt in der Welt gibt.

Wovor haben wir Angst?

»Ich glaube, es ist weniger, dass ich tatsächlich dachte, Harrison könnte gewalttätig werden«, sagte Gina Weinberg. »Vielmehr wollte ich nicht an Gewalt *erinnert* werden. Ich wollte nicht daran denken müssen, dass ich selbst durchaus zur Gewalt fähig bin, ich wollte nicht mal an die Möglichkeit denken, dass er ein Opfer von Gewalt werden könnte, alles das. Ich wollte Gewalt negieren, indem ich sie einfach in jeder möglichen Form aus meinem Gesichtskreis verbannte.«

Auch nachdem Gina ihre Einstellung gegenüber fiktiver Gewalt geändert hatte, ertappte sie sich gelegentlich noch dabei, dass sie den Phantasien ihres Sohnes zu viel Realitätsgehalt beimaß. Einmal fuhr sie mit Harrison und ein paar anderen Kindern im Auto (»lauter Mädchen, wohlgemerkt!«), und während der Fahrt schossen die Kinder mit ausgestrecktem Zeigefinger auf vorbeifahrende Autos. Der Schusslärm, den sie dabei von sich gaben, klang Gina ein bisschen zu realistisch. Sie mischte sich nicht ein, aber innerlich krümmte sie sich während der ganzen Fahrt. Zu Hause, als sie mit Harrison allein war, sagte sie: »Weißt du, als ihr vorhin im Auto geschossen habt …« Harrison sagte sofort: »Das hast du schrecklich gefunden, oder?« Gina antwortete: »Ja. Weißt du, so bin ich eben. Aber mir ist auch klar, dass ihr nur gespielt habt.«

Das war eine perfekte Antwort. Sie teilte ihm mit, dass *sie* eben so reagierte, machte ihm gleichzeitig aber klar, dass sein Spiel nichts Gefährliches war. Hätte er ihr Unbehagen nur gespürt, ohne die Ursache erklärt zu bekommen, hätte er sich ihr Unbehagen vielleicht zu Eigen gemacht. Ihre Antwort vermittelte ihm ein klares Bild von der Wirklichkeit. Ihre *Gefühle* waren real, und sie gab dieser Realität Ausdruck. Harrisons Schießereien waren irreal, und diesen Unterschied hob sie deutlich hervor. Und das Beste: Es war ganz einfach die Wahrheit. Wir können Kinder in große Verwirrung stürzen, wenn wir uns zu sehr bemühen, ihre Gefühle und Erfahrungen zu steuern. Sie haben mehr davon, wenn wir einfach ehrlich sind. »Wieder dreht sich alles um Phantasie und Wirklichkeit«, sagte Gina. »Es geht darum, dass wir uns darüber klar werden, wer sie *wirklich* sind und was sie brauchen, nicht darum, wie und was sie unserer Vorstellung nach sein sollten.«

Während der letzten Jahrzehnte haben wir ziemlich viel dazugelernt, und es ist uns gelungen, unsere Kinder zu *weniger* Gewalt zu erziehen. Daran sind die kindlichen Gewaltphantasien nicht unbeteiligt. Gleichzeitig bringen diese Phantasien sie in Widerstreit zu Theorien und Gedanken, mit denen wir uns mehr als hundert Jahre lang herumgeschlagen haben.

8
Der Mut zum Wandel

Jahrtausendelang hatte symbolische Gewalt einen herausragenden und unangefochtenen Platz in der menschlichen Zivilisation. Rasender Zorn, Vernichtung aus heiterem Himmel, unauflösliche innere und äußere Konflikte galten einst als notwendige Bestandteile des Menschseins, und als deren Symbol erscheint Gewalt in allen tradierten Erzählungen. Der erste Gesang der *Ilias* beginnt mit dem Leitmotiv der klassischen Literatur: *»Menin aide Thea«* – »Singe den Zorn, o Göttin«, ein Appell an die Macht der Dichtung, um die göttliche, aber vernichtende Leidenschaft des Achilles auszudrücken.[1] Sämtliche Sagen und Mythen der Menschheit erzählen vor allem von Konflikt, Mord und blutiger Zerstörung. Selbst pazifistische Traditionen werden mit gewaltsamen Metaphern überliefert: Jesus brachte nicht Frieden, sondern das Schwert, und Buddha sollen wir töten, wenn wir ihn unterwegs treffen. Bis vor ein paar Jahrzehnten wurzelten alle unsere historischen Mythen, alle Aufforderungen zu kollektivem Handeln in Krieg und Martyrium. Generationen von Kindern bekamen als Gutenachtgeschichten grausame Märchen mit verbrannten Hexen, abgeschlagenen Gliedmaßen, gefressenen Kindern zu hören. Quer durch alle sozialen Schichten und Ideologien wurde von den Kindern erwartet, dass sie mit Spielzeugwaffen kämpften und fröhlich die Geschichten von mörderischen Piraten, Ungeheuern und Helden nachspielten.

Jetzt verbieten wir unseren Kindern auf einmal das Kriegspielen. Aus dem Geschichtsunterricht haben wir eine Reihe sonderbarer Nachstellungen des Alltagslebens gemacht. Mit geschickten Taschenspielertricks ließen wir alle Bilder von Gewalt und Gemetzel aus dem Hintergrund der Weihnachts- und Passah-Geschichten verschwinden. Die Erzählungen, die wir für »kindgerecht« halten, sind nicht nur von Blut und Brutalität bereinigt, sondern überhaupt frei von physischen Konflikten aller Art. Stattdessen überlassen wir es der kommerziellen Unterhaltungsindustrie, gewaltreiche Geschichten zu erzählen – und strengen uns anschließend ungemein an, intellektuell ebenso wie politisch, um deren Schädlichkeit zu beweisen.

Was hat sich verändert?

Der Höhenflug von Rationalität und Wissenschaft im achtzehnten Jahrhundert ließ die Überzeugung wachsen, menschliches Verhalten sei durch Vernunft und Planung zu beeinflussen. Unter dem Druck der Industrialisierung im neunzehnten Jahrhundert hatte die möglichst weit gehende Beseitigung sozialer Konflikte und die Verbreitung politischer Werte Vorrang. Mit der Entstehung moderner Waffen wurden die Folgen eines Krieges immer verheerender, bis schließlich die Gefahr des nuklearen Overkills allein den Gedanken an Gewalt so Furcht erregend werden ließ wie nie zuvor. Diese Entwicklung hat uns dazu gebracht, die Rolle und die Legitimation von Gewalt jeder Art grundsätzlich infrage zu stellen. Jede Gesellschaft hat Gewalt, die eine Gefahr für die allgemeine Ordnung darstellt, verurteilt. Viele trauerten dem verlorenen Paradies nach oder hofften auf kommende Erlösung, auf Zeiten des absoluten Friedens. Doch auch sie akzeptierten in der gegenwärtigen, irdischen Welt die Gewalt als unvermeidbar und begrüßten sie sogar fraglos, solange sie der Gruppe diente. Es mag der einen oder anderen isolierten kleinen Splittergruppe gelungen sein, ohne Gewalt auszukommen, doch keine größere Gesellschaft hat je ein tief greifendes Umdenken im Hinblick auf Gewalt als solche versucht – bis zu unserer modernen, industrialisierten Welt.[2]

Unsere Bemühungen um Gewaltverzicht sind noch lange nicht abgeschlossen. Noch immer setzt jede Nation im Gesetzesvollzug Gewalt ein, viele Staaten auch in der Außenpolitik. Gerade die USA tolerieren Formen von Gewalt, wie beispielsweise die Todesstrafe oder den freien Waffenbesitz für Privatpersonen, die in den meisten anderen Nationen der industrialisierten Welt verpönt sind. Aber auch Amerika steckt mitten im Prozess des Umdenkens. Sogar die Reaktionen auf die Terroranschläge im September 2001 kennzeichnete ein bemerkenswertes Maß an Zurückhaltung, Mitgefühl und Zweifel am Wert von Waffengewalt, sowohl aufseiten der Regierung wie innerhalb der Bevölkerung.

Wir haben unseren Abscheu vor Gewalt derart verinnerlicht, dass er uns häufig zur zweiten Natur geworden ist. Dabei vergessen wir aber, wie neu diese Einstellung in der Menschheitsgeschichte in Wahrheit ist. Bis zum zwanzigsten Jahrhundert gab es überhaupt keine größere kulturelle Strömung, die je die Rechtmäßigkeit der Todesstrafe, der körperlichen Züchtigung von Kindern, der Beilegung von Streitigkeiten durch handgreifliche Auseinandersetzung oder Krieg infrage gestellt hätte. Die Hoffnung, Gewalt ließe sich durch Erziehung, Bildung, Wissenschaft und andere zivilisatorische Bemühungen aus der Welt schaffen, fand in keiner Kultur je eine breite öffentliche Basis. Wir haben Neuland betreten. Wir haben uns die heroische Aufgabe gestellt, eine gewaltlose Welt zu schaffen, und wissen nicht einmal, wie eine solche Welt aussehen sollte. Es sind noch viele Fragen offen, und die leidigste Frage lautet: Welchen Platz hat fiktive Gewalt in einer Welt, die Gewalt in der Realität verurteilt?

Neu ist die Frage nicht. Als Platon seinen idealen Staat entwarf, fand er, Unterhaltung müsse verboten sein, denn sie bringe die Bürger nur auf abwegige Gedanken. Seinem Schüler Aristoteles, der sich weniger mit Ideen und Idealen befasste als mit der Deutung der gegenwärtigen Realität, erschien hingegen das Theater als sehr nützlich für die Gesellschaft, weil es eine *katharsis* ermögliche, eine Läuterung und Befreiung von gefährlichen Gemütsbewegungen.[3] Dieses Argument war lange Zeit rein philosophischer Natur, doch in der Kultur der Gewaltlosigkeit ist es zu einer durchaus realen Angelegenheit der staatlichen Politik und der Kindererziehung geworden.

Mit der fiktiven war auch die reale Gewalt allgemein akzeptiert. Noch vor hundert Jahren war die Lynchjustiz in weiten Teilen Amerikas eine gängige Methode sozialer Kontrolle. Ein Präsident konnte sich über einen »prächtigen kleinen Krieg« freuen. Gewalt in der Familie galt als selbstverständlich, sogar in den gebildetsten Schichten (und wurde in der Regel auch dort höflich übersehen). Die Romanschriftsteller des neunzehnten Jahrhunderts beschrieben das Dasein eines Jungen als endlose Aneinanderreihung von Prügeln, Schikanen und Steinwurf-Schlachten. Mein Großvater pflegte grinsend Geschichten aus seiner Kindheit in den Neunzigerjahren des neunzehnten Jahrhunderts zu erzählen, bei denen es mir kalt über den Rücken lief. »Och, das waren schon ziemlich unartige Burschen«, sagte er über eine Bande von Halbwüchsigen, die Mäusen die Schwänze abhackten und lachend zusahen, wie die Tiere in Qualen umherrannten. Die Zahl der Verbrechen wurde damals zwar noch nicht systematisch erfasst, doch aus den Gerichtsarchiven und der Sozialgeschichte geht hervor, dass Mord, Vergewaltigung und Körperverletzung damals wesentlich häufiger waren als heute.[4] Wie Michael Lesy in seinem quälend eindrucksvollen Buch *Wisconsin Death Trip* darlegt, löste eine Wirtschaftsdepression in dem relativ friedlichen Agrarstaat an der Grenze zu Kanada um 1890 eine Welle von Morden,

Selbstmorden, Brandstiftungen und Überfällen aus, die heutzutage sämtliche Schlagzeilen beherrschen würden.[5] Damals nahm man sie nicht weiter zur Kenntnis – das gehörte zum Leben.

Dabei bezweifelte niemand den Zusammenhang zwischen Vorstellung und Realität. Während der Aufrüstung zum Ersten Weltkrieg rügte Kaiser Wilhelm einen Berliner Spielwarenhändler, weil er keine Spielzeug-U-Boote auf Lager hatte. Das deutsche Volk, sagte er, müsse die Bedeutung von U-Booten in den künftigen Kriegen der Nation begreifen und zwar von der Kinderstube an.[6] Einige Jahre später, bereits mitten im Krieg, forderte ein Filmkritiker in der *Baltimore Sun* seine Leser auf, in Scharen in den Film *My Four Years in Germany* zu strömen, »wenn es Sie gelüstet, Ihren Hass auf den deutschen Militarismus zur festen Kriegsentschlossenheit zu bündeln – Krieg zu führen, bis der Hund winselnd auf dem Boden kriecht, wie es Hunde tun, wenn sie ihren Herrn gefunden haben – und die Konzentration von Hass bis zum Äußersten auszukosten«.[7] Schon immer haben Gesellschaften Spiele und Geschichten dazu benutzt, die Menschen Hass und Kampf zu lehren.

Es schien daher einleuchtend, dass neue, veränderte Geschichten und Spiele künftige Generationen dem Ziel einer gewaltlosen Lebensweise einen Schritt näher brächten. In den Sechzigerjahren taten sich Lehrer, Kinderärzte, Psychologen, Politiker und Millionen besorgter Eltern zusammen, um die Gewalt aus der Erziehung und Kultur der Kinder zu verbannen – denn, so die Überzeugung, die Kinder würden Gewalt gar nicht erst lernen, wenn sie nicht entsprechend indoktriniert würden.

Das Problem war, dass die Kinder aber danach verlangten. Als wir aus den Klassenzimmern, den Gutenachtgeschichten, den aus der Sicht der Erwachsenen akzeptablen Spielen die Gewalt ausblendeten, war die einzige Quelle, die ihnen blieb, die kommerzielle Unterhaltungsindustrie.[8] Diese kann zwar durch die öffentliche Meinung und politischen Druck bis zu einem gewissen Punkt im Zaum gehalten werden, doch letztlich besteht ihr Zweck darin, Bedürfnisse im Volk aufzuspüren und zu befriedigen, um Profit daraus zu schlagen. Und der Appetit auf imaginäre Gewalt war, wie sich zeigte, größer denn je. Ziemlich gut verkauften sich in den Siebzigerjahren brutale Filme mit heldenhaftem Einschlag, obwohl die Produzenten die Gewalt mit hässlichem Realismus und einer widerlichen Ambivalenz präsentierten: *Billy Jack, Dirty Harry, Todessehnsucht*. 1977 verkündete dann der *Krieg der Sterne,* Phantasie-Gewalt sei *Spaß*. Das war eine fröhliche Phantasie, die nichts mehr mit der verherrlichten Gewalt gegen reale politische und gesellschaftliche Gruppen zu tun hatte, derentwegen die meisten modernen Amerikaner Western, Kriegsepen und Krimidramen inzwischen ablehnten. Es kamen weder Indianer noch Kommunisten noch urbanes Elend darin vor, sondern nur Aliens, die für das einfachste, archetypische »Andere« standen. Gewalt und Vernichtung waren befreiend und am Ende siegreich, aber auch verheerend und grausam: Da wird ein ganzer Planet brutal vernichtet, und Obi Wan Kenobi hört die Schreie Milliarden sterbender Seelen; bei einem Kampf wird die Hand eines Aliens abgetrennt; die kolossale Explosion des Todessterns und seiner zahllosen Bewohner stellt die Gerechtigkeit wieder her. *Krieg der Sterne* begeisterte das jugendliche Publikum auf Anhieb und in einem Ausmaß wie noch kein anderer Film zuvor und wurde zum größten Kassenschlager der Unterhaltungsindustrie.

Je mehr die Welt der Erwachsenen Gewalt verurteilte, desto mehr schienen die Jungen danach zu lechzen. Der Actionfilm der Achtziger war die Antwort auf die Gelüste des Publikums, die nach der Blütezeit gewaltfreier Erziehung in den Siebzigerjahren entstanden waren. *Rambo, Indiana Jones, Le-*

thal Weapon, Terminator, Jurassic Park – Gewalt verschiedener Art und in unterschiedlichen Zusammenhängen, aber immer intensiv und glorifiziert, aus dem Bauch heraus und ohne einen Anflug von Bedauern – waren die größten Kassenschlager in der Geschichte der Unterhaltung. Damit einher gingen die Verbreitung der Gewalt im Fernsehen, die explosionsartige Zunahme der Heavy-Metal-Fans, der Videospiele, Action-Figuren und eine neue Generation aufgemotzter Spielzeugwaffen. Und es waren nicht nur die aggressiven, unaufgeklärten Kinder, die nach dieser Form von fiktiver Gewalt verlangten, sondern auch die wohlerzogensten, friedliebendsten, sozialisiertesten Kinder standen vor den Kinokassen Schlange.

Es waren auch nicht nur amerikanische Kinder. Die Amerikaner denken oft, ihre Popkultur sei viel brutaler als die europäische, weil ihre *Erzeugnisse* so viel brutaler sind. In Wirklichkeit sind die Actionfilme aus Hollywood auch in Europa marktbeherrschend.[9] Die europäischen Filme, die es bis nach Amerika schaffen, werden in der Regel mit staatlicher Förderung als explizite Alternativen zu den Hollywood-Filmen produziert, und häufig sind sie in den USA ebenso erfolgreich wie in ihren Heimatländern. Über das Kabelfernsehen gelangt inzwischen ebenso viel TV-Gewalt nach Europa wie nach Amerika. Nintendo und Play-Station und ihre häufig gewaltorientierte Software verkaufen sich in Großbritannien, Kanada und Australien ebenso gut wie in den Vereinigten Staaten.[10] In Japan verschlingt die Jugend inzwischen nicht mehr nur Action-Phantasien aus Hollywood, sondern nährt eine riesige heimische Popkultur, die viel unverhohlener und begeisterter brutal ist als die amerikanische. Sogar in Ländern mit beneidenswert niedriger Kriminalität und einer anscheinend zivilisierteren Bevölkerung ist der Appetit junger Leute nach Phantasie-Gewalt enorm.

Als Ergebnis tobt ein ideologischer Krieg[11], und bekanntlich ist das erste Opfer in jedem Krieg die Wahrheit. Ärztliche und psychologische Experten im Verein mit Politikern verteufeln jegliche fiktive Gewalt und beschuldigen die seelenlose Unterhaltungsindustrie, aus Profitgier absichtlich die Jugend zu ruinieren. Die Unterhaltungsindustrie verschanzt sich hinter unaufrichtigen Ausflüchten und marschiert unter Protest gegen die Zensur davon. Wie Christopher Perrius vom Kulturpolitischen Zentrum an der Universität von Chicago sagt: »Die Industrie muss so tun, als hätten ihre Erzeugnisse keinerlei Auswirkungen auf die Gesellschaft, und das psychologische Establishment muss so tun, als ließe sich Gewalt vollständig ausmerzen, ohne dabei Schaden in der Psyche anzurichten.«

Dieser Krieg tobt nun schon seit mehr als hundert Jahren, und keine der beiden gegnerischen Parteien hat je einen echten Sieg davongetragen. Die Kritiker bringen unwiderlegbare Argumente vor, die Unterhaltungsindustrie zieht sich geschlagen ein Stück zurück, um ein paar Jahre später in alter Brutalität zurückzukehren, und alles fängt von vorne an. Die Politiker bekommen ihre Stimmen, die Forscher ihre Ergebnisse, die Filmproduzenten verkaufen Eintrittskarten, und alle sind zufrieden – bis auf die Eltern, Lehrer und Kinder, die mit der Angst und der Wut, die dieser Krieg auslöst, allein dastehen. Solange wir in diesem Konfliktdenken feststecken – der eine muss Unrecht, der andere Recht haben –, werden wir nicht in der Lage sein, aus dem Teufelskreis auszubrechen. Deshalb betrachten wir jetzt die Schlachten der Vergangenheit, um zu erfahren, worum überhaupt gekämpft wird.

Der erste große Konflikt der Neuzeit zwischen den moralischen Vordenkern der amerikanischen Gesellschaft und der Massenunterhaltung entbrannte um die »Groschenromane«, die nach dem Bürgerkrieg plötzlich reißenden Absatz bei der Jugend fanden. Es waren Western, Krimis, Liebesgeschichten, in blumigem Stil verfasst und voller Schießereien, Gefahr, Wahnsinn – Phantasien von gewalttätigen Konflikten und individueller Macht, welche die jungen Leute begeisterten, die in einer zunehmend industrialisierten Gesellschaft immer mehr Zeit in Fabriken, Büros und Schulen verbrachten. 1884 erklärte der kirchliche Reformator Anthony Comstock, die Groschenromanverleger seien »absichtlich oder unabsichtlich Satans willige Handlanger, die ihm helfen, sein Reich auszuweiten, indem sie die Jugend vernichten«. Die fortschrittlicher gesonnenen und wissenschaftlich gebildeten Erzieher, Bibliothekare und Ärzte hingegen beschuldigten die Romane der Überreizung jugendlicher Gelüste, die nach ihrer Auffassung zu einer Reihe körperlicher Leiden und krankhafter Verhaltensweisen führte. Einmütig warfen Kritiker sowohl aus dem konservativen religiösen als auch aus dem fortschrittlichen wissenschaftlichen Lager den Groschenheften vor, sie verleiteten junge Männer zum Verbrechen und junge Frauen zur Unsittlichkeit.[12]

Der Aufschrei, den die Groschenromane auslösten, ist aus unserem zeitlichen Abstand heraus schwer zu verstehen. Ihre Struktur war einfach: Am Ende siegte stets die Tugend, Unschuld wurde belohnt und das Undenkbare im letzten Moment abgewendet. Es kamen keine ausführlichen Details vor, die ein echter Affront für die viktorianische Gesellschaft gewesen wären. Jedoch stellten diese Romane eine zweifache Herausforderung dar: Sie waren ein neues Medium, und sie verstießen gegen den guten Geschmack.

Bücher waren an sich kein neues Medium, aber stets teuer gewesen und deshalb ein Privileg der Erwachsenen und des Bürgertums. Als immer mehr Menschen lesen und schreiben lernten und neue Publikations- und Vertriebsmethoden zur Verfügung standen, gab es auf einmal eine Fülle von Literatur, die jedem zugänglich war. Zum ersten Mal waren kommerzielle Geschichtenerzähler in der Lage, Massen von jungen Menschen auf direktem Weg zu erreichen, darunter auch die weniger gebildeten jungen Angehörigen der Arbeiterklasse. Zur selben Zeit plagten Zukunftsängste die Elite der Gesellschaft: Amerika steckte tief in umwälzenden Veränderungen. Industrialisierung, Verstädterung, rasche Expansion, Bürgerkrieg und Abschaffung der Sklaverei, ausgedehnte Bevölkerungswanderungen, Flutwellen von Immigranten ließen eine völlig neuartige Welt entstehen. Diese neue Industriegesellschaft hatte sich noch nicht als dauerhaft bewährt und hinter jeder soziologischen Diskussion stand die Furcht vor dem totalen gesellschaftlichen Zusammenbruch. Die Jugendlichen unter Kontrolle zu bringen war von vorrangiger Bedeutung. Damals wie heute betrachteten und betrachten Erzieher und Ärzte die Adoleszenz als eine Dauerkrise. Jeder junge Mann galt als potenzieller Verbrecher, die Zeitungen waren voll von Geschichten über jugendliche Delinquenten und standen damit – wie heute – in krassem Missverhältnis zur Realität. Es war eine zutiefst beunruhigende Vorstellung, dass minderwertige Schriftsteller, von keinem anderen Motiv geleitet als der Befriedigung ihrer Geldgier, das Denken junger Menschen prägten.

Den Beweis ihrer Gefährlichkeit lieferten die Groschenromane in den Augen ihrer Kritiker mit ihrer sensationslüsternen Ablehnung des viktorianischen Ideals von Mäßigung und Selbstbeherrschung. Ihre Moral war konventionell, doch sie beschrieben Gewalt und Niedertracht mit einer glühenden, detailgetreuen und ausschweifenden Begeisterung, die alle bürgerlichen Normen des guten Geschmacks mit Füßen trat. Unter »Geschmack« verstehen wir heute eine individuelle Veranlagung und Neigung oder ein Marketingkonzept, im neunzehnten Jahrhundert jedoch war der Begriff Geschmack normativ. Die religiöse und geistige Elite Amerikas stammte in der Mehrheit aus der gebildeten Mittelschicht und war zutiefst von der zivilisatorischen Macht der bürgerlichen Werte überzeugt: Zurückhaltung im Gefühlsleben, Mäßigung im Ausdruck und gebildeter Geschmack. Sie sahen sich umgeben von einer aufgebrachten, gewalttätigen Welt, die von Habgier getrieben und von Klassenkämpfen zerrissen war, nach neuen Höhen der Zivilisation strebte, aber jeden Moment in die Barbarei zurückzufallen drohte. Selbst ihre fortschrittlichsten Fürsprecher nannten die armen Bevölkerungsschichten »die gefährlichen Klassen«. Übergriffe gegen bürgerlichen Besitz wurden als reale Bedrohung empfunden. Die Bemerkung im *Atlantic Monthly*, Groschenromane seien »fast ausschließlich zum Gebrauch der unteren Schichten bestimmt«, war als Beweis für ihre Gefährlichkeit ausreichend. Dass ein neues Medium von unvorhersehbarem Einfluss junge Menschen mit dem ungehobelten Geschmack der Arbeiterklasse begeisterte, musste zwangsläufig die Furcht vor einem bevorstehenden gesellschaftlichen Kollaps wecken.

Ein Gesetz unterwarf die Groschenromane strikten Beschränkungen und die Aufregung verebbte. Aber nachdem sich die Verlage eine Weile bedeckt gehalten hatten, testeten sie natürlich erneut die Grenzen und konnten sie bald überschreiten: Die »Schundhefte«, die Anfang des zwanzigsten Jahrhunderts erschienen, waren viel schlimmer, als die Groschenromane je gewesen waren, aber literarische Verstöße gegen den guten Geschmack waren inzwischen ein alter Hut, und niemand nahm mehr an den Heften Anstoß. Der neue Konfliktherd zwischen den Verbesserern der Menschheit und jenen, die sie unterhalten wollten, war jetzt der Film.

Der Film unterschied sich als Medium radikal von allen anderen und ließ von Anfang an die Wellen hochschlagen.[13] Manche Pädagogen und Geistliche warnten, allein das Medium als solches, unabhängig vom Inhalt, führe zu Trägheit,

Rastlosigkeit, Prostitution und Ignoranz. Bis in die Zwanzigerjahre hinein blieben die Proteste jedoch unkoordinierte Einzelinitiativen. Amerika befand sich im Wandel: Weltkrieg, Prohibition, das Auto, das empfängnisverhütende Diaphragma und unzählige weitere Faktoren hatten eine kulturelle und moralische Revolution in Gang gesetzt. Unterdessen erreichte in Hollywood der Film den Gipfel der Popularität und der visuellen Macht. Bald nutzte er als Tonfilm mit schlüpfrigen Komödien, Ehebruchsmelodramen, schillernden Verbrechergestalten, kurzen Röcken, hauchdünnen Kleidchen und rauchenden Revolvern jeden Aspekt der kulturellen Revolution aus – angespornt und bestätigt von Millionen unersättlicher Kinogänger.

Wie die Filmhistorikerin Jeanine Basinger in ihrem Werk *A Woman's View: How Hollywood Spoke to Women, 1930–1960* darlegt, boten diese Filme einem amerikanischen Publikum, das in der Mehrheit ein enges und vorhersehbares Leben führte, nur sehr gezähmte Phantasien.[14] Frauen waren in betörenden Berufen tätig, betrogen ihre Ehemänner, ließen ihre Kinder im Stich, erschossen Verführer und trugen Flitterkleider, eine fantastische Stunde lang – dann zerrte das Ende des Films sie wieder auf den Boden der Wirklichkeit herab, die Heldin büßte für ihre Sünden und kehrte zur Tugend zurück. Die Gangsterfilme erlaubten den Männern herumzustolzieren, zu protzen, mit Maschinengewehren zu schießen und ihre Frauen zu schlagen, ehe sie in der Schlussszene vom Tod ereilt wurden. Aber noch während Millionen Amerikaner – vor allem die jungen – vor den Kinokassen Schlange standen, begannen zahlreiche andere ihre Bedenken zu äußern und die Schäden für die Kinder durch die Verherrlichung von Leidenschaft und Gewalt anzuprangern.

Schon die ganzen Zwanzigerjahre hindurch waren Organisationen wie die Katholische Legion für Anstand gegen die Sittenlosigkeit im Film zu Felde gezogen, allerdings mit geringem Erfolg.[15] 1929 jedoch bildete eine Gruppe von Soziologen, Psychologen und Ärzten einen Verband zur Erforschung des Films – den Motion Picture Research Council –, der vom progressiven Payne Trust finanziert wurde und die ersten groß angelegten Studien über den Einfluss von Massenunterhaltung auf Kinder und Jugendliche durchführte. Sie legten damit das Fundament, auf dem während der nächsten siebzig Jahre die Forschungsarbeiten über die Auswirkungen der Medien aufbauten. Filme, behaupteten die Payne-Trust-Studien, führten zu Verbrechen, Aggression, sexueller Freizügigkeit, Hysterie und neurologischen Schäden bei Kindern. Sie erregten ungeheures Aufsehen, als sie 1933 veröffentlicht wurden. Bald forderten Senatoren, Kongressabgeordnete und die Roosevelt-Regierung neue Normen für den Film. Wieder einmal versetzte die Kombination aus neuem Medium und Angriff gegen den bisher geltenden bürgerlichen Geschmack sowohl die konservativen Reformatoren als auch die wissenschaftlich orientierten Liberalen der gebildeten Schichten in höchste Alarmbereitschaft. Wieder einmal schürten ihre einhelligen Argumente über die fatalen Folgen für die Jugend die Ängste der Eltern. Und wieder einmal fiel das Ereignis in eine Phase besonders ausgeprägter Zukunftsangst, in der die Weltwirtschaftskrise und die gesellschaftlichen und politischen Umwälzungen in ihrem Gefolge die in der Bevölkerung ohnehin vorhandenen Ängste vor sozialem Wandel erheblich verstärkt hatten.

Im Rückblick wirken zahlreiche Behauptungen der Payne-Trust-Studien ziemlich absurd.[16] Dass ein junger Mann aus einem üblen Viertel durch *Little Caesar* zum Verbrechen verleitet werden konnte, ist sicher plausibel, doch die Behauptung, dass die Folgen des Films *Phantom der Oper* für Kinder vergleichbar seien mit den Kriegsneurosen ehemaliger Soldaten oder dass *Tarzan* krankhaft gewalttätige Anwandlungen hervorrufe, die eine Gefahr für die geistige und körperliche Gesundheit selbst des robustesten Kindes darstelle, erscheint uns als eine geradezu hysterische Überreaktion. Genau das aber versicherten angesehene Ärzte und Professoren der ehrwürdigsten Universitäten Amerikas in einem öffentlichen Dokument, das anschließend von der Presse, der informierten Öffentlichkeit und den höchsten gewählten Vertretern des Staates mit ernsthafter Sorge erörtert wurde. Angst ist in der Lage, logisches Denken stark zu verzerren.

»Wenn man so eine Zeit erlebt, kommt es einem vor wie das Ende der Welt«, sagte Mick LaSalle, der in den Achtzigerund Neunzigerjahren Filmrezensent beim *San Francisco Chronicle* war und später *Complicated Women* und *Dangerous Men* schrieb, zwei Bücher über Porträts von Macht und Moral in den Hollywood-Filmen der frühen Dreißigerjahre. »In gewisser Weise war die Welt ja am Ende, jedenfalls die Welt, die man vor dem Krieg, den Revolutionen, der Wirtschaftskrise gekannt hatte. Niemand wusste, was die Zukunft bringen würde – Chaos, Faschismus, Kommunismus. Wenn man die Schlagzeilen las und dann ins Kino ging, konnte man leicht das Gefühl bekommen, dass das alles ein und dieselbe Krise war, dass es nie aufhören würde, wenn nicht endlich jemand etwas *tat*.«

Er könne dieses Gefühl gut verstehen, bemerkte LaSalle. »1993 und 1994 ging es mir als Kritiker ganz genauso: Es war das Ende der Welt. Egal, in welchen Film man ging, überall nichts als Chaos und Vernichtung, und zwar nicht nur bei den Blockbusters, sondern auch in den angeblich seriösen Filmen wie *Natural Born Killers*. In den Programmkinos liefen Streifen wie *Reservoir Dogs* und *Pulp Fiction*. Gleichzeitig war in den Nachrichten nur noch von Mord und Totschlag die Rede. Es war, als gäbe es überhaupt keinen Ausweg mehr, als würde alles immer nur schlimmer, bis am Ende die Welt in Trümmer zerfällt.«

Zeiten des Wandels sind immer Furcht erregend. Noch

Furcht erregender sind die Zeiten des Wandels, in denen wir uns gleichzeitig nach tief greifenden Verbesserungen sehnen, weil es nicht reicht, einfach zu überleben und mit der neuen Situation so gut wie möglich fertig zu werden. In jedem Ereignis erblicken wir ein Zeichen, dass wir entweder vorankommen oder aber auf die Katastrophe zusteuern. Die Angst, nicht zu wissen, wohin es geht, lässt uns gegenüber Kindern besonders wachsam werden. Wir versuchen in ihnen die Zukunft zu erkennen und nehmen deshalb jede Veränderung, jede Mode, jeden statistischen Trend als Anzeichen für bevorstehende schreckliche Entwicklungen.

Unbekanntes Terrain löst oft widersprüchliche Gefühle aus: Beklommenheit einerseits und Neugierde andererseits. Stellen Sie sich vor, Sie steigen aus dem Zug und stehen mitten im Menschengewimmel einer fremden Stadt, von der Sie nichts wissen. Zwei Seelen wohnen dann in Ihrer Brust: Die eine möchte im Bahnhof bleiben, das Gepäck an sich pressen, furchtsam nach Dieben Ausschau halten; die andere möchte sich ins Gewühl stürzen und sofort diese neue Welt erkunden. So ergeht es uns allen: Wir befinden uns im Zustand besonderer Wachsamkeit, sind auf unangenehme Überraschungen gefasst und haben ein verstärktes Bedürfnis nach Kontrolle. Aber zugleich sind auch unsere Neugier und unser Sinn für Abenteuer geweckt. Das ist der Konflikt, den unsere Gesellschaft seit mehr als hundert Jahren zu lösen versucht, während wir durch Schwindel erregende Veränderungen jagen und gleichzeitig versuchen, unsere Welt sicherer und zivilisierter zu gestalten.

Die Verteidiger der kommerziellen Unterhaltung sprechen oft von der »unheiligen Allianz« sozialliberaler Reformer und religös motivierter Konservativer, die gegen sie aufmarschiert sei. Dabei sind die beiden gar keine so ungleichen Verbündeten: Beide sind Idealisten mit der Sehnsucht, die Menschheit zu verbessern. Sie glauben an den Wert von

Selbstbeherrschung und Wachsamkeit gegenüber den eigenen ungesunden Gefühlsregungen, sie misstrauen ungezügelten Gelüsten und Phantasien, und sie sind überzeugt, dass die Gesellschaft einige gebildete Kontrollinstanzen benötigt, um sich in die richtige Richtung zu entwickeln. Weil sie Idealisten sind, sympathisieren sie mit Platons Wunsch, den idealen Staat von gefährlichen Geschichten rein zu halten. Weil sie Lehrer sind, glauben sie fest an die Macht der *wörtlichen* Botschaft von Geschichten, und deshalb soll jede Unterhaltung Lehren enthalten, die den Menschen besser werden lassen.

Professor Edgar Dale von der Ohio State Universität, einer der Autoren der Payne-Trust-Studien, formulierte sehr anschaulich die Werte, die noch heute hinter jeder Kritik an der Unterhaltungsindustrie stehen:

Es besteht kein Zweifel, dass Filme nur in den seltensten Fällen Kindern und Jugendlichen Ziele von der Sorte vermitteln, die Männer wie Jenner, Lister, Koch, Pasteur, Thomas von Aquin, Jesus Christus, Aristoteles, Norman Thomas … und andere bewegten. Eigentlich sollten uns Filme eine bessere Lebensweise vorführen, als sie die Mehrheit der Menschen außerhalb des Kinos erfährt … Wir müssen auf der Leinwand mehr soziale Ziele dargestellt sehen, wie sie sich für eine annehmbare Zivilisation schicken. Wir müssen häufiger einen Blick auf die Unsterblichkeit großer Charaktere werfen, die auf persönliche Erhöhung verzichteten, um der Gemeinschaft ein besseres Leben zu ermöglichen.[17]

Wer sich mehr der etablierten Ordnung und den konservativen Werten zugehörig fühlt – darunter auch Lehrer, Sozialwissenschaftler, Geistliche, Politiker und sehr viele Eltern –, neigt dazu, auf unvorhergesehene Veränderungen mit dem Wunsch nach mehr Kontrolle zu reagieren. Wer hingegen mehr Hoffnungen in die Zukunft setzt – und das sind naturgemäß besonders die jungen Menschen –, reagiert neugierig und begeistert auf Veränderung und Abenteuer.[18] Die Reaktionen der beiden Gruppen verstärken sich gegenseitig. Filme waren beunruhigend, weil sie unmittelbar und wirkungsvoll Massen von Kindern, Jugendlichen, Bedürftigen und Einwanderern ansprachen, die noch nicht vollständig zu den höheren Werten der Gesellschaft erzogen waren. Doch die Furcht der etablierten kulturellen Elite bewirkte, dass sich die Filme eben diesen jungen Menschen und den Außenseitern nur umso aufregender und abenteuerlicher darstellten.

Je mehr ein Medium unser Kontrollbedürfnis bedroht, desto gefährlicher scheint es uns. Groschenromane, Filme und die Comic-Hefte, die in den Fünfzigerjahren beschuldigt wurden, sie trügen zur Jugendkriminalität bei, waren deshalb so bedrohlich, weil sie jedermann zur Verfügung standen. Mit Abstand am bedrohlichsten aber war das Fernsehen, weil es seine Inhalte direkt in unser Wohnzimmer ausstrahlte. Eltern konnten ihre Kinder daran hindern, ins Kino oder zum Kiosk zu gehen, aber sobald es einen Fernseher im Haus gab, war die einzig mögliche Kontrolle die permanente Überwachung. Deshalb zog das Fernsehen von Anfang an beispiellose Kritik auf sich, obwohl seine Inhalte dank konservativer Aufsichtsbehörden jahrzehntelang ziemlich zahm waren.

Neue Medien jagen uns Furcht ein, und deshalb wittern wir sofort negative Folgen. Junge Menschen jedoch lieben neue Medien, vor allem diejenigen, die Unterhaltung bieten, mühelos und ohne Überwachung vonseiten der Erwachsenen. Sich diese Medien anzueignen und sie der Kontrolle der Erwachsenen zu entziehen ist eine der Voraussetzungen für die Eroberung der Zukunft. Je mehr wir uns anstrengen, die Kontrolle über die neuen Medien an uns zu reißen, desto mächtiger und attraktiver werden sie den Kindern erscheinen.

Auch heute erwachen unsere Bedenken, wenn ein Massenmedium den Jungen und Ungebildeten Unterhaltung verkauft, die ein Affront gegen den herrschenden Geschmack ist. Das heutige Bildungsbürgertum mag den ideologischen Unterbau des viktorianischen Geschmacksempfindens ablehnen, aber das ändert nichts daran, dass er unsere Vorurteile prägt. Noch heute sehen die Kinder selbst aus den gebildetsten, zivilisiertesten Familien ihre Eltern in Aufruhr geraten, wenn sich irgendeine geschmacklose Unterhaltung, die sich auf dem niedrigsten gemeinsamen Nenner bewegt, als Massenerfolg erweist. Noch immer fürchten wir, das kultivierte Zentrum der Zivilisation könnte zerfallen, wenn die Beeinflussbaren und Ungebildeten ermutigt werden, die Regeln, Einschränkungen und Normen abzulehnen, die wir für die öffentliche Äußerung aufgestellt haben. Der Gedanke, dass Kinder Ren- und Stimpy-Puppen kaufen, die »authentische Furzgeräusche« von sich geben, erfüllt uns nicht nur mit Abscheu, sondern mit dumpfer Beunruhigung. Forscher an den Universitäten suchen in Filmen, Comic-Heften, Wrestling- und Videospielen nach schädlichen Folgen, niemals aber in Büchern, Theaterstücken oder auch in hoch gelobten Kultserien wie *Die Sopranos*. Wenn Massenunterhaltung mit Getto-Obszönitäten und blutigem Horror den guten Geschmack unterminiert, wittern wir Gefahr.

Aus all diesen Ängsten und Bedenken setzte sich die Medienkritik der vergangenen zwanzig Jahre zusammen. Es entstanden neue Medien (Computer- und Videospiele), alte Medien wurden weiterentwickelt, und die technischen Neuerungen entzogen die Unterhaltung von Jugendlichen der Überwachung (Kabelfernsehen, Videorecorder, Walkmen). Neue Formen von Unterhaltung kamen auf (Gangster Rap, Blockbuster-Filme mit Spezialeffekten, TV für Erwachsene), und es erfolgten beispiellose Angriffe auf den guten Geschmack (obszöne Songtexte, Verstümmelung,

Ego-Shooter, Rassismus, Sexismus, »Cop Killer«, Porno, Kotzen, Furzen, *South Park*). Obwohl wir nie mehr einen derartigen Aufruhr erlebten wie in den Dreißigerjahren, macht auch uns der Zustand der Gesellschaft schwer zu schaffen: Wir erleben radikale Veränderungen im Arbeits- und Familienleben, Verbrechen, sinkende Bildung – und jetzt auch noch Terrorismus, Krieg und die beunruhigende Wirtschaftslage. Kein Wunder, dass unsere Ängste gerade im Zusammenhang mit Kindern, Unterhaltung und Gewalt groß sind.

1982 sagte der amerikanische Gesundheitsminister C. Everett Koop über ein damals neues Medium: »Videospiele könnten heute die Hauptursache für häusliche Gewalt in Amerika sein. Sie haben den Punkt erreicht, an dem es dem einen Kind nichts ausmacht, dem anderen aber schadet.«[19] Seit dieser Bemerkung sind erst zwanzig Jahre vergangen, aber sie hört sich heute schon so merkwürdig an wie seinerzeit die Schlussfolgerungen aus den Payne-Trust-Studien. Mit Sicherheit deutet nichts darauf hin, dass seit der Markteinführung der ersten Videospiele die Gewalt in Familien zugenommen hätte beziehungsweise in Familien, in denen Videospiele vorhanden sind, häufiger vorkäme. Im Nachhinein betrachtet kann man sich schwerlich vorstellen, dass die Videospiele des Jahres 1982 – *Centipede, Pac Man, Space Invaders* – dem amerikanischen Familienleben derartigen Schaden hätten zufügen können.

In der Gemeinsamen Verlautbarung über den Einfluss gewaltorientierter Unterhaltungsmedien auf Kinder hieß es: »Obwohl der Einfluss gewaltorientierter interaktiver Unterhaltung (Videospiele und andere interaktive Medien) auf junge Menschen noch wenig erforscht ist, weisen Vorstudien darauf hin, dass der negative Einfluss signifikant größer sein könnte als die Auswirkungen von Fernsehen, Kino oder Musik.«[20] Dieses »könnte« ist wichtig. Manche Studien deuten tatsächlich diese Möglichkeit an, andere hingegen, etwa die Untersuchung der Universität von Inverness im Jahr 2000, legen vielmehr die Vermutung nahe, dass Videospiele viel weniger Einfluss ausüben als sämtliche anderen Medien.[21] Unsere Ängste verleiten uns dazu, uns bereitwillig vorzustellen oder zu erwarten oder gar halb zu hoffen, dass die neue Form sich als gefährlicher erweisen wird als die alte.

Wenn die Ängste zunehmen, werden die Unterhaltungsanbieter und ihr Publikum streitlustiger. Kinder – und die kindlicheren Mitarbeiter der Unterhaltungsindustrie – wollen beweisen, dass sie sich nicht von einer humorlosen, aufdringlichen Elternwelt unterdrücken lassen. Der Markt für trotzigen, absichtlich schlechten und provokanten Geschmack wächst. In den Neunzigerjahren erreichte die Jagd nach vorsätzlich anstößiger Gewalt in der Videospiel-Industrie einen Höhepunkt. In *Mortal Kombat* zum Beispiel konnte der Spieler einem Gegner das Rückgrat herausreißen. *Duke Nukem* fügte noch eine frauenfeindliche Komponente hinzu: Frauen kamen nur als gefesselte Gefangene und Stripperinnen vor, und wenn der Spieler sie erschoss, explodierten sie in einem Schauer aus Blut und Gold. In einer Diskussionsrunde auf der Game Designers' Expo im kalifornischen Santa Clara hörte ich einen jungen Videospielproduzenten auf eine Kritik an seinem Spiel zornig antworten: »Was sollen wir denn sonst spielen, Ihrer Meinung nach? Duke *Huggem*?[22] Das wär ja noch mal schöner, wenn diese ganzen Elterngruppen und Lehrer das, was *mir* Spaß macht, niedlich fänden! Ich will mich an mein Spiel setzen und sagen: Na, und wie findet ihr *das*?«

Anstößige Gewalt erfüllt mehrere Funktionen: Sie kann Feindseligkeit ausdrücken, Furcht erregende Vorstellungen auf ein realistisches Maß verkleinern, eine Machtphantasie verstärken, mit Machismo experimentieren und einen aufregenden Schock versetzen. In unserer permissiven Popkultur ist sie außerdem eine der letzten Quellen des echten, schockierend schlechten Geschmacks, die jungen Menschen noch zur Verfügung stehen. Schlechter Geschmack ist eine Möglichkeit, den Prozess des sozialen Wandels zu beschleunigen, zu testen und in gewissem Maß auch zu beherrschen. Anstößige Unterhaltung, die marktschreierisch präsentiert, was zuvor verboten war, erklärt die alten Formen für überholt: Kinder grenzen sich damit von den Werten ihrer Eltern ab, verbünden sich mit ihresgleichen und erkennen, dass sie Neuland betreten. Je entsetzter die Erwachsenenwelt reagiert, desto aufregender ist das Abenteuer: Es ist das Territorium der Jugend, die Welt, die sie sich selbst erschafft, ob es uns passt oder nicht. (Und blutige Gewalt ist etwas, das die heutige Welt der Erwachsenen unter Garantie nicht ausstehen kann.) Dann kommt die Erleichterung: Sie dringen in das neue Territorium ein und stellen fest, dass es gar nicht gefährlich ist. Die verbotene Tat ist begangen, die Erwachsenen sind schockiert, alle gewöhnen sich daran, und das Leben geht weiter. Die Eltern sind immer noch da, und die Welt dreht sich genauso wie zuvor. Regelmäßige Angriffe gegen den etablierten Geschmack sind eine Möglichkeit, mit dem Wandel zu spielen und sich zu versichern, dass es in Ordnung ist.

Unterhaltung, die vor allem vom schlechten Geschmack lebt, verliert rasch ihren Reiz. Kommerziell war *Duke Nukem* gestorben, noch ehe der darum entbrannte Streit abgeklungen war.[23] Doch jeder erfolgreiche Angriff gegen den herrschenden Geschmack verändert Normen. Langlebigere Shooter-Spiele verdanken ihren Erfolg ihrer Komplexität und Spannung, aber bei vielen ist die übertriebene Blutrünstigkeit inzwischen zum festen Bestandteil geworden. Was früher anstößig war, ist jetzt akzeptiert. Der Preis dafür ist eine gewisse Verrohung der Popkultur. Unterhaltung wird weniger leichtfüßig, weniger elegant, weniger subtil. Wer eine raffiniertere und suggestivere Ästhetik bevorzugt, wird an immer weniger Erzeugnissen der Popkultur Gefallen finden und immer mehr Anlass sehen, sich zu wappnen.

Der Gewinn ist allerdings, dass wir daran erinnert werden, was wirklich zählt. Unsere Welt wird nicht vor der Barbarei bewahrt, indem wir hässliche Realitäten verdrängen oder schockierende Bilder verbergen. Was unsere Gesellschaft zusammenhält, sind Einfühlungsvermögen, gegenseitige Akzeptanz und der gemeinsame Wunsch, die bestehende Welt zu verbessern – nicht ein überaus störanfälliges Gebilde aus Zwang und Kontrolle.

Ängste verhindern Einfühlungsvermögen. Angesichts eines neuen Trends, der den uns genehmen Werten entgegensteht, erkennen wir nur seine äußere Gestalt – seine scheinbare, wörtliche Bedeutung – und können nicht wahrnehmen, was er ihren Urhebern und ihren Benutzern *bedeutet*. In *Kinder brauchen Märchen* legte der Psychiater Bruno Bettelheim beredt und überzeugend die positive Wirkung von Märchen für die emotionale Entwicklung des Kindes dar, trotz – und manchmal wegen – ihrer Gewalt, ihrer Blutrünstigkeit, ihres Schreckens.[24] Aber es war ihm zuwider, auch den Spielarten der kindlichen Popkultur seiner Zeit irgendeinen Nutzen zuzugestehen. Die moderne Literatur für Kinder, sagte er, sei seicht, phantasiearm und für die kindliche Entwicklung wertlos.

Eine Gruppe von Eltern und Lehrern wollte einmal von ihm wissen, was er von Maurice Sendaks Werk *Wo die wilden Kerle wohnen* halte, einem Bilderbuch voller alptraumhafter Gestalten, die sehr an Märchen erinnern. Bettelheim hatte das Buch nicht gelesen, doch nach der Beschreibung des Inhalts verurteilte er es als nicht nur wertlos, sondern wahrscheinlich sogar als schädlich: Maxens Mutter sei eine schlechte Mutter, weil sie ihn ohne Abendessen ins Bett geschickt habe, und diese Botschaft sei verstörend für Kinder. Das war genau die Art von Kritik, die jahrzehntelang an den traditionellen Märchen geübt worden war und gegen die sich Bettelheim selbst so vehement wehrte. Aber Bettelheim stammte aus der intellektuellen Elite des Vorkriegsösterreich und hegte eine ausgeprägte Antipathie gegen die moderne industrialisierte Welt, die aus dem Zweiten Weltkrieg und dem Holocaust hervorgegangen war. Die kommerzialisierte Massenkultur der amerikanischen Kinder empfand er als fremd und bedrohlich, er konnte sie nicht als Phantasie wahrnehmen und erkannte stets nur die wörtliche Bedeutung. Eine Mutter fragte: »Aber wenn es schädlich ist, warum sind die Kinder dann so begeistert davon?« Bettelheim hatte darauf keine Antwort.[25]

Diese Eltern und Lehrer verstanden, was Sendaks junge Anhänger erlebten. Doch auch sie konnten vielleicht nicht die gesamte amerikanische Kinderkultur begreifen. Als ich mir Elternmagazine und Bibliothekszeitschriften aus derselben Zeit ansah, fand ich eine Flut von Artikeln, die das kommerzielle Kinderfernsehen leidenschaftlich verurteilten. Es stimmt, dass *Wo die wilden Kerle wohnen* in einer Weise lebendig ist, wie es das quotenfixierte, schablonenhafte Kinderfernsehen nie sein kann – und außerdem ist es völlig frei von Werbung. Aber was diese Mutter von Bettelheim wissen wollte, können wir auch bei jedem Zeichentrickfilm fragen: Wenn es schädlich ist, warum sind die Kinder dann so begeistert?

Die zornige, schockierte öffentliche Auseinandersetzung hilft uns nicht zu begreifen, was unsere Kinder erleben. Sie steht uns vielmehr im Weg, denn um unseres Selbstschutzes willen verharren wir innerhalb der Grenzen unserer eigenen Wahrnehmungen und sind nicht fähig, uns den kindlichen Wahrnehmungen zu öffnen. 1883, auf dem Höhepunkt der Groschenroman-Begeisterung, brachte der junge Lehrer und Literaturkritiker Brander Matthews die von Zorn und Angst geprägte damalige Stimmung so zum Ausdruck: »Der schreckliche Schaden, der heute jeder Metropole, jeder Stadt und jedem Dorf … durch das grauenhafte und abscheuliche Material entsteht, das diese schurkischen Blätter, die gierig und verderbt der natürlichen Sensationslust junger Leser Vorschub leisten, vor den Jungen und Mädchen Amerikas ausbreiten, das nicht wieder gutzumachende Unrecht, das diese niederen Veröffentlichungen anrichten, – sie bleiben keinem Blick verborgen.«

Vierzig Jahre später blickte derselbe Brander Matthews aus einem Amerika, das letztlich doch keinen völligen moralischen Zerfall erlebt hatte, zurück und erinnerte sich: »Die safrangelb eingebundenen Groschenromane des verstorbenen Mr. Beadle, übel beleumundet bei den Banausen, die sich ihres ultrapuritanischen Puritanismus nicht bewusst waren, … erschienen erstmals in den Anfangsjahren des Bürgerkriegs; und ich, ein Junge in einem trostlosen Internat in Sing Sing … schwelgte in der spannenden und harmlosen Aufzählung unschuldiger, drohender Gefahren.«[26] Als die Ängste des Augenblicks von ihm abgefallen waren, konnte er sich erinnern, wer er als Kind gewesen war.

Während wir verzweifelt versuchen, die Welt unserer Kinder zu kontrollieren, erscheint uns die kommerzielle Unterhaltung wie ein Feind. Und noch während wir versuchen, die Gewalt aus den Köpfen der Kinder hinauszuerziehen, strömt schon wieder neue Gewalt nach. Aber wenn wir uns ansehen, wo die Unterhaltung am mächtigsten ist, stellen wir fest, dass sie wahrscheinlich genau das bewirkt, wozu sie vorgesehen ist. Eine alte Schauspielerlegende besagt, das moderne Theater habe der Teufel erfunden: Wenn die mittelalterlichen Kirchen in der einheimischen Bevölkerung niemanden fanden, der bereit war, die Rolle des Teufels zu spielen, musste ein Taugenichts aus einem Nachbardorf eingestellt werden. So entstand der professionelle Schauspieler. Jedenfalls wurde der Teufel bald zur beliebtesten Figur des Theaters, denn er ließ die Zuschauer einen Blick auf ihre eigenen niedrigen Begierden und Gelüste werfen und den Verstoß gegen die Regeln des Anstands, der im wirklichen Leben undenkbar gewesen wäre, auf ungefährliche Weise erleben. Als die Kirche solche Aufführungen verbot, machten sich die Schauspieler auf, um auf eigene Faust Theater zu spielen – und seit damals hat der professionelle Unterhalter für die Gesellschaft stets die notwendige Rolle des Teufels gespielt, immer im Widerstreit mit den Menschheitsverbesserern, aber immer geliebt, weil er uns als die unvollkommenen Wesen bestätigt, die wir sind.

Wir verlangen von der kommerziellen Unterhaltung, uns das zu lehren, was die Welt nach unserer Meinung lernen soll. Manchmal tut sie das auch, aber es ist nicht ihre größte Stärke. Sie ist eine nachlässige Lehrerin, und wenn sie uns zu belehren versucht, wird sie wahrscheinlich langweilig oder büßt unser Vertrauen ein. Der eigentliche Wert der kommerziellen Unterhaltung, von den anspruchsvollsten Filmen bis hin zu den einfältigsten Arcade-Spielen, sind die Phantasie-Welten, die sie uns bietet. Sie erzählt uns mitreißende Geschichten, unbelastet von unseren Normen und Ansprüchen an uns selbst und erschließt uns damit Gefühle und Erfahrungen, die uns in der Realität unmöglich wären. Sie verschafft uns eine Atempause, in der die Erwartung ständigen Wohlverhaltens für eine Weile aufgehoben ist. Wenn wir eine Zeit lang verpönte Leidenschaften ausleben dürfen, fällt es uns leichter, unsere Unvollkommenheit zu akzeptieren. Die Erkenntnis, dass wir diese Leidenschaft für Medienunterhaltung mit Millionen Gleichgesinnter teilen, ist eine Bestätigung dafür, dass auch die anderen nicht perfekt sind. Das lässt uns die Realität nach unserer Rückkehr aus der Phantasie ein bisschen weniger schwierig erscheinen, sodass uns das erwartete Wohlverhalten schon ein bisschen leichter fällt. Die größte Macht der kommerziellen Unterhaltung hat immer darin bestanden, dass sie uns genau das verschafft, was unser besseres Ich uns verwehrt. Sie füllt die emotionalen Lücken zwischen Anspruch und Wirklichkeit.

Die Familientherapeutin Diane Stern beschrieb ihren Sohn Sam als einen äußerst pflichtbewussten, gewissenhaften Jungen, der sehr hart mit sich ins Gericht ging, wenn er seine eigenen Ansprüche oder die Erwartungen der Lehrer nicht erfüllte. Auch reagierte er extrem feinfühlig auf das Leid anderer und war fähig, seine Gefühle zu beherrschen. Nur ein einziges Mal in seiner Kindheit war er nahe daran, aus Wut seinen kleinen Bruder zu schlagen. Er bezwang sich jedoch und war aufrichtig erschüttert: »Mom, beinahe hätte ich Gabe wehgetan!« Aber die Unterhaltung, die er am meisten liebte, stand im krassen Gegensatz zu seinen Idealen.

»Ich muss zugeben«, sagte Stern, »dass mein Mann und ich ernsthafte Zweifel hatten, ob wir ihn wirklich in der fünften Klasse Eminem oder Limp Bizkit hören lassen sollten. Aber wir sahen an seiner Miene und an seiner Körpersprache das absolute, entspannte Vergnügen, das er dabei empfand. Es war, als schwebte er auf einer Wolke. Ich dachte darüber nach, wie es wohl ist, ein so verantwortungsbewusster Junge zu sein, geduldig um das Mittagessen anzustehen, aufmerksam zu nicken, wenn der Lehrer einem etwas erzählt, während man sich innerlich nur fortwünscht, Hausaufgaben zu machen, statt zu spielen, und so weiter – was das für eine *enorme* Erleichterung sein muss, einfach zu spüren, wie diese ungeheure Welle von Songtexten über einen hinwegbrandet – all diese Wut und Konfrontation und die Bereitschaft, die ganze Welt zur Hölle zu schicken – sehr obszön noch dazu.«

Dieser Teufel kann gefährlich sein. Die Erregung, die mit den verpönten Leidenschaften einhergeht, kann manche verlocken, die Gültigkeit der Ideale, an die sie sich bislang gehalten haben, infrage zu stellen. Eine Minderheit – wer an seiner Wut zu ersticken droht oder von der Gesellschaft ausgegrenzt wird – setzt die Phantasien vielleicht in die Tat um. Aber für unsere allgemeine Weiterentwicklung spielt der Teufel eine wesentliche Rolle.

Entscheidend ist, dass wir die allgemeine Weiterentwicklung genauso zur Kenntnis nehmen, nicht nur die beunruhigenden Anomalien. Einer der Fallstricke der Angst ist, dass wir nur die Alarmzeichen wahrnehmen. Wenn wir Angst vor der Zukunft haben, fürchten wir natürlich auch um unsere Kinder. Wir fürchten uns aber auch *vor* unseren Kindern. Anfang der Dreißigerjahre lautete die einhellige Meinung, die in der Presse und in den medizinischen und pädagogischen Fachzeitschriften zum Ausdruck kam, keine Generation der Neuzeit sei derart verstört und beschädigt gewesen.[27] Kinder und Jugendliche galten allgemein als »nervös, neurotisch, chronisch krank, unzugänglich und mit verbrecherischen Neigungen ausgestattet«. Aus diesen Kindern wurde dann natürlich die »Größte Generation«, wie Tom Brokaw sagte, die Generation der »Staatsbürger«, die mit der Wirtschaftskrise fertig wurde, den Zweiten Weltkrieg gewann, die geordnete Gesellschaft der Fünfzigerjahre aufbaute und die Baby-Boom-Generation aufzog.

Es war die Generation meines Vaters. 1921 im kalifornischen Oakland geboren, vaterlos und bis zum New Deal, der Wirtschafts- und Sozialpolitik des Präsidenten Roosevelt, in tiefster Armut lebend, von einer depressiven Mutter vernachlässigt und deshalb von den Gleichaltrigen auf der Straße aufgezogen, vom Sheriff schließlich samt seiner Familie aus dem Haus vertrieben, wuchs er zu einem starken und unnachgiebig gesetzestreuen Mann heran, rettete mehreren Schiffskameraden das Leben, als der Kreuzer, auf dem er diente, vor Guadalcanal versenkt wurde, studierte im zweiten Bildungsweg, wurde ein engagierter High-School-Lehrer, ein treuer Ehemann und Vater, der Spinnen aus der Badewanne rettete und nie im Zorn die Hand erhob. Er war zuletzt ein fürsorglicher Betreuer seiner sterbenden Frau, auch dann noch, als seinem eigenen achtzigjährigen Körper und Geist die Strapazen schon zu viel waren – seine Geschichte ist beinahe so verbreitet wie beeindruckend.

Was mich als Kind mit ihm verbunden hat und mich noch heute, in seinem hohen Alter, mit ihm verbindet, ist die gewaltreiche Popkultur seiner Jugend. Er kann noch immer lebhaft beschreiben, wie The Shadow aus den Groschenheftchen mit seinen beiden 45ern die Schurken abknallte, wie King Kong mit grausamem Knacken und unter Strömen von Blut dem Tyrannosaurus den Kiefer auseinander riss, wie die Leiche von James Cagney am Ende von *Der öffentliche Feind* wankend vornüber fiel. Er erinnert sich noch, wie er bei *Tarzan* jubelte und beim *Phantom der Oper* kreischte – den beiden Filmen, vor denen die Payne-Trust-Studien ausdrücklich gewarnt hatten. Sein einziges kriminelles Verhalten als Kind war, dass er sich am Aufseher vorbei ins Kino schlich, weil er kein Geld hatte.

»Was hat dir denn so daran gefallen?«, fragte ich ihn einmal.

»Teufel auch«, sagte er, »sie waren doch mein einziger *Ausweg*!«

So war es im wahrsten Sinne des Wortes. Durch die Militärkomödien mit Captain Flagg und Sergeant Quirt kam er zu den Marines. *Die Maske des Fu-Manchu* weckte in ihm den Wunsch, fremde Länder kennen zu lernen. Ein Hörspiel im Radio über »Das gefährlichste Spiel« ließ ihn Geschmack am Lesen finden. Viele Gleichaltrige standen um einen Fließbandjob bei General Motors Schlange, aber mein Vater hatte andere Träume: Nur Actiongeladene Unterhaltung konnte einem frustrierten Kind, das die ganze Welt gegen sich hatte, solche Träume aufregend erscheinen lassen.

Ich glaube, die heutige junge Generation wird der meines Vaters sehr ähnlich sein. Ihre gesamte Jugend hindurch werden sie die Erwachsenen ärgern, und am Ende werden sie sich zu unser aller Überraschung als wohlgeratene Menschen erweisen. Ich glaube auch, dass die heutigen jungen Leute in ihrem Verhalten und in ihren Werten beträchtlich weniger gewalttätig sind als die Generationen vor ihnen. Natürlich gibt es noch immer brutale und verstörte Kinder. Es sind immer noch viel zu viele, weil die staatliche Politik zu wenig Notiz von ihnen nimmt. Aber die meisten jungen Menschen, ob wir es merken oder nicht, führen genau die Veränderungen in der Welt herbei, auf die wir gehofft hatten.

An zahllosen Kleinigkeiten sehe ich Tag für Tag ihre Fortschritte auf dem Weg zu gewaltfreiem Verhalten. Ich erinnere mich, dass ich als Kind einmal in einen Naturpark in den Sierras war, an einem See voller Ochsenfrösche. Dutzende aufgeregter Kinder hatten die Frösche entdeckt, und den meisten war nichts anderes eingefallen, als sie abzuschlachten. Das Seeufer war übersät mit den Kadavern von Fröschen, die zertrampelt, gegen Steine geschleudert, in die Luft geworfen worden waren. Mir wurde von dem Anblick übel, aber ich sagte nichts – ich hätte die Mehrzahl der anderen Jungen gegen mich gehabt: 1965 war es normal, mit Fröschen so umzugehen.

Fünfunddreißig Jahre später fuhren Nick und ich zu einem anderen See in derselben Gegend. Auch dieser wimmelte von Fröschen und Dutzende aufgeregter Kinder fingen sie ein. Aber die meisten von ihnen setzten sie in Eimer, sahen sie an und ließen sie wieder frei. Als ein paar Kinder anfingen, die Frösche, ins Wasser zu werfen, schrien andere: »Nicht werfen! Das tut ihnen weh!« Während der Tage, die wir dort verbrachten, sah ich keinen einzigen toten Frosch und nur einen Erwachsenen, der ein Kind wegen Grobheit schalt. Die Kinder selbst achteten auf die Einhaltung der Regeln.

Es ist natürlich eine große Belastung, sich ständig an die eigenen Regeln zu halten. Es verlangt einen dauernden

Kampf gegen die eigenen Impulse. Manchmal brauchen die Kinder eine Atempause in ihrer Wachsamkeit.

Unmittelbar vor unserer Fahrt in die Sierras hatten Nicky und ich *Vergessene Welt: Jurassic Park 2* auf Video gesehen, und unterwegs plapperte Nicky immer wieder selig über den Film. Eines Nachmittags, nicht lange nachdem zwei ältere Jungen brutal ihre Netze nach den Fröschen geworfen hatten, und er sich so intensiv bemüht hatte, sie daran zu hindern, dass er in Tränen ausgebrochen war, sah ich ihn vor sich hinlächeln. »Was ist?«, fragte ich. »Ach, ich hab gerade an die Szene gedacht, wo die zwei Tyrannosaurier den Typen auseinander reißen«, sagte er. »Das war echt cool.«

Dieser Teufel der Unterhaltung verleiht eine kompensatorische Macht. Nicky hat gelernt, so mitfühlend und sanft zu sein, die Qualen eines Frosches so unerträglich zu finden, dass es ihm eine enorme Erleichterung bedeutet, wenn er sich manchmal die Brutalität seines Dinosaurier-Ichs aneignen und genießen kann. Die Erziehung zur Gewaltlosigkeit verläuft gut, und wir müssen sie weiterführen. Wir dürfen nicht aufhören, dem Ideal der Gewaltlosigkeit nachzustreben. Aber auf dem Weg dorthin müssen wir unseren Kindern und uns selbst auch die Phantasien erlauben, die uns genau das Gegenteil von gewaltfrei sein lassen. Sie machen uns Mut – und den brauchen wir, um unsere Welt weiter zu verändern.

9
Vampirjägerinnen

Bei der Betrachtung, wie sich die in den Unterhaltungsmedien gezeigte Gewalt im Lauf der Jahre verändert hat, erschrecken wir zunächst: Die Darstellungen sind zunehmend unverhohlener, intensiver und moralisch zweideutiger geworden. Aber zwei der größten Neuerungen sind zugleich auch die ermutigendsten: Da ist einmal die in Filmen wie *Krieg der Sterne* vollzogene Trennung von Phantasie-Gewalt und verherrlichter historischer oder politisch befrachteter realer Gewalt. Eine nicht minder tief greifende Veränderung betrifft das Verhältnis der Frauen zu Macht, Sex und Aggression.

Traditionell spielten Frauen in Action-Geschichten entweder das Opfer, das es zu retten gilt (somit ein Objekt männlicher Macht und eine lockende Prämie) oder das Opfer, das *nicht* gerettet wird (ebenfalls ein Objekt, meist mit der Funktion, das Böse noch schrecklicher und seine Vernichtung noch wichtiger erscheinen zu lassen).[1] Wenn Frauen Macht an sich rissen, waren die Auswirkungen in der Regel verheerend. Sie traten als *femmes fatales* auf und wurden ihren Mitmenschen zum Verhängnis. Es gab Ausnahmen, von Wonder Woman bis Prinzessin Leia, doch sie sprachen fast nur sehr kleine Mädchen an. Andere, wie zum Beispiel Emma Peel aus *Mit Schirm, Charme und Melone,* brachten es vor allem bei älteren Jugendlichen und Erwachsenen zum Kultstatus. Die Jungen und Mädchen früherer Generationen entwickelten während der Phasen intensiver geschlechtlicher Differenzierung häufig ein erhebliches Desinteresse bis hin zu regelrechtem Unbehagen in Bezug auf Phantasien mit starken Frauen.

In den Achtzigerjahren erreichte diese Entwicklung ihren Höhepunkt: Actionfilme, von *Commando* und *Zwei stahlharte Profis* bis *Nur 48 Stunden* und *Der City Hai,* präsentierten ein ganzes Spektrum weiblicher Opfer und Kletten aller Art: weinerlich, nichts sagend, hübsch, depressiv, dumm, egozentrisch, infantil, feige, immer sexy und niemals stark oder mächtig. Sogar die Indiana-Jones-Serie gab nach dem ersten Film den starken weiblichen Gegenpart des Helden zugunsten kreischender Strohköpfe und hinterhältiger Eisjungfern auf. Unterdessen entwickelten Teenager beiderlei Geschlechts plötzlich Appetit auf Horrorschocker über männliche Psychopathen, die halbwüchsige Mädchen terrorisierten.

An der Schwelle der Neunzigerjahre legten sich diese Trends wieder, allerdings nicht wegen der Empörung der Erwachsenen, sondern weil der Geschmack der nächsten Generation sich geändert hatte. Der Film *Alien* bewies, dass Millionen von Teenagern und jungen Erwachsenen beiderlei Geschlechts sich durchaus mit einer schönen Heldin identifizieren konnten, die im brutalen Kampf mit einem Monster Schweiß und Blut vergoss. Die Entwickler von Computerspielen stellten fest, dass die üppigen Kämpferinnen in *Mortal Kombat* und anderen Spielen allmählich zu den Favoritinnen jugendlicher Zocker avancierten – nicht nur als Gegnerinnen der *femmes fatales,* sondern als Spiel-Egos der Kombattanten. Filme und Videospiele, die Gewalt gegen Frauen thematisierten, wurden immer mehr an den Rand gedrängt und fanden bald nur noch unter jungen Männern ein kleines Publikum; hin und wieder gelangt eine Produktion über die einschlägigen Kreise hinaus zu einer gewissen Berühmtheit, aber besonders gut verkauft sich keine. Die neuen Horrorfilme machten sich über die früheren Klischees der Gattung lustig und zeigten tatkräftigere und stärkere Heldinnen. Das Spiel *Tomb Raider* wurde zum Riesenerfolg durch die Stärke seiner sparsam bekleideten, gut bewaffneten Abenteurerin Lara Croft, die den Marktstudien zufolge einen beispiellosen »zweigipfeligen« Reiz auf männliche und weibliche Konsumenten gleichermaßen ausübte.[2] Die Comic-Industrie wurde teilweise wieder belebt durch den Trend der »bösen Mädchen«, zornige, starke Heldinnen, die ihre übertrieben weiblich geformten Körper in knappe Kleidungsstücke hüllten und sich mit den hartgesottensten Burschen anlegten. Diese waren bei fünfzehn- und sechzehnjährigen Jungen extrem beliebt, konnten aber auch eine bemerkenswerte Zahl jugendlicher Leserinnen auf das Superhelden-Genre einschwören, jedenfalls wenn die Heldinnen als Charaktere entwickelt wurden. Was die jungen Leute sehen wollten, war, so ein weiblicher Filmfan, »jedes Mädel in coolen Klamotten, das *austeilt*!«

Am deutlichsten zeigte sich die Veränderung 1992, als ein Low-Budget-Film, die Action-Komödie *Buffy die Vampirjägerin,* zum Hit wurde und bei Teenagern mindestens genauso einschlug wie *Freitag der 13.* zehn Jahre früher. Es war die Geschichte eines niedlichen, beliebten und ziemlich oberflächlichen High-School-Mädchens, das mit der Mission betraut wurde, Vampire umzubringen, die ihre Heimatstadt bedrohten. Die Story war blutrünstig, spannend, voller geschmackloser Gags und cooler Teenie-Anspielungen in der Horrorschocker-Tradition, allerdings aufgehängt an einer neuartigen Filmheldin. Das aufreizende, aber naive Mädchen, das eines der Opfer (oder vielleicht die terrorisierte einzige Überlebende) eines Horrorfilm-Monsters hätte sein können, teilte selbst am meisten Gewalt aus. Sie besiegte die feindlichen Vampire dank einer Eigenschaft, die ziemlich typisch für junge Filmheldinnen ist – die hübsche oberflächliche Fassade, hinter der sich eine unerwartete Gerissenheit verbirgt –, allerdings kombiniert mit einem neuen

Zug: Die Zimperlichkeit und die Furcht vor Gewalt, die bis dahin untrennbar mit dem Popkultur-Image vom »braven« Mädchen verbunden waren, hatte sie gänzlich abgelegt.

»Sie rammte ihnen kurzerhand den Pflock ins Herz«, sagte die Englisch-Professorin Anne Sardik, die *Buffy* erstmals als Studentin sah, »und anschließend prüfte sie ihre Fingernägel. Wir johlten und klatschten. Egal, wie schrecklich ihre Aufgabe war, irgendwie blieb sie immer sexy, immer liebenswert und immer ganz normal. Für Mädchen, die körperliche Kraft stets als destruktiv für Frauen oder als vermännlichend gesehen hatten, war das unheimlich befreiend.«

Ein paar Jahre später nahm diese Phantasie eine neue Dimension an: Aus *Buffy die Vampirjägerin* entstand eine Fernsehserie. Humor und Gewalt waren gemildert zugunsten von Plots, die hervorhoben, wie clever Buffy Beziehungen und Situationen manipulierte. Die Charaktere wurden vielschichtiger und glaubwürdiger, und Buffys sporadische Romanze mit einem Vampir namens Angel entwickelte sich zur fortlaufenden Nebenhandlung. Als Buffy wurde Sarah Michelle Gellar engagiert, eine langjährige Seriendarstellerin und Model in Maybelline-Werbespots, die ihre Rolle mit mehr Glamour und selbstsicherem Auftreten gestaltete und auf mädchenhafte Niedlichkeit verzichtete. Bei den jungen Mädchen war die Serie von Anfang an ein Renner, und weil sich auch genügend Jungen dafür begeisterten, wurde sie auch ein kommerzieller Erfolg. Ende der Neunzigerjahre war die Heldin im Buffy-Stil – cool, clever, sexy, jung, furchtlos und gewaltbereit – zum TV-Massenartikel geworden.

Die Reaktionen der Erwachsenen auf die neuen Action-Heldinnen waren immer gemischt. Pädagogen und Kulturkommentatoren hatten schon seit Jahrzehnten gepredigt, die Mädchen brauchten mehr über die Medien transportierte Vorbilder für Macht und Heldentum, und jetzt waren sie endlich da. Aber wie immer weigert sich die Jugendkultur, den Mustern zu folgen, die den Erwachsenen angenehm wären.

»Ich stehe Serien wie *Buffy* schrecklich zwiespältig gegenüber«, sagte die Entwicklungspsychologin Carla Seal-Wanner, »und noch mehr Probleme habe ich mit Erzeugnissen wie *Tomb Raider*. Ich finde es toll, dass Mädchen jetzt diese Machtsymbole haben. Aber dann sehe ich mir mit Lindzay, meiner Zehnjährigen, *Buffy* an und frage mich ständig: *Wieso* muss sie dieses *Bustier* tragen? Im Kampf gegen Vampire ist es total unpraktisch. Offensichtlich dient es keinem anderen Zweck, als sie sexy zu machen – nach dem jugendlichen Standardmodell von Sexappeal, nämlich pralle Brüste und ein tiefes Dekolletee.«

Sie und Lindzay schafften es, einen Running-Gag daraus zu machen. Lindzay sagte einmal, als Buffy mit einem superknappen rückenfreien Top ein akrobatisches Kunststück aufführte: »Ich verstehe nicht, wie das Teil überhaupt hält?« – »Was mir«, sagte Seal-Wanner, »Gelegenheit gab, ihr die eine oder andere Hintergrundinformation über die Wunderwirkung von *Klebestreifen* mitzuteilen.« Sorgen machen ihr allerdings die Mädchen, denen niemand hilft, diese Bilder zu verarbeiten, insbesondere die Mädchen, die nie damit rechnen können, das von Heldinnen wie Buffy aufgestellte körperliche Ideal zu erreichen. Bedenklich findet Seal-Wanner außerdem die unausgesprochene Botschaft über den Zusammenhang zwischen Sex-Appeal und Macht: Wird das nicht die jungen Zuschauerinnen in der Überzeugung bestärken, Mädchen könnten nicht stark, cool und bewundernswert sein, wenn sie nicht wie Covergirls aussehen und sich so kleiden?

Die Verbindung zwischen Sexualität und Macht verstört uns. Wir wollen nicht, dass unsere jungen Mädchen glauben, sie müssten sich in Sexobjekte verwandeln, um stark zu sein, sie hätten weniger Macht, nur weil sie einem bestimmten körperlichen Ideal nicht entsprechen, oder dass Jungen die Mädchen als Sexobjekte begreifen und ihre übrigen Stärken gering schätzen. Aber je mehr ich mit den Kindern rede, desto klarer wird mir, dass diese Verbindung genau der Grund ist, weshalb Phantasien wie *Buffy* so unwiderstehlich sind – und häufig so nützlich.

Durch die Geschichten der zwölf- und dreizehnjährigen Mädchen ist mir Buffy eine vertraute Gestalt geworden. In den Grundschuljahren neigen Jungen eher als Mädchen dazu, ihre Phantasien in Form von *Pokémon, Harry Potter* oder anderem Allgemeingut der Massenmedien auszuleben. Später allerdings, ab dem Alter von zehn oder zwölf Jahren, sind die Rollen komplett vertauscht: Dann würden sich Jungen um keinen Preis der Welt als Fans von Pop-Ikonen outen, weil das »uncool« oder kindlich wäre, während die Mädchen bekennende Fans sind und ihre Begeisterung als eine Art Identität zur Schau tragen. Ein Junge, den ich als leidenschaftlichen Batman-Anhänger kenne, denkt sich lieber parodistische Superhelden aus (»Bluntman«, »Man-Man«, »Duh-Man«), als sich irgendwelcher Phantasien über Kinderhelden überführen zu lassen. Aber in jedem Workshop bekomme ich mehrere Engel für Charlie, Darias oder Harry Potters von den Mädchen gezeichnet. Unter allen Helden der Massenmedien war Buffy aber nicht nur die am meisten verbreitete Figur, sondern auch Inspiration zu einigen sehr interessanten Geschichten und nahm sogar eine herausragende Position in einem der aufschlussreichsten Workshops ein, die ich je veranstaltet habe.

In einer achten Klasse in San Francisco hatten sich die Kinder unter den verschiedenen Themen, die zur Auswahl standen, wie viele ihrer Altersgenossen das Thema »Macht« ausgesucht. Die Kinder fingen damit an, spontan zu äußern, was ihnen dazu einfiel, und zählten die verschiedenen Formen von Macht auf – politische, körperliche, übermenschliche, wirtschaftliche, militärische und so weiter. Dann hob ein Mädchen namens Eva die Hand, wartete, bis die anderen still waren und sie meine ungeteilte Aufmerksamkeit hatte, und sagte: »Sexuelle Macht.«

Ihre Bemerkung fuhr wie ein Blitz in die Klasse. Nie in meinem Leben habe ich gesehen, wie sich dreißig Personen derart intensiv bemühten, *nicht* auf etwas zu reagieren. Ich fragte, was sie damit meine, und sie begann zu schildern, wie ein Mädchen in der Lage sei, allein mit der Aufmachung oder mit einem Blick den Raum zu beherrschen, wie sie Jungs dazu bringen könne, sich lächerlich zu machen, wie in Kaufhäusern sämtliche Angestellte um sie herumscharwenzelten, wenn sie nur lächelte und ihnen einen Blick zuwarf. Sie sprach aber auch über die unerwünschten Nebenwirkungen von sexueller Macht: über den Neid und den Groll anderer Mädchen, die Pfiffe auf der Straße, die zu nachdrückliche Aufmerksamkeit älterer Männer. Evas Ausführungen waren bemerkenswert sicher und flüssig; offensichtlich war ihr die Problematik schon längere Zeit bewusst, und ebenso offensichtlich sprach sie aus eigener Erfahrung. Sie war groß, hübsch, nach der Mode gekleidet – bauchfrei, mit hautengen Hosen und Top mit Spaghettiträgern –, und ihre Art hatte etwas überaus Einnehmendes. Aus den Gesprächen mit ihrer Mutter und ihrer Klassenlehrerin während der folgenden Tage erfuhr ich, dass sie außerdem ein selbstsicheres Mädchen und eine passable Schülerin war. Bei ihren Klassenkameraden war sie beliebt, das Verhältnis zu ihren Eltern war gut. Über sexuelle Macht konnte sie selbstbewusst und unverklemmt nachdenken, allerdings innerhalb deutlicher Grenzen.

Wir seien sehr gespannt, was sie zeichnen werde, sagten ihre Lehrerin und ich, und sie griff zum Bleistift und machte sich ans Werk. Sie werde Anekdoten aus ihrem Leben zeichnen, verkündete sie, und zwar »lustig und ernst zugleich«.

Unterdessen schlugen sich ihre Mitschüler mit der Bombe herum, die sie ins Klassenzimmer geworfen hatte. Ihre beste Freundin Kaitlin wollte ein Poster mit dem Titel »Frauen-Power« zeichnen: »Über die Höhen und Tiefen der Pubertät«, sagte sie. Ein Junge namens Evan zeichnete einen witzigen Cartoon über einen Politiker, der durch einen Sexskandal zugrunde geht. Zach, ein extrovertierterer Junge mit einigen Macho-Allüren, der ziemlich viel Zeit darauf verwendete, halbherzig Evas Aufmerksamkeit zu gewinnen, spulte erst einen langweiligen Comic-Strip über zwei Kampfsportler ab und brachte dann auf einmal ein üppiges »Samurai-Megababe« ins Spiel, das den Schauplatz stürmte und beiden Kämpfern den Garaus machte. Als ich ihn fragte, wieso dieses »Megababe« seine Helden so mühelos umbringen konnte, antwortete er: »So ist es doch auch in Wirklichkeit! Die Mädels gewinnen immer!«

Ein paar Sitze weiter arbeitete ein Mädchen namens Sophie sehr still und zurückgezogen an einem Comic über Buffy und ihre endlose Romanze mit Angel. Sophie war ganz anders als die modebewusste, flirtende Eva und ihre Freundin: eine gute Schülerin und ernsthafte Sportlerin, freundlich, aber schüchtern, den sich entwickelnden Körper in einem Berkeley-T-Shirt und einer weiten Jeans verborgen. Ich sah mir ihren Entwurf an, der meiner Ansicht nach ein intelligenter, aber sehr zurückhaltender Kommentar zur Haupteigenschaft aller Serien war, nämlich dass keine Episode je ein befriedigendes Ende hat. Aber Sophie war frustriert: »Ich weiß nicht, wie ich aufhören soll!«, fuhr sie auf. »Das führt nirgendwo hin!« Ich riet ihr, das Thema vorerst beiseite zu legen, sich ein anderes Blatt vorzunehmen und verschiedene Ideen auszuprobieren.

Ich kehrte zu Eva zurück, um zu sehen, wie weit sie war. Sie hatte noch nichts gezeichnet und beklagte sich darüber, dass sie keinen Einstieg fände. Wir sprachen zehn Minuten über die Anekdoten, die ihr vorschwebten und über die Konzentration auf das Thema; dann überließ ich sie ihrer Arbeit. Kaitlin hatte ein paar Gags über BHs und Make-up auf ihrem »Frauen-Power«-Blatt und wusste ebenfalls nicht mehr weiter. Während ich versuchte, ihr Starthilfe zu geben, sah ich, dass sich Eva auf der anderen Seite des Klassenzimmers bei einer Mitschülerin Hilfe holte.

Während der nächsten paar Tage stellte Kaitlin halbherzig ihr Poster fertig und gab früh ab. Zach verwendete große Sorgfalt auf sein Samurai-Megababe. Eva hatte unterdessen die halbe Klasse um Hilfe gebeten, hatte mehrere Blätter zerknüllt, intensiv in ihren Haaren gewühlt und absolut nichts zu Stande gebracht. »Ich weiß einfach nicht, wie ich's sagen soll!«, rief sie. Als ich fragte, ob es ihr vielleicht peinlich sei, errötete sie und sagte so leise wie noch nie in der ganzen Woche: »Ja.«

Sophie hatte ihre Geschichte verändert. Der Anfang war noch derselbe, doch nach der Hälfte war Buffy derart frustriert von dieser Teilzeitbeziehung, aus der nie etwas Ordentliches wurde, dass sie verkündete, sie sei selbst ein Vampir, die Eckzähne fletschte und in einer ebenso grausigen wie lustigen Schlussszene Angels Kehle aufriss. Sophie war mit ihrem Werk höchst zufrieden. Immer wieder betrachtete sie die riesige, blutige Buffy, die aus einer Sequenz kleinerer und verhaltenerer Gestalten hervorgebrochen war, und strahlte förmlich. »Was bedeutet das für dich?«, wollte ich wissen. »Ich weiß nicht«, sagte sie, »aber es wäre wirklich witzig, wenn die Fernsehserie so ausginge!«

Die gemischten Ergebnisse dieses Workshops verschafften mir einen Einblick in die Funktion von Geschichten und Unterhaltung im Leben dieser jungen Menschen. Trotz ihres Mutes, öffentlich und direkt die komplexen Themen im Zusammenhang mit »sexueller Macht« anzusprechen, war Eva noch nicht so weit, ihre Gedanken und Sorgen in eine kohärente Form zu bringen. Kaitlin war dasselbe Thema etwas weniger freimütig und weniger persönlich angegangen, aber ebenso rasch an die Grenzen dessen gestoßen, was sie ausdrücken konnte oder wollte. Die Jungen Evan und Zach hatten vor der Klasse über sexuelle Macht kein Wort verloren, und zumindest Zach war von Evas Macht offensichtlich überwältigt; beide waren jedoch in der Lage gewesen, über Parodien von Medienfiguren mit dem Gedanken zu spielen. Die spannendste Arbeit stammte von Sophie, die alles, was sie an sexueller Macht erregte, frustrierte und ängstigte, in eine Phantasie aus dem Fernsehen einfließen ließ und auf diese Weise verbalisierte. Teenager, die sich zu alt fühlen, um so frei zu spielen wie Kinder, finden die unverzichtbare Funktion des Spielens in Unterhaltung aller Art. Diese Unterhaltung versetzt sie in die Lage, mit Gedanken und Gefühlen so lange spielerisch umzugehen und zu experimentieren, bis sie bereit sind, sich real damit auseinander zu setzen.

Für Mädchen ist alles, was sich um Körperbild und männliche Aufmerksamkeit dreht, aufwühlend und beunruhigend. Mädchen wie Eva brauchen die Hilfe von Erwachsenen, um unabhängig von ihrer Sexualität Selbstbewusstsein und Autorität zu entwickeln, und den Mädchen wie Sophie müssen wir verstehen helfen, dass sie nicht irgendeinem unerreichbaren körperlichen Ideal entsprechen müssen, um sich mächtig zu fühlen. Dabei aber müssen wir Erwachsene begreifen, dass der Sexappeal einer Figur wie Buffy nicht nur eine beliebige Medienmanipulation ist und im Grunde völlig überflüssig für die Kinder, sondern im Gegenteil ein wesentlicher Bestandteil ihrer Bedeutung als Machtphantasie.

Diese Jugendlichen wissen Bescheid über sexuelle Macht.[3] Sie erleben ihre positiven und negativen Auswirkungen intensiv und ständig. Angesichts der immer umfassenderen Aufklärung über Sex und Aids und der anscheinend endlosen und beispiellos offenen Mediendiskussion über Sex sprechen die Heranwachsenden heute mit größerer Selbstverständlichkeit und Offenheit darüber als jede Generation vor ihnen. Wegen der wachsenden Aufmerksamkeit, mit der wir uns seit einiger Zeit mit den Selbstbewusstseinskrisen pubertärer junger Mädchen befassen, ist ihnen außerdem das Nachdenken über die Zusammenhänge von Geschlecht, Macht, Pubertät und der eigenen Psyche selbstverständlich geworden. Diese Jugendlichen sind in vielerlei Hinsicht auf das Erwachsenwerden besser vorbereitet als frühere Generationen, gleichzeitig aber stürmen beunruhigendere Informationen auf sie ein, die sie sich irgendwie erklären müssen. Wie die jüngeren Kinder suchen auch sie in Geschichten vorhersehbare, kontrollierbare und beruhigende Muster und Formen, um die überwältigend neuen Gefühle und Begriffe, mit denen sie auf einmal konfrontiert sind, darin unterzubringen. Da in Elternhaus und Schule Themen wie Gefühle und die Psychologie von Sex, Macht und Geschlechterrollen selten in einer für Kinder und Jugendliche relevanten Weise diskutiert werden, wird Massenunterhaltung, die sich genau um diese Fragen dreht, in ganz besonderem Maße anziehend.

Wenn es darum geht, Mädchen ihrer potenziellen Macht zu versichern, ist Buffy eben deshalb so genial, weil sie eine Vampirjägerin und weil sie so sexy ist. Vampire waren schon immer, seitdem sie im viktorianischen Zeitalter populär wurden, unverhohlen sexuelle Symbole.[4] Dracula war ein unwiderstehlicher Mann, der Frauen auf den Hals küsste und ihre unterdrückten sexuellen Leidenschaften weckte. Damit hatte er seine Opfer in der Hand. Die »Vamps« aus den Anfangszeiten Hollywoods waren Verführerinnen, die mit aufrechten jungen Männern mehr oder weniger dasselbe anstellten. Die Bekämpfer der Vampire waren stets Symbole der gesellschaftlichen Repression: Professoren, Doktoren, jungfräuliche Bräute. Mit der sexuellen Revolution Jahrzehnte später entstand ein neuer Vampirtyp, wie sich an den Romanen von Anne Rice erkennen lässt. Es ist ein mitfühlender Vampir, der durch die Erweckung sexueller Macht ebenso befreiend wie zerstörerisch wirken kann und die prüden Menschen, die ihn vernichten wollen, blamiert. Natürlich übten auch die neuen Vampire Macht aus. Sex wurde zwar positiver dargestellt, war aber nach wie vor eine Macht, gegen die der Mensch nicht ankommt.

Buffy hingegen ist ein gänzlich neues Modell. Als Vampirjägerin hätte sie ebenfalls ein Symbol der Unterdrückung sein können, tatsächlich aber ist sie sexy wie keine andere weibliche Figur der Serie. Außerdem verliebt sie sich in einen verführerischen männlichen Vampir, ist ihm aber eindeutig nicht willenlos verfallen. Buffy ist das perfekte Symbol eines Mädchens, das Macht über die Sexualität ergreift, und zwar nicht durch Verdrängung (was, wie uns schon die traditionellen Vampirgeschichten vorgeführt haben, nie lange gut geht), sondern indem sie sich ihr stellt, sie genießt und dann austrickst. Für die Mädchen ist es also wichtig, dass sie Buffy unglaublich cool finden und gleichzeitig wissen, dass Jungen völlig hingerissen von ihr sind. Buffy ist ein Objekt, und ihre Fans reagieren auf sie als Objekt. Damit ist aber auch eine gewisse Macht verbunden: Ein Objekt kann in anderen stürmische Gefühle wecken, ohne eigene Schwachstellen offenbaren zu müssen. Ein Objekt zu sein oder sich mit einem Objekt identifizieren zu können, solange man nicht in dieser Rolle gefangen bleibt, verleiht eine große symbolische Macht.

Ich fragte die Klasse, welche TV-Serien ihnen gefielen. Eva und Kaitlin sahen keine Serie regelmäßig, aber *Buffy* fanden sie »cool«. Zach grinste anzüglich und sagte: »Ich *mag* Buffy … weil ich Sarah Michelle Gellar mag!« Sein anzügliches Grinsen nahm dem Sexobjekt wieder etwas von seiner Macht: Es war dazu da, sich von ihm anstarren zu lassen und dadurch *gehörte* ihm Buffy für einen kurzen Augenblick. Aber um sie mit ihrem Bustier gut finden zu können, musste er gutheißen, wie sie die Bösewichte erledigte. Wie sein Comic zeigte, begriff und respektierte er die Macht, die sein »Megababe« ausübte. Wäre Buffy der Traum aller Eltern und hätte ihren Verstand und ihre Muskeln trainiert, während sie sich vernünftig kleidete und überhaupt aussah wie ein durchschnittliches High-School-Mädchen, wäre sie als Phantasie nicht halb so wertvoll.[5] Denselben Mechanismus habe ich an der Britney Spears-Versessenheit kleiner Mädchen wie Emily erlebt. Wenn wir unsere Töchter ermutigen, stark und kompetent zu sein und ihnen gleichzeitig versichern, Aussehen und modisches Outfit spielten keine große Rolle, kann es passieren, dass wir unabsichtlich die Vorstellung verstärken, wahre Macht sei mit Sexualität und Weiblichkeit unvereinbar. In der konformistischen Welt der frühen Jugend kann die Aufrechterhaltung eines stabilen sozialen Images als »ein Mädchen/Junge von vielen« ein wichtiger Bestandteil des wachsenden Selbstvertrauens sein.

Dies nenne ich den *Optimismus* der populären Unterhaltung. Es ist Aufgabe der Eltern und Lehrer, den Kindern die Gefahren klar zu machen, die mit Sexualität verbunden sind. Unser Beschützerinstinkt jedoch lässt uns leicht übersehen, dass Kinder für sich selbst entdecken, dass Sexualität nicht nur erschreckend, sondern durchaus erfreulich ist. Die Erkenntnis des heranwachsenden Mädchens darüber, dass es plötzlich Macht ausüben kann, ist eine Erfahrung, die Spaß macht und begeistert; in den meisten Fällen nicht mit schlimmen Folgen. Die Kinoversion von *Drei Engel für Charlie* wurde von erwachsenen Kritikern scharf attackiert, nicht nur weil der Film als solcher nichts taugte, sondern weil er darüber hinaus die weiblichen Hauptpersonen sogar dann als Sexobjekte vorführte, wenn sie gegen das Böse kämpften.

Aber heranwachsende Mädchen und junge Frauen verliebten sich regelrecht in die attraktiven, lebenslustigen, starken, gewalttätigen und unverhohlen zum Objekt erklärten Heldinnen. Der Film *Josie and the Pussycats,* der kurz danach anlief, erhielt mehr Lob von der Kritik, weil er eine Botschaft über die Manipulation der Jugendkultur durch profitgierige Plattenfirmen zu vermitteln versuchte, aber die Jugendlichen blieben fern. TV-Serien wie *Buffy* und Filme wie *Drei Engel für Charlie* eröffnen Mädchen eine Chance, mit ihrer neu entdeckten Macht zu spielen und sich daran zu freuen, ohne sie anwenden zu müssen. Wo die Welt der Erwachsenen »Sei auf der Hut« sagt und die Realität als eine Serie von Gefahren, schweren Entscheidungen und Selbstaufopferungen präsentiert, sagt die Unterhaltung: »Du kannst alles sein, was du willst.« Wenn wir den Kindern und Jugendlichen ein Phantasieleben gestatten und ihnen gleichzeitig zeigen, wie sich Phantasien produktiv ins wirkliche Leben überführen lassen, können sie den jungen Menschen über die schwierigsten entwicklungsbedingten Veränderungen des Lebens hinweghelfen.

Die ersten Begegnungen mit Sexualität sind auch für Jungen problematisch, doch unsere Kultur bietet ihnen nicht so viele verschiedene Sichtweisen an und auch nicht so viele Gelegenheiten, darüber zu sprechen.[6] Den Mädchen vermitteln wir Bilder von der Macht der sexuellen Anziehungskraft, ermutigen sie aber auch, ihre Unschuld zu bewahren. Sie bekommen zahllose warnende Geschichten über die Gefahren der Sexualität zu hören, und seit einiger Zeit verwenden wir außerdem viele Gedanken und Energien darauf, ihr Selbstbewusstsein zu stärken. Jungen erhalten weniger Unterstützung, wenn sie in die Pubertät eintreten. Sie sehnen sich danach, so stark und selbstbewusst zu sein wie ihre erwachsenen männlichen Vorbilder; und wenn sie es nicht sind – was kaum einer in dem Alter ist –, fühlen sie sich oft komisch, unbeholfen, lästig. Wenn sie versuchen, die Unzulänglichkeitsgefühle zu kompensieren, indem sie übertriebene Furchtlosigkeit und Macht zur Schau stellen, werden sie leicht als Unruhestifter abgestempelt. Zahlreiche männliche Jugendliche sagten mir, sie fühlten sich von den Erwachsenen ignoriert, gefürchtet oder abgelehnt, während Eltern und Lehrer ihre gesamte Aufmerksamkeit auf die Mädchen richteten.

Jungen beginnen sich selbst nach ihren Beziehungen zu Mädchen zu beurteilen und wollen um jeden Preis cool, souverän und bewundert sein. Aber die Mädchen werden rascher erwachsen, wissen mehr über Sexualität, reden über Dinge, vor denen die Jungen sich fürchten, und stürzen ihre männlichen Altersgenossen damit in Verwirrung, Neid und Eifersucht auf die offensichtliche Macht und Klugheit der Mädchen – und in die Angst, sich irgendetwas anmerken zu lassen. Manche Jungen legen sich Strategien zurecht, um den Mädchen wieder ein Stück Macht zu entreißen: Sie schüchtern sie mit ihrer Körperkraft ein oder stellen wesentlich jüngeren Mädchen nach. Die meisten allerdings wappnen sich nur mit machohaftem Auftreten oder ziehen sich in typische Jungenaktivitäten zurück, die Mädchen ausschließen – Videospiele, Schach, Comics, Sportbegeisterung aller Art: Gebiete, auf denen sie in einer Gruppe aus lauter unsicheren Jungen mit imaginärer Macht spielen und den bevorstehenden Kampf hinausschieben können.

Die Pubertät ist eine Zeit, in der Mädchen wie Jungen sehr empfänglich sind für übertriebene Bilder von Männlichkeit und Weiblichkeit. Als ich selbst ein bis zur Unsichtbarkeit schmächtiges Bürschchen war, bedeutete mir der mit absurden Muskeln bepackte Hulk ungemein viel; gleichzeitig war meine junge Libido fasziniert von der Schwarzen Witwe und anderen sinnlichen Frauen. Wie viele Kulturkritiker aufgezeigt haben, neigen die am weitesten verbreiteten Idole der Popkultur dazu, eher kindische Verhaltensweisen anzunehmen, sobald die Gesellschaft insgesamt eine Phase der Unsicherheit angesichts eines sich wandelnden Geschlechterbilds erlebt.[7] Filme aus den Dreißiger- und frühen Vierzigerjahren zeigen viele Beispiele von mächtigen Frauen und virilen Männern und spiegeln damit die wachsende Unabhängigkeit und wirtschaftliche Macht der Frauen wider. Doch mit dem Nachkriegshollywood kam die Reaktion in Form von *femmes fatales,* die vernichtet werden mussten, und von über alle Maßen sinnlichen Sexbomben mit Spatzenhirn, die sich nach Machos mit massigem Unterkiefer und breiter, schweißnasser Brust verzehrten. Im Gefolge der Umwälzungen in den Sechziger- und Siebzigerjahren brachten die Achtziger Schwarzenegger- und Stallone-Filme und dazu Tausende spärlich bekleideter, feuchtlippiger Frauen, die auf einmal in den Medien allgegenwärtig waren, von MTV bis zur Sportzeitung. In den Neunzigerjahren mündete diese Entwicklung in das absichtlich anstößige Extrem von *Duke Nukem.*

Aber während die Unterhaltung halbwüchsiger Jungen noch immer von dieser übertriebenen Jungenhaftigkeit beherrscht war, zeichnete sich bereits ein neuer Trend ab. Die Mädchen der Popkultur, in die sich die Jungen zu verlieben begannen, wurden zäher, durchsetzungsfähiger, körperlich stärker und (stillschweigend oder ausgesprochen) gewalttätiger als je zuvor. Rockerinnen und Rapperinnen, die es auf Konfrontation anlegten, von Courtney Love bis Li'l Kim, gewannen nicht nur zornige Mädchen für sich, sondern waren auch akzeptabel für die Jungen, die sich Poster von ihnen aufhängten. Jennifer Lopez trat als Sexsymbol mit Körperkraft, energischem Auftreten und einer Reihe kämpferischer Rollen in Action-Filmen in Erscheinung. Sogar die Tänzerinnen in Musikvideos waren deutlich muskulöser und aggressiver als noch ein Jahrzehnt früher. Eine Zeit lang wurde

Gillian Anderson zum Pin-up-Girl, obwohl sie selten anders auftrat als in Business-Anzügen. Dies verdankte sie ihrer Rolle in *Akte X,* in der sie mit Revolvern bewaffnet die Autorität einer FBI-Agentin und Ärztin ausstrahlte und grausige Autopsien an Ungeheuern und deren zerstückelten Opfern vornahm.

Die extremsten Vertreterinnen dieses Trends sind die »bösen Mädchen«. Wie Dutzende von Killerinnen aus der Feder männlicher Teenager ist Zachs Samurai-Megababe eine Erscheinungsform einer Kultfigur, die Millionen halbwüchsiger Jungen begeistert, die Eltern hingegen eher beunruhigt – genauso wie viele andere Phantasien, die aus einer Kombination von Gewalt und Sexualität bestehen. Wie Buffy sind es sexuell attraktive Frauen, die vorwiegend männliche Gegner besiegen, aber nicht Buffys Model-Coolness zur Schau stellen, sondern übertrieben große Brüste, knappe Kleidungsstücke, riesige Waffen oder bluttriefende Schwerter und niederträchtiges Verhalten. Obwohl viele Mädchen diese Gestalten in jedem Medium lieben, wie die Marktforschung zeigt, sind ihre größten Fans männlich.

Wenn ich die Jungen frage, warum ihnen diese Frauengestalten so gut gefallen, reagieren sie meist mit einer Variante von Zachs anzüglichem Grinsen: »Lara Croft ist geil!« Selbstverständlich ist den meisten männlichen Jugendlichen jeder Vorwand recht, um sinnliche weibliche Körper anzustarren und darüber zu phantasieren. Diese Körper wären allerdings nicht weniger »geil«, wenn sie Jungfrauen in Not oder hilflosen Opfern gehörten. Tatsächlich kämen sie, wäre der Hauptzweck der Phantasie die Objektivierung, den Bedürfnissen eines Jungen sehr viel mehr entgegen, wenn sie passiv und nicht bedrohlich wären. Die heutige Generation halbwüchsiger Jungen liebt aktive, starke, bedrohliche weibliche Gestalten – oft als Protagonistinnen und oft, wie bei Videospielen, in denen der männliche Spieler sich in die

Lara Croft der *Tomb Raiders* oder eine der Kriegerinnen in *Mortal Kombat* »verwandelt«, als heroisches Ersatz-Ich für den Jungen selbst. Wenn Zach sein Samurai-Megababe in seinen Comic einführt, nimmt sie augenblicklich den zentralen Platz in seinen Phantasien ein. Diese Jungen nähern sich ihren bösen Mädchen erst in Form von Objekten, und vielleicht versichern sie sich und einander, das sei der Grund, weshalb sie ihnen gefielen; aber wenn das Videospiel, der Film, die TV-Serie beginnt, besteht kein Zweifel, dass sie sich mit ihnen *identifizieren*.

Zachs Bemerkung »Mädels gewinnen immer!« war ein Jux mit realem Hintergrund. Nach den Geschichten zu urteilen, die sich die Jungen in ihrer Phantasie zusammenspinnen, scheint mir, dass sie den wachsenden Wunsch der Mädchen nach Machtbesitz und Machtbekundung auf sexueller wie auf allen anderen Ebenen erregend und Furcht einflößend zugleich finden. Sie beneiden die Mädchen um ihre Macht, nehmen sie ihnen manchmal sogar übel, wollen aber auch daran teilhaben und ihnen ihre eigene Macht entgegensetzen.[8] Schließlich besteht eine der Funktionen des Spiels darin, Ängste zu zähmen und zu beherrschen, und männliche Jugendliche, die mit aufreizenden, destruktiven, übertriebenen Frauenbildern spielen, beschwichtigen damit ihre Angst vor Mädchen – ähnlich wie kleine Jungen, die mit Darth Vader spielen und damit ihre Angst vor Tod, Zerstörung und Bösewichten beschwichtigen. Gleichzeitig können sie sich, indem sie sich mit Megababes identifizieren, in ihrer Phantasie sagen: »Es ist auch *meine* Macht«, was ihnen hilft, ihre Ängste vor weiblicher Macht im Zaum zu halten.

Indem sie dieselben »Babes« sexuell objektivieren (oder wenigstens so tun als ob), können sie diese Furcht einflößende Macht noch besser beherrschen und haben gleichzeitig das Gefühl, die eigene Jungenhaftigkeit zu betonen. Indirekt passen sich diese Jungen an sich wandelnde Geschlechterrollen an und entwickeln das nötige Selbstvertrauen, um sogar starke, herausfordernde Frauen attraktiv finden zu können und sich im Umgang mit realen Mädchen nicht von den eigenen Ängsten überwältigen zu lassen. Auch hier begegnen wir der Macht, die dem *Objektsein* innewohnt: Diese Mädchen sind Sexobjekte für die Jungen, aber die Jungen gewinnen bis zu einem gewissen Grad Macht, indem sie selbst zu solchen Objekten werden. Die Popkultur erlaubt Männern nicht, derart offenkundige Objekte zu sein. Von den Actionfilm-Stars käme allein Schwarzenegger dafür infrage, aber das Macho-Image, das er verkörpert, entstammt noch der alten Schule und spricht viele junge Männer nicht mehr an. Mädchen identifizieren sich bekanntlich seit langem mit männlichen Phantasie-Helden; jetzt sieht es so aus, als lernten endlich auch die Jungen diese Kunst.

Was die Vorteile dieser Identifikation über Kreuz sind, begann ich zu erahnen, als ich selbst Comics verfasste, unter anderem die Inkarnationen von *Wonder Woman* und *Power Girl* der frühen Neunzigerjahre. Sie waren so stark und heroisch wie ihre männlichen Pendants, wiesen jedoch ebenso subtile wie einschneidende Unterschiede auf. Die Texter und Zeichner, die ihre Charaktere ursprünglich entwickelt hatten, ließen ihre Heroinen Missgeschicken und Widrigkeiten weniger stoisch, wenn auch nicht weniger zäh entgegentreten und erkannten ihnen ein viel breiteres Spektrum an Gefühlen zu: Sie durften sich in einer Weise liebevoll und fürsorglich zeigen und sich für die Schwachen einsetzen, wie es den Gestalten Superman und Batman nie gestattet war. Sie durften kokett, niedlich, verlegen, dumm, maßlos und bewusst sexy sein. Und wenn ein Bösewicht sie in blinde Wut versetzte, war es in den meisten Fällen eine persönlichere und menschlichere Reaktion. Diese Heldinnen kombinierten die »Schwächen«, die Frauen in der kommerziellen Unterhaltung in der Regel erlaubt sind, mit männlicher Macht und

Wut und wurden dadurch zu sehr viel vollständigeren Charakteren.

In Gesprächen mit Fans begann ich zu erkennen, dass sie Heldinnen auch dann so auffassen würden, wenn diese nicht explizit so dargestellt wären. Texter, Zeichner und Leser waren sich einig darin, einer Phantasiegestalt allein aufgrund ihrer Weiblichkeit eine größere Verletzlichkeit und mehr Zärtlichkeit zuzubilligen. Sogar wenn ich nach den gemeinsten, bösesten Mädchen fragte, die man beim besten Willen nicht als verletzlich oder zärtlich bezeichnen konnte, ließen die Antworten auf eine größere emotionale Freiheit schließen, als ihre männlichen Pendants sie besaßen: So hieß es, sie seien »sinnlich«, »leidenschaftlich«, »begabt«, »begeistert von dem, was sie tun« und »könnten einen Gegner lieben, auch wenn sie ihn umbringen müssen«. Allein das Bild *Frau* schuf automatisch einen Raum, in dem die Vorstellung eines Teenagers die Heldin mit Gefühlen ausstatten konnte, die er oder sie auf den klassischen männlichen Abenteurer nie projizieren konnte.

Seitdem die kleinen Mädchen und Jungen mit verstärkter Unterstützung der Eltern und Lehrer lernen, ihre Gefühle – insbesondere die weicheren und weniger aggressiven – besser zu erkennen und auszudrücken, und seitdem die Massenunterhaltung vom Kinderfernsehen bis hin zu Talkshows wie *Jerry Springer* gefühlsbetonter geworden ist, stehen Kinder und Jugendliche vor einer neuen Herausforderung: vor der Notwendigkeit, aus Verletzlichkeit und emotionalem Chaos ein Phantasie-Ich zu konstruieren, das sich immer noch mächtig, unverwundbar und kompetent fühlen kann. Die üblichen Modelle von Männlichkeit, wie sie sowohl die Medien als auch die meisten realen Väter und anderen erwachsenen Männer vorführen, sind dabei nicht sehr hilfreich. Männliche Helden dürfen stoisch oder zornig oder witzig sein, doch Eigenschaften wie Flatterhaftigkeit, Zärtlichkeit oder Eitelkeit kommen in den Erwartungen, die wir an sie stellen, in der Regel nicht vor. Mädchen konnten sich lange mit männlichen Charakteren identifizieren und dadurch in der Phantasie erleben, was Mut, Gelassenheit und Souveränität bedeuten. Jetzt zeigt sich, dass auch Jungen imstande sind, sich mit weiblichen Charakteren zu identifizieren und dadurch andere Bereiche des Spektrums menschlicher Gefühle kennen zu lernen, ohne dafür ihre Macht oder ihre Jungenhaftigkeit aufgeben zu müssen.

Besonders intensiv werden diese Phantasien, wenn Sexualität ins Spiel kommt. Männliche Teenager werden immer von ihren jähen Begierden überwältigt sein und das Ausmaß an sexueller Stimulation, mit dem Jugendliche heute durch Werbung und Unterhaltung konfrontiert sind, lässt solche Gefühle nur noch überwältigender werden. Dazu kommen die Gefahren durch Sex, vor denen wir die Kinder von klein auf gewarnt haben, ferner all die Botschaften und Realitäten im Zusammenhang mit der körperlichen und sexuellen Macht von Mädchen und nicht zuletzt die Idealvorstellungen, die zu erfüllen die Jungen sich verpflichtet fühlen – kurz, die Adoleszenz kann gerade für Jungen eine Zeit intensiver Ängste sein. Wie wir gesehen haben, besteht die Macht imaginärer Gewalt unter anderem darin, Ängste »in die Luft zu sprengen«. In diesem Zusammenhang erkennen wir, dass kein Aspekt der Pubertät dringender nach gewaltsamen Phantasien verlangt als die Sexualität. Gleichzeitig ist sie das Gebiet, auf dem männliche Helden oft am unzulänglichsten sind. Vielleicht erobert ein männlicher Held am Ende das begehrte Mädchen, besiegt die *femme fatale* und bekommt in vielerlei Hinsicht die sexuelle Macht in den Griff, doch fast nie darf er mit Sexualität spielen oder sie genießen oder sie zu einem Teil seiner Persönlichkeit werden lassen. Was Buffy für die Mädchen bewirkt, brächte kein Arnold-Schwarzenegger-Charakter für die Jungen je zustande. Aber Lara Croft wäre dazu in der Lage, falls ein Junge sich gestattet, sich insgeheim mit ihr zu identifizieren.

Als Erwachsene finden wir die Verkettung von Sexualität und Gewalt verstörend, vor allem wenn die entsprechenden Bilder blutrünstig und eindrücklich sind. *Buffy die Vampirjägerin* und *Dark Angel* sind harmlos im Vergleich zu Videospielen wie *Mortal Kombat, DoA* und *Tomb Raider.* Ein halbwüchsiger Junge, der diese sexualisierten Gestalten steuert und auf Bösewichte sowie aufeinander eindreschen lässt, der triumphierend grinst, wenn das Blut spritzt, ist in der Tat ein beunruhigender Anblick.[9] Aber wir müssen unsere Reaktionen von den Erlebnissen der Jugendlichen klar unterscheiden.

Einmal sah ich einem Vierzehnjährigen eine Zeit lang zu, als er in der virtuellen Gestalt einer Kriegerin *DoA* spielte. Er war ein armer Großstadtjunge, dürr, Brillenträger, hauptsächlich mit Gleichgesinnten befreundet. Er führte einen konzentrierten Kampf, gewürzt mit allerlei Kraftausdrücken und Ausrufen wie »Yeah!«, wenn sein weibliches Kampf-Ich einen Feind zur Strecke gebracht hatte. Zwischen zwei Levels fragte ich ihn: »Wieso hast du dir gerade sie ausgesucht?« – »Sie ist die beste Kämpferin«, sagte er. Aber ich kannte mich mit diesen Spielen gut genug aus, um zu wissen, dass jeder Spieler seine eigenen Ansichten vom besten Kämpfer hat. »Die beste Kämpferin für *dich*«, sagte ich. »Wieso?« Er dachte eine Minute nach. »Sie ist verschlagen«, sagte er. »Sie macht nicht alles nur mit Kraft, sondern ist richtig fies. Sie ist *ganz bei der Sache.*« Kein Arcade-Spiel ist ausgeklügelt genug, um seine Kampffiguren mit solchen Eigenschaften auszustatten. Aber *dieser Junge* war verschlagen und fies und konzentriert bei der Sache, wenn er mit seinem Spiel-Charakter verschmolz.

Sexualität und Gewalt sind eine explosive Mischung und können mit schwer wiegenden negativen, durchaus realen

Konsequenzen verbunden sein. Als Eltern, als Lehrer, als Gesellschaft sind wir verpflichtet, den Kindern konstruktive Botschaften über Körperbild, Sexualität, Geschlechterrollen und den emotionalen Aufruhr während der Pubertät zu vermitteln. Ebenso wichtig ist, dass wir ihnen die Geschichten erlauben, die sie brauchen, um diese Botschaften effizient mit ihren eigenen Sehnsüchten und Phantasien in Einklang zu bringen. Die Geschichten, die Jugendliche sich selbst aussuchen, verschaffen uns nicht nur Einblick in die Probleme, mit denen sie sich herumschlagen, sondern auch eine Arena, um mit ihnen zu kommunizieren – gleichgültig, ob wir über Buffys Bustier witzeln oder einen Jungen bitten, uns zu sagen, weshalb er sich eine Krieger*in* ausgesucht hat. Jede/r Heranwachsende ist mit plötzlichen körperlichen, seelischen und gesellschaftlichen Veränderungen konfrontiert. Die heutige Generation der Heranwachsenden trägt außerdem die Hauptlast eines umfassenden, erschreckenden und potenziell befreienden Wandels in unserer Kultur. Phantasie-Charaktere von Buffy bis Lara Croft helfen ihnen, sich all diesen Veränderungen mit mehr Zuversicht und Selbstbewusstsein zu stellen.

Die Kommunikation mit jungen Menschen, die mit verstörenden Phantasien spielen, aufrecht zu erhalten, ist keine geringe Aufgabe. Die allergrößte Herausforderung aber, die einen echten Keil zwischen Eltern und Kinder treiben kann, sind Spiele jenes speziellen Genres, das »Ego-Shooter« genannt wird.

10
Ego-Shooter

Für die meisten Experten, die ich kenne, steht der Wert von Superhelden, Action-Figuren und Zeichentrickfilmen außer Frage. Hingegen löst die bloße Erwähnung von brutalen Killerspielen völlig andere Reaktionen aus. In einer Diskussionsrunde auf einer Konferenz hielt ein Entwicklungspsychologe ein leidenschaftliches Plädoyer für Superhelden; dann legte er eine kurze Pause ein und setzte mit besonderer Vehemenz hinzu: »Aber ich denke nicht, dass Computerspiele, deren Ziel darin besteht, andere menschliche Wesen abzuschießen, *irgendeinen* Wert haben könnten.« Ein Psychiater, der mir bei meinen Recherchen half, zuckte bei der Erwähnung von *Quake* zusammen und sagte: »Mit einem, der sich so was anschauen will, kann doch irgendetwas nicht stimmen.«

In einer Gesprächsrunde, die ein Kabelsender veranstaltete, debattierte ich einmal mit einem Senator aus dem Staat New York, der sich sehr für ein gesetzlich verankertes Verbot gewaltorientierter Computerspiele für Minderjährige einsetzte. Ich redete über den Gewinn, den viele Teenager aus den verschiedensten Computerspielen zögen – und merkte nicht, dass die Produzenten währenddessen Szenen aus einem grausigen Ego-Shooter über den Bildschirm laufen ließen. Als ich später die Aufzeichnung sah und mich sagen hörte: »Ich kenne persönlich viele Jugendliche, denen Computerspiele gut tun«, während Schädel von Kugeln durchsiebt wurden und das Blut spritzte, war ich selbst entsetzt.

Unverhohlene Grausamkeit erfüllt uns mit Abscheu, und wir bangen um die Entwicklung unserer Kinder, wenn wir sie vor dem PC sitzen und sehr real wirkende Menschen auf dem Bildschirm abschießen sehen. Die Schlussfolgerung, Computerspiele bildeten unsere Kinder zu Killern aus, ist verständlich, obwohl die Fakten dagegen sprechen. Verständlich ist auch, dass die Gemeinsame Verlautbarung über den Einfluss gewaltorientierter Unterhaltungsmedien auf Kinder sie für »wahrscheinlich signifikant schädlicher« hält als andere Medien.[1] Und ebenfalls verständlich ist, dass wir, als die Shooter-Leidenschaft der beiden Amokschützen von Littleton bekannt wurde, überzeugt waren, die Spiele hätten zumindest dazu beigetragen, sie zu Mördern zu machen.

Aber wenn ein – von besorgten Erwachsenen verurteiltes – Unterhaltungsspiel Millionen gut angepasster, verhaltensunauffälliger junger Leute begeistert, die solche Spiele nicht nur für unschädlich halten, sondern als Bereicherung ansehen, sind wir es den jungen Menschen – und uns selbst – schuldig, uns zu informieren, was es damit auf sich hat. Als ich mit meinen Nachforschungen über brutale Computerspiele begann, hatte ich das Gefühl, ich sei im Begriff, in einen der dunkelsten Abgründe der zeitgenössischen Jugendkultur hinabzusteigen. Doch je mehr ich erfuhr, je besser ich Spiele und Spieler kennen lernte, desto weniger sah ich Anlass zur Besorgnis, und am Ende kam ich zu der Überzeugung, dass Computerspiele die harmloseste und unschädlichste von allen Formen gewaltorientierter Unterhaltung sind.

Wenn wir etwas Neuem begegnen, versuchen wir es anhand von bereits Bekanntem zu beurteilen und zu begreifen. Der Militärpsychologe Dave Grossman von der US Army beschrieb in seinem beeindruckenden Buch *On Killing* operante Konditionierungsmethoden, die während des Vietnamkriegs eingesetzt worden waren und Ähnlichkeiten mit einigen modernen Computerspielen aufwiesen. Er fügte hinzu, dass manche militärischen Einheiten heute ebensolche Computerspiele in der Ausbildung von Soldaten benutzen. Überzeugend legte er dar, inwiefern animierte Ziele in Menschengestalt und die unmittelbare Belohnung für reaktionsschnelles Schießen wirksame Methoden sind, um Soldaten gegen die menschliche Dimension dessen, was sie da tun, abzustumpfen – und er versicherte, bei Kindern bewirkten die Computerspiele genau dasselbe.[2]

Grossmans Argumentation weist jedoch einige Mängel auf. Wirksame Konditionierung setzt strukturierte Anwendung und eine kontrollierte Umgebung voraus,[3] was für Spieler, die in ihrem Zimmer vor dem PC sitzen oder mit Hunderten von Mitspielern Spiel-Partys veranstalten, wohl kaum zutrifft. Grossman zitiert häufig B. F. Skinner, den Erfinder der operanten Konditionierung, vergisst dabei aber eine sehr wesentliche Tatsache: Skinner selbst räumte ein, dass die Reaktionen des Menschen, anders als die der Hunde oder Ratten, von den Gefühlen, Gedanken und Interpretationen abhängig sind, mit denen wir sämtliche Reize aus der Umgebung wahrnehmen. Das gesamte militärische Training, das Grossman beschreibt, findet in einem autoritätsgeprägten Umfeld statt, in dem sich die Soldaten vollkommen bewusst sind, dass der Zweck des Spiels darin besteht, sie zu besseren Schützen auszubilden. In der Regel sind sie damit einverstanden – was in besonderem Maße für eine Freiwilligenarmee wie die US Army gilt –, und die Botschaft, die sie vernehmen, lautet: »Töte für dein Vaterland.« Unsere Kinder hingegen *spielen* mit ihren Computerspielen, und das wissen sie. Schon immer waren Spiele Teil der militärischen Ausbildung, und hinter praktisch allen Wettkampfspielen steht eine kriegsähnliche Situation.[4] Wellington sagte, die Schlacht von Waterloo sei »auf den Spielfeldern von Eton gewonnen« worden. Trotzdem wurden die späteren Generationen der Eton-Schüler nicht durch Cricket und Rugby zu Mördern ausgebildet.

Nur weil Ego-Shooter uns an echtes Schießen und an militärisches Training erinnern, heißt das nicht, dass die Kinder sie auch so empfinden, während sie vor dem Bildschirm sitzen, genauso wenig, wie sie Plastiksoldaten oder Schachfiguren als echte Krieger erleben.

Nachdem diese Spiele nun mehr als ein Jahrzehnt lang von Millionen Jugendlicher gespielt werden, liegt noch immer kein Beweis für die von Grossman und anderen Kritikern prophezeiten Auswirkungen vor.[5] Mit Sicherheit hatten Computerspiele keinen nennenswerten Einfluss auf reale Verbrechen. »Die Forschung über Computerspiele und Verbrechen liest sich sehr spannend«, sagte die Gerichtspsychologin und Spezialistin für Jugendkriminalität Helen Smith, »aber sie ist einfach nicht haltbar. Tatsache ist, dass die Brutalität von Kindern und Jugendlichen zurückgegangen ist, seit Shooter-Spiele auf dem Markt sind. Das gilt auch für Waffengewalt und für jede andere Form von Gewalt, die von einem Videospiel inspiriert sein könnte.«[6] Der heutige Stil des Ego-Shooters wurde 1991 mit *Castle Wolfenstein* zum Verkaufsschlager; *Doom* und *Quake,* noch immer mit Abstand die Spitzenreiter des Genres, folgten 1992. Der größten Beliebtheit bei Teenagern erfreuten sich die Ego-Shooter zwischen 1992 und 1995, dann gingen die Verkaufszahlen wieder zurück, und seither sind Killerspiele eines von vielen Genres der Unterhaltungsbranche.[7] Die Gewaltkriminalität hat in dieser Zeit abgenommen. Die Millionen Zocker der ersten Generation sind inzwischen erwachsen, und die von den Kritikern vorhergesagte Flut der »Killer-Kids« ist ausgeblieben.

»In den Profilen der Jugendlichen, mit denen ich zu tun habe, ist keine Verbindung zwischen Computerspielen und Gewalt nachzuweisen«, bemerkte Smith. »Tatsächlich haben die Kinder aus einkommensschwachen Familien, die die große Mehrheit der jugendlichen Gewaltverbrecher ausmachen, meistens überhaupt kein Interesse an Spielen – und selbst wenn, könnten sie sich so ein Hobby gar nicht leisten.« Sowohl Smiths praktische Erfahrung als auch ihre statistische Forschung zeigen, dass sich extrem zornige und gewalttätige Jugendliche eher für brutale Musik und gewaltorientierte Webseiten und Filme interessieren, aber selten für Computerspiele. »Ich will nicht bestreiten, dass manche Medien sehr feindselige junge Menschen beeinflussen können«, schloss sie. »Aber einen Zusammenhang mit Spielen kann ich einfach nirgends erkennen.«

Einige Studien über Heranwachsende ergaben eine Korrelation zwischen fanatischen Computerspielern und Straffälligkeit verschiedener Art. Bei arbeitslosen männlichen Jugendlichen mit schlechten Schulabschlüssen finden Computerspiele den größten Zuspruch; bei arbeitslosen männlichen Jugendlichen mit schlechten Schulabschlüssen ist aber auch unsoziales Verhalten am häufigsten. Einer korrelativen Studie zufolge spielen Jugendliche, die nach guten Noten streben, Sport treiben, sich sozial engagieren und nebenbei jobben, ebenfalls häufig *Quake,* aber für »fanatisches Spielen« bleibt ihnen neben allen übrigen Aktivitäten keine Zeit. Mehrere Laborstudien stellten bei jungen Leuten eine erhöhte Aggressivität unmittelbar nach einer Ego-Shooter-Session fest. Allerdings durften die Testpersonen dabei nur eine bestimmte Zeit spielen, in der Regel fünfzehn Minuten, und mussten dann abrupt aufhören – was bei jedem, der jäh aus einem äußerst spannenden, den Adrenalinspiegel pushenden Spiel gerissen wird, zwangsläufig Frustration auslöst. Dazu kommt, dass die Messungen unmittelbar nach dem Spiel vorgenommen wurden, wenn der Erregungspegel der Spieler so hoch ist wie nach einem beliebigen Wettkampf-Erlebnis oder einer anderen aufregenden Erfahrung.[8] Das heißt, das Testverfahren kann selbst die Reaktionen erzeugen, die es misst.

Seit dem Massaker von Littleton versuchen wir verzweifelt nachzuvollziehen, wie es zu dieser Tat kommen konnte. Wegen der planmäßigen, systematischen Art, wie Dylan Klebold und Eric Harris ihre Mitschüler angriffen und niederschossen, war es das grauenhafteste Massaker seiner Art.[9] Dass Klebold und Harris exzessiv die bis dahin noch wenig bekannten Ego-Shooter gespielt hatten, lieferte wenigstens einen möglichen Hinweis. Die Jungen hatten offensichtlich ihr Exemplar von *Doom* zu einer Simulation des geplanten Gemetzels umprogrammiert und übten die Schießerei mithilfe des Spiels ein. Sehr wahrscheinlich erleichterten ihnen die vielen Stunden, in denen sie imaginäre Feinde erschossen, die Verwirklichung ihrer schrecklichen Phantasien. Aber wir müssen die Dinge im richtigen Verhältnis sehen.

Nach den Angaben von Dr. James McGee, einem Experten für das Phänomen des »Rächers im Klassenzimmer«, fanden in den letzten Jahren an amerikanischen Schulen sechzehn Massaker statt, verursacht von insgesamt achtzehn männlichen Schülern. Nur an der Columbine High School, dem dreizehnten Tatort, waren die Amokschützen, wie sich später herausstellte, besessene Shooter-Spieler. Ein paar andere Jungen beschäftigten sich ebenfalls bis zu einem gewissen Grad mit Ego-Shootern, sie alle aber verbrachten weniger Zeit vor dem Bildschirm als mit echten Waffen auf dem Schießstand. Die meisten Amokschützen hatten überhaupt kein Interesse an Spielen. Es fanden sich jedoch andere Gemeinsamkeiten: Bei allen Jungen wurde von Schikanen durch Mitschüler, feindseligem oder zerrüttetem Verhältnis zu den Eltern, Selbstmorddrohungen und einem immensen Interesse an den Medienberichten über frühere Schulmassaker berichtet. Mehrere waren von Adolf Hitler und anderen Symbolen historischer Gewalt fasziniert, außerdem von bestimmten aggressiven Rocksongs und brutalen Filmen sowie von echten Waffen. Die Aufmachung und die Ausdrucksweise von Klebold und

Harris stammten nicht aus ihren Computerspielen, sondern imitierten eindeutig frühere jugendliche Amokschützen (insbesondere den Ersten, über dessen Fall landesweit berichtet wurde: Barry Loukaitis aus Moses Lake, Washington) und waren von Rechtsextremisten inspiriert. Offensichtlich hatten die Berichterstattung in den Medien und historische Fakten weitaus größeren Einfluss auf sie als das unwirkliche Ambiente von *Doom*.[10]

Bezeichnenderweise waren Loukaitis und andere der ersten Amokschützen an Schulen fasziniert von den vielen früheren, erwachsenen Massenmördern, die in ihrem beruflichen Umfeld um sich geschossen hatten. Tatsächlich ähneln die jugendlichen den erwachsenen Amokläufern in nahezu jedem Aspekt: in Bezug auf den sozialen Hintergrund, den Persönlichkeitstyp, den Entwicklungsprozess von der empfundenen Kränkung über den wachsenden Groll bis hin zur Tat, das übermäßige Interesse an Medienbekanntheit und sogar in der Art der Kommentare während und nach der Schießerei. Schulmassaker sind anscheinend häufig Nachahmungstaten: Teenager imitieren Ältere. Die erwachsenen Massenmörder, die seit Ende der Siebzigerjahre in periodischen Abständen immer wieder plötzlich in Erscheinung traten, wurden nie mit Computerspielen in Verbindung gebracht.

Wie sich Charles Manson auf einen Beatles-Song berief, der ihn zum Mord inspiriert habe, wie Timothy McVeigh ein Gedicht als Rechtfertigung für seinen Anschlag auf das Bundesgebäude in Oklahoma City zitierte, so haben sich auch psychisch Gestörte mitunter Shooter-Spiele ausgesucht, um der blinden Wut in ihrem Inneren eine Gestalt zu geben. Manchen helfen sie anscheinend, ihren Zorn im Zaum zu halten. Anderen genügen die Spiele nicht; dann werden sie als Trainingssoftware benutzt, um Mord und Selbstmord einzuüben. Doch solche Spiele nur deshalb zu verurteilen, weil sie sich allzu leicht zu makabren Zwecken missbrauchen lassen, hieße ihren Platz im Leben der modernen Teenager völlig zu verkennen.

Helen Smiths Haupteinwand gegen Theoretiker, die eine ursächliche Verbindung zwischen Computerspielen und realem Verbrechen herzustellen versuchen, ist derselbe wie meiner: »Sie hören den jungen Menschen nicht zu.« In einer Kapitelüberschrift fragt der Kritiker Dave Grossman: »Was tun wir unseren Kindern an?« Aber nicht ein einziges Mal fragte er die Kinder: »Was tut ihr eigentlich?« Er sah in den Spielern nicht phantasiebegabte Menschen, die mit einem mechanischen Spielzeug hantieren, sondern Wesen, deren Reaktionen von der Maschine vorherbestimmt sind. »In Computer-Spielhallen«, schrieb er, »stehen Kinder mit herabhängendem Unterkiefer, aber konzentriert hinter Maschinengewehren und schießen auf elektronische Ziele ...«[11] Ich weiß nicht, welche Spielhalle oder welches Internet-Café Grossman aufgesucht hat, aber es brauchte schon einen Zen-Meister, um ein Computerspiel mit herabhängendem Unterkiefer zu spielen. Was die Zocker selbst als »Game-Face« beschreiben, ist genau das Gegenteil: verkniffen, zähneknirschend, mit den Kiefern mahlend, gelegentlich den Mund vor Spannung aufgerissen. Erfahrenere Spieler sind vielleicht äußerlich ungerührt, innerlich aber haben sie sich mit allen Instinkten und Gefühlen auf den Wettkampf eingelassen und sind bereit, ihre Freizeit, ihr Geld und jede Menge Anstrengung zu investieren, um bessere Spieler zu werden. Außerdem sind die meisten Spieler heute in sozialen und intellektuellen Prozessen engagiert, die wesentlich komplexer sind als der Besuch einer Spielhalle.

Im Gespräch mit Besuchern der jährlichen Game Designers' Expo in Silicon Valley, bei der Lektüre der Forschungsergebnisse und im Zuge meiner eigenen Erfahrungen mit Ego-Shootern erkannte ich nach und nach, wie sehr sich die Welt der Computerspiele von meinen Vorurteilen unterschied. Die Spiele werden allmählich bemerkenswert kreativ.[12] Bei allen erfolgreichen Ego-Shootern können die Spieler inzwischen ihre eigenen »Maps« (Spielumgebungen) entwerfen, können neue »Levels« mit individuell zugeschnittenen Hintergründen und Herausforderungen generieren und sich verschiedene »Player-Skins«, das heißt ein bestimmtes äußeres Erscheinungsbild des Spiel-Ichs aussuchen. Ein jugendlicher Spieler führte mich durch ein Gemeinschaftsturnier im Land Oz, an dem zwei Nazis, ein Cowboy, ein Söldner, ein Teddybär und ein Brotlaib teilnahmen. Obwohl sich an der Handlung nichts ändert – der Spieler muss sich durch labyrinthartige Strukturen kämpfen und dabei allerlei Gegner abwehren, die ihm auflauern, um ein fernes Ziel zu erreichen –, entwerfen die Spieler im Wesentlichen ihre Abenteuer selbst.

Nach Ansicht von Dr. Mihaly Csikszentmihalyi, einem renommierten Psychologen und Experten für die Entwicklung Jugendlicher, der das Konzept der »Flow-Zustände« erfunden hat, ist jede Medienerfahrung, die Aktivität, Interaktion, Kontrolle und emotionale Stimulation mit sich bringt, weitaus konstruktiver als ein passives Erlebnis wie das Fernsehen.[13] Traditionelle Formen von Unterhaltung wie etwa Geschichtenerzählen, Puppenspiel und Konzerte, regen Kinder zu vitaleren geistigen und emotionalen Zuständen an, weil sie ihnen – im Unterschied zu den elektronischen Medien, die in der Regel abgepackte Informationen liefern – mehr Phantasie abverlangen und sie auffordern, eigene Gedanken und Gefühle einzubringen, um sich eine Materie zu erschließen. Die einfacheren Computerspiele, sagte Csikszentmihalyi, »bei denen es in erster Linie darum geht, so viele Leichen wie möglich aufzuhäufen«, bieten ein bisschen mehr als Fernsehen, aber nicht viel. »In den neueren, komplexeren Computerspielen hingegen«, fügte er hinzu, »können die Spieler Welten erkunden und müssen Entscheidungen treffen. Die Gefühle, die dabei entstehen, haben etwas mit Entdeckung zu tun. Kann sein, dass sie sich als sehr nützliche Hilfsmittel erweisen.«

Solche Entdeckergefühle erlebte ich selbst, als ich mich von einem jungen Spieler durch ein Level von *Quake 3* führen ließ. Wir suchten uns einen Weg durch die beklemmenden Korridore eines verlassenen Schlosses, jede Sekunde auf einen Angriff aus dem Hinterhalt gefasst. Die Überfälle waren jedoch ziemlich selten, sodass wir uns häufiger vor ihnen fürchteten, als wir Gelegenheit hatten, die Anspannung durch Action zu lindern. Plötzlich kamen wir zu einer Treppe, schossen ein weiteres Zombie-Paar ab, das uns den Weg versperren wollte, und stürmten dann aufwärts, zur Freiheit. Durch eine Tür traten wir auf die Schlosszinnen hinaus, wo der schwarze Stein auf einmal einem grandiosen Sonnenuntergang wich. Ich hatte nur einen Wunsch: mit der nächsten Spielebene anzufangen.

Ego-Shooter wären wohl nicht halb so erfolgreich, wenn sie sich nicht zunehmend zu einer sozialen Aktivität entwickelten.[14] Die Spieler besprechen und mailen sich ständig, tauschen sich über Strategien und neu entdeckte Abkürzungen aus, planen gemeinschaftliche Turniere, borgen sich gegenseitig die einschlägigen Zeitschriften und laden Freunde ein, um ihre neuesten Errungenschaften vorzuführen. Mag sein, dass die »fanatischen Spieler« sich nur in ihren eigenen Cliquen bewegen, doch die meisten Spieler bilden miteinander eine Gesellschaft von Jugendlichen, in der die Spiele dazu dienen, das Eis zu brechen und Freundschaften zu schließen. Die meisten Spieler treten nicht mehr allein gegen den Computer an, sondern gegen »echte« Kontrahenten, es wird vor allem in und über Netzwerke oder über das Internet gespielt, sodass Dutzende von Spielern gleichzeitig teilnehmen können. Für Jugendliche, die nicht weit werfen oder schnell laufen können, wird das Videospiel sogar zum Ersatz für den sportlichen Wettkampf. Die Spieler sind keine maschinell konditionierten Wesen, sondern Teilnehmer an einem Wettbewerb, bei dem sie ihre Fähigkeiten mit denen ihrer Rivalen messen: Wer ist schneller, wer kennt die »Map« besser, wer hat die intelligenteste Strategie? Hinterher gibt es über den Ausgang des Turniers und die Ursachen von Erfolg und Misserfolg viel zu bereden und zu mailen. Computerspiele sind kein vollständiges Sozialleben, können aber ein wesentlicher Bestandteil sein, vor allem für junge Menschen, die zu anderen Cliquen nicht leicht Zugang finden.

Deshalb ist es auch nicht überraschend, dass die männliche Dominanz in der Welt der Computerspiele im Schwinden begriffen ist. »Fanatische Spieler« sind eher unter den männlichen Jugendlichen zu finden. Bei den Kindern aber, die Computerspiele besitzen und spielen, ist das Geschlechterverhältnis nahezu ausgewogen – das gilt auch für die brutaleren Spiele. Wie sich in den von Dr. Jeanne Funk geleiteten Fokusgruppen mit Kindern ergab, sind Mädchen von den brutalen Spielen in der Regel weniger begeistert als Jungen, und sie bezeichnen das, was die Jungen »Gewalt« nennen, als »Action«, aber in Gesellschaft spielen sie ohne Weiteres sogar die ziemlich blutrünstigen Killer- und Kampfspiele.[15] Im Gegensatz dazu fühlen sich die angriffslustigeren Teenager von aggressiver Musik und brutalen Filmen angesprochen, von Computerspielen hingegen meist weniger. Wie ein Vertreter der Spiele-Industrie es ausdrückte: »Fanatische Spieler sind Computerfreaks. Unter den Zockern gibt es wohl auch ein paar hartgesottene Borderline-Kids, aber die echten Schläger schauen auf diesen Kinderkram nur verächtlich herab. Spieler sind einigermaßen hell, aber keine großen Überflieger, sie tun sich mit anderen Zockern zusammen und ziehen es vor, im Hintergrund zu bleiben. Viele sind nicht besonders gesellig, in sich selbst vergraben und arrogant, aber einer der Hauptgründe, warum sie sich in die Welt der Spiele zurückziehen, ist, dass sie echten Ärger unbedingt vermeiden wollen.«

Es hätte mich also nicht weiter zu wundern brauchen, als ich erfuhr, dass die extreme Brutalität und der realistische Horror, der uns Erwachsene so verstört, den Spielern selbst eigentlich ziemlich egal ist. Studien zeigen, dass ein Spieler, vor die Wahl gestellt zwischen einem blutrünstigen Spiel, das seine Fähigkeiten unterfordert, und einem nicht blutrünstigen, das sehr wohl eine Herausforderung darstellt, sich in den meisten Fällen für Letzteres entscheidet.[16] Manche der erfolgreichsten Ego-Shooter, zum Beispiel *Goldeneye* mit James Bond, zeichnen sich durch unblutige Gewalt im alten Hollywood-Stil aus. Die ultrabrutalen Spiele machen heute nicht einmal zehn Prozent des Marktes aus, und Umfragen der Spieleindustrie zufolge haben sich nur wenige Spieler darauf spezialisiert; die meisten ziehen ein breites Spektrum unterschiedlichster Genres vor.

»Als Anreiz für Shooter-Spiele steht blutiger Horror bestenfalls an dritter Stelle«, sagte Dallas Middaugh, Verleger zahlreicher Bücher über Computerspiele und selbst Zocker. »Das mit Abstand wichtigste Element ist das Spielen als solches – die Schwierigkeit, die strategischen Entscheidungen, die Komplexität der verschiedenen Varianten, die Spannung. An zweiter Stelle stehen Ambiente und Aussehen der Spielwelt. Der Horror trägt nur ein bisschen was zum Realismus und zur Optik bei.«

Manche Entwickler haben versucht, aus der negativen, aber einträglichen Werbung, die schlechter Geschmack garantiert, Kapital zu schlagen. Eine heftige Kontroverse entbrannte zum Beispiel um das Spiel *Soldier of Fortune* mit seinen sadistischen Porträts von Amerikanern, die vietnamesische und lateinamerikanische Dörfer überfallen – was nichts anderes ist als eine Verherrlichung der schlimmsten Gräueltaten in der amerikanischen Geschichte. Doch die Publicity half nicht viel, das Spiel verlor rasch wieder an Popularität. Ein erwachsener Spieler sagte dazu: »Es war nicht anspruchsvoll genug. Die Gegner waren zu schwach. Es lebte nur von der Schockwirkung, und das lehnen die Spieler ab.« Die erfolgreichen Ego-Shooter sind phantastischer und weniger verwerflich, vor allem setzen sie den Spieler einer gnadenlosen gegnerischen Übermacht aus. In *Half-Life* ist der Spieler ein harmloser Wissenschaftler, der sich gegen den Überfall einer Schar feindlicher Aliens und Soldaten einer korrupten Regierung zur Wehr setzen muss. In *Quake 3* ist er ein Normalsterblicher, der gegen eine Legion von Zombies kämpft. In allen diesen Spielen geht es nicht darum, unschuldige Opfer abzuschlachten, sondern Monster umzubringen.

Am bedrohlichsten wirken Computerspiele auf Erwachsene, die einzelne Szenen gesehen, aber nie selbst gespielt haben. Als ich zum ersten Mal damit in Berührung kam, sah ich animierte menschliche Gestalten, die im Dutzend abgeschossen wurden. Aber nachdem ich ein paar Minuten selbst gespielt hatte, erkannte ich, dass der springende Punkt die Spannung ist. »Ich« war ständig in Gefahr und musste mich gegen eine überwältigende Übermacht durchsetzen, um zu überleben. Einen Gegner abzuschießen bedeutet Erleichterung, nicht Grausamkeit. Ein Teenager drückte es ganz einfach aus: »Das Blut ist nur da, damit man sieht, dass man getroffen hat. Das muss man ja wissen, sonst kann man nicht spielen.«

Als ich anfing, mich mit dem Thema zu befassen, dachte ich, die Kinder bauten mit Computerspielen Aggressionen ab; auch die Psychologen und Psychiater, mit denen ich sprach, hatten mich auf dieses Ergebnis vorbereitet. Es klang ja auch plausibel: Wenn ein Kind einen imaginären Feind durchlöchern will, reagiert es zweifellos Wut ab. Mit Sicherheit gibt es aggressive Spieler. Mehrere Therapeuten berichteten mir von jugendlichen Opfern von Misshandlungen zu

Hause oder in der Schule, die, bewusst oder unbewusst, in den Computerspielen eine ungefährliche Arena suchten, in der sie ihre Rachephantasien ausleben konnten. Der Psychologe Dr. Craig Anderson, der als einer der führenden Kritiker von Mediengewalt vor dem US-Kongress und anderen Regierungsorganen aussagte, bekannte, er habe so viele wutentbrannte Mails von Spielern erhalten, die ihm seine Kritik an ihrem Hobby übel nahmen, dass er allmählich um seine Sicherheit fürchte.[17] In solchen Fällen tragen die Spiele wohl nicht zur Aggression bei, vertreiben sie anscheinend aber auch nicht. Als ich dann mehr Spieler kennen lernte, stellte ich jedoch fest, dass ich nicht viel Wut erlebte. Ich sah ziemlich viel Spannung, Unterdrückung, Reizbarkeit – aber nicht die Raserei, Dissoziation oder unterschwellig gärende Depression, wie ich sie bei Jugendlichen erlebt habe, die auf Gangster Rap, Death Rock oder echte Waffen schworen.

Selbst in überfüllten, billigen Computer-Spielhallen heruntergekommener Innenstadtviertel sind die Spieler meistens ruhig, geduldig und zurückhaltend. Einmal beobachtete ich ein Vierergespann schwarzer Jugendlicher in einer Spielhalle einer kalifornischen Arbeiterstadt. Die beiden Jungen legten großen Wert darauf, absolut cool und beherrscht zu bleiben, ob sie nun Bösewichte abknallten oder sich das nächste Spiel aussuchten. Die Mädchen waren übermütiger. Eine von ihnen in einem Glitzer-T-Shirt mit der Aufschrift »Diva« kämpfte sich durch ein Level, legte eine Hand an die Hüfte, zückte lahm die Waffe wie James Bond und zwitscherte: »Verdammt, bin ich fies!« Sie waren höflich interessiert, als ich sie ansprach und sagte, ich stellte Forschungen an. Was sie von diesen Spielen hätten, fragte ich. »Es macht *Spaß!*«, sagten die Mädchen wie aus einem Mund. »Man kann echt gut sein, und das ist befriedigend«, sagte einer der Jungen. Ob sie je mit echter Gewalt zu tun hätten, fragte ich weiter. Der andere Junge lächelte verächtlich. »Wir sind doch nicht *bescheuert*«, erwiderte er. Wenn ich Spieler frage, aus welcher Stimmung heraus sie Ego-Shooter spielten, fällt es den meisten schwer, überhaupt irgendwelche Gemütszustände zu benennen. Aber wenn, dann ist nie von Wut die Rede, sondern von Anspannung und Langeweile vorher, von Spannung und Aufregung während des virtuellen Kampfs.

Oscar Munoz, ein erwachsener Spieler, lieferte mir schließlich eine Erklärung, die mich überzeugte: »Man *kann* während eines Videospiels nicht wütend sein. Man muss *ruhig* bleiben, sonst hat man schon verloren. Ich habe gegen Leute gespielt, die sauer wurden, überreagierten, und dann ist es aus. Das ist wie beim Softball. Man schäumt vor Wut auf den Pitcher und sagt sich, *den* Ball werd ich *überfahren* – und was passiert? Viel zu hoch. Worauf es ankommt, ist, wachsam zu bleiben, konzentriert, aber locker, die Sache von der sportlichen Seite zu sehen. *Cool* bleiben, auch dann, wenn du von allen Seiten attackiert wirst.«

Munoz ist ein politischer Aktivist, der sich für eine bessere rechtliche und politische Stellung mittelloser und nichtweißer Amerikaner einsetzt und laut eigener Aussage ein »heimlicher Spieler« ist. »In der High School spielten meine Kumpels und ich viel *Castle Wolfenstein* und *Doom*«, sagte er. »Wir waren Innenstadtkinder, keine großen Sportler, wir wollten etwas haben, das nur uns gehörte. Wir wollten keinen Ärger, mochten aber auch keine Computerfreaks sein. Die Spiele waren genau unser Ding. Sie waren knallhart und blutrünstig, und viele von den Sportlern und den harten Burschen fuhren auch auf sie ab. Aber wir waren *besser* als sie. Das gab uns was!« Im College fand Munoz, er müsse sich mehr dem Ernst des Lebens widmen und packte seine Spiele weg. Aber bald stellte er fest, dass sie die beste Methode für ihn waren, um Stress abzubauen und abzuschalten, vor allem nach schwierigen Debatten mit städtischen Behörden und Leitern von Jugendzentren. Er erfuhr, dass es etlichen seiner Mitkämpfer ebenso erging, und sie stellten sich eine Spielekonsole ins Büro. »Unsere Arbeit ist sehr aufreibend, juristisch sehr kniffelig, es steht viel auf dem Spiel. Wenn der Tag vorbei ist, müssen wir Dampf ablassen. Außerdem kommen wir uns näher – gemeinsame Spannung, gemeinsames Lachen. Durch unsere Arbeit sammelt sich eine Menge Ärger zwischen uns an, und den müssen wir wieder loswerden, sonst könnten wir gleich aufhören.«

Der Drehbuchautor Sam Hamm, von dem Tim Burtons *Batman* und Henry Selicks *Monkeybone* stammen, war Anfang der Neunziger, als die erste Welle ausgeklügelter Ego-Shooter herauskam, einer der wenigen erwachsenen Computerspieler, die ich kannte. »*Doom* ist meines Wissens das einzige Spiel«, sagte er, »das tatsächlich die Qualität eines Traums hat.« Er beschrieb das Gefühl des Eintauchens in eine irreale Welt, die beinahe unerträgliche Spannung des Wartens auf unsichtbare Angreifer, die Erleichterung von Angriff, Gegenangriff und Weiterziehen zur nächsten Aufgabe – oder »Sterben« und Rückkehr –, um dieselbe Spannung von Neuem zu erleben. Der Realismus der Gewalt, betonte er, sei unverzichtbar für ihn, damit er sich dem Traumzustand hingeben könne.

Shauna besucht die Unterstufe der High School und spielt zu Hause auf Multiplayer-Konsolen, um gegen Freunde anzutreten. Am PC spielt sie über das Internet gegen anonyme Gegner. Am liebsten habe sie Autorennen und *Gex,* aber wenn sie besonders gestresst sei, sagt sie, zum Beispiel wenn sie von ihrem Nebenjob als Verkäuferin heimkomme, dann brauche sie »realistische Phantasiespiele«, wie sie es ausdrückt. Dazu gehören Ego-Shooter, aber auch Adventure-Spiele wie *Oni Musha,* bei dem ein Samurai im mittelalterlichen Japan gegen Monster, Dämonen und böse Krieger kämpft. Wenn das Samuraischwert die Trefferzonen der Gegner berührt, spritzt Blut und Gliedmaßen fallen ab. »Das ist eine

Welt, in die ich eintauchen kann«, sagte sie. »Mit Bildern von Filmqualität und realistischem Horror – das sieht so real aus, dass ich das Gefühl haben kann, als wäre ich selbst dort. Es ist grausig, sicher, solche Sachen würde ich in Wirklichkeit nie sehen wollen. Aber deswegen ist es ja so eine tolle Phantasie. Ich *bin* dieser Samurai, ich *bin* in dieser Welt, aber ich habe alles im Griff.«

Daneben hat blutrünstiger Horror natürlich auch noch jene Funktion, die ältere Kinder und Jugendliche schon immer angesprochen hat, seitdem es kommerzielle Unterhaltung gibt: Man kann sich stark und erwachsen fühlen. Ich kenne einen Jungen namens Jake, der mit zwölf Jahren unbedingt das Computerspiel *Half-Life* haben wollte. Er hatte in einem Spiele-Magazin eine Besprechung darüber gelesen, in der es hieß, es sei der ausgereifteste Ego-Shooter, den es derzeit auf dem Markt gebe, mit sehr guter Spielbarkeit, bemerkenswertem Wiederholungswert – und grausig dargestelltem Blutvergießen. Sein Favorit war bis dahin *Starcraft* gewesen, und das Liebste daran war ihm, wenn er zusammen mit einem Freund die »Maps« entwarf: Das war ein stundenlanges gemeinsames Erbauen von Welten: der eigentliche Höhepunkt, der Raumschiff-Kampf, war eigentlich nur eine Unterbrechung. Jakes sonstige Favoriten waren Disneyland, Weird Al Yankovic, das *Mystery Science Theater* und seine Katze. Er war ein willensstarkes Kind und geriet regelmäßig mit seiner Mutter, seiner rechthaberischen älteren Schwester und gelegentlich sogar mit seinem sanftmütigen Vater in Konflikt, aber seine Wut hatte immer einen konkreten Anlass, und er hatte keine Schwierigkeiten, sie zu äußern. Das Klima in der Familie war gut und vertrauensvoll, in der Schule kam Jake problemlos zurecht. Aber auf einmal wollte er auf animierte Soldaten schießen und ihr Blut spritzen sehen.

»Was gefällt dir denn so gut daran?«, fragte ich. »Das *Grausige!*«, antwortete er. »Wieso?«, wollte ich wissen. »Das ist *cool!*«, gackerte er. Jedem, der zuhörte, versicherte Jake, dass er blutrünstigen Horror liebte. Seine Mutter krümmte sich bei solchen Reden. Seine Schwester ärgerte sich und fand die Kultur der Jungen sowieso unmöglich. Sein Vater, der gerne Jane Austen las und Bill Evans hörte, Achterbahnen, Hardrock und allem Übrigen, bei dem sich einem der Magen umdreht, hingegen lieber aus dem Weg ging, schüttelte nur den Kopf. Bis dahin war Jake das Nesthäkchen der Familie gewesen, das beim Anblick von Spinnen zu kreischen anfing und sich vor den Skeletten in der Geisterbahn fürchtete. Jetzt auf einmal, an der Schwelle der beunruhigenden neuen Welt der Adoleszenz, wollte er der harte Bursche sein. Seine Eltern hatten Verständnis dafür und vertrauten ihm. Sie sagten, wenn er mit dreizehn immer noch so versessen auf *Half-Life* wäre, bekäme er das Spiel zum Geburtstag. Sie hielten Wort, und etwa einen Monat lang lebte Jake nur noch für *Half-Life*.

Aber als ich sechs Monate später erneut mit ihm sprach, war sein Lieblingsspiel wieder *Starcraft*. *Half-Life* gefiel ihm zwar immer noch, aber mehr als einmal in der Woche hatte er keine Lust darauf. Ich fragte ihn, ob ihm das Grausige zu viel geworden sei. Er schnaubte, wie nur ein Dreizehnjähriger schnauben kann, und brummte: »Ich steh doch nicht auf *so was!*« »Vor einem halben Jahr hast du aber ganz anders geredet«, wandte ich ein. »Gar nicht wahr«, sagte er und setzte mir auseinander, dass er ausschließlich an der Spielstory, den unterschiedlichen Schwierigkeitsgraden, der Strategie, der Spannung interessiert sei. Am anspruchsvollsten seien eigentlich die Spiele für Ältere, die allerdings auch die blutrünstigsten seien. Bei den meisten Spielen, erklärte er, lasse sich die vergossene Blutmenge extra einstellen; er selbst wähle immer die Einstellung »normal«. »Einmal hab ich ›niedrig‹ versucht«, sagte er und wiederholte fast wörtlich, was ich schon von anderen Zockern gehört hatte, »aber da kann man das Blut fast nicht sehen, und dann weiß man natürlich nicht, ob man getroffen hat oder nicht.«

Ich wollte wissen, warum er nicht die Einstellung »hoch« wähle, worauf er antwortete: »Das lenkt einen ab. Und es ist irgendwie ... komisch.« Er sagte, er kenne nur einen Jungen, der immer mit der Einstellung »hoch« spiele, weil er das witzig finde. Aber der sei selber »komisch«, meinte Jake. »Willst du damit sagen, dass du das Blut beunruhigend findest?«, fragte ich. »Ein bisschen«, sagte er leise. Und fügte hinzu, anderen Kindern ergehe es ähnlich. Als ich fragte, warum das Blut seiner Ansicht nach überhaupt nötig sei, verkündete er mit wieder gefundenem jugendlichem Schneid: »Na, das gehört zur Gewalt doch dazu, oder? Es wäre verlogen, das Blut wegzulassen. Und Gewalt gibt es in unserer Gesellschaft seit Tausenden von Jahren. Sie ist fest in den Köpfen der Leute.« Ob sie auch in seinem Kopf sei, wollte ich wissen. Wieder leise: »Na ja. Schon. Ich meine, es passieren doch dauernd Gewalttaten. In den Nachrichten reden sie *ständig* davon.«

Als ich ihn fragte, was er zu dem Massaker an der Schule in Littleton sage, gab Jake eine Antwort, die direkt aus dem Editorial einer PC-Zeitschrift hätte stammen können: »Millionen von Leuten spielen diese Spiele, und nur zwei von denen sind durchgeknallt. Nur *zwei* von *Millionen*. Das Problem sind die beiden Typen, würde ich sagen, nicht die Spiele.« Dann fragte ich ihn, ob er je an Schulmassaker denke, wenn er spiele. »Klar«, sagte er, im selben spitzbübischen Ton, mit dem er ein halbes Jahr früher verkündet hatte, das Grausige sei cool. »Ein Freund von mir und ich, wir haben ewig rumgebastelt, um ein Level von *Unreal Tournament* hinzukriegen, das in unserer Schule spielt!« Obwohl ich Jake vertraute, sträubten sich mir bei dieser Bemerkung die Nackenhaare. Ich fragte, wieso, und er antwortete: »Die Architektur in unserer Schule ist wirklich abartig. Die Wände sind orange und völlig kahl, und die Stangen am Tor sehen aus, als müssten sie mindestens einen Atomkrieg überstehen. Es sieht aus wie in einem *Gefängnis*.« Ob er sich dort eingesperrt fühle, fragte ich.

»Nicht sehr«, antwortete er. »Wir fanden es nur witzig, mit dieser ultimativen Todesschlacht den ganzen Kasten in die Luft zu jagen!«

Die tägliche Belastung des Unterrichts kann für ein sensibles Kind ziemlich groß sein, und sicher wäre kaum ein Erlebnis so befreiend wie die Schule »in die Luft zu jagen«. In der folgenlosen Phantasie eines Spiels können die Kinder sich stark und erwachsen sehen, frei, die Mauern ihres täglichen Gefängnisses zu sprengen. Nach einem solchen Spiel kann einem die reale Schule wieder erträglicher vorkommen. In dieser Anwendung hat fiktive Gewalt eine ganz andere Funktion als die Beschwichtigung von Ängsten durch Wiederholung – aber sie ist gleichermaßen hilfreich. Ein und dasselbe Kind kann Spiele manchmal benutzen, um seine Gefühle zu beruhigen, und zu anderen Zeiten dazu, sie auszuleben.

Die Blutrünstigkeit hat viele Funktionen, wie wir gesehen haben. Sie kann Feindseligkeit ausdrücken. »Mit Sicherheit wurde *Duke Nukem* von einem Typen entwickelt, der mit dreizehn Jahren von jedem Mädchen, mit dem er ausgehen wollte, eine Abfuhr bekam«, sagte Dallas Middaugh, »und das Spiel war dann seine Rache.« Sie kann eine befriedigende Kompensation für junge Menschen sein, die sich durch eine Kultur der Verbote extrem eingeschränkt und frustriert fühlen. Kinder, die sich im realen Leben nicht trauen, aus sich herauszugehen, empfinden vielleicht eine große Erleichterung, wenn sie einen virtuellen Feind abknallen. Sie kann Spannungen im Zusammenhang mit Themen abbauen, über die sich in normalen, gesitteten Gesprächen nicht reden lässt. Ein blutrünstiges Computerspiel kann einem auf erfrischend ehrliche und furchtlose Weise helfen, sich mit Dingen zu befassen, bei denen die Erwachsenen höchst empfindlich reagieren. Sie bietet jungen Menschen eine Möglichkeit, sich von der Elterngeneration abzugrenzen und mit Gleichaltrigen zusammenzuschließen.[18]

Sie kann dem Spiel auch ein Stück »Realismus« verleihen, das älteren Kindern und Teenagern hilft, in die Spielwelt ganz einzutauchen. Die Phantasiezustände, die mir manche Zocker beschrieben, erinnern mich an meine »Kriegsspiele« mit meinen Freunden, als ich acht oder neun Jahre alt war. In der Realität sah ich nur meine Freunde ächzen und umfallen, vor meinem geistigen Auge aber hatte ich ein Schlachtfeld vor mir, das so blutig und grausig war wie in den heutigen Computerspielen. Ich wusste, dass in echten Kriegen Menschen bluteten und starben, und ich wusste, dass mein Vater im Krieg gewesen war. Ich erinnere mich, dass ich ihn einmal fragte, ob er wirklich jemanden umgebracht habe – und hoffte, er werde Nein sagen. Als ich klein war, konnte ich meinen Gefühlswirrwarr aus Aufregung, Neugier und Unbehagen im Spiel ausagieren. Mit zehn gelang es mir schon nicht mehr, selbstvergessen zu spielen. Auf einmal sah ich im Geist keine Kugeln und kein Blut mehr, sondern nur noch ein Kind, das kreischend auf der Wiese herumrannte. Computerspiele hingegen kann ein Jugendlicher auch dann noch spielen, wenn er bereits im Alter der Befangenheit ist.

Die Gefahr dabei ist allerdings, dass der Spieler so tief in die virtuelle Welt eintaucht, dass er kaum noch den Weg zurückfindet. Der typische Zocker spielt nur fünf oder sechs Stunden in der Woche, und diese Stunden gehen meist von der Zeit ab, die er sonst vor dem Fernseher verbracht hätte. Es gibt aber auch Fanatiker, die fünf oder sechs Stunden am Tag mit Computerspielen verbringen, und diese Zeit geht auf Kosten ihres Soziallebens, ihrer schulischen Leistungen und jeder sonstigen konstruktiven Aktivität. Am meisten trifft dies für Spiele zu, bei denen die Spieler im Internet als einzigartige Charaktere an langen Abenteuern und Beziehungen mit anderen Spielern teilnehmen. Unter den Standard-Computerspielen jedoch scheinen sich im Leben mancher Zocker noch am ehesten die Ego-Shooter vor die Wirklichkeit zu schieben. Sie erzeugen eine derart anziehende, unwiderstehliche, dabei aber kontrollierbare Realität, dass die langweiligen Spannungen und die verfahrenen Ambivalenzen der Realität im Kontrast dazu zunehmend unerträglich werden können. Spieler reden davon, ein »Turnier« auszutragen, und denken dabei allenfalls an ein paar Minuten, stellen dann aber fest, dass zwei und mehr Stunden daraus geworden sind. Manche sehen darin eine Warnung und nehmen sich vor, mit ihrer Zeit in Zukunft bewusster umzugehen. Andere lassen sich bei der nächsten Gelegenheit von Neuem darauf ein.

»Einige meiner jugendlichen Patienten sagen, sie seien ›süchtig‹ nach Computerspielen«, bemerkte Lynn Ponton. »Ich spreche nicht gern von ›Sucht‹, aber ein gewohnheitsmäßiges Verhalten liegt mit Sicherheit vor. Sie benutzen Computerspiele, um ihre Ängste zu beschwichtigen. Und eine Zeit lang funktioniert das ja ganz gut. Aber mit der Zeit stumpft der Spieler ab. Dann braucht er immer mehr Stimulation, um seine Ängste im Zaum zu halten, und das hindert ihn nicht nur daran, sich mit der Ursache seiner Ängste auseinander zu setzen, sondern steigert sie mitunter sogar.«

Die Psychiaterin Nancy Marks hat ebenfalls mit Patienten zu tun, für die Computerspiele an die Stelle des realen Lebens getreten sind. »Viele Menschen weichen damit den eigentlich existenziellen Themen des Lebens und ihrer Existenzangst aus«, sagte sie. »Vielleicht versuchen sie, über das Ersatz-Ich der Computerspiele mit inneren Nöten und Ängsten fertig zu werden, aber auf die wirklich entscheidenden Fragen gibt einem so ein Spiel keine Antwort – es sei denn, jemand sitzt daneben und spricht mit einem darüber, was man in dem Spiel tut und was es für das reale Leben bedeuten könnte. Diese Spiele können konstruktiv sein, so lange die Spieler wissen, dass sie spielen, und danach ins reale Leben zurückkehren. Aber manche vergessen einfach, dass es nur ein Spiel ist.«

Allzu oft weisen wir Zocker zurück, lassen zu, dass sie sich in die Isolation zurückziehen oder vertreiben sie regelrecht, indem wir ihre Spiele zu sehr dramatisieren. Die Therapeutinnen Ponton und Marks betonen beide, wie wichtig die Kommunikation ist. Ponton empfiehlt den Eltern, von Zeit zu Zeit zusammen mit ihren Kindern zu spielen, wie sie es selbst mit ihren Töchtern und ihren jungen Patienten tut. »Meistens komme ich nicht sehr weit«, bekannte sie. »Aber die Mama oder Dr. Ponton zu besiegen, ist auch wieder eine Befriedigung und bringt manche Mauern zwischen uns zum Einsturz.« Wenn Eltern sich nicht überwinden können, mitzuspielen, ist es vielleicht schon hilfreich, einfach da zu sein, um den Jugendlichen die Rückkehr in die Realität zu erleichtern. Wenn ein Teenager viele Stunden lang auf Kosten seines übrigen Lebens in seinem Zimmer verschwindet, sollte man daran denken, die Spielkonsole im Wohnzimmer aufzustellen. »Manchmal«, sagte Ponton, »hilft es jungen Menschen, wenn ein Elternteil nur in der Nähe ist, Zeitung liest oder die Steuererklärung macht.«

Wenn Eltern nicht zur Verfügung stehen, können auch Lehrer, Freunde oder interessierte Dritte einem gewohnheitsmäßigen Spieler helfen, seine Phantasien wieder von der Realität zu trennen, indem sie einfach mit ihm über die Spiele reden. Ruhig darüber zu reden und die Begeisterung des Jugendlichen für Computerspiele anzuerkennen – gleichgültig, ob dies bedeutet, dass man in der Schule darüber diskutiert oder das Spielen zu einem öffentlichen Ereignis in der Familie macht –, kann dem Spieler eine Tür öffnen und ihn wieder in Kontakt mit der Gesellschaft bringen. Denken Sie an Jimmy, den Jungen, der sich wegen seiner Computerspiele von seinen Lehrern ausgegrenzt und geächtet fühlte und im Vergleich dazu an Richard, den Quäker und Jugendarbeiter, der auf einem öffentlichen Kongress *Quake 3* spielte. Angst und Feindseligkeit machen jede Unterhaltung zum

Problem, Kommunikation und Einfühlung hingegen können jede Unterhaltung konstruktiv werden lassen.

Wir erschrecken über die Bilder aus den Computerspielen und bekommen deswegen Angst vor den Menschen, die sich dafür begeistern, was die jungen Leute aber nur noch weiter von uns forttreibt und nichts anderes bewirkt, als dass sie noch öfter und noch isolierter spielen. Da uns dieses Hobby so bizarr erscheint, erblicken wir in bizarren Ereignissen einen Beweis für seine fatalen Folgen. »Es stimmt, dass die Kriminalität generell zurückgegangen ist«, sagte Senator Michael Balboni aus dem Staat New York im Verlauf seiner Kampagne für eine gesetzliche Regulierung für Computerspiele. »Aber nach Auskunft eines Beamten der New Yorker Polizei, mit dem ich gesprochen habe, nehmen bestimmte Formen von Verbrechen zu. Enthauptungen zum Beispiel. Oder Brandstiftung. Diese Formen von Gewalt kommen in Computerspielen vor. Ist das ein Zufall?«[19] Die Frage weist in die falsche Richtung. Grauenhafte, sadistische Verbrechen werden seit Jahrhunderten begangen – viele davon von Jugendlichen. Im Jahr 1924 zum Beispiel entfachte der Fall Leopold und Loeb – der Mord zweier wohlhabender junger Männer an einem Jüngeren, hauptsächlich um zu beweisen, dass sie ungeschoren davonkämen – eine stürmische Debatte über die neue Generation gefühlloser Jugendlicher und den schädlichen Einfluss von Filmen, Jazz und liberaler Erziehung.[20] Doch aus dem zeitlichen Abstand heraus ist klar zu erkennen, dass die Grausamkeit der beiden jungen Menschen keinem Trend oder Muster entsprach – so wie heute nichts darauf hindeutet, dass irgendwo auf der Welt durch Computerspiele die Verbrechenshäufigkeit zugenommen oder die Natur der Verbrechen sich verändert hätte: Diese Furcht ist unbegründet.

Die Vorstellung der Wiederholung verstört uns. Wir fürchten, wenn Kinder im Spiel etwas immer wieder und wieder tun, ist die Wahrscheinlichkeit einer Übertragung ins reale

Leben umso größer. Die Erfahrung lehrt jedoch, dass Wiederholung im Spiel ganz im Gegenteil meist ein brauchbares Werkzeug ist, um die Macht von Gedanken und Gefühlen abzuschwächen. Verstörend finden wir auch den Gedanken, dass Kinder mit schrecklichen Bildern spielen. Doch das Beispiel der Computerspiele lässt vermuten, dass die Kinder im Gegenteil mehr Kontrolle über solche Bilder gewinnen, da sie in der Lage sind, sich ihre »Drehbücher« selbst zu schreiben und sich ihre eigenen »Landkarten« zu entwerfen. Deshalb habe ich den Eindruck, dass die Gemeinsame Verlautbarung genau den gegenteiligen Schluss zieht, wenn sie behauptet, dass Computerspiele »wahrscheinlich signifikant schädlicher« als andere Medien sind. Zweifellos hat es schon Filme und Songs gegeben, durch die sich junge Menschen in ihren Aggressionen bestätigt fühlten oder die ihnen Vorlagen lieferten, um sie auszuleben, aber für Spiele trifft das nicht zu. Weil Spiele so unverkennbar künstlich sind und so vollständig der Kontrolle des Spielers unterliegen, sind sie das Medium, das am wenigsten in der Lage ist, abgesehen von der Spannung des Spielens irgendwelche intensiven Emotionen wachzurufen. Wenn sie die Kinder zu irgendetwas konditionieren, dann nur dazu, noch mehr zu spielen – was vielleicht der einzige echte Fallstrick ist.

Auch wenn Computerspiele einzelne Täter zu realer Gewalt inspiriert haben, ist der Versuch, solche Vorfälle durch Verbote zu verhindern, eine absurde und potenziell gefährliche Idee. Wie wir im Fall von Alkohol, Tabak und Drogen erlebt haben, bewirken Verbote in der Regel nur, dass die Faszination wächst. Die leidenschaftlichsten Anhänger finden nach wie vor Mittel und Wege, um zu bekommen, was sie wollen. Allerdings müssen sie es dann im Verborgenen tun. Junge Menschen sind dann nicht mehr in der Lage, ihre Spielleidenschaft in ein offenes Sozialleben zu integrieren, sie werden auch nicht mehr mit ihren Eltern darüber sprechen, sondern sich noch öfter im eigenen Zimmer verschanzen. Sie werden selbst das Gefühl haben, kriminell zu sein, nur weil sie ein Computerspiel spielen. Schon das Etikett des »bösen Jungen«, der ein verbotenes Spiel spielt, bringt die Jugendlichen einer wirklich bösen Tat einen Schritt näher. Was für die älteren Formen von gewaltorientierter Unterhaltung gilt, das gilt ebenso für diese beunruhigende neue Gattung. Wir alle – Eltern, Lehrer, Politiker, Kinder – brauchen nicht mehr Kontrolle, sondern mehr Verständnis.

Eine Leserin schrieb mir auf einen meiner Artikel hin: »Mein Mann und ich waren im Cliff House in San Francisco und sahen dort einen asiatischen Teenager vor einem Computerspiel sitzen, bei dem der Spieler ein friedliches südostasiatisches Dorf zerstören musste. Ich hatte die größte Lust, ihm die Maus aus der Hand zu schlagen und zu fragen, ob ihm eigentlich klar war, was er da tat! Wusste er nicht, welche Botschaft ihm das über seine eigene Geschichte, seine Kultur, über den Preis der Gewalt in der Welt vermittelte?«

Ich antwortete, ich könne sie verstehen. Ich bin mit dem Vietnamkrieg erwachsen geworden, den ich politisch verabscheute, und finde jede Verherrlichung und Trivialisierung des Krieges entsetzlich. Aber meiner Ansicht nach liegt auch eine gewisse Arroganz in der Vorstellung, die edelste Reaktion einer weißen Person mittleren Alters bestehe darin, dem Jungen die Maus aus der Hand zu schlagen. Was es bedeutet, im heutigen Amerika ein Teenager und asiatischer Herkunft zu sein, weiß dieses Kind besser, als wir jemals wissen werden. Wenn wir ihm die Maus aus der Hand schlagen, vermitteln wir ihm nur eine einzige Botschaft: dass es den Erwachsenen egal ist, was er tut und warum. Stattdessen sollten wir den Jungen lieber fragen, warum er ausgerechnet dieses Spiel interessant findet. Ich weiß nicht, was er darauf sagen würde, aber fragen sollten wir auf jeden Fall. Ich bin überzeugt, dass allein das durch die Frage bekundete Interesse eine positive Wirkung hat.

11
Vorbild, Spiegel, Mentor

Eine alte Volksweisheit besagt: Wer auf einem Gebiet besonders gut geworden ist, der beginnt sehr schnell, seine Bedeutung zu überschätzen. So sprechen Baseball-Spieler von einem neuen Home-Run-Rekord als einem historischen Augenblick – dabei ist nichts weiter passiert, als dass ein Schläger einen Ball getroffen hat.

Genauso ergeht es denjenigen, die sich viel und intensiv mit den Medien beschäftigen. Gleichgültig, ob wir von ihnen begeistert sind oder sie verabscheuen, ob wir unser Geld damit verdienen, ob wir sie kritisieren, wissenschaftliche Studien darüber anstellen oder sie einfach aufmerksam beobachten, weil wir Eltern sind: Je mehr wir uns mit den Medien befassen, desto größer erscheint uns ihre Bedeutung im Leben unserer Kinder. Tatsächlich werden sie uns bald wichtiger als den Kindern selbst, die in seliger Ahnungslosigkeit einfach nur Unterhaltung darin sehen.

Mit der Kindererziehung ist es vielleicht genau umgekehrt. Da wir alle nie das Gefühl haben, wir wüssten *wirklich,* was richtig und was falsch ist, kann es leicht passieren, dass wir uns völlig bedeutungs- und machtlos fühlen – besonders angesichts einer riesigen, arroganten, aufdringlichen Unterhaltungsindustrie, die von so vielen Experten kritisiert wird. Senator Joe Lieberman sagte unlängst, der Zweck von Kongress-Anhörungen zum Thema Medienunterhaltung bestehe nicht darin, neue Gesetze zu ermöglichen, sondern die Eltern zu informieren und ihnen zu versichern, dass jemand auf ihrer Seite steht. »Bei der Vermittlung von Werten in der Kindererziehung«, sagte er, »fühlen sich die Eltern als Konkurrenten der Unterhaltungsindustrie.«[1]

Ich habe mit zahlreichen Eltern gesprochen, die genau so denken. Aber je mehr ich dem Thema auf den Grund gehe, desto mehr sehe ich in dieser Überzeugung einfach eine subjektive Wahrnehmung – die noch dazu kontraproduktiv ist. Die meisten Schwierigkeiten, die Erwachsene und Kinder mit Unterhaltung haben, rühren daher, dass die Erwachsenen sich in solch einem Konkurrenzverhältnis sehen. Die Medienunterhaltung der Kinder kann ein sehr konstruktiver Aspekt des Lebens sein, wenn die Erwachsenen sich von der Überzeugung frei machen, sie müssten sich mit ihr messen und sie stattdessen als Partner und Werkzeug akzeptieren. Es gibt mehrere Möglichkeiten, unseren Kindern den positiven Umgang mit Unterhaltung zu erleichtern: Wir können als Vorbilder, als Spiegel und als Mentoren agieren.

Vorbild sein

Leben Sie den Kindern vor, was Sie von ihnen erwarten

Aus allen Forschungsarbeiten über den Zusammenhang zwischen dem Verhalten von Kindern und Medienunterhaltung (auch aus jenen, die bemerkenswerte Korrelationen aufdeckten) ging hervor, dass die Unterhaltung weitaus weniger signifikanten Einfluss besitzt als die Gleichaltrigen, die Schule, das sozioökonomische Umfeld und an allererster Stelle die Familie. Die Leonard-Eron-Studien, das Fundament aller psychologischen Kritik an Gewalt im Fernsehen, ergaben eine Korrelation von rund zehn Prozent zwischen Aggression und Sehgewohnheiten; die Korrelation zwischen Aggression und familiären Mustern betrug jedoch fünfzig Prozent! Aggressive Eltern hatten mit signifikanter Häufigkeit aggressive Kinder, unabhängig davon, was sie im Fernsehen sahen.[2] Welches Verhalten auch immer untersucht wird, es ergeben sich stets ähnliche Muster: Wenn Teenager rauchen, trinken, Selbstmord begehen, Gefahren suchen, unter Essstörungen leiden oder sexuell promiskuitiv sind, lassen sich in der Regel bei den Eltern oder anderen erwachsenen Bezugspersonen ähnliche selbstzerstörerische Gewohnheiten beobachten.[3] Die Macht der Eltern ist um so viel größer als die Macht der Medien, dass jede einigermaßen vernünftige Erziehung den Medieneinfluss unbedeutend werden lässt.

Die größte Macht der Eltern besteht darin, den Kindern *Vorbild* zu sein. Natürlich ist es wichtig, was wir ihnen sagen, welche Grenzen wir setzen, mit welchen Konsequenzen wir sie konfrontieren und welchen Einflüssen wir sie aussetzen. Aber noch viel wichtiger ist, was wir ihnen *vorleben,* wenn sie uns beobachten. Und sie beobachten uns von Beginn ihres Lebens an. Wenn wir ein Baby füttern und es mit seinen riesigen, neugierigen Augen zu uns aufblickt, saugt es nicht nur Milch in sich ein, sondern jede noch so winzige Information darüber, was ein Mensch ist. Von dem Augenblick an, in dem ein Kind begreift, dass es selbst eines Tages erwachsen sein wird, werden die Erwachsenen in seiner Umgebung, mit denen es jeden Tag zu tun hat, zum Inbegriff des Erwachsenen an sich. Auch wenn der Teenager sich von seinen Eltern radikal abgrenzen will, bleiben sie doch sein grundsätzliches, nicht hinterfragtes Vorbild für Erwachsensein.

Mitgefühl lehren wir unsere Kinder, indem wir selbst mitfühlend sind, Gewaltlosigkeit, indem wir selbst auf Gewalt verzichten. Damit sie ein gesundes Verhältnis zur Unterhaltung entwickeln, müssen wir ihnen ein gesundes Verhältnis dazu vorleben. Es sind die Eltern, die der Unterhaltungsindustrie zugestehen, wie viel Macht sie im Leben eines Kindes ausübt.

Cynthia, deren Tochter Emily so interessiert an Spielzeugwaffen und später an Britney Spears war, erzählte mir, wie sie sich wieder einmal über die Macht der Medien beschwerte, die ihrer Tochter fremde Werte einpflanzte und mitten in ihrer Klage plötzlich verstummte. »Auf einmal konnte ich meine Mutter hören, die dasselbe über *mich* gesagt hatte!« Als Kind hatte Cynthia die Zeitschrift *Mad* und ähnliche Magazine geliebt, die ihre Mutter für geschmacklos hielt, als Teenager war es dann die Rockmusik: Immer war sie auf der Suche nach etwas, mit dem sie ihre Mutter auf die Palme bringen und ihre eigene Unabhängigkeit behaupten konnte. Diese Aufmüpfigkeit ist ihr geblieben, und noch heute geht sie eher auf Konfrontationskurs, als dass sie sich fügt. Aber ihre Mutter war genauso. Und auch Emily ist so – eine Eigenschaft, die Cynthia im Übrigen sehr an ihr schätzt. »Auf einmal fiel es mir wie Schuppen von den Augen: Emily verhielt sich genau so, wie ich mich selbst verhalten hatte. Um ihre Unabhängigkeit zu behaupten, suchte sie sich genau die Dinge aus, die ich nicht mochte. Aber sie wandte sich nur gegen meine *Vorlieben* – in den fundamentalen Werten stimmten wir vollkommen überein.«

Junge Menschen werden immer mit Phantasie-Egos spielen, die schockierend anders sind als ihre Eltern. Das ist notwendig, um die eigene Persönlichkeit zu erweitern und sich ein eigenes Leben aufzubauen. Aber auch wenn sich ein Kind in der Phantasie noch so sehr mit einer Mediengestalt identifiziert, auch wenn es sich noch so sehr bemüht, einen TV-Star in Kleidung und Ausdrucksweise nachzuahmen, weiß es im Grunde sehr genau, dass es nicht zu einem Bild auf einem leuchtenden Monitor heranwachsen wird. Fernsehserien, Filme und Popmusik mögen die Gefühle und Phantasien eines Kindes in vielerlei Weise ansprechen, aber sie bringen ihm nicht bei, wie man sich vom einen Augenblick zum nächsten verhält oder wie man auf die vielen kleinen Ereignisse und Zwischenfälle des Alltags reagiert. Wir Eltern sind mit der Zeit sehr daran gewöhnt, einfach *da zu sein,* und vergessen, dass wir *die* Bezugspersonen unserer Kinder sind, jeden Tag und in jeder Hinsicht. Auch wenn ein Kind seine gesamte Aufmerksamkeit auf eine TV-Serie richtet, ist es nicht die Sendung, die seine Vorstellung vom richtigen Verhalten am nachhaltigsten prägt, sondern das Verhalten von Mama oder Papa, während der Fernseher läuft. Wenn wir Ärger oder Ängste hinsichtlich einer bestimmten Unterhaltung äußern, wird das Kind sie darum nicht weniger schätzen; eines hingegen bewirken wir damit sehr wohl: Wir führen ihm ein Modell für Ärger und Ängste vor. Unser Kind wird sein reales Verhalten sehr wahrscheinlich nicht an den Charakteren ausrichten, die es auf dem Bildschirm sieht. Wenn es erlebt, dass seine Eltern ihm einen brutalen Zeichentrickfilm erlauben und in der Realität liebevoll mit anderen umgehen, begreift es die Botschaft: »Scheinbare Gewalt ist okay, aber sie darf nicht real werden.«

Zu unserer Vorbild-Rolle gehört sicher auch, dass wir den Kindern sagen, was uns nicht gefällt. Vielleicht stecken wir so tief in der Auseinandersetzung über die »Schädlichkeit« von Unterhaltung, dass wir unser Recht auf eine eigene Meinung vergessen. Wenn wir sagen: »Diese Serie gefällt mir nicht« oder »Diesen Hass-Song will ich in meinem Haus nicht hören«, liefern wir dem Kind ein Vorbild für Entschlossenheit und moralische Courage. Es hilft einem Kind viel mehr, wenn Mutter oder Vater ruhig eine Meinung formuliert, als wenn die Eltern zweifeln und sich ängstigen und nicht wissen, was sie denken sollen. Natürlich lernen die Kinder auch von diesem elterlichen Vorbild und beginnen mit gleicher Unerschütterlichkeit ihre eigenen Vorlieben zu bekunden. Aber in der Familie ist eine Auseinandersetzung, bei der die jeweiligen Meinungen respektiert werden, immer ein guter Weg, um Problemen auf den Grund zu gehen, die Beziehungen zu vertiefen und die Grenzen zu erweitern.

Spiegel sein

Bestätigen Sie das Sein des Kindes

Die Spiegelung ist eine der elementaren Reaktionen, mit denen Eltern die Entwicklung des Kindes fördern, häufig ohne darüber nachzudenken.[4] Das Baby lächelt und wir lächeln zurück. Das Kleinkind rennt lachend umher, und wir rennen hinterher, lachen mit und krähen zwischendurch: »Du rennst ja!« Sprachentwicklungsforscher sehen in der Spiegelung einen der Bausteine der Sprache. »Ball!« – »Ja, das ist ein Ball. Wo ist der Ball?« – »Nicky Hand!« – »Ja, der Ball ist in Nickys Hand!« Entwicklungsexperten halten diese Form von Feedback (unter verschiedenen Bezeichnungen) inzwischen auch für eine wesentliche Voraussetzung der gesunden emotionalen Entwicklung. Noch vor einigen Jahrzehnten pflegten Eltern zu sagen: »Er schreit nur, weil er Aufmerksamkeit will.« Die Bedürfnisse des Kindes, hieß es, würden nur immer größer, wenn man ihnen nachgebe, und seine Frustrationstoleranz immer geringer. Inzwischen wissen wir, dass es genau den gegenteiligen Effekt hat, das kindliche Bedürfnis nach Zuwendung in den frühen Entwicklungsstadien zu erfüllen. Kinder müssen *gesehen* werden. Sie brauchen die Bestätigung, dass sie existieren, dass die Erwachsenen sie und ihr Tun wahrnehmen. Schon das einfache Wiederholen der Worte eines kleinen Kindes stärkt sein Selbstvertrauen. Wenn es sagt: »Ich hab Angst vor dem Hund«, ist die Antwort, die es vermutlich am meisten braucht: »Ja, du hast Angst vor dem Hund.« Auf dieser Basis ist es dann eher in der Lage, auf die Versicherung »Der wird dir aber nichts tun« oder auf die Frage: »Warum hast du denn Angst?« zu reagieren.

Das Bedürfnis nach Spiegelung wird mit zunehmendem Alter subtiler, bleibt aber stark. In meinen Workshops sehe ich schon die Mienen aufleuchten, wenn ich nichts weiter tue, als die Arbeiten der Kinder und ihre Phantasien nur zur Kenntnis zu nehmen. Das erlebe ich am deutlichsten in den unteren Klassen: Die Kinder strahlen mich die ganze Zeit an, während ich mir ihre Bilder ansehe oder ihren Geschichten zuhöre. Aber sogar ein Achtklässler auf dem Höhepunkt der Befangenheit und der gespielten Gleichgültigkeit stößt meist ein kleines Prusten aus oder würdigt mich eines kurzen Blickes, wenn ich sage: »Du stehst auf Schauergeschichten, wie?« Eine der besten und wirkungsvollsten elterlichen Bestätigungen ist, einfach anzuerkennen, was dem Kind gefällt: Sehen Sie es an, und spielen Sie grinsend mit, während es mit seiner Spielzeugpistole auf Sie schießt, hören Sie zu, wenn es Ihnen erzählt, was in *Jurassic Park* passiert ist, und fragen Sie, welcher Ego-Shooter der coolste ist.

Manchmal lehnen es die Kinder natürlich ab, ihre Vorlieben mit den Erwachsenen zu diskutieren, vor allem in den frühen Teenagerjahren. Sie müssen sich von den Eltern abgrenzen, und zu diesem Zweck setzen sie vielleicht absichtlich auf Konfrontation oder weisen Angebote zurück. Oder sie halten ihr Bedürfnis nach elterlicher Zuwendung für kindisch und wollen sich um keinen Preis etwas davon anmerken lassen. Dann reagieren sie alles andere als fröhlich, wenn die Mutter fragt: »Na, hast du bei *Half-Life* heute das nächste Level erreicht?« Sie brauchen auch unbedingt ihre Privatsphäre. Allein fernzusehen, allein vor dem PC zu sitzen und zu spielen ist oft eine produktive Art und Weise, reale Belastungen für eine Weile auszusperren und sich wieder für das wirkliche Leben zu sammeln. Ein sehr beruhigender Rückzug kann auch die Phantasiewelt der Musik sein, in die einen der Walkman eintauchen lässt.

Wie die Psychiaterin Lynn Ponton jedoch betonte, sind Eltern häufig der Ansicht, Teenager müssten *vor allem* allein gelassen werden und brauchten ihre Privatsphäre; in Wahrheit aber ist ihr Bedürfnis nach Zuwendung, Beratung und Bestätigung in dieser Phase noch viel größer als in der Kindheit. Sie befinden sich in einem Übergangsstadium, das ein bisschen unheimlich ist. Wie ein Kleinkind, das gerade laufen gelernt hat und von seiner Mutter fortläuft, aber auf einmal ängstlich stehen bleibt und auf den Arm genommen werden will, so wollen Jugendliche die Erwachsenen von sich wegschieben – aber immer in dem Bewusstsein, dass im Hintergrund jemand ist, der auf sie aufpasst.

Die Lösung, sagte sie, bestehe darin, eine offene Beziehung aufrechtzuerhalten, in der die Kommunikation über jedes Thema, das Eltern und Kinder gleichermaßen angeht, in beiden Richtungen mühelos läuft. Da es wichtig ist, irgendwelche Phantasien nicht übermächtig werden zu lassen, sollte Medienunterhaltung weder hinter verschlossenen Türen stattfinden noch allzu sehr von Regeln, Vorsichtsmaßnahmen oder besorgten elterlichen Vorträgen belastet sein. Selbst wenn Eltern die Unterhaltung ihrer Kinder anstößig, geschmacklos oder verstörend finden, lässt sich das richtige Verhältnis am besten bewahren, indem Sie sich sagen: »Darauf stehen sie eben.« Ponton beginnt die Beziehung zu einem jugendlichen Patienten häufig, indem sie ihn bittet, die CDs, Filme, Computerspiele oder Bücher mitzubringen, die ihm gefallen. Mit einem neuen Patienten vergehen die ersten Sitzungen manchmal einfach damit, dass sie gemeinsam Pearl Jam hören oder *DoA* gegeneinander spielen. Aus dem gemeinsamen Eintauchen in die Phantasie ergeben sich häufig Gespräche über die wahren Nöte des Jugendlichen – Gespräche, die er bis dahin noch nie mit einem Erwachsenen geführt hat.[5] Die Privatsphäre der Teenager zu wahren und damit ihr eigenes Leben zu respektieren ist eine entscheidende Voraussetzung für eine offene Beziehung; dabei kann es für die jungen Menschen aber sehr beruhigend sein, wenn wir sie wissen lassen, dass jemand für sie da ist und sie auf dem mühsamen Weg des Erwachsenwerdens unterstützt. Ermutigen Sie ihre Kinder, Musik nicht immer nur mit dem Walkman, sondern gelegentlich auch auf der Stereoanlage im Wohnzimmer zu hören – und wenn sie Ihnen nicht gefällt, sagen Sie es ruhig. Verdrehen Sie mit gespieltem Abscheu die Augen und sagen Sie: »Womit hab ich das verdient?« Lassen Sie ihnen Raum, zu widersprechen oder Ihre Beschwerde mit einem »Es ist doch nur ein *Song!*« abzutun.

Trauen Sie den Wünschen des Kindes

Die Tradition verleitet uns, den innigsten Sehnsüchten eines Kindes zu misstrauen – vor allem, wenn diese Sehnsüchte von einer profitgierigen Industrie geweckt werden. Die Wünsche der Kinder spiegeln aber häufig ihre tiefsten Bedürfnisse wider. Zum Beispiel: Kinder lieben Zucker und zwingen die Erwachsenen mehrmals am Tag, Ja oder Nein zu sagen. Wir sehen uns mit der Macht des Zuckers in Konkurrenz, nehmen es der Süßwarenindustrie übel, dass sie diese Vorliebe für Süßes ausnützt und intensiviert, und sind rasch bereit, an die Schädlichkeit von Zucker für den kindlichen Organismus zu glauben. In den Siebzigerjahren brachten einige vereinzelte Studien Zucker mit Hyperaktivität, Konzentrationsstörungen und anderen Krankheiten in Verbindung und berührten damit bei Millionen Eltern einen wunden Punkt. Die Ergebnisse wurden zwar bald widerlegt, doch die Furcht vor den schädlichen Folgen des Zuckers ist noch immer nicht ganz aus der Welt.[6] Natürlich ist Zucker nicht völlig unbedenklich – er verdirbt den Kindern den Appetit, zu viel davon bewirkt einen Energiestoß, gefolgt von einem ebenso raschen Energieabbau, er verursacht Karies –, aber er ist auch ein unverzichtbarer Bestandteil der ausgewogenen Ernährung. Immer mehr Lehrer und Trainer raten ihren Schülern oder Schützlingen vor einer wichtigen Schulaufgabe, vor einem Bühnenauftritt oder einem sportlichen Wettkampf zu einer zucker- und kohlehydratreichen Mahlzeit. Der Appetit des Menschen nach Zucker ist instinktiv; er bringt Neugeborene dazu, die Muttermilch anzunehmen, und die älteren Kinder dazu, Obst und andere wichtige Nahrungsmittel zu essen. Zwar ist es nötig, Grenzen zu setzen, doch im Prinzip haben die Kinder sehr gute Gründe, Zucker zu lieben.

Action-Unterhaltung ist für Kinder ähnlich verlockend und wird genauso skrupellos vermarktet. Wir empfinden sie als ähnlich bedrohlich und reagieren bereitwillig auf die Warnungen der Psychologen. Aber die Kinder sehnen sich nach solcher Unterhaltung aus sehr gesunden und berechtigten Gründen. Selbstverständlich gelüstet es den Menschen nicht immer nach Dingen, die gut für ihn sind, wie Drogen und Zigaretten beweisen. Aber junge Kinder begehren fast nie Schädliches, und sogar die meisten Jugendlichen gehen bei ihren Experimenten nie zu weit – es sei denn, eine Depression oder ein großer Zorn weckt selbstzerstörerische Impulse. »Junge Menschen treffen meist vernünftige Entscheidungen«, sagte Lynn Ponton. »Natürlich ist es wichtig einzugreifen, wenn ihnen ein offensichtlicher Fehler unterläuft, aber ebenso wichtig ist es, dass sie lernen, sich auf ihren Instinkt zu verlassen und selbst für sich zu entscheiden.«

Den Eltern fällt es oft schwer, den Entscheidungen der Kinder zu trauen, vor allem, wenn sie sich ausgerechnet das aussuchen, was die Erwachsenen missbilligen: derben Humor, blutrünstige Computerspiele, frauenfeindlichen Rap oder vielleicht Wrestling. Es ist sehr verlockend, nur das uns angenehme Verhalten zu bestätigen und das Übrige in der Hoffnung zu ignorieren, es werde von selbst verschwinden.

Doch genau die Verhaltensweisen, denen wir die Anerkennung verweigern, werden die Kinder am meisten verstören. Es ist wichtig für sie, dass auch diese Seiten ihres Wesens zur Kenntnis genommen werden. Wenn die Eltern sich verweigern, wenden sie sich anderswohin. Ein besonderer Reiz der Unterhaltungsindustrie liegt darin, dass sie dem Publikum das Gefühl geben kann, akzeptiert zu werden. Ein zorniges Kind, das sich von seinen Eltern und in der Schule missachtet fühlt, reagiert mit Begeisterung auf den Rocker oder Rapper, der genau seinen Zorn ausdrückt. Ein Kind, das sich machtlos fühlt, merkt, dass die Spiele-Industrie auf sein Machtbedürfnis eingeht, wenn auch nur in Form von Computerspielen, die sie verkaufen will. Der Wunsch des Kindes, sich mächtig zu fühlen, ist normal und gesund, ebenso wie sein Bedürfnis, dass eben dieser Wunsch zur Kenntnis genommen und anerkannt wird. Die Erwachsenen in seinem Leben können ihm helfen, vollständiger und selbstbewusster zu werden, einfach indem sie das Kind darin bestätigen.

Achten Sie darauf, zu welchem Zweck die Kinder ihre Phantasien benutzen

Mein Sohn pflegte sich über neue Situationen, die ihm Angst und Unbehagen verursachten, mit Machtphantasien hinwegzuhelfen. Am Anfang jeden Schuljahrs, vom Kindergarten über die Vorschule bis zur ersten Klasse, verwandelte er sich in einen Dinosaurier – aber nicht in einen lieben Pflanzenfresser, sondern in den größten und wildesten Fleischfresser, den er sich vorstellen konnte. Mit Freunden, Freundinnen und Familienangehörigen wollte er Dinosaurierkämpfe austragen, und wenn er niemanden fand, der mit ihm spielte, zog er auf eigene Faust in die Schlacht gegen unsichtbare Feinde. Ich spielte gerne mit, weil ich sah, wie viel Stress einerseits soziale Herausforderungen für ihn bedeuteten und wie beruhigend andererseits die Phantasien auf ihn wirkten. Nach den Aufregungen der ersten paar Wochen traten Fische, Frösche und sonstige Geschöpfe seiner Phantasie an die Stelle der Dinosaurier.

Als Nicky in der ersten Klasse war, musste er die Trennung seiner Eltern erleben. Ich rechnete damit, dass er sich intensiver denn je mit brutalen Spielen trösten würde, doch das Gegenteil trat ein: Er verwandelte sich in niedliche Tierchen, die nur noch Babysprache von sich gaben, sich tollpatschig benahmen, sehr oft in den Arm genommen und gerettet werden mussten. Offensichtlich erschreckte ihn diese einschneidende Veränderung in seinem Leben derart, dass ihm die Kampfphantasien, die er früher benutzt hatte, um sich stark und selbstbewusst zu fühlen, unheimlich wurden. Er wollte nicht selbstbewusst sein. Er wollte wieder klein sein, wie er vor unserer Trennung gewesen war, und umsorgt werden.

Jennie und ich reagierten auf zweierlei Weise: Wir versicherten ihm so häufig und so überzeugend wie möglich, dass wir uns immer um ihn kümmern würden, auch wenn wir nicht mehr zusammenlebten, und wir achteten ganz besonders darauf, ihn noch in der kleinsten Machtphantasie, die wir erkennen konnten, zu ermutigen. Wir fuhren fort, seine Kuschelphantasien anzuerkennen und zu bestätigen, weil er sie ganz offensichtlich brauchte. Mindestens ebenso wichtig erschien uns, dass er sein »Tyrannosaurus-Ich« wieder entdeckte. Wann immer er von Haien oder *Digimon* oder irgendeinem anderen Symbol von Wildheit oder Mut sprach, bekundete ich mein besonderes Interesse, und als er sich von Neuem für unser »Kriegsspiel« zu interessieren begann, sorgte ich dafür, dass ich die nötige Zeit und Energie aufbrachte, um ihm den Gefallen zu tun.

Dann trat eine interessante Neuerung ein. Irgendwelche Geschichten über sein Stachelschwein Beanie Baby, die er zu erzählen begonnen hatte, nahmen auf einmal eine Wendung ins Abenteuerliche. Jeden Abend erzählten wir uns abwechselnd ein weiteres »Kapitel« als Gutenachtgeschichte, und schon bald waren »Die Stachelschweinkrieger«-Geschichten über eine dumme, aber unerschrockene (und häufig brutale) Bande tierischer Action-Helden ein fester Bestandteil sämtlicher »Daddy-Tage«. Dann forderte er Jennie auf, ebenfalls Charaktere beizusteuern, eine Methode, seine Eltern miteinander in Verbindung zu bringen. Mit der Zeit, als er sich an den neuen Status quo einigermaßen gewöhnt hatte und sich sicherer fühlte, verloren diese Phantasien wieder an Bedeutung und fielen auf denselben Rang zurück wie die übrigen. Als Jennie und ich am Anfang seiner dritten Klasse unsere Ehe wieder aufnahmen, brach Nickys Begeisterung mit dem gesamten Spektrum seiner Machtphantasien hervor, und die Stachelschweinkrieger rangelten mit Dinosauriern, Ultraman und anderen imaginären Kämpfern aus früherer Zeit.

Ermutigen Sie die Kinder, ihre Geschichten zu erzählen

Unsere unwillkürliche Reaktion, unheimliche Gefühle zu ignorieren und zu hoffen, dass sie von selbst wieder verschwinden, hat unter anderem zur Folge, dass wir in die irrtümliche Annahme verfallen, die Gewaltphantasien eines Kindes seien am unbedenklichsten, wenn sie passiv, und am bedrohlichsten, wenn sie aktiv sind. In Wirklichkeit ist es umgekehrt: Wie ich bei meinen Erzählworkshops selbst gelernt habe, können Kinder ihre Gedanken und Gefühle umso wirkungsvoller miteinander in Einklang bringen, je aktiver sie diese Phantasien bearbeiten.

Heather Adamson ist Journalistin, Mutter von drei Söhnen und Vorstandsmitglied im Elternverband an ihrer Schule. Von den Lehrern, der Schulverwaltung und anderen Eltern muss sie sich häufig anhören, welchen schlechten Einfluss gewaltorientierte Unterhaltung habe, und sie achtete stets darauf, dass ihre Söhne möglichst wenig damit in Kontakt kamen. Meist zeigten sie ohnehin kein besonderes Interesse daran – bis Noel, der Älteste, in die vierte Klasse kam. Er war der Friedlichste der Drei, ein scheues Kind, das sich von seinen aggressiveren Mitschülern leicht einschüchtern ließ. Eines Tages entdeckte er *Tenchi,* eine japanische Zeichentrickserie, und verliebte sich Hals über Kopf mit einer verzehrenden Leidenschaft, wie er sie noch nie zuvor für irgendetwas bekundet hatte – derart verzehrend, dass Heather sich zu sorgen begann.

»Eines Abends kam er in Tränen aufgelöst zu mir«, erinnerte sie sich. »Ich fragte, was los sei, und er stieß hervor: ›Es soll wahr sein, dass wir wiedergeboren werden!‹ Ich war einigermaßen aus der Fassung, und mir fiel nichts anderes ein, als ihn zu fragen, wie er denn auf die Idee gekommen sei.« Noel erzählte daraufhin von einem Charakter aus *Tenchi,* der wiedergeboren war, und sagte, am liebsten würde er in der *Tenchi*-Welt leben, in der niemand sterben musste. *Tenchis* Anziehungskraft, so viel hatte Heather bereits begriffen, lag zu einem großen Teil darin, dass die Serie zwar sehr komplex, aber auch vorhersehbar war und dass den Charakteren, die ihrem Sohn so am Herzen lagen, nie etwas wirklich Schlimmes passierte, jedenfalls nichts, das sich nicht wieder gutmachen ließ. Zu dieser Zeit war Noels Vater beruflich viel unterwegs. Heather versuchte, sich um die beiden Jüngeren zu kümmern, den Haushalt zu führen und gleichzeitig ihren Beruf nicht zu vernachlässigen. So kam es, dass beide Eltern nicht so viel Zeit für Noel aufbrachten, wie sie sich gewünscht hätten. Die Zeichentrickserie war seine Zuflucht.

»Aber als er mir davon erzählte, sagte er etwas, das mich wirklich aufschreckte«, sagte sie. »Er sagte, es sei doch nicht normal, dass er *Tenchi* dermaßen liebte. Es verstörte ihn, dass er so oft daran dachte, und er war sicher, wenn andere wüssten, was in seinem Kopf ablief, würden sie ihn für *verrückt* halten.«

Sein Interesse an *Tenchi* sei durchaus normal und ganz ungefährlich, versicherte ihm Heather. Erst jetzt gestand Noel, was seine Furcht ausgelöst hatte: Er hatte von *Tenchi* geträumt! Die Viert- und Fünftklässler führten Krieg gegeneinander, die eine Klasse mit Eis, die andere mit Feuer. Noel hatte die Macht, zwischen den gegnerischen Parteien zu vermitteln. Also trat er aufs Schlachtfeld hinaus und versöhnte die Feinde. »Dann waren sie alle wie warmes Wasser«, sagte er, »und alle waren wieder friedlich.«

Heather sagte, es sei alles völlig in Ordnung mit ihm, und sobald sie Zeit habe, werde sie ihm helfen, den Traum aufzuschreiben. Diese Idee fand er ausgezeichnet. Er konnte es nicht erwarten, bis sie sich endlich freimachen konnte, und schrieb den Traum selbst auf – es war das erste Mal, dass er mehr als eine Stunde lang am Schreibtisch saß und freiwillig etwas schrieb. »Beim Abendessen brachte er mir die Geschichte«, sagte Heather, »und während ich sie las, tanzte der Junge förmlich durchs Zimmer, so stolz war er auf seine Leistung. Er war sogar stolz darauf, dass er so eine verrückte Phantasie hatte!« Noel begann nun andere Träume und Phantasien aufzuschreiben, und Heather sah, wie seine Stimmung sich von Tag zu Tag hob. »Später sagte er, dass es ihm in der Schule jetzt viel besser ging, weil er nicht mehr das Gefühl hatte, er müsse sich zusammennehmen, um nicht mehr die ganze Zeit an *Tenchi* zu denken.«

Noel benutzte die Welt eines Superhelden-Zeichentrickfilms, um seinen Ängsten vor Veränderungen im Leben, vor stärkeren Kindern und vor seiner eigenen Machtlosigkeit Gestalt zu geben. Solange er isoliert in dieser Welt lebte, beunruhigte sie ihn. Seine Mutter hatte ihm einen Weg vorgeschlagen, diese Welt anderen zugänglich zu machen, und er hatte ihn begeistert angenommen.

Befähigen Sie die Kinder zur Selbstbestimmung

Vielen Eltern macht es große Sorgen, dass sie die Kinder unmöglich ständig beaufsichtigen können, denn auch wenn zu Hause strenge Mediendisziplin herrscht, gehen die Kinder zu Freunden und sind dort jeder Kontrolle entzogen, können fernsehen oder sich mit brutalen Computerspielen beschäftigen. Die Eltern vertrauen darauf, dass ihre Gegenwart die negativen Folgen der Medien abschwächt; fehlt die Kontrollinstanz, so die Befürchtung, müssen die Auswirkungen umso verheerender sein.

Tatsache ist, dass der Einfluss der Eltern unendlich größer ist als die Macht der Unterhaltung, sodass ein gutes Gespräch unzählige Stunden Medienzeit aufwiegt. Ray Portillo, ehemaliger Erzieher und politischer Berater, erzählte mir von einem Vorfall in seiner Kindheit, der ihm unauslöschlich in Erinnerung geblieben ist, obwohl seither fast siebzig Jahre vergangen sind. Als Kind liebte er die Hörspielserien im Rundfunk, obwohl ihm die Spannung manchmal fast unerträglich war. Einmal, als The Shadow in eine tödliche Falle geraten war, kam sein Vater ins Zimmer, und Ray fragte ihn aufgeregt: »Glaubst du, er wird überleben?« Sein Vater antwortete: »Sohn, wenn er nicht überlebt, ist die Serie zu Ende.« Dann ging er wieder. »Diese eine kleine Bemerkung eröffnete mir eine völlig neue Sichtweise«, sagte Portillo. »Sie tat meiner Begeisterung keinen Abbruch, aber jetzt war mir immer bewusst, dass dahinter jemand stand, der mir die Unterhaltung *verkaufte*.«

Dr. Stuart Fischoff vom Labor für Medienpsychologie an der Universität von Californien in Los Angeles kam nach jahrelanger Erforschung des Zusammenhangs zwischen Medienkonsum und Verhalten zu dem Schluss: »Kinder wollen wissen, was real ist. Sie *wollen* sich erklären, was sie sehen. In Schwierigkeiten geraten sie nur, wenn sie nicht wissen, wie sie das Gesehene in einen realen Kontext einordnen sollen. Wenn Sie sich nur ein kleines bisschen Zeit nehmen, um mit dem Kind über das, was es sieht, zu reden, dann brauchen Sie sich über die Auswirkungen der Medien keine Sorgen mehr zu machen.«

Helfen Sie ihnen, Phantasie und Wirklichkeit zu unterscheiden

Wir unterschätzen häufig die Fähigkeit der Kinder, den Unterschied zwischen real und irreal zu begreifen. »Die Brutalität in einem Zeichentrickfilm als irreal zu erkennen gelingt den Kindern bereits sehr früh – das können sie meist schon mit zwei Jahren«, sagte Lenore Terr. Der Unterschied zwischen Phantasie und Wirklichkeit ist den Kindern in der Regel erst mit sieben oder acht Jahren vollständig klar, Videobilder begreifen sie jedoch schon viel früher. Schließlich haben die Bilder auf einem Fernsehschirm allenfalls eine Ähnlichkeit mit der Realität: Es sind zweidimensionale Abbildungen in einem Kasten, die sich dauernd verändern und mit der Alltagswirklichkeit der Kinder oft nicht das Geringste zu tun haben. Tatsächlich nehmen sie Zeichentrickfiguren oder seltsame Gestalten wie die Power Rangers zuerst gar nicht als menschlich wahr, sondern sehen darin etwas zwar Menschenähnliches, aber ausschließlich dem Fernsehen Vorbehaltenes. Für ein fernsehendes Kind ist es meist leichter, zwischen Videobildern und Wirklichkeit zu unterscheiden als zu erkennen, dass die seltsamen Bilder im Fernsehen in irgendeiner Beziehung zu der Wirklichkeit stehen sollen.

Die Gefahr ist also weniger, dass ein Kind beliebigen Alters sich vorstellt, eine fiktive TV-Sendung bilde eine reale Situation ab, sondern dass Kinder ihren emotionalen Reaktionen auf Fernsehbilder zu viel Bedeutung beimessen. Sie müssen begreifen, dass ihre Empfindung während einer Kampfszene im Film ein Macht*gefühl* ist, das Spaß macht, nicht aber eine emotionale Regung, die als solche mächtig und gefährlich wäre. Manche fürchten, ein Kind könnte durch Phantasien oder durch Computerspiele ein »falsches Machtgefühl« entwickeln. Tatsächlich aber wird ein Kind, wenn es das Gefühl fiktiver Macht unbelastet auskosten darf, weniger stark das Bedürfnis empfinden, sich einzureden, es sei in Wahrheit mächtiger, als es ist. Wichtig ist allein, wie die Kinder ihre Unterhaltung in reales Verhalten integrieren, nicht das, was wir damit assoziieren. Wenn wir ihnen durch unsere Reaktionen diesen Unterschied völlig klar machen, werden auch die Kinder mühelos unterscheiden können.

Viele Kritiker argumentieren, dass Kinder durch Medienunterhaltung lernten, Gewalt als akzeptable Methode der Problemlösung anzusehen. Die Realität ist jedoch ein gutes Korrektiv. Wenn ein Kind zum ersten Mal konkret einen Power Ranger imitiert und einen Spielgefährten tritt und damit Tränen, elterlichen Zorn, den jähen Abbruch des Spielnachmittags und vielleicht einen wehen Fuß bewirkt, lernt es, dass Phantasie und Wirklichkeit fundamental unterschiedlichen Regeln unterliegen. Einer der besonderen Anreize der Scheinwelt besteht ja gerade darin, dass dieselben Verhaltensweisen, von denen wir wissen, dass sie in der komplexen, eingeschränkten Realität *keine* Probleme lösen, in der Phantasie bestens funktionieren.

Die Grenzen der potenziellen Medienbeeinflussung werden rasch deutlich, wenn wir uns die Werbung ansehen. Keine noch so ausgeklügelte Kampagne kann auch nur *einen* Kunden zum Kauf eines Produkts bewegen, das er nicht will. Die teuersten und listenreichsten Werbefeldzüge bleiben wirkungslos, wenn die Konsumenten gegen das Produkt eingestellt sind. Deswegen beschäftigen die Vertriebsabteilungen der Unternehmen ein Heer von »Trendscouts«, die herausfinden sollen, was Kinder wollen und welche Verpackung am ansprechendsten für sie ist – erst kommt der Kundenwunsch, dann das Produkt, das ihn erfüllt.[7] Wie ein TV-Marketingexperte zu mir sagte: »Wenn ein Kind ein neues Spielzeug haben oder genauso cool wie seine Freunde sein will, dann kann ein Werbespot seinen Appetit wecken und auf ein spezielles Produkt lenken. Aber nicht einmal die gewiefteste Werbung aller Zeiten wird es dazu bringen, Rosenkohl zu essen oder freiwillig sein Zimmer aufzuräumen.« Kinder interessieren sich für aufregende Phantasien. Schmerzen aushalten, in ernste Scherereien geraten oder den Kontakt zur restlichen Welt verlieren wollen sie in der Regel nicht. Folglich kann Medienunterhaltung sie zwar zu brutalen Spielen inspirieren, aber auch ein regelmäßiger (maßvoller!) Konsum selbst der aufregendsten Mediengewalt wird sie nicht zu gewalttätigem Verhalten in der Realität verleiten.

Wenn die reale Umgebung das Kind lehrt, dass Gewalt sich auszahlt, wie es in manchen gewaltreichen sozialen und familiären Milieus der Fall ist, dann kann es durchaus sein, dass die Unterhaltung diese Lektion bestätigt.[8] Für junge Menschen, die zornig genug sind, um sich irrational oder selbstzerstörerisch zu verhalten, können positive Assoziationen mit Gewalt in der Tat problematisch werden. Dazu sagt Donald Roberts von der Stanford Universität: »Ein Kind speichert Vorlagen: Schablonen von Mediengewalt als Ursache für Spannung, Aufregung, Sieg oder Stressabbau. Wenn dann Ereignisse im realen Leben seinen Zorn wecken, können sich diese Vorlagen an seinen Zorn anpassen.«[9] Roberts meint, es täte unserer Kultur insgesamt gut, wenn die Konsequenzen von Gewalt realistischer dargestellt würden. Er zitiert dazu

Aussagen junger Männer, die mit Schussverletzungen und Messerstichen in die Notaufnahme der Krankenhäuser eingeliefert werden, zum Beispiel: »Ich wusste nicht, dass es so *weh* tut!« – »Viele sind der Meinung«, sagte Roberts, »Mediengewalt sei in Ordnung, solange sie karikativ und witzig ist, und lehnen sie ab, wenn sie chaotisch und verstörend wird. Aber sie sollte eben gerade chaotisch und verstörend sein, jedenfalls von Zeit zu Zeit. Wenn sie es nicht ist, müssen die jungen Leute begreifen, dass die *Realität* sehr wohl so ist.«

Roberts ist aber auch davon überzeugt, dass wir die Freude und emotionale Legitimität der Phantasie respektieren müssen. »Meine Kinder haben die *Looney Tunes* immer heiß geliebt – und ich auch. Aber in der Zeichentrickserie sind Schmerz und Körperverletzung immer mit Spaß verbunden. Deshalb frage ich die Kinder manchmal: Was, glaubt ihr, würde *wirklich* passieren, wenn ein Koyote von einer Klippe fällt? Natürlich nicht in dem Moment, in dem es passiert – ich will ja kein Spaßverderber sein. Später aber schon, wenn wir alle in der Stimmung sind, wieder mehr an die Realität zu denken.«

Jib Fowles von der Universität von Houston hingegen warnt davor, kindliche Phantasien der Sichtweise der Erwachsenen zu unterwerfen. »Wenn sie über das, was sie sehen, von sich aus reden wollen – wunderbar. Aber sich mit ihnen hinsetzen und sie zwingen, darüber zu reden, kann die Funktionsweise ihrer Vorstellungskraft beeinträchtigen.« Seiner Ansicht nach müssen Eltern mit ihren Kindern nur zweierlei Fernsehinhalte besprechen: Werbung und Nachrichten, denn beide erheben den Anspruch, Realität abzubilden, verzerren sie aber häufig. Kinder lernen rasch, dass Fiktion eine ganz eigene Welt ist und sie dürfen keine Angst davor haben, diese Welt zu betreten. »Kinder werden auch von der Realität dauernd beeindruckt und aufgewühlt, was häufig ziemlich belastend sein kann. Unterhaltung ist der *Gegenpol* zur Realität. Phantasie wirkt therapeutisch, wenn sie im Lauf der Zeit an Einfluss gewinnt, aber das setzt voraus, dass sie Phantasie bleibt. Eine von den Eltern bestimmte und geführte Diskussion kann allenfalls ein weiteres beunruhigendes Eindringen der Realität sein.«[10]

Vielleicht hat Dr. Fowles mehr Vertrauen zum Fernsehen als ich – und vielleicht macht sich Dr. Roberts ein bisschen mehr Sorgen als nötig. Aber Recht haben sie beide, meine ich: Respektieren Sie die Phantasien der Kinder, aber ermutigen Sie sie auch, darüber zu reden. Das jeweilige Ausmaß spielt keine große Rolle. Wir können nicht viel falsch machen, wenn wir den Kindern mit Liebe und Anerkennung entgegenkommen.

Dabei sei erwähnt, dass die Aufgabe des Mentors auch für die Eltern eine gute Methode sein kann, um eigene Ängste zu beschwichtigen. Einmal war ich zu Besuch bei Freunden und erlebte mit, wie der zwölfjährige Sohn »Stan« hörte, Eminems Song über einen gestörten Rap-Fan, der schließlich seine Freundin und sich selbst umbringt. Susan, Jeffs Mutter, regte sich über den Text sichtlich auf und fragte ihren Sohn wiederholt: »Gefällt dir dieser Song? Findest du das nicht grausig? Was gefällt dir denn so daran?« Jeff winkte jedesmal ab, zunehmend genervt: »Jetzt lass mich halt einfach *zuhören!*« Als der Song endlich vorbei war, sagte Susan: »Okay. Nur eines. Du *weißt,* dass es nicht in Ordnung ist, die Freundin im Kofferraum des Autos einzusperren, oder?« Jeff antwortete darauf: »Sowieso!« Und alle waren zufrieden.

Erlauben Sie ihnen eigene Reaktionen

Donald Roberts betont, dass der Zweck des Gesprächs mit den Kindern immer darin bestehen sollte, sie zum Nachdenken anzuregen – nicht sie umzustimmen. Die Kommunikation in der Familie bricht nicht nur zusammen, wenn Eltern den Kindern nicht zuhören oder nicht mit ihnen reden, sondern auch, wenn sie nicht akzeptieren können, dass ihre Kinder zu bestimmten Themen eine grundsätzlich andere Meinung haben und immer haben werden. Wann immer Roberts mit seinem Sohn über Gewalt sprach, achtete er darauf, Urteile und Konfrontationen zu vermeiden. »Ich stelle Fragen wie: Worum ist es gegangen, wie denkst du über dies oder das? Ich sage: Dieser Film präsentiert Gewalt als Lösung für Probleme – wie findest du das? Wenn ich junge Leute auffordere, nachzudenken und eine Antwort zu geben, müssen sie sich nicht gegen meine Ansichten sträuben, um ihr Revier zu verteidigen.« Als sein Sohn dann selber Kinder hatte, hielt dieser die Bedenken, die sein Vater wegen der allzu realistischen Spielzeugwaffen der Enkel geäußert hatte, für unbegründet. »Aber dabei zitierte er praktisch jedes einzelne Wort, das ich ihm gesagt hatte, als *er* klein war. Das war das Wichtigste – dass jedes Gespräch, das wir je geführt hatten, immer noch da war, als ein Bestandteil seiner persönlichen Vorlage von Gewalt.«

Wenn wir den kindlichen Reaktionen trauen und nicht versuchen, sie zu beeinflussen oder vorwegzunehmen, ermöglichen uns die Kinder manchmal interessante Erkenntnisse. Als Nicky vier war, entdeckten etliche seiner Freunde den Baum vor dem Kindermuseum, das die Gruppe damals öfter besuchte. Es war ein perfekter Kletterbaum mit dicken Ästen, die bis fast auf den Boden reichten, und in der tief gefurchten Rinde lebten zahllose Insekten. Ich hätte gedacht, dass Nicky vom Klettern ebenso begeistert wäre wie von den Käfern, aber das war ein Irrtum: Nicky fürchtete sich. Während seine Freunde im Baum herumtobten, schlenderte er davon und spielte für sich allein. Er wollte nicht sagen, wovor er sich fürchtete (»Ich *will* einfach nicht auf den Baum klettern!«, sagte er unter Tränen), aber Jennie und ich waren sicher, dass er Angst hatte herunterzufallen und dass seine Angst ihn um eine angenehme Erfahrung brachte.

Ich beschloss, meine Erkenntnisse über Machtphantasien anzuwenden und las ihm ein paar Comics über Tarzan, den heldenhaften Herrn der Bäume vor. Ich suchte die spannendste Version aus, die ich kannte, einen Nachdruck der *Tarzan*-Comicserie, die in den Dreißigerjahren in der Zeitung erschienen war, voller blitzender Messer und tödlicher Auseinandersetzungen. Eine Zeit lang machte es ihm Spaß, und ich stellte mir schon vor, wie er zu diesem Baum rannte und als Tarzan die Äste hinaufkletterte. Dann kamen wir zu einer Geschichte, in der ein Medizinmann den Helden mit einem vergifteten Pfeil niederstreckt; Tarzan stürzt besinnungslos zu Boden. Auf einmal sagte Nicky: »Ich will nichts mehr von Tarzan hören!« Ich fragte: »Willst du wissen, wie die Geschichte ausgeht?« Er schob die Unterlippe vor, klappte das Buch zu und fing zu weinen an. »Ich *will* nichts mehr von Tarzan hören!«

Ich wollte das Buch in den Keller verbannen und Nicky nie wieder brutale Geschichten vorlesen. Gleichzeitig wollte ich sagen, was enttäuschte Väter seit Generationen sagen: »Ach komm! Das ist doch nur eine Geschichte. Wovor fürchtest du dich denn?«

Ich hielt also eine Weile den Mund. Ich wartete, bis wir uns beide einigermaßen beruhigt hatten, dann schlug ich das Buch wieder auf und sagte: »Das ist ganz schön unheimlich, oder?« – »Ja!« – »Ich bin aber sicher, dass Tarzan die Sache übersteht.« – »Woher willst du das wissen?« – »Ich hab's schon mal gelesen. Er wird wieder gesund und legt dem Bösewicht das Handwerk.« – »Wie wird er von dem Gift wieder gesund?« – »Willst du's sehen?« – »Wie wird er wieder gesund?« – »Es ist doch lustiger, wenn wir die Geschichte lesen und abwarten. Jedenfalls kann ich dir garantieren, dass er wieder gesund wird.« Ich musste ihm noch zweimal versichern, dass die Geschichte gut ausgehen würde, bis er mich vorlesen ließ, und in dem Moment, als Tarzan das Gegengift schluckt, unterbrach er mich aufgeregt: »Aber von Gift stirbt man doch!« – »Wie kommst du denn *da*rauf?«, fragte ich. »Peter hat es gesagt!«, rief er. »Er hat gesagt, die Tausendfüßler in der Baumrinde sind giftig, und an Gift *stirbt* man!«

Auf einmal war alles klar. Er hatte nicht Angst, vom Baum zu fallen, sondern vor den tödlichen Tausendfüßlern, die sich ein älterer Junge ausgedacht hatte, um die Spalten und Ritzen im Stamm interessanter zu machen. Nicky hatte sich noch nie vor einem Insekt gefürchtet, im Gegenteil: Er war immer stolz darauf gewesen, dass er, mutiger als andere, alle möglichen Käfer und Spinnen einfangen und sich über die Hand kriechen lassen konnte. Aber dieses Gerede über Gift und Tod von einem älteren Jungen, der sich aufspielte, als wüsste er alles, war ihm zu viel. Der Kummer und die Verwirrung darüber, dass seine plötzliche Furcht ihn von einem Baum voller großartiger Käfer abhielt, werden seine Scham und seine Ängste noch verstärkt haben, sodass es ihm umso schwerer fiel, sich damit auseinander zu setzen.

Er hatte überhaupt nicht so reagiert, wie ich erwartet hatte, aber jetzt war ich froh, dass ich ihm diese Geschichten vorgelesen und das Buch nicht einfach weggelegt hatte, als er aus der Fassung geriet, denn jetzt hatte er Gelegenheit, Phantasie und Wirklichkeit einander gegenüberzustellen. Ich versicherte ihm, dass Tausendfüßler hierzulande völlig harmlos seien und dass ihm nichts passieren würde, wenn er auf den Baum kletterte. Er war noch nicht so weit, den Baum selbst zu testen, aber jetzt konnte er immerhin mit Vergnügen die Zeichnungen in dem Buch betrachten. Während der nächsten zwei Wochen wollte er jeden Abend Tarzan hören. Dann war *Tarzan* plötzlich uninteressant, und er wollte aus einem Fischbuch vorgelesen bekommen. Der Affenmann war für immer erledigt. Aber Nicky kletterte auf den Baum.

Greifen Sie notfalls ein – behutsam

Wenn junge Menschen Probleme mit brutaler Unterhaltung haben, müssen die Eltern vielleicht für einen anderen Umgang damit sorgen. Eine Überreaktion wird allerdings nicht helfen. Wie der Psychiater Edwin Cook sagte: »Wenn mein Sohn eine Action-Serie im Fernsehen sieht und hinterher seine Schwester verhaut, dann heißt es auf jeden Fall: Rate mal, was du die nächsten zwei Wochen garantiert nicht sehen wirst. Aber das aggressivste Kind in unserer Nachbarschaft ist dasjenige, das überhaupt nicht fernsieht, weil es in seinem Zimmer keinen Anschluss hat und die Eltern nicht mit ihm fernsehen.«

Eine Familientherapeutin mit zwei Söhnen erzählte: »Unser Ältester war normalerweise ein friedlicher und beherrschter Junge, egal, was er im Fernsehen sah. Aber wenn sein kleiner Bruder Zeichentrickfilme ansah, wurde auch er wild – quetschte den Hund, dass der zu jaulen anfing; solche Sachen. Wir wollten ihm die Zeichentrickfilme nicht grundsätzlich verbieten, weil wir ihm damit nur mitgeteilt hätten, er sei nicht stark genug, um mit seinen Gefühlen oder Reaktionen zurechtzukommen. Also sagten wir, er dürfe die Serie nur noch sehen, wenn er spielen könnte, ohne grob zu werden. Wir stellten es als Herausforderung dar und sagten, wir seien überzeugt, dass er es schaffen könnte.« Er könne ruhig brüllen, aufs Sofa hauen, mit seinem Bruder raufen, erklärte sie ihm, allerdings innerhalb bestimmter Grenzen. Ihrem Sohn unterliefen zahlreiche Entgleisungen, und immer wieder waren ihm Action-Serien längere Zeit verboten, aber er wollte jedes Mal wieder eine neue Chance bekommen, und nach mehreren Monaten hatte er sich im Griff. »Er war sehr stolz darauf. Es war für uns alle keine leichte Zeit, aber am Schluss freuten wir uns alle, dass er es geschafft hatte.«

Manchmal brauchen uns die Kinder, um aus einem Kreis

auszubrechen. Ein Teenager, der sich aus seinem normalen Leben verabschiedet, um nur noch in seine Computerspiele einzutauchen, braucht wohl eine zeitliche Begrenzung, oder die Spielekonsole darf nicht mehr in seinem Zimmer stehen. Dabei müssen Sie ihm aber ganz klar machen, dass nicht er das Problem ist oder die Unterhaltung, die sein Selbstbild und seine Bedürfnisse widerspiegelt, sondern eine Verhaltensweise, die ihm, wie Sie glauben, das Leben schwer macht. Lassen Sie ihn wissen, dass Sie die Regeln des Familienlebens verändern, um ihm zu helfen, damit er – samt allen seinen Vorlieben und Phantasien – als glücklicherer und erfolgreicherer Mensch in die Welt gehen kann.

Helfen Sie ihren Kindern, mehr daraus zu machen

Jungen Menschen beim bewussten Umgang mit ihrer Unterhaltung zu helfen, ist weit mehr als der Versuch, negative Einflüsse möglichst gering zu halten. Wie der Psychologe Mihaly Csikszentmihalyi betont, können die sozialen und kreativen Erfahrungen, die ein Kind mit Unterhaltung aller Art macht, seine Entwicklung zu einer komplexeren und erfolgreicheren Person fördern.

Csikszentmihalyi entwickelte das Konzept des »Flow«: das Zusammenwirken von Gefühl, kognitiver Funktion, sozialer Gemütslage und Selbstwahrnehmung. In »hohem Flow« ist der Handelnde im Zustand des »optimalen Erlebens«, er ist glücklich und konzentriert, zeigt sich der Welt als einnehmendes Wesen und hat ein positives Selbstbild. In »niedrigem Flow« fühlt er sich niedergeschlagen, es fällt ihm schwer, Informationen zu verarbeiten. Er schlägt mit seinen Affekten alle Welt in die Flucht und hat ein geringes Selbstwertgefühl. Bei Teenagern beobachtete Csikszentmihalyi die höchsten

Flow-Zustände bei fordernden Tätigkeiten, die sie vollkommen in Anspruch nehmen sowie im Umgang mit Gleichaltrigen. Die niedrigsten Flow-Zustände treten während des Unterrichts auf, wenn sie sich langweilen, unzufrieden und unbeteiligt sind, sich eingeschlossen fühlen. Beinahe ebenso niedrig ist der Flow-Zustand bei einsamer, passiver Unterhaltung, insbesondere beim Fernsehen. Die Untersuchung legt den Schluss nahe, dass Teenager, die sich mit weniger passiver Unterhaltung beschäftigen und mehr Aktivitäten nachgehen – gleichgültig, ob allein oder in der Gruppe –, im späteren Leben besser zurechtkommen. »Aktivitäten, die hohe Flow-Zustände begünstigen, stellen Anforderungen an uns«, sagte Csikszentmihalyi, »sie zwingen uns, unsere Persönlichkeit zu erweitern und neue Seiten unseres Wesens kennen zu lernen. Die Schwierigkeit dabei ist, dass es so viel einfacher ist, sich mit einem niedrigen Flow-Zustand abzufinden und darin zu verharren. Die Gefahr des Fernsehens besteht darin, dass es ein so verführerisches Medium ist. Vielleicht schalten wir den Apparat ein, weil wir wirklich etwas Interessantes erfahren wollen, aber wenn er erst einmal läuft, ist es verlockend, einfach davor sitzen zu bleiben. Die Stimmung sinkt immer tiefer in den Keller, aber wir bleiben trotzdem sitzen.«

Die Schwarz-Weiß-Perspektive »Fernsehen ist schlecht, Aktivität ist gut« sei allerdings zu vereinfachend, betonte er, die Sache sei komplizierter. Den Forschungsergebnissen zufolge sehen Kinder, die als »begabt« gelten, im Alter von etwa zwölf häufig *mehr* fern als die »weniger begabten« Kinder. Ab ungefähr vierzehn Jahren kehrt sich die Situation um, dann sehen die begabteren Teenager in der Mehrzahl weniger fern. »Ich glaube, das liegt daran, dass jüngere Kinder das Fernsehen als Ideen- und Phantasienlieferanten benutzen«, sagte er. »Sie sehen fern, sie entdecken Neuigkeiten, und dann denken sie über ihre Entdeckungen nach, spielen sie nach und malen Bilder über sie. Irgendwann aber wird das Medium redundant. Sie haben praktisch alles gesehen, was das Fernsehen zu bieten hat, oder sie haben ergiebigere Quellen für neue Ideen entdeckt. Die jungen Leute, die auch ihre ganze Adoleszenz hindurch weiter viel fernsehen, benutzen das Medium meist zur Entspannung oder um die Zeit totzuschlagen, und verharren auf diese Weise in einer negativen Stimmung.«[11]

Der entscheidende Unterschied ist das Verhältnis des Zuschauers zum Medium. Csikszentmihalyi beobachtete relativ hohe Flow-Zustände, wenn ein Kind mit einem Freund oder Familienangehörigen fernsieht und über den Inhalt der Sendung spricht. Sogar einsames Fernsehen kann aktiv sein: »Wenn ein Zuschauer einen historischen Dokumentarfilm sieht, weil er das Thema verstehen will, wenn er die Darstellung konzentriert verfolgt, sich dann vielleicht sagt: ›Moment, das stimmt doch überhaupt nicht. Von wem ist der Film? Worauf wollen sie damit hinaus?‹ Wenn er sich ein Basketballspiel anschaut und sich fragt, wieso Kobe Bryant so schlecht drauf ist. Oder wenn er einen Actionfilm sieht und sich überlegt, wie die Spezialeffekte zu Stande gekommen sind, was als Nächstes passiert, oder warum der Drehbuchautor sich so und nicht anders entschieden hat. Das alles sind durchaus aktive Zustände, und sie können sehr wertvoll sein. Eine andere Aktivität, sogar Lesen oder ein Opernbesuch, kann viel weniger fruchtbar sein, wenn sie ohne innere Beteiligung vorbeirauscht.«

Während ich im Comic-Geschäft tätig war, begegnete ich vielen jungen Menschen, die sich in ihrer Phantasie immer nur im Kreis drehten: Sie verschlangen Superhelden-Geschichten, um ihre Ängste zu beschwichtigen, schafften es aber nie, ihre Konflikte zu lösen oder ihr reales Leben in die Hand zu nehmen, sodass sie sich einfach zum nächsten Comic-Heft, zum nächsten Computerspiel treiben ließen, ohne sich je zu anspruchsvolleren oder komplexeren Interessen weiterzubewegen. Viele von ihnen lassen sich durch ihre Jugend hindurch ins Erwachsenenalter treiben und benutzen ihre Phantasien dazu, die nächsthöhere Entwicklungsebene abzuwehren. Am Comic-Geschäft hat mir immer das breite Angebot an Gelegenheiten für die Fans gefallen, an organisierten Treffen Gleichgesinnter teilzunehmen, mit den Textern und Zeichnern in persönlichen Kontakt zu treten, ihre eigenen Geschichten und Zeichnungen bei einem Verlag unterzubringen. Ich habe viele junge Leser erlebt, die solche Gelegenheiten wahrnahmen, um ihre jugendlichen Phantasien zu vielfältigerem Gebrauch einzusetzen und sich zu glücklichen und interessanten Menschen zu entwickeln.

Wir Erwachsenen können junge Leute ermutigen, ihre Phantasien in ihr soziales und kreatives Leben einzubauen – solange wir ihnen erlauben, es auf ihre Art zu tun. Wie wir scheitern können, wenn wir versuchen, ihre Kreativität in Bahnen zu lenken, die unseren eigenen Vorstellungen entsprechen, habe ich leider auch erlebt.

In einem meiner Workshops für die siebte Klasse war ein Junge namens Adam, der seine Popkultur-Vorlieben wie einen Panzer um sich herum aufbaute. Der Workshop fand zwei Monate nach dem Columbine-Massaker statt, und Adam trug den gleichen langen schwarzen Trenchcoat wie die beiden Mörder – eine Entscheidung, mit der er bei den Erwachsenen zwangsläufig entsprechende Reaktionen auslöste. Er war kein Störenfried; er machte seine Schulaufgaben, hielt sich an Anweisungen, aber er strengte sich niemals mehr an, als unbedingt nötig war. Wie ein Lehrer über ihn sagte: »Adam hat mit der Schule innerlich abgeschlossen.«

Die Geschichte, die er sich in meinem Workshop ausdachte und zeichnete, war ein Tribut an eine Rap-Gruppe mit dem Namen The Insane Clown Posse, die für ihre brutalen Texte bekannt war. Adams Begeisterung für ICP war echt, aber seine Geschichte oberflächlich und nichts sagend: zornig, geschmacklos, hastig und gedankenlos hingekritzelt. Der Junge hatte zweifellos Köpfchen und starke Gefühle und konnte sicher etwas Aussagefähiges von sich geben, wenn er sich bemühte. Das wollte ich aus ihm herauslocken. Ich sagte, ich fände seine Arbeit recht beeindruckend, und spürte, dass er sich innerlich ein wenig öffnete. Dann setzte ich noch eins drauf. Ich redete mir ein, dass ich ihn nur ermutigte, auszudrücken, was ihm auf die Nerven ging, aber was tatsächlich aus meinem Mund kam, war eine Kritik: »Man sieht genau, dass du eine Menge Zorn in dir hast – warum machst du nicht eine Geschichte über *deine* Gefühle, statt nur eine Rap-Gruppe zu verehren?«

Meine ungehaltene Stimmung war eine Reaktion auf seinen Panzer. Der Trenchcoat im Columbine-Stil machte mich nervös und ärgerte mich, genau wie beabsichtigt. Hätte ich ihm zugeredet, weiterhin die Geschichten zu erzählen, die er erzählen *wollte,* hätte er sich vielleicht geöffnet, doch statt ihm zuzuhören, hatte ich einen Kurswechsel herbeizuzwingen versucht. Ich sah, wie seine Miene sich verschloss. Ich hatte den Jungen verloren.

Lynn Ponton erzählte eine Geschichte, die anders ausging.[12] Joe war ein Teenager aus einem bürgerlichen Vorort, der sich von seinen Eltern, denen ihre eigenen ehelichen und beruflichen Probleme über den Kopf wuchsen, im Stich gelassen fühlte. Er verbrachte seine Nachmittage und Abende vor dem Fernseher, manchmal allein, manchmal mit einem oder zwei Freunden. Er entwickelte eine Leidenschaft für alte Western und ihre Protagonisten, die für ihn der Inbegriff starker, unabhängiger Männlichkeit waren. Er wollte seinen Cowboy-Helden nacheifern, wollte so abgebrüht und gefeit gegen Einsamkeit sein wie Lee Marvin oder Jack Palance, und aus diesem Wunsch heraus begann er zu trinken. Die Bemühungen seiner Eltern, ihn davon abzuhalten, blieben fruchtlos, bis ein Autounfall keinen Zweifel mehr daran ließ, dass sich etwas ändern musste.

Dr. Ponton schlug Joes Eltern diverse Veränderungen vor, um die Kommunikation innerhalb der Familie zu verbessern, und redete Joe zu, sich direkt mit seiner Trinkerei auseinander zu setzen – aber sie forderte ihn auch auf, über seine geliebten Western zu reden. Statt ein Problem darin zu erblicken, das es zu beseitigen galt, half sie ihm, die Filme in neuem Licht zu betrachten und sich zu fragen, was sie ihm gaben, das er in seinem wirklichen Leben nicht fand. Er hörte auf zu trinken und begann darüber nachzudenken, wie er sein Leben gestalten wollte. Er sah sich nach wie vor Western an, legte das Augenmerk dabei aber immer mehr auf die Dramaturgie und die inhaltliche Botschaft und fragte sich, was er in kreativer, sozialer, geistiger Hinsicht damit anfangen konnte. Schließlich entschloss er sich, einen Regiekurs zu besuchen. Je mehr er über das Filmemachen lernte, desto offener konnte er der Welt entgegentreten und desto weniger musste er die selbstzerstörerischen Phantasien ausleben, zu denen ihn die Filme inspiriert hatten.

Den größten Einfluss hat die Unterhaltung dann, wenn sie Ebenen im Leben eines Kindes anspricht, die sonst im Verborgenen bleiben. Der springende Punkt ist, dass die Eltern dem Kind ihr Wissen von der Welt nahe bringen müssen, ohne deshalb seine sehr reale Sichtweise zu entwerten. Das bedeutet, das Kind erst durch das eigene Vorbild, dann als Spiegel und schließlich durch Kommunikation anzuleiten. Gewaltfreiheit, Mitgefühl, Achtung, eine klare Unterscheidung zwischen Phantasie und Realität und die Integration von Aggression und anderen beunruhigenden Gefühlen können wir den jungen Menschen vorleben. Wir können ihnen helfen, ihren Meinungen und Bedürfnissen zu trauen und auf sich zu achten, indem wir ihre Gefühle und Phantasien anerkennen und bestätigen. Wir können ihnen Mentor und Ratgeber sein, indem wir bei ihnen ein Bewusstsein für die Konsequenzen und unausgesprochenen Aussagen ihrer Unterhaltung wecken und sie ermutigen, ihre Phantasien in positive Bahnen zu lenken.

Leider haben nicht alle jungen Menschen das Glück, Erwachsene um sich zu haben, die sich ihrer annehmen. Manche müssen ihr Verhältnis zu den Medien aus eigener Kraft klären, ohne Hilfestellung und vielleicht auch noch der Feindseligkeit von Erwachsenen ausgesetzt.

12
Nicht so allein

»Was den Einfluss der Medien betrifft, gilt meine Sorge weniger den Kindern aus verständnisvollen Familien«, sagte die Entwicklungspsychologin Carla Seal-Wanner, »als vielmehr denjenigen, die keine anderen vermittelnden Einflüsse erfahren: Für sie können die Medien als Sozialisationsfaktor eine größere, vielleicht sogar die bestimmende Rolle spielen.«

In der Tat ist manches Besorgnis erregend an den Medien, die junge Leute lieben – vor allem in den Augen derer, die in einer behüteteren, weniger auf Konfrontation ausgerichteten Umgebung aufgewachsen sind. Nicht nur das Ausmaß und die Intensität der Mediengewalt sind gestiegen, sondern in den letzten zwei Jahrzehnten hat sich ein in mancherlei Hinsicht noch bestürzenderer Trend abgezeichnet: die rasende Wut, die zunehmend die Jugendunterhaltung prägt – bei den Rappern, den Rockern, in den Filmen, selbst in den Zeichentrickserien und Comic-Heften. Action-Helden treten nicht mehr stoisch zum Kampf gegen den Bösewicht an, sondern fletschen die Zähne und knurren: »Diesmal ist es *persönlich!*« In Computerspielen treten Kampfsportler ihre ohnehin schon niedergestreckten Feinde mit den Füßen und drehen sich mit sadistischem Grinsen zum Spieler um. Der Schock-Rapper Eminem tut, als wolle er die Kritik wegen seiner schwulenfeindlichen Tiraden entkräften, und tritt zusammen mit Elton John bei der Grammy-Verleihung auf; aber dann streckt er zum Abschluss aller Welt den Finger hin.

In einem meiner Workshops schwärmte ein schwuler Teenager für Eminem, der mit seinem Zorn die verlogene Welt der Erwachsenen attackierte, obwohl dieser Zorn sich offensichtlicht direkt gegen junge Männer wie ihn selbst richtete. Dann nahm er sich wieder seine witzige, aber zornige Geschichte über eine Prostituierte vor, die einen scheinheiligen Polizisten hereinlegt. Von einem anderen intelligenten Jungen, der in der Schule erfolgreich war und nie mit anderen Ärger bekam, wollte ich wissen, weshalb er sich immer in diesem »Whigga«-Stil kleidete wie ein Gangster. Er antwortete: »Weil es den Leuten Angst macht.«

Sogar in der harmlosen, einfältigen Welt der Comic-Hefte waren die Achtziger- und Neunzigerjahre vom rasanten Aufstieg des Zähne fletschenden Helden geprägt. Der unbekümmert grinsende Superman, der hyperrationale Batman, der gequälte, aber sanftmütige Spider-Man wurden von den messerscharfen Metallklauen des bestialischen Wolverine beiseite gefegt. Um die Popularität der alten Helden zu erhalten, mussten Texter und Zeichner die wachsende Nachfrage des Publikums nach zügelloser Leidenschaft befriedigen. Handlungen und Dialoge wurden bösartiger, die Zeichnungen härter und schwärzer, die Perspektive frontaler. Superman, der erste und schon einigermaßen abgedroschene Superheld, musste sterben und kehrte als Zähne fletschende, schweißüberströmte, Augen rollende und die Fäuste ballende Verkörperung des gerechten Zorns zurück. Sogar die Kinder, die von Comics nicht mehr als das simple Drama der Auseinandersetzung von Gut und Böse erwarten, verlangen von ihren Helden zumindest eine zornige Grundstimmung.

Es ist normal, auf Wut mit defensiver eigener Wut zu reagieren – oder aber mit der bangen Frage, wohin das noch führen wird. Wirkungsvoller ist es jedoch, wenn wir zuerst fragen: Warum sind die jungen Menschen so zornig?

Bei ihrer landesweiten Befragung gewalttätiger Jugendlicher

stieß Dr. Helen Smith, wie sie sagte, auf »eine erschreckende Zahl junger Leute, die Schule mit *Gefängnis* vergleichen«.[1] Sie las mir Zitat um Zitat vor: von Jugendlichen, die das Gefühl haben, sie würden gefangen gehalten, kontrolliert, seien ihren Eltern völlig egal, den Schikanen anderer Kinder schutzlos ausgeliefert. Viele empfinden ihr Zuhause einfach als ein anderes Gefängnis, vor allem, wenn sie sich unter Dauerüberwachung durch ihre leistungsorientierten Eltern befinden. Sie stehen an der Schwelle zur Gesellschaft der Erwachsenen und zur Arbeitswelt, können sich nichts anderes vorstellen, als dass es genau so weitergehen wird wie bisher, und gelangen zu dem Schluss: »Wieso soll echtes Gefängnis schlimmer sein als das hier?«

Die meisten Jugendlichen fühlen sich außerstande, ihre Lebensumstände zu ändern, weil die Erwachsenen nicht einmal anerkennen, dass überhaupt ein Problem vorliegt. »Sie empfinden die Welt der Erwachsenen als einzige *Heuchelei,* und das weckt ihren Zorn und ihre Ablehnung«, sagte Smith. Eltern und Lehrer diskutieren ständig über Gewalt, sind aber kaum je gewillt, den Zorn junger Menschen zur Kenntnis zu nehmen. Wenn die Kinder sich in der Schule beschweren, gewinnen sie den Eindruck, als würden nur sie selbst als das Problem betrachtet, während ihre Eltern sich entweder nicht darum kümmern oder sich mit der Schule verbünden, um die Daumenschrauben noch fester anzuziehen. Sie haben das Gefühl, dass niemand von ihrer Existenz Notiz nimmt, niemand sie versteht, niemand ein Interesse an ihnen hat. »Den Angriffen gegen die Schule oder die Welt im Allgemeinen«, so Smith, »von Vandalismus bis hin zur Androhung von Waffengewalt, gehen häufig spezifische Klagen über mangelnde Anerkennung voraus. Manchmal treiben die Jugendlichen ihre negativen Aktionen einfach immer weiter, bis sie endlich das Gefühl haben, *gesehen* zu werden.«

Der Gerichtspsychologe James McGee, ein Experte für

Gewalt an der Schule, hat die auf Video aufgenommene Phrasendrescherei und die Online-Botschaften der Amokschützen von Littleton untersucht und fand einen roten Faden, der sich durch praktisch jede Minute beziehungsweise Seite zog: die Forderung nach Beachtung. Kostümiert im Gothic-Stil zogen sie die Aufmerksamkeit auf sich, drehten offensiv brutale Videos für die Klasse, hinterließen unter ihrem eigenen Namen Nachrichten auf Hass schürenden Webseiten. Sie spielten nicht nur das brutale Computerspiel *Doom,* sondern – was nach McGees Auffassung sehr viel schwerer wiegt – verkündeten zu einem Zeitpunkt, als Eltern, Psychologen, Gesetzgeber gegen solche Spiele Sturm liefen, lautstark ihre Begeisterung für das Spiel und seine Grausamkeit. Als Eltern und Schulbehörden nicht heftig genug reagierten, wuchs die Frustration der beiden Jugendlichen. Ihre Eltern waren anscheinend nicht in der Lage oder nicht gewillt zur Kenntnis zu nehmen, dass die beiden unterdessen zu Hause Waffen und Bomben anhäuften. Schließlich, als ihnen die Aufmerksamkeit der anderen wichtiger geworden war als das Leben selbst, dachten sie sich ein Horrorszenario aus, das der Welt keine andere Wahl ließ, als sie endlich zu bemerken.[2]

Dr. Rachel Lauer, die frühere leitende Psychologin der Schulbehörde von New York City, sprach in einem Vortrag über die Unfähigkeit und mangelnde Bereitschaft der Erwachsenen, das Problem zu erkennen: »Liebt die erwachsene Bevölkerung ihren Nachwuchs nicht? Unternimmt sie nicht alles, was ihr möglich ist, um die Jugend zu manierlichen, attraktiven, gut ausgebildeten, produktiven Staatsbürgern zu erziehen, die für einander und für das Schicksal der Welt Verantwortung übernehmen? Doch, das tun wir. Wir lieben unseren Nachwuchs so sehr, dass wir, wenn unsere entschlossene Fürsorge abgelehnt wird, eine lange Liste von ›Gegenmaßnahmen‹ parat haben. Wir ›nehmen das Problem in Angriff‹ und werden mit ihm fertig, indem wir belohnen, bestrafen, fordern, vorschreiben, lenken, erwarten, hänseln, drohen, verspotten, im Stich lassen, einsperren, schlagen, verbieten, beschimpfen, ermahnen, bemuttern, beurteilen. Unsere Jugendlichen sind das bevorzugte Anwendungsgebiet für unser Manipulationsgeschick – natürlich immer zu ihrem Besten. Wir messen unsere Macht und unseren Wert als Eltern und Pädagogen an unserem Erfolg, Jugendliche hervorzubringen, die gelernt haben, was sie lernen sollen, und an ihrer Bereitschaft, ihre Lektionen schnell, gut, sofort und besser als die Kinder anderer Leute zu lernen.«[3]

Manche wehren sich oder steigen aus, aber auch Kinder, die sich bemühen, die Regeln einzuhalten, empfinden die Gesellschaft, in der sie leben, oft als tyrannisch. »Wie bei Geiseln oder Sklaven, die ihren Unterdrückern gehorchen müssen, wächst innerlich die Wut«, erklärte Lauer. »Manche identifizieren sich mit ihren Unterdrückern und lernen, dieselbe despotische Gewalt über ihre Mitmenschen auszuüben. Andere richten ihren Zorn gegen sich selbst und werden depressiv. Ständig achten sie darauf, sich ›vorschriftsmäßig‹ zu verhalten, was bedeutet, dass sie sich ständig nach den Signalen von außen richten, die ihnen mitteilen, was in jedem Augenblick des Tages von ihnen erwartet wird. Nach außen hin orientiert, müssen sie sich dauernd fragen: ›Dies und jenes ist erledigt, was muss ich als Nächstes tun?‹ Nachdem sie die Selbstbestimmung über ihr Leben so weitgehend aufgegeben haben, verlieren sie das Gefühl, lebendig oder real zu sein.«

Vielleicht empfinden sie ihr Leben als sinnlos. Dr. William Damon vom Zentrum für Jugendforschung an der Stanford Universität vertritt die Ansicht, wir alle brauchten irgendetwas, an das wir glauben, irgendeine höhere Sache, der wir uns zugehörig fühlen können, um unserem Leben Sinn und Inhalt zu geben, und die modernen westlichen Gesellschaften hätten den jungen Menschen in dieser Hinsicht nicht viel zu bieten.[4] Wir fürchten uns vor den Kindern, wir versuchen sie zu kontrollieren, verfolgen nervös ihre Ergebnisse bei statistischen Tests, oder wir begeben uns auf ihr Niveau und versuchen ihre Gunst zu erringen. Aber wir erwarten nicht, dass sie höhere moralische, soziale, staatsbürgerliche Erwartungen erfüllen. Damon beschrieb die Frustration und die einsamen Ängste junger Menschen, denen ein Daseinszweck verweigert wird – vergleichbar mit den Gefühlen der von Helen Smith befragten »Gefangenen«, die sich in den Institutionen der Erwachsenen eingesperrt fühlen, ohne je einen plausiblen Grund dafür zu erkennen.

»Wenn junge Menschen nicht das Gefühl haben, dass die Gesellschaft ihnen etwas Sinnvolles zu geben hat«, sagte Damon, »dann suchen sie sich eben anderswo einen Sinn. Und das Nächstliegende sind die Medien. Wenn ihr Zorn auf die Gesellschaft besonders groß ist, kann es sein, dass sie sich mit den gesellschaftsfeindlichsten Vorbildern aus den Medien identifizieren. Das ist der Moment, in dem sie empfänglich werden für Hass schürende Seiten im Internet oder für Filme wie *Natural Born Killers*.«

So zum Beispiel Barry Loukaitis aus Moses Lake, der von seinen Eltern abgelehnt und in der Schule gemobbt wurde und sich nie auf irgendeinem Gebiet hervortat: Er war besessen von *Natural Born Killers* und von einem Pearl-Jam-Video, in dem ein Teenager seine Mitschüler erschießt. In diesen Rachephantasien, gestaltet mit rasend schnellen Schnitten in Technicolor und Grunge-Rock-Untermalung, fand er den Sinn, der ihm gefehlt hatte. Er fing an, Sprüche von sich zu geben wie: »Mord ist etwas Reines – erst die Menschen machen ihn unrein.« Dann ging er mit einer Waffe in die Schule und wurde zu Amerikas erstem durch die Medien bekannt gemachten jugendlichen Amokschützen.

Ruben Diaz, ein anderer junger Mann, sagt von sich selbst: »Ich war das Paradebeispiel des Jugendlichen, der den Leuten

Angst einjagt«. Er wuchs in den Achtzigerjahren auf, vaterlos und mit einer berufstätigen Mutter, die nicht viel Zeit für ihn hatte, in einer Sozialwohnungsanlage in der südlichen Bronx. In der Schule und auf der Straße hatte er Angst, verbrachte daher seine Teenagerjahre lieber in der Wohnung, sah fern, hörte Rap-Musik und las Comic-Hefte. Ein nachlässiger Staat, eine chronisch überforderte Lehrerschaft und eine verbrechensfixierte Berichterstattung in den Medien gaben ihm wenig Grund anzunehmen, die Gesellschaft hätte irgendeine Verwendung für farbige Teenager aus sozial schwachem Milieu. Die Vorbilder, die ihm am meisten bedeuteten, fand er in Gangster-Rappern und Superhelden. Beide führten ihm – auf jeweils sehr unterschiedliche Weise – vor, wie sich der Zorn eines Individuums in Macht umleiten lässt, um gegen Korruption anzukämpfen und die Welt zu verändern. Und beide, erkannte Diaz, waren die Schöpfungen kommerzieller Geschichtenerzähler auf nicht ganz respektablen Gebieten, die bereit waren auszusprechen, was die Jugendlichen wirklich dachten und wovon sie träumten.

Diaz entdeckte die Comic-Fangemeinde und hatte damit eine soziale Gruppe gefunden, die ihm half, seine Interessen in Bahnen zu lenken, die sein weiteres Leben bestimmten. Er fand einen Job als Redaktionsassistent bei DC Comics und arbeitete sich bis zum Redakteur hinauf. Ich habe bei mehreren Projekten mit ihm zusammengearbeitet – über eine Form von Unterhaltung, die uns beide in unserer Jugend nachhaltig beeindruckt hatte, waren wir aus sehr verschiedenen Welten am selben Ort zusammengekommen. Er war überzeugt von Comics wie *X-Men,* weil sie junge Leser mit den Kampfszenen, der Wut, der Melodramatik ansprachen, sie aber auch dazu brachten, über die Welt und ihre Gesetze nachzudenken. Er freute sich über jeden Kontakt mit seinen Lesern und stellte fest, dass er ihnen etwas zu sagen hatte. Nach ein paar Jahren gab er seinen Job auf, begann mit einem

Lehramtsstudium und trat schließlich in seinem früheren Viertel in der Bronx eine Stelle als Englischlehrer an einer High School an.

»Es waren die Unterhaltungsmedien, die mir gezeigt haben, dass auch ich Geschichten in mir hatte, die es wert waren, erzählt zu werden«, sagte Diaz, »und dass die Welt nicht unbedingt so sein muss wie die, in der wir aufgewachsen waren. Ich habe also nicht viel Verständnis für Leute aus wohlbehütetem Milieu, die behaupten, Jugendliche, die aus armen Familien stammen oder ohne elterliche Aufsicht aufwachsen, müssten vor dem Einfluss der Medien beschützt werden.«

Wenn junge Menschen die reale Welt als feindselig, gleichgültig oder irrelevant wahrnehmen, können die Anerkennung und das Gefühl von Zugehörigkeit, die sie in der Unterhaltung finden, eine tief greifende Veränderung bewirken. Der Musikhistoriker Ricky Vincent ist überzeugt, dass der Gangster-Rap jungen Menschen aus sozial schwachen Großstadtvierteln während der Bandenkriege der Achtzigerjahre half, sich eine zersplitterte Gesellschaft zu erklären und ihr Leben besser in die Hand zu nehmen. Hier finden wir wiederum die Macht der Spiegelung. Wir sind der Meinung, Rap »verherrliche« die Bandengewalt. Aber was viel mehr zählt, ist etwas anderes: Rap macht seinen Zuhören klar, dass ihre Realität zur Kenntnis genommen wird, und bewirkt damit, dass sie sich wichtig genug fühlen, um mehr aus sich zu machen. Das Abklingen der Bandenkriege in den Neunzigerjahren ist zu einem Teil zweifellos auf Interventionsprogramme, eine neue Schulpolitik und andere Maßnahmen von offizieller Seite zurückführen, aber mindestens ebenso viel Verdienst gebührt den Bandenführern, die sich dazu durchrangen, zu sagen: »Es ist genug«, und den Rappern, die ihre Position als bewährte Sprecher der Gemeinschaft benutzten, um die Botschaft zu verbreiten.

Ice-T nahm 1993 einen Rap mit dem Titel »Gotta Lotta Love« auf, in dem er »das Schönste seit Jahren« beschrieb: zwei Burschen, die ihre Meinungsverschiedenheiten in einem öffentlichen Park beilegten, und zwar »mit einem ehrlichen Faustkampf, Mann gegen Mann, ohne fremde Hilfe, ohne Knarre«.[5] Das war keine Geisteshaltung, die irgendeine Schulbehörde in ihre Konfliktlösungsprogramme einbauen konnte, aber für einen zornigen Jugendlichen in einer gewalttätigen Welt war diese gefühlsmäßige Versicherung, dass es sich lohnte, den Zorn in bewussten Grenzen zu halten, eine Bestätigung von persönlicher Macht.

Die Worte von Ice-T hatten Macht, weil er bewiesen hatte, dass er für die entfremdetsten jungen Menschen sprechen konnte. Auf demselben Album war »That's How I'm Livin'«, Ice-Ts Geschichte, in der er erzählt, wie er als Teenager zum Straßenkriminellen wurde, wie ihm das Rappen einen Sinn und eine Perspektive gab und ihn damit aus dem Verbrechensmilieu herausholte. Dem Inhalt beider Rap-Songs hätten Eltern oder Lehrer ohne weiteres zustimmen können – aber der Titelsong desselben Albums lautete »Home Invasion« und begann mit dem Lärm einer bewaffneten Bande von Schlägern, die mit Gewalt in ein Haus eindringen, den Besitzer umzubringen drohen und brüllen: »Wir wollen nur die verdammten Kinder!« Dann prahlt Ice-T gegenüber den Eltern mit seiner Macht, die Gedanken ihrer Kinder zu stehlen: »Vielleicht schlag ich sie in meinen Bann, und sie machen euch dann die Hölle heiß ... schimpfen euch Idioten, erzählen euch, warum sie die verdammte Schule hassen ...«[6] Nicht einmal dem coolsten Erwachsenen wäre es leicht gefallen, den Urheber solcher Texte als Verbündeten bei der Bemühung um die Sozialisierung junger Menschen zu akzeptieren. Aber für viele Jugendliche, die so wenig Symbole und so wenig Ventile für ihre Wut auf eine kontrollierende, aber verständnislose Erwachsenenwelt zur Verfügung hatten, war er ungemein befreiend und ermutigend – und nicht nur für Kinder aus Ice-Ts sozialem Umfeld.

Ich kenne eine junge Frau namens Sarah, die fünfzehn war, als *Home Invasion* herauskam. Ihre Eltern waren Anwälte, sie wuchs weitab vom Getto in einer Luxus-Eigentumswohnung auf und besuchte mit großem Erfolg eine erstklassige Privatschule. Sie war aber auch oft allein, weil ihre Eltern viel arbeiteten und zu Hause häufig mit ihren beruflichen und ehelichen Konflikten beschäftigt waren. Sarah hatte das Gefühl, dass sie sich kaum zu verstehen bemühten, was ihre Tochter erlebte, aber auf jedes schlechte Betragen mit Zorn und Verboten reagierten. Ice-T, sagte sie, »kam durch die Tür wie mein persönlicher Retter. Nach den ersten zwanzig Sekunden von ›Home Invasion‹ hatte ich das Gefühl, dass hier jemand war, der für *mich* kämpfen würde, der sich nicht vor Eltern und Lehrern fürchtete und der mit den ganzen höflichen Lügen, zu denen wir dauernd gezwungen waren, nichts im Sinn hatte.« Eine turbulente Jugend hindurch klammerte sie sich an kämpferischen Rap und Rock und freundete sich mit anderen Jugendlichen an, die ihre Wut und ihre Leidenschaften teilten. Sie schreibt es der Musik zu, dass es ihr gelang, ihre Wut zu kanalisieren und sich auf Politik und auf das Schreiben zu verlegen, statt in die ziellose, selbstzerstörerische Rebellion zu verfallen, in die manche Gleichaltrigen gerieten. Sie beschloss, Lehrerin zu werden und sich für die Rechte der Kinder einzusetzen.

Die bereits zitierte Mary Cotter, die von der befreienden Wirkung der Horrorschocker für ihr Leben berichtete, hebt die große Macht der Unterhaltung hervor, soziale Gruppen aufzubauen und jungen Menschen, die sich von der Welt ausgegrenzt oder missverstanden fühlen, ein Gefühl von Zugehörigkeit zu vermitteln. In ihrer Jugend fühlte sie sich von den eingeschränkten Möglichkeiten innerhalb des konservativen katholischen Arbeitermilieus, in dem sie aufwuchs, stark eingeengt. Sie las mit Leidenschaft, und in die drei oder vier Cliquen, die es an der Schule gab, konnte sie sich nicht einfügen, wofür ihre Mitschüler sie büßen ließen. Dann entdeckte sie die Punk-Rock-Gemeinde und fand dort »lauter Leute, die alles ankotzte und die über Songs voller Rachephantasien wie ›Under My Wheels‹ und ›Debaser‹ zusammenfanden, in Wirklichkeit aber eine sehr offene und tolerante Gruppe waren – viel toleranter als der Mainstream, den ich bis dahin gekannt hatte.«

Nach dem Tod ihres Vaters in ihrem fünfzehnten Lebensjahr entwickelte Mary einen selbstzerstörerischen Zorn. »Meine Mutter schickte mich zu Priestern, Psychiatern und so weiter, aber sie kamen mir alle sehr tyrannisch und unaufrichtig vor, und sie nahmen überhaupt keine Notiz von der Intensität und der Bedeutung meiner negativen Gefühle. Von meinen extremen Vorlieben aber nahmen sie sehr wohl Notiz. Die Leute, die genauso auf Horrorfilme und so weiter standen wie ich, waren vom Milieu, vom Einkommen, von der Rasse, der sexuellen Orientierung her völlig unterschiedlich, aber fast alle waren irgendwie traumatisiert oder misshandelt worden, und genau das war es, was die Musik, die Filme oder Underground-Comics ansprachen. Deswegen waren wir imstande, ein echtes Mitgefühl für die Seelenqualen und die Wut der anderen zu entwickeln. Wir waren imstande, füreinander eine wirklich wichtige Rolle zu spielen, in einer Weise, wie es die restliche Welt überhaupt nicht konnte.« Das war Teil des Prozesses, der Cotter schließlich zu ihrer Arbeit bei der Soros Foundation führte, bei der sie sich mit der Strafrechtspflege beschäftigt, Nutzen und Zweck höherer Bildung im Gefängnis untersucht und sich um die Resozialisierung entlassener Häftlinge bemüht.

»Ich kann gar nicht genug betonen, wie wichtig gewaltorientierte Unterhaltung für die Entwicklung der Person war, die ich heute bin«, sagte sie. »Oder welche unschätzbare Rolle sie im Leben vieler, vieler junger Leute in schwierigen Lebenslagen gespielt hat. Grausame Orte und Ereignisse in der Phantasie zu erleben, hilft einem zu verstehen, was in der Realität mit einem passiert und was andere Menschen alles durchgemacht haben. Es hilft einem, Beziehungen zu anderen aufzunehmen, egal, wie groß der Schmerz oder die Wut ist. Letztlich geht es darum, dass man nicht so allein ist.«

Solche nach innen gewandten Peer-Kulturen haben allerdings auch ihre Gefahren. In einem meiner Workshops hatte ich einen sechzehnjährigen Jungen namens Scott, der sich Raven nannte – das war seine Identität in der Gothic-Szene. Ich arbeite eigentlich gerne mit »Grufties«. Ihre Todessymbole, der Fetischismus, die leichenhaft geschminkten Gesichter, die schwarzen Klamotten, die betäubende Musik mit tiefschwarzen Texten, die Grabeslyrik, die vorherrschende Depressivität – das alles ist verstörend. Aber mit ihrer Kultivierung introspektiver Melancholie fördert die Gothic-Kultur ästhetische Sensibilitäten und eine besondere Verehrung für das Erzählen, ein friedliches soziales Wesen und eine süße Verletzlichkeit. Es ist etwas Oberflächliches und Affektiertes an den Grufties, aber ich weiß aus eigener Erfahrung, dass sie zu großem Mitgefühl, Toleranz und gegenseitiger Hilfsbereitschaft fähig sind. Im Gespräch mit ihnen stellte sich heraus, dass die Goth-Gemeinde viele ihrer Anhänger von der Schwelle selbstmörderischer Verzweiflung zurückgeholt und ihnen eine Identität gegeben hat, in der sie mit ihren zwanghaften Gedanken an Tod und Selbstverletzung etwas anfangen können. Goth ist eine Ausdrucksform von nach innen gerichteter Wut, von der Gewaltsamkeit tiefer Verzweiflung. Vielen Jugendlichen, die sich nicht nur machtlos fühlen, sondern unfähig, je nach Macht zu greifen, ja ihrer gar nicht würdig zu sein, öffnet sich hier eine Möglichkeit, ihr Leben in die Hand zu nehmen und ihre Ängste und Seelenqualen zu einem poetisch ansprechenden Ganzen zu zähmen. Wie eine der Figuren in Scotts Geschichte sagte: »Ich hab einmal versucht mich umzubringen, aber jetzt lebe ich mit dem Tod, und deswegen brauche ich das nicht mehr.«

Aber Scott führte mir auch vor, welche Macht eine Subkultur haben kann, junge Menschen völlig in Bann zu schlagen und gegen die anderen abzuschotten. Scott gefiel der Workshop, er malte verschwenderisch detailreiche Bilder von roten Rosen und schlafenden Gesichtern, und als ich versuchte, ihn in ein Gespräch zu verwickeln, antwortete er mit kunstreichen, verstörenden Bemerkungen über den Tod; abgesehen davon ließ er sich nicht auf seine Umwelt ein. Als in der Klasse eine Diskussion ausbrach, die sämtliche Gemüter erhitzte, entfernte sich Scott in eine stille Gegenwelt. Dass er schüchtern und gedrückt war, konnte ich sehen, aber andere schüchterne und gedrückte Kinder ließen sich durchaus von der Gruppenenergie mitreißen. Scotts ausgeklügelte Gruftie-Pose hingegen verbot ihm, aus sich herauszugehen. Eine seiner Mitschülerinnen, eine Art Ziehmutter für die anderen, sah sich später seine Arbeit an und sagte zu mir: »Scott ist so begabt. Früher habe ich mich immer auf alles gefreut, was er machte, egal was, bis er ein Gruftie wurde. Jetzt dreht sich alles nur noch darum, immer noch gruftiger zu sein als alle seine Gruftie-Freunde. Es ist, als gäbe es Scott nicht mehr.«

Ich habe viele Jugendliche kennen gelernt, die auch in der Freundschaft mit Nicht-Gleichgesinnten ihren Gruftie-Stil beibehielten, viele, die eine intensive Gothic-Phase durchliefen und mit größerer Selbstsicherheit, im Frieden mit ihren dunkelsten Seelengründen wieder daraus hervorgingen. Aber ich habe auch von etlichen gehört, die sich im wahrsten Wortsinn zum Verschwinden brachten, die der Todessehnsucht bis in die letzte Konsequenz nachgaben und Selbstmord begingen. Wie die Sache ausgeht, hängt anscheinend einerseits von der Intensität der Depression und der seelischen Not ab und andererseits davon, ob es außerhalb der

Subkultur irgendeine Unterstützung, irgendeine Anerkennung oder Bestätigung gibt. Scott, so erfuhr ich von seinen Freunden, hatte deprimierte und gleichgültige Eltern und durchlebte seine eigene Jugenddepression, ohne dass Lehrer oder andere Erwachsene besondere Notiz davon nahmen. Als er in der Gothic-Welt auf Verständnis und Mitgefühl stieß und das Gefühl hatte, gesehen zu werden, identifizierte, ja überidentifizierte er sich mit ihr.

Wenn wir die Kinder zu zwingen versuchen, ihre Wut zu unterdrücken oder zu ignorieren, reagieren sie darauf häufig in Form totaler Identifikation mit der Wut. Wenn brutale Geschichten ihre Funktion nicht erfüllen dürfen oder im Denken der jungen Menschen mit Grenzüberschreitung und Selbstzerstörung verknüpft sind, ergibt sich unter Umständen ein zwanghafter Kreislauf ohne Lösung oder Läuterung. Wenn Kinder sich fürchten, uns in ihre Phantasien einzuweihen oder das Gefühl haben, die mächtigsten Seiten ihres Wesens würden nicht zur Kenntnis genommen, geschweige denn gebilligt, dann kann das verborgene Reich gewaltsamer Geschichten ihnen nach und nach wie eine eigene Wirklichkeit vorkommen – eine Wirklichkeit, die in unversöhnlichem Gegensatz zur Welt der Erwachsenen steht. Wie das Kind von Fundamentalisten, das sich als »böse« abstempelt, wenn es seinen Wunsch nach Sex oder Alkohol oder anderen Werkzeugen des Teufels nicht bezwingen kann, fühlt sich das Kind einer kontrollierenden, gewaltscheuen Gesellschaft vielleicht beschämt und fürchtet sich vor der instinktiven Befriedigung und dem Nervenkitzel, die ihm *Natural Born Killers,* die Schüsse in einem Wu-Tang-Song oder die bluttriefenden Vampirmünder in einem Gothic-Comic-Heft verschaffen. Wie der »gefallene« Fundamentalist kann es sich keinen anderen Lebensentwurf für sich mehr vorstellen, als einen wichtigen Bestandteil seiner Psyche zu leugnen – oder sich damit zu überidentifizieren.[7]

»Die Frage lautet also nicht: Sind gewaltorientierte Medien gut oder schlecht?«, erklärte Dr. Roben Torosyan, der an der New School Universität kritisches Denken und Menschenführung lehrt. »Sondern eher: Wie kann ein Pädagoge einen jungen Menschen in die Lage versetzen, sich weder von einem wichtigen Aspekt seiner Psyche zu dissoziieren noch sich fünfhundertprozentig damit zu identifizieren? Wie kann ein junger Mensch von Wut und ihrer Inszenierung profitieren, und welche Art von Erziehung kann den Jugendlichen helfen, ihre Wut in konstruktiver Weise auszuleben?«

Torosyan ist der Auffassung, wir müssten den Kindern bereits in den ersten Schuljahren die Grundbegriffe der Konfliktbewältigung beibringen: Sie müssten lernen, ihre Gefühle zu erkennen, Reaktionen hinauszuschieben, die zeitliche Verzögerung zu benutzen, um Reaktionen bewusst auszusuchen, sich gegenseitig zuzuhören und anzuerkennen. Aber *wir,* fuhr er fort, sollten dabei unbedingt vermeiden, ihnen das Signal zu vermitteln, ihre Gefühle hätten keine Macht und keine Berechtigung – sie dürften keinen Zorn empfinden, geschweige denn ausleben. »Ich glaube, damit junge Menschen mit der Macht- und Hoffnungslosigkeit in ihren eigenen zornigen Geschichten fertig werden können«, sagte er, »müssen sie einen ganzen Entwicklungsschritt der Erkenntnis bewältigen. Das erfordert die Weiterentwicklung vom Entweder-Oder-Dualismus des Dogmas ›Wut ist schlecht‹ zu der in hohem Maß transzendenten Fähigkeit, die Spannung von Widersprüchen auszuhalten und sich zu sagen: Ich bin wütend, und ich habe Mitgefühl – wie kann ich aktiv werden und mich gleichzeitig von diesen beiden Realitäten ›disidentifizieren‹?«

Die effizienteste Hilfe, die Erwachsene den Jugendlichen dabei anbieten könnten, meint Torosyan, sei *Einfühlung.* Junge Menschen, die Gewalt erlitten und verübt haben, reagieren oft bemerkenswert gut, wenn Erwachsene Mitgefühl und Verständnis für ihre Nöte und Kämpfe aufbringen. Das setzt voraus, dass wir uns sehr genau ansehen, wie das Leben der Kinder heute wirklich aussieht, und uns vorstellen, wie es uns an ihrer Stelle erginge. »Es gibt Augenblicke, in denen man die Wut in vollen Zügen auskosten muss, ohne vorher nachzudenken«, sagt er. Wenn Jugendliche ihren Zorn ohne Einschränkung ausleben können, wissend, dass jemand da ist, mit dem sie darüber reden können, lernen sie, dass sie zwar vielleicht nicht imstande sind, ihre Gefühle zu kontrollieren, sehr wohl aber ihre Reaktionen. Dabei könnten wir ihnen mit unserer Empathie helfen, so Torosyan, »besonders bei Gefühlen, die normalerweise nicht als besonders sozial gelten und gutgeheißen werden. Spielen Sie das grausame Videospiel mit dem jungen Menschen. Sehen Sie sich an, was es für ihn bedeutet, wenn er gewinnt und wenn er verliert. Nehmen Sie zur Kenntnis, was gesagt wird, ohne es zu beurteilen – fühlen Sie sich ein in seine Wut und deren Ursache.«

Die Annalen des Strafrechts, berichtete Mary Cotter, seien voller Beispiele für die Verwandlung, die schlichte Einfühlung bewirken kann. »Manchmal reicht es schon, jemandem zu zeigen, dass man versteht, was er durchgemacht hat, um die Tür zu Kommunikation und Selbstkritik zu öffnen, die dann eine Kehrtwende im Leben einleiten.« Erwachsene, betonte sie, könnten zornigen Jugendlichen damit helfen, die Popkultur effizienter zu nutzen. Manchmal braucht es dafür Zeit, Wiederholung oder eine Veränderung der zugrunde liegenden Bedingungen. »Aber«, so Cotter, »mir selbst hätte es sehr oft ungemein gut getan, wenn ein erwachsener Verwandter oder Lehrer einfach gefragt hätte: Bist du genauso sauer wie dieser Sänger? Oder: Du findest den Film wirklich toll, nicht? Was gefällt dir denn so daran? Und dann einfach zugehört hätte.«

Es ist allerdings nicht leicht, sich in den Zorn eines anderen einzufühlen – vor allem, wenn er gegen *uns* gerichtet scheint. Das ist der Moment, in dem Geschichten ihre größte Wirkung entfalten. Den zornigen Geschichten zuzuhören ist schon ein erster Schritt, um die Mauern der Abwehr einzureißen und Empathie zuzulassen. Die Psychotherapeutin Diane Stern berichtete von einer jungen Klientin aus einer zerrütteten Familie mit chaotischen Lebensumständen. Sie war mehrmals in ihrem Leben mit gewalttätiger männlicher Wut in Berührung gekommen und arbeitete jetzt in der Therapie daran, ihr Selbstwertgefühl und ihr Behauptungsvermögen zu stärken. Einmal machte Stern eine Bemerkung über das zornige Klima in unserer Kultur, personifiziert von Leuten wie Eminem, woraufhin ihre Klientin auffuhr: »Moment mal! Eminem ist der Erste überhaupt, der aufgestanden ist und den Leuten gesagt hat, wie es wirklich ist, *wir* zu sein – ›weißer Abschaum‹, wie sie uns nennen. Wir müssen mit so viel Scheiße in unserem eigenen Leben fertig werden, damit, was Drogen und Alkohol in unseren Familien angerichtet haben, und was es heißt, kein Geld zu haben und keinen, der einen Finger krumm macht, um zu helfen – und dann fallen die Leute über *uns* her, als wären wir Dreck, als wären wir die eine Gruppe von Armen, die man ruhig hassen und verarschen kann. Und endlich steht dieser Rapper auf und sagt: *Darauf* sind wir zornig. Die Leute wollen es nicht hören, aber sie *müssen* es hören. Und er *sorgt* dafür, dass sie's hören.«

Stern fuhr fort: »Dabei fielen mir alle diese Songs, Filme und Videospiele ein, die Geschichten sind. Ob erfunden oder real, es sind Geschichten, die jemand erzählen will und die andere Leute hören wollen.« Als Therapeutin verbringt sie ihr Leben damit, Geschichten zuzuhören, mitzuerleben, wie das Erzählen ihre Klienten stärker werden lässt und wie das Zuhören sie selbst bereichert. Mit den Augen der anderen betrachtet, erinnern uns Geschichten wie die ihrer Klientin und die von Eminem daran, wie wichtig es ist, Menschen jeglichen Alters ihre Geschichten erzählen und die Geschichten, die sie brauchen, hören zu lassen.

Wir haben gelernt, Geschichten zu fürchten. Populärwissenschaftliche Artikel, die Curricula in der Lehrerausbildung, Informationsprospekte aus der Kinderarztpraxis und so weiter propagieren »ein Interesse an gewaltorientierten Geschichten oder brutaler Unterhaltung« als eines der Alarmsignale für potenziell gewalttätiges Verhalten bei Kindern. Und gewalttätige Kinder interessieren sich tatsächlich dafür. Aber das gilt ebenso für sehr viele Kinder und Jugendliche, die sich intensiv bemühen, ihre Ohnmachtsgefühle und ihre Wut *ohne* Gewalt unter Kontrolle zu bringen. Wenn Kinder andere Kinder schikanieren, ihre Freundinnen oder Freunde schlagen oder beschimpfen, wenn sie aus geringstem Anlass explodieren, wenn sie Tiere quälen oder mit grausamen Handlungen oder Plänen prahlen, wenn sie lange und unversöhnlich grollen, das Eigentum anderer zerstören oder von spezifischen Rachephantasien gegen reale Menschen reden oder schreiben, wenn sie sich Verletzungen zufügen oder über Selbstmord reden, dann könnte die Begeisterung für gewaltsame Geschichten Teil eines Musters sein, das früher oder später in reale Gewalt gegen sich oder andere ausartet. Aber die Geschichten selbst sind eher ein Ausdruck ihrer Gefühle und ihrer Hoffnung, Gehör zu finden.

Junge Menschen haben oft nicht gelernt, ihren Zorn von außen zu betrachten, während sie ihn erleben. Eindrucksvolle Geschichten können sie in Kontakt mit ihren Gefühlen bringen, aber dann finden sie oft nicht mehr heraus und drehen sich im Kreis. In diesem Fall kann ihnen die Fähigkeit der Erwachsenen, Gefühle und Phantasie in die richtige Perspektive zu rücken, gute Dienste leisten. Die einfachste Bekundung von Empathie kann den Jugendlichen die Tür zur Kommunikation mit uns öffnen und die einfachste Anwendung der Perspektive des Erwachsenen kann in uns selbst Türen öffnen. In meinen Workshops habe ich die Erleichterung junger Menschen erlebt, wenn sie mit einem fremden Erwachsenen über ihre Spiele, Filme, Songs oder Comics reden können. Ich bekomme Mails von Kindern und Jugendlichen, die in der Schule und von ihren Eltern und allen anderen Erwachsenen in ihrem Leben zu hören bekommen, die Computerspiele oder die Rap-Musik, die sie lieben, machten Ungeheuer aus ihnen. »Mit den Spielen fühle ich mich stärker«, schrieb einer. »Ich glaube, genau das wollen sie nicht: dass ich mich stärker fühle.« Ich antworte ihnen, dass die Erwachsenen Angst haben – vor der Veränderung und der Zukunft und deshalb auch vor jungen Menschen und neuer Unterhaltung. Ich schreibe ihnen, dass sie keine Angst vor sich selbst haben sollen. Manchmal weise ich sie auf Webseiten hin, wo sich intelligente Leute in moderierten Foren über solche Themen austauschen, was vielleicht Bestätigung und Vorbild sein kann. Vor allem versuche ich ernst zu nehmen, was sie mir sagen. Es ist dasselbe, wie sich an die Brust zu fassen, wenn Sie mit der Spielzeugpistole erschossen werden, oder das Kind einfach anzusehen und zu lächeln.

13
Erwachsen werden

Mit zehn Jahren geht ein Junge namens Ash von zu Hause fort. Er hat den Auftrag, Monster einzufangen und abzurichten. Die Monster heißen Pokémon. Seine einzige Waffe ist ein Pikachu, ein impulsives kleines Nagetier, das seine elektrischen Kräfte gegen ihn richtet, wenn er versucht, es in seinem PokéBall einzusperren – genau wie die Impulse, die jeden Jungen auf der Reise durch sein Leben zu sabotieren drohen. Ash muss lernen, Pikachus Gefühle zu begreifen und in den Dienst der bevorstehenden Schlachten zu stellen, die es zu gewinnen gilt. Seine Gefährten sind die elfjährige Misty, die ebenfalls am Beginn ihrer Reise in der Flatterhaftigkeit der Jugend steht und ihre Schwärmerei für Ash in einem wilden Wechsel zwischen Feindseligkeit und Fürsorglichkeit auslebt, und der dreizehnjährige Rocko, der eitel ist, total verrückt nach Mädchen und außerdem besessen von Essen – eine witzige, aber lästige Mahnung an die Gelüste, die, wie Ash weiß, bald auch in ihm erwachen und seine Reise noch schwieriger machen werden. Gemeinsam stürzen die drei einander in endlose Scherereien, gleichen am Ende aber ihre jeweiligen Schwächen aus und gehen aus jeder Aufgabe siegreich hervor.

Um die 150 verschiedenen Pokémon-Spezies zu zähmen, ist es nötig, das größtmögliche Spektrum von Eigenschaften und Persönlichkeiten zu verstehen. Da sind Arkani, ein edles hundeähnliches Wesen, und Mauzi, eine sprechende, herablassende Katze. Da gibt es Garados, ein tobender, destruktiver

Meeresdrache, und Schiggy, eine Schildkröte, die sich aufführt wie ein jugendlicher Straftäter. Relaxo tut nichts anderes, als Essen in sich hineinzuschlingen und dann einzuschlafen. Pummeluff, eine narzisstische Flaumkugel, zwingt jeden, ihr langweiliges Lied anzuhören, und wird fuchsteufelswild, wenn alle einschlafen. Mewtu ist eine tragische Schöpfung bösartiger Wissenschaftler. Togepi, ein Baby in einer Eierschalenwindel, verlangt die ständige Aufmerksamkeit seines Trainers. Um ihnen beizubringen, ihre Kräfte zum gemeinsamen Wohl einzusetzen, muss Ash lernen, alle Gefühle, alle persönlichen Veranlagungen, alle Stärken und Schwächen, die das Leben aufweist, zu beherrschen. Er muss auch jedes Monster anleiten, genügend Lebenserfahrung zu sammeln, um die nächste Entwicklungsebene zu erreichen: Das verbrecherische kleine Schiggy verwandelt sich, wenn es oft genug im Kampf gesiegt hat, in das kämpferische Turtik, aus dem wiederum das mächtige, aber solide Schillok wird. Dabei entwickelt sich auch Ash. Er freundet sich mit dem flaumigen kleinen Raupy an, und als es sich in Smettbo verwandelt und sich strahlend in die Lüfte erhebt, muss er lernen, seine Anhänglichkeit zu überwinden und es loszulassen.

Ash hat den Ehrgeiz, sämtliche Pokémon-Arten zu trainieren, das letzte Turnier zu gewinnen und den Titel des Pokémon-Meisters zu erringen. Auf dem Weg dorthin muss er Bösewichte wie das Team Rocket bekämpfen, die Furcht erregend in ihrer rohen Gewalt sind, sich aber blind vor Eitelkeit mit selbstsüchtigen Kabbeleien ständig selbst außer Gefecht setzen und ihm das Antimodell des Erwachsenen vorführen. Ashs Lehrer und Vorbild ist Professor Eich, ein Meister, der keine Pokémon mehr am Gürtel tragen muss wie die jungen Trainer. Eichs Pokémon sind gewissermaßen in ihm, denn seine Macht ist die Weisheit dessen, der die Schlachten des Lebens gewonnen hat. Mit anderen Worten,

Meister sein heißt erwachsen sein. Die Geschichte der Pokémon, ob direkt erzählt im Zeichentrickfilm, ob als interaktive Variable in den Computerspielen oder ob einzeln zu handhaben in Form verschiedener Karten und Figuren, ist die Geschichte des Erwachsenwerdens.

Pokémon ist eine besonders anschauliche Metapher für die Reise ins Erwachsensein, außerdem weltweit besonders populär; aber im Grunde ist jede populäre Geschichte von Kampf und Sieg im Kern dasselbe. Praktisch jede stellt uns einen Protagonisten vor, der erst zu klein, zu unerfahren und zu machtlos ist, zu allein, um die gewaltige Aufgabe, vor der er steht, zu bewältigen – bis er neues Wissen über den Gegner oder über sich selbst erlangt oder eine neue Macht oder einen Verbündeten gewinnt und siegt. Dabei übernimmt er eine neue Rolle im Leben oder macht die Welt in irgendeiner Hinsicht neu und besser. Der Computerspieler stirbt unzählige Male, während er versucht, die Landkarte zu lernen, die Schwachstellen jedes neuen Gegners auszuloten, mit kombinierten Angriffen zu experimentieren, bis er endlich in der Lage ist, sogar den einst unbesiegbaren »Boss« zu schlagen und zur nächsten Spielebene vorzurücken. Im Action-Film geht es darum, die Schwächen des Feindes aufzudecken oder den Held mit seinen eigenen Schwächen zu konfrontieren, um schließlich den »Tiefpunkt« in jähen Triumph zu verwandeln. (Ich habe heute noch die Fragen der Redakteure im Ohr, die bei jeder Sitzung wissen wollten: »Und was wird bei Ihnen im dritten Akt *enthüllt*?«) Der Rapper mag sich aufspielen, als wäre er der Herrscher der Welt, aber das Repertoire jedes Rappers skizziert die schwere Kindheit, die scheinbar unbesiegbaren Kräfte einer feindseligen Gesellschaft – bis der Rapper sein Leben selbst in die Hand nimmt, weil er seine Wut oder die zynischen Spielregeln der Welt erkannt hat. In allen diesen Geschichten geht es darum, sich einer bedrohlichen Herausforderung zu stellen, die größer ist als alles bisher Erlebte, und so viel zu wachsen oder zu lernen, wie nötig ist, um sie meistern zu können.

Wenn wir uns nach Geschichten umsehen, die den Kindern das Erwachsenwerden erleichtern könnten, fallen uns oft didaktische Medien verschiedener Art oder pädagogische Jugendliteratur ein, Geschichten mit klaren Botschaften und Lektionen und einer Moral. Aber man kann aus *jeder* Geschichte etwas lernen, ebenso aus jeder emotionalen Erfahrung. Auch wenn der junge Mensch keine spezielle Lektion formulieren kann, hat ihm das Erlebnis doch etwas über das Leben und über ihn selbst mitgeteilt. Das sind die Lektionen, die hängen bleiben – nicht einmal das beeinflussbarste, empfänglichste Kind wird eine um eine ausdrückliche didaktische Botschaft herum aufgebaute Geschichte vollständig verinnerlichen, und das wissen wir, auch wenn wir es optimistisch *Barney und seine Freunde* sehen lassen oder ihm aus den *Lausebären* vorlesen. Vielleicht gefallen ihm die Figuren und die Geschichten, aber wenn es die Moral überhaupt mitbekommt, nimmt es sie meist einfach nur als notwendiges Übel in Kauf. Abgesehen von seinen gekünstelten kleinen Botschaften liefert *Barney* einen eindrucksvollen Beweis dafür, dass es nützlich und nett ist, groß und bunt und laut und stürmisch zu sein und mit uneingeschränktem, tollpatschigem gutem Willen im Mittelpunkt der Aufmerksamkeit zu stehen. Das ist Barneys beste Lektion. Die Geschichten, die in uns weiterleben und uns prägen, wenn wir größer werden, sind diejenigen, für die wir uns begeistern können und die uns eine kurze Weile zu einem anderen Menschen werden lassen.

Fast alle brutalen Geschichten, die Kinder lieben, inszenieren eindrucksvolle Lektionen über Mut, Zähigkeit und Entwicklung. Wer die Guten und wer die Bösen sind, wer gewinnt oder verliert, für welche Werte sich die einzelnen Charaktere im Verlauf der Handlung einsetzen, spielt keine

Rolle. Die Handlung selbst – der Prozess der emotionalen Identifikation mit einem Charakter, dem eine Gefahr für Leib und Leben droht und der sich mit allen ihm zur Verfügung stehenden Mitteln zur Wehr setzt – vermittelt einige grundlegende Lektionen fürs Leben:

Leistung befriedigt.
Ziele werden durch vorbehaltloses Engagement erreicht.
Es müssen klare Entscheidungen getroffen werden.
Manchmal sind Konflikte hilfreich.
Manchmal ist es nötig, gewohnte Gleise zu verlassen.
Verluste und Niederlagen sind nicht das Ende der Welt.
Wer wagt, gewinnt.
Wir können Angst haben – und uns trotzdem nicht von unseren Zielen abhalten lassen.
Ungeheuer können vernichtet werden.
Durchsetzungsvermögen ist Stärke.
Einfach ich selbst zu sein ist heldenhaft.

Massenunterhaltung kann diese Lektionen mit besonderem Nachdruck und Allgemeingültigkeit darstellen. Eben weil ihr Zweck darin besteht, die weltweiten Verkäufe zu maximieren, legt sie die Betonung auf die einfachsten, emotional mitreißendsten Phantasien und verzichtet bewusst auf alle didaktischen Anliegen oder künstlerischen Ansprüche, die ihre Anziehungskraft schmälern könnten. Das ist eine Schwäche und zugleich eine Stärke.

Als ich den Auftrag erhielt, Superman-Material zu schreiben, versuchte ich zuerst zu ergründen, warum dieser eine schlichte Charakter bei derart vielen Menschen Anklang findet, vom Kleinkind im Superman-Pyjama angefangen bis zum Erwachsenen, der die Christopher-Reeves-Filme liebt. Ich fand heraus, dass Supermans große Attraktivität für Kindergarten- und Vorschulkinder in seiner Fähigkeit besteht, *über dem Schmerz* zu stehen. Schmerz ist ein zentrales Thema für kleine Kinder, die sich immer wieder fragen, wie schlimm er sein wird, wie er sich vermeiden lässt und wie man tapfer sein kann, wenn er unvermeidlich ist. Superman, der angegriffen wird und seine Feinde besiegt, ist ein tröstlicher Beweis dafür, dass man Schmerz aushalten kann, ohne dauerhaft beschädigt zu werden. Ältere Kinder schätzen Superman eher dafür, dass er *stark* ist. Er kann Gebäude zum Einsturz bringen, Düsenflugzeuge kreuz und quer über den Himmel schleudern, einen Berg auseinander reißen; alles, was einem Kind unüberwindlich erscheint, bringt er zustande. Die Kinder vor der Pubertät interessieren sich vor allem für Supermans *geheime Identität*. Wenn die sozialen Anforderungen komplexer werden, wenn sie sich der Notwendigkeit eines unterschiedlichen Auftretens bewusst werden, je nachdem ob sie mit den Kumpeln zusammen sind oder mit der Familie, wenn sie versuchen, ihr Phantasieleben beizubehalten, ohne komplette Langweiler und Computerfreaks zu werden, reagieren sie sehr stark auf einen nahezu allmächtigen Helden, den nichts mehr gefährdet als die Preisgabe seines »wahren Ichs« vor der Welt. In den frühen Teenagerjahren sehen viele Fans in Superman eine Gestalt, die eine *Gemeinschaft* sehr unterschiedlicher Individuen zusammenhält und beschützt: Lois Lane, Jimmy Olsen, Supergirl, verschiedene Superhelden und Aliens. Andere interessieren sich für seine jahrzehntelange fiktionale Biografie und seinen *historischen* Werdegang. Erwachsene reagieren auf Superman vor allem deshalb, weil er, um es mit den Worten eines Fans Mitte zwanzig auszudrücken, »ein unschuldiges Individuum ist und das Schlimmste durchmacht, das eine korrupte Welt einem Menschen zumuten kann, und trotzdem kommt er sauber und unverdorben aus jedem Schlamassel wieder heraus – während sich alle anderen an ihm festklammern und mit aus dem Sumpf gezogen werden.«

Genauso wie eine angeschlagene Action-Figur im Sandkasten des Kindergartens und die gleiche Figur in tadellosem Zustand auf dem Regal eines Teenagers dasselbe Spielzeug sind, so werden populäre Phantasien zwar als ein Produkt hergestellt, aber von jedem einzelnen Benutzer in vollkommen verschiedene Symbole verwandelt. An dem jeweils unterschiedlichen Zweck, zu dem eine einfache, allgemeine Idee wie Superman von den jungen Leuten in verschiedenen Lebensphasen eingesetzt wird, lassen sich manche Stadien unserer Entwicklung nachvollziehen. Von ihrer eigennützigsten und subjektivsten Form reifen unsere Phantasien und Ideale zu immer komplexeren, umfassenderen, abstrakteren und sozialeren Gebilden heran.

Jede erfolgreiche Action-Phantasie für Kinder ist zugleich eine *organisierende* Phantasie. Eine Welt zu beherrschen, den angemessenen Platz für einen Helden darin zu finden, Regeln und Grenzen kennen zu lernen, verschiedene Kräfte und Funktionen miteinander in Einklang zu bringen, Sammlungen zu vervollständigen, die Zusammenhänge zwischen Gut und Böse und allen Zwischenformen verstehen zu lernen, kann für die jungen Fans wichtiger sein als die bloße Spannung der actiongeladenen Handlung. In dem Maße wie die reale Welt, in der unsere Kinder sich bewegen müssen, komplizierter wird, bringen auch die Phantasiewelten, zu denen sie sich hingezogen fühlen, immer komplexere Formen hervor. *Pokémon* ist ein atemberaubendes Labyrinth aus Informationen und Verbindungen. Auf dem Höhepunkt des Pokémon-Fiebers war es außerdem eine in sich erstaunlich logische und alles umfassende imaginäre Welt, in der sich Zeichentrickserie, Sammelkarten, Gameboys, Computerspiele, Comic-Hefte, Spielsachen und andere Formen von Merchandising in perfekter optischer und thematischer Eintracht ineinander verzahnten. Sogar die Fans der World Wrestling Federation reden meist weniger über die Kämpfe als über die Wrestler selbst und ihre übertriebenen Charaktere: Interessant ist vor allem, wer mit wem rivalisiert, wer gegen welche Regeln verstößt, wer als Action-Figur am coolsten aussieht, wessen Spezialangriffe die »Leichenbestattungsramme« und der »Atombombenabwurf« sind. Es ist eine simplere Phantasiewelt als *Pokémon,* aber sie weist eine ebenso präzise Organisation auf, und genau wie in *Pokémon* testen die Kämpfe, wie die Organisation funktioniert. Wie beim Erwachsenwerden geht es immer um die Frage, wie sich eine Begeisterung mit dem Ganzen in Einklang bringen lässt, wie sich wilde, selbstsüchtige Gefühle in ein vollständiges, selbstbewusstes Ich einbauen lassen, das mit einer komplexen Wirklichkeit zurechtkommt.

Es besteht allerdings auch hier die Gefahr, dass es manche nicht schaffen, sich wieder von ihren befriedigenden Phantasiewelten zu lösen. Ich begegne ihnen auf jeder Comic-Messe, jedem Spieledesigner-Kongress, jedem Kinderfilmfestival: dem Zehnjährigen, der nicht aufhören kann, über seine Pokémon zu reden, dem Sechzehnjährigen, der in *Half-Life* lebt, dem Vierzigjährigen, der sich immer noch nach der Rückkehr der originalen Grüne-Laterne-Comics sehnt. Manchmal sehe ich ihnen an, dass sie frustriert oder erschöpft davon sind, sich in der Phantasie immer nur im Kreis zu drehen, aber sie können auch nicht loslassen. Sogar viele Profis, mit denen ich in der Comic-Branche zusammengearbeitet habe, steckten fest, und es sah so aus, als wären sie in Entwicklungsstadien hängen geblieben, die sie bereits in den frühen Teenagerjahren hinter sich hätten bringen müssen. Vielen von ihnen ging es viel besser als vor ihrem Eintritt in die Comic-Szene, aber sie hatten auch Angst, sie hinter sich zu lassen. In den Jahren, als ich nichts anderes als Action-Phantasien erfand, fiel ich selbst manchen dieser Probleme zum Opfer, geriet in Fehden zwischen Jugendlichen und in frustrierende Machtkämpfe und verlor die Perspektive des Erwachsenen in Bezug auf mein berufliches und soziales Leben aus den Augen. Ich fand erst wieder heraus, als es mir gelang, durch Vaterschaft, Beschäftigung mit der Macht von Geschichten und die Arbeit mit Kindern und Jugendlichen Phantasie und Wirklichkeit wieder miteinander in Einklang zu bringen.

Leider ist für viele junge Menschen die Mauer zwischen den ersehnten Phantasien und der Welt, an der sie teilnehmen sollen, zu hoch geworden – nicht zuletzt wegen unserer Bemühungen, Aggression und Gewalt zu verbannen. Beim Umgang mit fiktiver Macht und Gewalt ziehen wir eine derart scharfe ideologische und soziale Grenze zwischen dem, was »gut für uns« ist, und dem, was wir als »Schrott« bezeichnen, dass manche Kinder in einen Entweder-Oder-Konflikt geraten. Nichts und niemand zeigt ihnen, wie sie auf ihren Machtphantasien aufbauen und in der Realität stärker werden könnten. Die Welt der Phantasie-Unterhaltung erscheint ihnen folglich als der einzige Ort, an dem sie sich sicher und akzeptiert fühlen.

Die Medien selbst bestätigen diese Grenze, seitdem die »pädagogischen« und die »kommerziellen« Produzenten zwei einander bekriegende Lager gebildet haben. Anna Home, die während der abenteuerlichsten Jahre der BBC Leiterin der Abteilung Kinderfernsehen war, beschrieb die Kunst der Programmgestaltung als »Gratwanderung zwischen den Wünschen der Kinder und den Vorstellungen der Erwachsenen für die Kinder. Wenn man fehltritt, ist es weitaus besser, den falschen Schritt auf der Seite der Kinder zu machen. Leider lassen einem die herrschenden Mächte kaum Gelegenheit dazu.« Der Versuch, die beiden Lager miteinander zu versöhnen, kann gute Ergebnisse hervorbringen, aber sobald Handgreiflichkeiten ins Spiel kommen, scheitert er meist. Das Fox-Network versuchte einmal den »didaktischen« Anteil seiner Programmgestaltung mit einer intelligenten Action-Zeichentrickserie zu füllen, und zwar mit *Sherlock Holmes in the 21st Century*. Es war eine witzige Serie, produziert von sehr gewissenhaften und sorgfältigen Autoren, zwei Experten für Kindermedien: Dr. Donald Roberts und Dr. Donna Mitroff sorgten dafür, dass jede Action-Szene die Überlegenheit der Geistes- über die Muskelkraft bewies, nie schwere Verletzungen oder Tod darstellte und immer vorführte, wie der Held die Macht der Gegner gegen sie selbst richtete. Doch die Annenberg Foundation, welche Produzenten und die FCC, die amerikanische Regulierungsbehörde für Telekommunikation, zu didaktischen Medieninhalten berät, begutachtete die Episoden und prangerte in ihrem Bericht jede Bauchlandung eines Bösewichts, jede Explosion einer üblen Maschine, jeden geschickten Judowurf als »Gewalt« an. Die Serie wurde zwar in leicht veränderter Form und unter anderer Leitung ausgestrahlt, aber wieder hatte eine bedeutende Forschungseinrichtung eine Gelegenheit verpasst, sich mit der Frage zu beschäftigen, was »Gewalt« eigentlich ist, und die »offizielle« Version didaktischer Medieninhalte mit dem, was Kindern wirklich gefällt, zu versöhnen.

Um unseren Kindern zu helfen, sich als Individuen besser zu entwickeln, muss unsere ganze Gesellschaft erwachsener werden. Beide Seiten – die idealistische und die tolerante, die offizielle und die kommerzielle – müssen zusammenkommen. Statt auf fiktive Gewalt zu reagieren wie das aufgeregte Mädchen im Kindergarten, das schreit: »Die Jungs raufen schon wieder!«, müssen wir sie als wichtigen Bestandteil der emotionalen Veranlagung von Kindern akzeptieren und mit Zuversicht und Toleranz darüber diskutieren, wie sie den größtmöglichen Nutzen hervorbringt und wie wir unseren Kindern dabei helfen können. Das bedeutet nicht, Action-Unterhaltung dem üblichen Kanon aus Moral, Lektionen, Verboten zu unterwerfen: Ihre Stärke ist ja gerade ihre bedingungslose Empfänglichkeit für die Wünsche des Publikums. Wenn wir sie beschneiden, machen wir nicht ein pädagogisch wertvolleres Instrument daraus, sondern nur eine weniger wirkungsvolle Quelle der Phantasie. Hingegen bedeutet es, die Industrie selbst offener für Kinder als Individuen werden zu lassen, dem jungen Publikum mehr Gelegenheiten zur Meinungsäußerung zu bieten, Programme zu fördern, in denen Kinder ihre eigenen Geschichten erzählen und ihre Unterhaltung selbst erfinden können, sich mit Eltern und Lehrern in Verbindung zu setzen, um gemeinsam darüber zu reden, was Kinder lieben und warum.

Eine Schwäche der Massenunterhaltung ist ihre Unpersönlichkeit, das Fehlen einer künstlerischen Vision oder der persönlichen Aussage eines Individuums. *Wo die wilden Kerle wohnen* stammt von Maurice Sendak allein, und jedes Kind, das sich für das Buch begeistert, lässt sich auf Sendaks einzigartige Persönlichkeit ein. *Superman* begann als Gemeinschaftsprojekt zweier junger Männer in den Dreißigerjahren, aber während der nächsten sechs Jahrzehnte wurde eine ganze Industrie daraus, an der in jedem Unterhaltungsmedium Dutzende von Textern, Zeichnern, Redakteuren, Regisseuren, Spielwarenherstellern und Spieleentwicklern unterschiedlicher Nationalitäten und Generationen mitwirkten. Aber auch diese Schwäche ist zugleich eine Stärke. Die Macht der Massenunterhaltung rührt weitgehend von ihrer Gemeinschaftlichkeit her. Jeder Konsument fühlt sich daran beteiligt, fühlt sich persönlich angesprochen und frei, sie sich anzueignen. Dem kleinen Jungen, der mit der Action-Figur spielt, ist es egal, ob der Hersteller der Figur irgendwelche Bedeutungen zugewiesen hat, ihm ist nur wichtig, was sie für *ihn* bedeutet. Auch der ältere Fan, der jede Nuance in den Zeichnungen seiner geliebten *X-Men* studiert, kümmert sich nicht darum, was der Zeichner ihm mitteilen will, ihn interessiert nur, wie genau er seine eigenen heldenhaften Phantasien wiederfindet.

Die Produzenten von Unterhaltung sind meist selbst ehemalige Fans. In ihrer Kindheit war ihnen Unterhaltung wichtig, und jetzt wollen sie von neuem darin eintauchen und sie nach ihren Vorstellungen verändern, als legitimen Bestandteil der Welt der Fiktion. (Sogar die kommerziellsten Produzenten sehnen sich vor allem nach allgemeiner Akzeptanz und Beliebtheit. Gewinne sind ein willkommener Nebeneffekt, aber niemand steigt in die Unterhaltungsindustrie ein, weil er reich zu werden hofft – der Markt ist zu unzuverlässig und die Erfolgsaussicht zu gering.) Die Geschichten der Produzenten sind geprägt von dem ursprünglichen Material, das sie kannten, von ihren eigenen Bedürfnissen und Phantasien und dem, was sie glauben, ihrem jungen Publikum bieten zu sollen. Das Publikum reagiert darauf, akzeptiert, lehnt ab, deutet um und steuert ein paar neue junge Talente bei, die das Material wiederum verändern. So wird aus dem ganzen Prozess eine Art Austausch von gigantischem Ausmaß, in den Vertreter aller Generationen und Standpunkte ihre Ängste, Sehnsüchte, Nöte, Vorlieben, ihre altersabhängigen Anliegen und ihr Wissen einbringen, feilschend und tauschend zur allseitigen Befriedigung. Auch das ist eine Metapher für das Erwachsenwerden: Lernen, was wir brauchen und was wir zu geben haben und an der Welt teilzunehmen in einer Weise, die uns und andere glücklich macht.

Als ich im Comic-Geschäft war, lernte ich die beiden Erfinder des Hulk kennen, des monströsen Helden, der in meiner Jugend eine so große Rolle gespielt hatte: Jack Kirby und Stan Lee waren ein Zeichner und ein Texter von radikal unterschiedlichem Temperament, die in den Sechzigern einige Jahre zusammengearbeitet und die amerikanische Popkultur grundlegend verändert haben.[1]

Kirby, ein untersetzter, kämpferischer Junge aus dem Getto an der Lower East Side von Manhattan, war mit den Gangsterfilmen und Abenteuer-Comics aus der Zeit der Weltwirtschaftskrise aufgewachsen. Er hatte seine Wut in Action-Zeichnungen gelegt, die an Ausdruckskraft alles Bisherige weit übertrafen. Wenn wir heute von »Superhelden-Comics« reden, stellen wir uns lauter Varianten von Kirbys zornigen, muskelbepackten Helden, seinen brutalen Fausthieben und seinen vorwärts schnellenden Körpern vor. Bei unserem ersten Gespräch sagte Kirby: »Hat dir schon mal jemand einen Kinnhaken verpasst, Junge?« Ich dachte, ich hätte ihn beleidigt. »Ich habe als Kind geboxt«, fuhr er fort. »Wenn du eine echt gute Gerade ans Kinn kriegst, dann weißt du, dass du die *Realität* zu spüren bekommen hast. Ich finde, jeder Texter und jeder Zeichner müsste wenigstens ein einziges Mal einen Kinnhaken kriegen.« Ich war dankbar, dass er mir nicht anbot, die Sache für mich zu erledigen.

Stan Lee erzählte, er habe nie einen Kinnhaken bekommen. Er wuchs in einer erfolgreichen Verlegerfamilie auf, und in seiner Jugend träumte er davon, *den* großen amerikanischen Roman zu schreiben. Als Teenager nahm er einen Job im Zeitschriftenverlag eines Verwandten an (nur so lange, bis er als Schriftsteller etabliert wäre, dachte er), wo er verwegen auf die Aktenschränke kletterte und zur Erheiterung der Groschenromanschreiber und Comic-Zeichner, die in die Redaktion kamen, Okarina spielte. Jack Kirby hielt ihn für einen Weichling. Die Jahre vergingen, und Lee saß immer noch in der Firma seines Cousins. Er schrieb seichte Comic-Geschichten, immer den jeweiligen Trends angepasst, und sein Leben verrann in stiller Verzweiflung. Er spuckte große Töne, um seine Schüchternheit zu überspielen, im Grunde aber war er extrem empfindlich, süchtig nach Anerkennung und leicht beeinflussbar. Als er in der Stadt gelebt hatte, war er liberal gewesen, dann zog er an den Stadtrand und wurde konservativ; später ließ er sich von der Jugendbewegung wieder nach links treiben.

Unterdessen kämpfte sich Jack Kirby durch die Branche, schuf ständig neue Gattungen und verdarb es sich mit Verlegern. Am Ende war Lee der einzige Herausgeber, der ihn noch beschäftigte, und umgekehrt war Kirby fast der einzige gute Zeichner, den Lee sich leisten konnte. In der Mitte ihres Lebens, auf dem Tiefpunkt ihrer beruflichen Laufbahn kamen sie zusammen und beschlossen, ein bisschen herumzuexperimentieren und sich überraschen zu lassen. Ihre unterschiedlichen Fähigkeiten brachten eine Explosion hervor. Kirbys zornige, brutale, monumentale Kraft traf auf Lees Verletzlichkeit, selbstironischen Charme und unbestechliche Sensibilität für menschliche Schwächen. Gemeinsam schufen sie die Marvel Comics: den *Hulk*, die *Fantastischen Vier*, den *Silver Surfer*, *X-Men* und Dutzende weitere. Durch sie wurden Comics zum wesentlichen Bestandteil der Popkultur der Sechzigerjahre, sie öffneten die Tür zu Underground-Comics und veränderten das visuelle Erzählen ein für alle Mal. Eine ganze Generation von Kindern wuchs mit den gemeinsamen Phantasien von Lee und Kirby auf. Diese Nachkommen – angefangen mit George Lucas und seinem kirbyesken *Krieg der Sterne* – machten sich daran, die Darstellung von Heldentum und Gewalt in der kommerziellen Unterhaltung neu zu schreiben.

Die Comic-Serie *X-Men* war zunächst eine der weniger erfolgreichen Schöpfungen von Kirby und Lee, fand jedoch eine treue Fangemeinde unter den Teenagern. Einige ihrer Anhänger führten sie weiter, als sie selbst erwachsen waren, und arbeiteten sie zu einem der vitalsten Symbole der Jugendkultur in den letzten fünfundzwanzig Jahren um. *X-Men* war eine Metapher für Ausgrenzung, erfunden von zwei New Yorker Juden, die in den Zwanziger- und Dreißigerjahren aufgewachsen waren. Die Kräfte, die sie wieder zum Leben erweckten, kamen aus den unterschiedlichsten Richtungen: aus der Baby-Boom-Generation, die im bürgerlichen

Vorstadtmilieu groß geworden war, aus der Generation X kalifornischer Küstenstädte, aus der privilegierten weißen Mittelschicht des amerikanischen Mittleren Westens, aus England, aus Kanada. Sogar ein koreanisch-amerikanischer Zeichner war darunter: Jim Lee, der Anfang der Neunzigerjahre zum Comic-Superstar wurde. Die immer maßlosen, überlebensgroßen Äußerungen von Liebe und Loyalität in einer Welt aus Chaos und Gewalt sprachen erst empfindliche Jugendliche an, die sich als Außenseiter fühlten – halbwüchsige Comic-Begeisterte, weibliche Fans, junge Schwule –, fanden aber bald auch Anhänger unter den Kindern und Jugendlichen, die dem Mainstream besonders angepasst waren und sich von der Gesellschaft der Erwachsenen verfolgt fühlen.

Unter den Fans der *X-Men* Ende der Siebzigerjahre war Michael Chabon. Comics führten ihn zu Science-Fiction- und Fantasy-Romanen und diese wiederum zur Literatur. Während der ganzen Zeit erfand Chabon mit Begeisterung Geschichten auf der Grundlage dessen, was er las, und allmählich wurde er mit seinen Werken zu einem international geachteten Schriftsteller: *Die Geheimnisse von Pittsburgh, Ocean Avenue, Wonder Boys.* Die ganze Zeit hindurch blieben die Comics präsent: Er verfasste ein Treatment für einen geplanten *X-Men*-Film. Dann schrieb er einen Roman, *Die unglaublichen Abenteuer von Kavalier und Clay,* angesiedelt in der Anfangszeit des Comic-Geschäfts, der auf die Erfahrungen und Erlebnisse von Jack Kirby, Stan Lee und deren Kollegen zurückgreift und unter anderem ein leidenschaftliches Plädoyer für die Notwendigkeit einer gelegentlichen Flucht aus der Realität und brutaler Phantasie nach Comic-Art ist.[2]

2001 wurde dieser Roman mit dem Pulitzer-Preis ausgezeichnet, und im Anschluss daran hielt Chabon einen Vortrag auf dem Comic-Kongress in San Diego über das Zusammentreffen von Comics und Literatur. Er sprach von der

»Aufforderung, eine Welt zu schaffen«, die jeder phantasievolle Geschichtenerzähler an sein Publikum stellt. »Diese Texter und Zeichner forderten mich auf, mir eine eigene Welt zu erfinden. Jetzt meine ich, dass ich dieselbe Aufforderung an neue Leser weiterreiche.« Nach seinem Vortrag sagte er: »Das Problem für die jungen Leute heutzutage ist, dass ihr Leben total von den Erwachsenen bestimmt und beaufsichtigt wird, es gibt keine Freiräume mehr, von den organisierten Krabbelgruppen bis hin zur gesamten kapitalistischen Pay-per-View-Worldmaking-Industrie. Aber wir dürfen nicht vergessen, dass Kinder ziemlich gut darin sind, das beschissene Material, das ihnen die Verkäufer neuer Erlebniswelten vorsetzen, herzunehmen und etwas Authentisches und Gutes daraus zu machen.« Chabon findet es wichtig, dass die Eltern wissen, was ihre Kinder konsumieren, »aber das Allerwichtigste ist, dass sie sich aus den Spielwelten der Kinder *raushalten.*«

Eine andere Form des Schaffens neuer Erlebniswelten erlebte ich auf dem anfangs erwähnten CineMagic-Kongress über Jugend und Medien in Belfast. Ich hatte mit jungen Menschen aus beiden Lagern des brutalen, jahrhundertealten politischen und kulturellen Krieges in Nordirland gesprochen, hatte sie bei Videospielen beobachtet, hatte ihre Amateurfilme gesehen und ihre Rap-CDs gehört, hatte sie ihren Zorn auf »die anderen« und zugleich ihre Sehnsucht nach Frieden ausdrücken hören. Später, beim Abendessen im kleinen Speisesaal eines Belfaster Hotels, eröffnete mir ein anderer Kongressteilnehmer eine ganz neue Perspektive. Er war ein katholischer Ire, Regisseur beim lokalen BBC-Sender, und sein Thema auf dem Kongress war der Einfluss der amerikanischen Massenmedien auf die einheimische Kultur. Er wollte von mir eine Erklärung für ein Paradox, das ihm aufgefallen war, als er mit seinen irischen Augen die amerikanische Kultur betrachtet hatte: »Hierzulande pflegen wir zu sagen, dass die Amerikaner immer alles total wörtlich nehmen. Dass ihr keine Ironie kapiert, dass ihr keinen Spaß versteht und keine Ahnung habt vom Wert der Phantasie. Wir sehen es an eurer Bildungsphilosophie, an eurer politischen Korrektheit, an allen möglichen Aussprüchen eurer Politiker und Meinungsmacher. Aber dann macht ihr eine Kehrtwende und produziert etwas so Hervorragendes wie die *Simpsons,* wo die Ironie, die Menschlichkeit und die Phantasie beinahe auf shakespeareschem Niveau sind!«

Noch unter dem Schock, einen solchen Vergleich aus dem Mund eines BBC-Regisseurs zu hören, stotterte ich etwas über Calvinismus, Idealismus, Angst vor Veränderung, das Bedürfnis Jugendlicher nach Spiegelung ihrer Gefühle. Er schlug eine andere Sichtweise auf den philosophischen Graben vor: Auf der einen Seite, sagte er, sehe er den lyrischen Charakter, den roten Faden der keltischen und katholischen Kultur, die Suche nach Wahrheit – ausgedrückt nicht durch Äußerlichkeiten, sondern durch Kunst und Gefühl; und auf der anderen Seite den prosaischen Realismus, eine protestantischere Auffassung, die großen Wert auf die wörtliche Auslegung der Welt legt und auf der Suche nach der einen, objektiven Wirklichkeit ist. Shakespeare und Comics sind lyrisch. Barney ist prosaisch. Psychiater, die Träume erforschen und den Wert verborgener Phantasien kennen, sind lyrisch. Psychologen, die Medieneinflüsse quantifizieren, sind prosaisch.

Dann schilderte er mir seine Erfahrungen als lyrischer Ire bei einer von englischen Protestanten geprägten BBC. »Die Protestanten sind zwangsläufig frustriert von uns sentimentalen, irrationalen Kelten«, sagte er. »Und mich machen sie wahnsinnig mit ihrem puritanischen, kontrollsüchtigen Perfektionismus. Aber je länger ich mit ihnen zusammenarbeite, desto mehr erkenne ich den verdammten *Edelmut,* mit dem sie fordern, dass die Welt einfach so verdammt … *gut* sein soll. Sie wiederum können allmählich zugeben, was sie von der Leidenschaftlichkeit und dem Humor und der *Verrücktheit* haben, mit denen ich an die Sache herangehe.« Es gebe Augenblicke, fuhr er fort, in dem sich die beiden Seiten verbünden, in kreativer und in geistiger Hinsicht, und eine Vorstellung von der fruchtbaren Zukunft vermitteln, die Nordirland haben könnte.

Empathie schafft eine Verbindung zwischen all den gegensätzlichen Standpunkten: zwischen Reformbestreben und Akzeptanz, Prosaischem und Lyrischem, zwischen Idealismus und Sinnlichkeit, Vernunft und Phantasie, Tugendhaftem und Teuflischem, wie immer wir sie nennen wollen. Empathie mit den Gefühlen, derentwegen Kinder brutale Geschichten lieben, Empathie mit den Kräften, die Künstler dazu treiben, sie zu erzählen, Empathie mit den Idealen, aufgrund derer andere sie verbannen wollen. Ich sehe Eltern, denen die Versöhnung von Gegensätzen Tag für Tag durch Empathie mit ihren Kindern gelingt. Meine Mutter fuhr mich in Comic-Läden, wo ich nach alten *Hulks* fahndete, obwohl diese Hefte allen ihren Idealen vom perfekten Kind und einer perfekten Welt zuwiderliefen. Weil sie spüren konnte, dass ein Teil von mir dadurch gestärkt wurde, stärkte sie mein Vertrauen zu ihr und ihren Idealen und ließ gleichzeitig zu, dass ich mein Vertrauen zu mir selbst durch radikal andere Phantasien stärkte. Wenn der Vater des dreizehnjährigen Jake seine Jane Austen-Romane liest und seinen Bill Evans hört, zugleich aber die Tür öffnet und Jake von seinem jüngsten blutigen Triumph in *Half-Life* schwärmen lässt, tut er dasselbe.

Wie bei so vielem anderen in meiner Arbeit komme ich am Ende zu meinem Sohn zurück. Als er fünf Jahre alt war und ziemlich nervös beim Gedanken an die bevorstehende Vorschulklasse, verwandelte sich Nicky in einen Power Ranger, um sich stärker zu fühlen, in einen Teletubby, um sich beschützt zu fühlen, und wurde zum »Tubby Ranger«, wenn er beides zugleich brauchte. Dann entdeckte er die Power-Ranger-Produktlinie: die Zords, wandlungsfähige Roboterfahrzeuge, die sich zu einem riesigen Megazord zusammenstecken ließen, sowie eine Kollektion Waffen – Laserkanonen, Schilde, Bogen für jeden Ranger –, die man zu einem einzigen Mega-Blaster zusammensetzen konnte. Man konnte einzeln damit spielen, dann waren sie lässige Autos und Waffen, oder zusammengesetzt, dann waren es die mächtigsten Spielzeugwaffen, die Nicky je gesehen hatte. Er konnte sich stundenlang damit beschäftigen. Sie waren ausgezeichnete Gelegenheiten, um Nachahmung und Feinmotorik zu üben, und ein guter Fokus für die Daddy-Zeit, falls er meine Hilfe brauchte. Aber als wir gemeinsam spielten, wurde mir klar, dass er noch viel mehr damit anfing: Er spielte selbst Megazord, der sich zusammensetzt. Er wartete sehnsüchtig darauf, dass sich am Ende einer Episode der TV-Serie die Zords zusammenfügten, um den allergrößten Bösewicht zu besiegen. Auf die Phantasie von Einzelteilen, die sich zu einer einzigen, mächtigeren Form zusammensetzen, kam er immer wieder zurück.

Dann erzählte Nicky eines Tages von »Tubby-Zords«, Teletubbies, die sich miteinander verbanden und mächtiger wurden als ein einzelner Ranger oder ein gewöhnlicher Zord, und das fand ich vollkommen logisch. Das Leben besteht aus so vielen Einzelteilen. So vielen Menschen, so vielen Botschaften, so vielen Realitäten, die sich zusammenfügen. Auch mein Sohn bestand aus vielen einzelnen Teilen: Der zornige Nicky, der glückliche Nicky, der ängstliche Nicky, der traurige Nicky, der liebevolle Nicky verhielten sich ganz unterschiedlich und sahen die Welt jeweils verschieden. Die sehr einfache Botschaft dieser Plastikspielsachen war die Essenz des Erwachsenwerdens: Alle Teile unseres Lebenspuzzles so zusammenzufügen, dass sie genau passen, lässt uns stärker werden, als jedes Einzelteil allein je sein könnte.

Dank

Ich war erstaunt, mit welchem Eifer mir so viele Menschen – Experten auf den verschiedensten Gebieten: Erzieher, Ärzte, Psychologen, Unterhaltungsproduzenten und Eltern – zur Seite standen, um dieses Buch Wirklichkeit werden zu lassen. Ich bin ihnen allen dafür sehr dankbar. Jede einzelne ihrer Erfahrungen hat mir vor Augen geführt, wie Menschen unterschiedlichster Ansichten in ihrer gemeinsamen Begeisterung für Kinder, ihrer Sorge um die Zukunft oder einfach auch in der Freude über die eine oder andere Einsicht in die Funktionsweise des Menschen zusammenfinden und wie ein bisschen Einfühlungsvermögen und Aufrichtigkeit die höchsten rhetorischen und emotionalen Mauern zum Einsturz bringen können.

Dr. Mihaly Csikszentmihalyi von den Claremont Universitäten, Dr. William Damon von der Stanford Universität, Dr. Lenore Terr von der Universität von Kalifornien in San Francisco, Dr. Ralph DiClementi von der Emory Universität, Dr. Donald F. Roberts von der Stanford Universität, Dr. Stuart Fischoff von der California State Universität in Los Angeles, Dr. Jib Fowles von der Universität von Houston, Dr. Edwin H. Cook von der Universität von Chicago, Dr. Donna Mitroff von ABC Family, Dr. Helen Smith von ViolentKids.com, Dr. Roben Torosyan von der New School Universität und Dr. Rachel Lauer, die frühere leitende Psychologin der Schulbehörde von New York City, schenkten mir ihre Zeit und ließen mich an ihrem Wissen teilhaben.

Dr. Lynn Ponton von der Universität von Californien, Dr. Carla Seal-Wanner von der New York Universität und Dr. Nancy Marks waren so großzügig, einzelne Kapitel zu lesen und zu kritisieren und mir ihre Erkenntnisse aus ihrem beruflichen und familiären Umfeld zur Verfügung zu stellen. Eine große Hilfe in den Anfangsphasen des Werkes war mir Dr. Melanie Moore. Dankbar bin ich auch den vielen klinischen Psychologen, die mir Einblick in ihre mühsam errungenen Erkenntnisse über die Psyche von Kindern, Jugendlichen und Erwachsenen gewährten, insbesondere Diane Stern, Dr. Jonathon Gray, Christa Donaldson, Dr. Phyllis Shulman, Dr. Valerie Hearn, Irene Wolf, Susan Frankel und Eric Stein. Außerdem danke ich den vielen besorgten Eltern, die mir ihre Erfahrungen und Einsichten mitteilten, vor allem Heidi Anderson, Leslie Fetchen, Martha Thomases, Jean Blanc, Susan Stapczynski und Gina Weinberg. Dank auch an die vielen Lehrerinnen und Lehrern, die mir ihre Klassenzimmer öffneten und mit mir über ihre Schüler sprachen, ganz besonders an Rebecca Field, Alice Hong und an die bemerkenswerte Lehrerschaft der Live Oak School. Ich danke außerdem jenen, die mir von ihren Jugenderfahrungen mit Unterhaltung, Medien und Phantasie berichteten, vor allem Sarah Holm, Ruben Diaz, Ray Portillo, Janice Cohen, Oscar Munoz und Mary Cotter. Alle Geschichten in diesem Buch sind wahrheitsgetreu aufgezeichnet, auch wenn mich manche meiner Gesprächspartner gebeten haben, zum Schutz ihrer Privatsphäre ihren Namen und gelegentlich das eine oder andere biographische Detail zu ändern. Ganz besonders dankbar bin ich natürlich den Hunderten von Kindern und Jugendlichen, die mich während der letzten Jahre innerhalb und außerhalb meiner formellen Workshops an ihren Geschichten, Spielen und Phantasien teilhaben ließen. Viele von ihnen baten mich, ihre echten Namen zu veröffentlichen; doch aus Respekt vor den Schulen, Lehrern und Mitschülern bin ich gezwungen, bei meinen Workshops Anonymität zu wahren. Aber sie alle möchte ich ermuntern, ihre kreativen Aktivitäten fortzusetzen, die dafür sorgen werden, dass ihre Namen eines Tages auf viel befriedigendere Weise im Druck erscheinen.

Von vielen Personen erhielt ich zum genau richtigen Zeitpunkt die richtige Geschichte, Einsicht, Information oder Ermutigung. So zum Beispiel von Michael Chabon, Mick LaSalle, Sam Hamm, Henry Selick, Dr. Jonathan Freedman von der Universität von Toronto, Dr. Craig Anderson von der Universität von Iowa, Dr. Henry Jenkins vom Massachusetts Institut für Technologie, Dr. Jeanne Funk von der Universität von Toledo, Dr. James McGee vom Shepard-Pratt Hospital, Dr. Thomas Brod von der Universität von Kalifornien in Los Angeles, Marc Laidlaw von Valve Software, Lana Nichols, Will Jacobs, David Kleeman vom American Center for Children and Media, Annette Roman und Dallas Middaugh von Viz Communication, Elizabeth Thoman vom Center for Media Literacy, Dr. Hubert Jessup von MediaScope, Christopher Perrius und Kollegen vom Cultural Policy Center an der Universität von Chicago, Doug Lowenstein und Carolyn Rauch von der International Digital Software Association, Anna Home von der BBC und der Children's Film and Television Foundation sowie von den vielen Mitarbeitern und Fans des wunderbaren CineMagic-Festivals in Belfast.

Jo Ann Miller war eine außergewöhnliche Herausgeberin für ein Werk, das nie einfach in seiner Entstehung war. Mit ihrer Klugheit, ihrem Mitgefühl und ihrer sicheren Hand bestimmte sie jede Seite des Manuskripts mit. Jennifer Swearingen war meine Lektorin, die mir mit ihrem aufmerksamen Blick enorm geholfen hat. Vince Beiser von *Mother Jones* hat die erste öffentliche Präsentation des Buches in die Wege geleitet. Von dem Moment an, als die Idee zu diesem Werk zum ersten Mal über meine Lippen kam, redete Carol

Mann mir zu, es zu schreiben, und engagierte sich mit Rat und Tat für seine Verwirklichung.

Vor allen Dingen muss ich den Mentoren in meiner eigenen Familie danken, denn ich bin im Kreis von engagierten und begeisterten Lehrern aufgewachsen: Mein Vater Russell Jones, meine Mutter Leslie Jones und mein älterer Bruder Ray Jones führten mir schon früh im Leben einprägsam vor Augen, wie wichtig es ist, jungen Menschen nicht nur beizubringen, was wir wissen, sondern auch zu respektieren, was sie wissen, wünschen und uns zu erzählen haben. Meine Mutter verabscheute schon den leisesten Gedanken an Gewalt, aber letztendlich war ihre Achtung vor anderen Menschen und deren Erfahrungen immer stärker als alle Vorurteile. Im letzten Stadium ihres Kampfes gegen den Krebs sprachen wir ausführlich über dieses Buch; sie starb jedoch, nachdem sie erst ein paar Kapitel hatte lesen können, aber ihre Kraft und ihr Mitgefühl begleiteten mich weiter.

Mein Sohn Nicky Jones war bemerkenswert geduldig und begeistert von dem Zeit raubenden Vorhaben seines Vaters, auch dann, wenn das Projekt mich zu oft von ihm fortführte oder mich geistig ganz in Anspruch nahm. Die Geschichten, die er mir erzählte, seine Spiele, seine Erklärungen und Zeichnungen waren meine größte Inspirationsquelle.

Während der ganzen Zeit aber, die ich für diese fordernde Aufgabe brauchte, war mir niemand wichtiger und wertvoller als Jennie Kajiko, meine Freundin, meine Partnerin, meine Verankerung in der Realität, meine erste und meine zweite Frau und die beste Miterzieherin, die ein Mann sich nur wünschen kann. Während der schmerzlichsten und der großartigsten Entstehungsphasen war sie meine ständige Begleiterin auf dieser Entdeckungsreise, die uns zeigte, welche Macht Aufrichtigkeit und Einfühlungsvermögen haben.

Gerard Jones, im Februar 2002.

Anmerkungen

Kapitel 1

1 Nach der Ausgabe, die meine Mutter mir vorlas und die ich viele Jahre später in ihrer Bibliothek entdeckte: übersetzt von Charles W. Kennedy, *Beowulf,* und herausgegeben von George B. Woods, Homer A. Watt und George K. Anderson in: *The Literature of England,* Chicago 1953. Dt. Ausgabe z. B. *Beowulf,* hrsg. von M. Lehnert, Leipzig 1986.

2 Joseph Campbell, *Der Heros in tausend Gestalten,* Frankfurt/Main 1953.

3 Bruno Bettelheim, *Kinder brauchen Märchen,* München 1980.

4 Die Empfehlung steht in »The Role of the Pediatrician in Youth Violence Prevention in Clinical Practice and at the Community Level«, in: *Pediatrics* (Januar 1999); die Aussage wurde zitiert in einer AAP-Presseerklärung vom 7. März 2000, die auf erheblich größeres Medienecho stieß.

5 *»My words are like a dagger with a jagged edge that'll stab you in the head whether your're a fag or lez«*: Text von Eminem, *The Marshall Mathers* LP (2000), Uni/Interscope Records.

6 Die ergiebigste und aufschlussreichste Quelle zu diesem Thema sind die Arbeiten von Brian Sutton-Smith, von denen die neueste und umfassendste *The Ambiguity of Play,* Cambridge 1997, ist. Siehe auch seine anderen Bücher *The Psychology of Play,* North Stratford, N. H. 1976, und *Play and Learning,* New York 1979.

7 Anne D'Innocenzio, »Toy Firms Downplay Violence«, in: *San Francisco Chronicle,* 28. September 2001.

8 Dies belegt eine Rand-Studie, die feststellte, dass in der Woche nach den Anschlägen neunzig Prozent der Personen über achtzehn unter Stressreaktionen litten, während von den Fünf- bis Siebzehnjährigen nur fünfunddreißig Prozent betroffen waren. Mark A. Schuster et al., »A National Survey of Stress Reactions after the September 11, 2001, Terrorist Attacks«, in: *New England Journal of Medicine,* (November 2001).

9 Z. B. Russell G. Geen, *Human Aggression,* Pacific Grove, CA 1990; David H. Crowell, Ian M. Evans und Clifford R. O'-Donnell, Hrsg., *Childhood Aggression and Violence,* New York 1987; und Leonard Berkowitz, *Aggression: Its Causes, Consequences, and Control,* New York 1993. Vgl. auch Craig A. Anderson et al.: »Hot Temperatures, Hostile Affect, Hostile Cognition, and Arousal: Tests of a General Model of Affective Aggression«, in: *Personality and Social Psychology Bulletin* 21 (1995).

10 Jerome Bruner, *Actual Minds, Possible Worlds,* Cambridge 1986.

Kapitel 2

1 Die Stanford-Studie beschreiben Thomas N. Robinson, Marta L. Wilde, Lisa C. Navracruz, K. Farish Haydel und Ann Varady, »Effects of Reducing Children's Television and Video Game Use on Aggressive Behavior«, in: *Archives of Pediatrics and Adolescent Medicine* (Januar 2001).

2 »Kids Less Violent after Watching Less TV«, in: *San Francisco Chronicle* vom 15. Januar 2001. Ich möchte allerdings darauf hinweisen, dass der ganze Associated-Press-Artikel mit dem Titel »Less TV Time May Cut Aggression in Children«, den viele Zeitungen übernahmen, die fehlende Korrelation mit Medieninhalten nicht verschwieg und Dr. Katherine Kaufer Christoffel von der Northwestern Universität zitierte, die darauf hinwies, dass zu viel Zeit vor dem Bildschirm die Entwicklung sozialer Fähigkeiten bei Kindern beeinträchtigen könne.

3 Thomas N. Robinson, »Reducing Children's Television Viewing to Prevent Obesity«, in: *Journal of the American Medical Association* (Oktober 1999).

4 Zur veränderten Sicht von Sexualität und Psychopathologie siehe – neben vielen anderen Werken – Lawrence Birken, *Sexual Science and the Emergence of a Culture of Abundance, 1871–1914,* Ithaca 1988; John D'Emilio und Estelle Friedman, *Intimate Matters: A History of Sexuality in America,* Chicago 1997; und Frank Mort, *Dangerous Sexualities,* London 2000.

5 Im Zusammenhang mit der veränderten Sicht von Autismus und anderen Entwicklungsstörungen siehe Uta Frith, Hg., *Autismus,* Heidelberg 1992.

6 Merton Sealts, Hg., *Journals and Miscellaneous Notebooks of Ralph Waldo Emerson,* Cambridge 1973, S. 138.

7 *Joint Statement on the Effects of Entertainment Violence on Children,* Gesundheitsgipfel des US-Kongress vom 26. Juli 2000.

8 Stuart Fischoff, »Psychology's Quixotic Quest for the Media-Violence Connection«, Gastvortrag auf dem Kongress der Amerikanischen Psychologischen Gesellschaft in Boston, 1999.

9 Weitere Informationen zu Helen Smiths Ergebnissen finden sich in *The Scarred Heart: Understanding and Identifying Kids Who Kill,* Knoxville, Tennessee 2000.

10 Die Zitate von Dr. Edwin Cook und Dr. Lynn Ponton stammen wie alle anderen nachfolgenden Zitate ohne Anmerkung aus Gesprächen mit dem Autor. Zu weiteren Ansichten von Lynn Ponton siehe *The Romance of Risk: Why Teenagers Do the Things They Do,* New York 1997, und *The Sex Lives of Teenagers,* New York 2000.

11 *Youth Violence: A Report of the Surgeon General,* US-Ministerium für Gesundheit und soziale Angelegenheiten, Januar 2001.

12 Jonathan Freedman wird zitiert von Jonathan Storm, »Foes of TV Violence Turn Up Volume«, in: *Philadelphia Inquirer,* 28. Dezember 1994.

13 Jonathan L. Freedman, *Media Violence and Its Effect on Aggression: Assessing the Scientific Evidence,* Toronto, noch im Druck. Siehe auch Haejung Paik und George Comstock, »The Effects of Television Violence on Anti-Social Behavior: A Meta-Analysis«, in: *Communication Research* 28 (1994); und Russell G. Geen und Edward Donnerstein, Hg., *Human Aggression: Theories, Research, and Implications for Social Policy,* New York 1998.
In welchem Ausmaß vorgefasste Meinungen in der Auseinandersetzung die Forschungsergebnisse verzerren, zeigt der anhaltende Trend zu neuen Studienansätzen. Ein gutes Jahr, nachdem der Verband der amerikanischen Kinderärzte die Gemeinsame Verlautbarung mit unterzeichnet hatte, gab derselbe Verband eine Absichtserklärung ab, in der es hieß, die Schlussfolgerungen seien auf »mehr als 3.500 Studien« gestützt (»Media Aggression«, in: *Pediatrics,* November 2001). Eine Gruppe von Psychologen, Kulturkritikern und Kriminologen reagierte darauf mit einem offenen Brief, in dem sie dem Verband der Kinderärzte »zahlreiche unrichtige Darstellungen ... Verzerrungen und Missachtung vieler weit reichender Fragen bezüglich der Interpretation von Studien über Mediengewalt« vorwarf. Webseite der Nationalen Koalition gegen Zensur (http://www.ncac.org), 5. Dezember 2001.

14 Bruce Rolston, »The Skeptic«, in: *Adrenaline Vault,* 22. Dezember 2000.

15 Eine Übersicht über neue Vorgehensweisen bietet, neben vielen anderen, David Gauntlett, *Moving Experiences: Understanding Television's Influences and Effects,* London 1995; Dolf Zillmann und Jennings Bryant, *Media Effects: Advances in Theory and Research,* Hillsdale, N. J. 1994.

16 Siehe Allan Fenigstein, »Does Aggression Cause a Preference for Viewing Media Violence?«, in: *Journal of Personality and Social Psychology* 37 (1979); Barrie Gunter, »Do Aggressive People Prefer Violent Television?«, in: *Bulletin of the British Psychological Society* 36 (1983).

17 William A. Belson, *Television Violence and the Adolescent Boy,* London 1978. Ähnliche Ergebnisse diskutieren Ann Hagell und Tim Newburn in: *Young Offenders and the Media: Viewing Habits and Preferences,* London 1994.

18 Leonard D. Eron, L. Rowell Huesmann, Monroe M. Lefkowitz und Leopold O. Walder, »Does Television Violence Cause Aggression?«, in: *American Psychologist* 27 (1972); L. Rowell Huesmann und Leonard D. Eron, *Television and the Aggressive Child: A Cross-National Comparison,* Hillsdale, N. J. 1986.

19 Zu den Gegenstimmen der Eron-Studie gehören Jonathan L. Freedman, »Violence in the Mass Media and Violence in Society: The Link is Unproven«, in: *Harvard Mental Health Letter* (Mai 1996); Jib Fowles, *The Case for Television Violence,* Thousand Oaks, CA 1999; sowie Guy Cumberhatch und Dennis Howitt, *A Measure of Uncertainty: The Effects of the Mass Media,* London 1989.

20 Zitiert von Storm, »Foes of TV Violence Turn Up Volume«, a. a. O.

21 Fowles, *The Case for Television Violence,* a. a. O.

22 Siehe zum Beispiel David Buckingham, *Children talking Television: The Making of Television Literacy,* London 1993.

23 Brian Coates, H. Ellison Pusser, und Irene Goodman, »The Influence of *Sesame Street* and *Mister Rogers' Neighborhood* on Children's Social Behavior in the Preschool«, in: *Child Development* 47 (1976).

24 Paik und Comstock, »The Effects of Television Violence on Anti-Social Behavior: A Meta-Analysis«, a. a. O. Siehe auch Fowles, *The Case for Television Violence,* a. a. O.

25 Seymour Feshbach und Robert D. Singer, *Television and Aggression: An Experimental Field Study,* San Francisco 1971.

26 Die Nikotin-Analogie wird dargelegt von Sissela Bok, *Mayhem: Violence as Public Entertainment,* Reading, Mass. 1998. Humanere Ansichten fand ich bei Henry Jenkins, »Lessons from Littleton: What Congress Doesn't Want to Hear about Youth and Media«, in: *Independent School* (Winter 2000); und David Gauntlett, »Ten Things Wrong with the ›Effects Model‹«, in:

Approaches to Audiences: A Reader, hrsg. von Roger Dickinson et al., London 1998, für das Internet überarbeitet und veröffentlicht auf http://www.newmediastudies.com, Institute of Communications Studies, Universität von Leeds 1999.

27 Morton Hunt, *The Story of Psychology,* New York 1994.

28 Ein vollständiges Bild bietet er selbst: John McCain, *Faith of My Fathers,* New York 1999.

29 Albert Bandura, Dorothea Ross und Shiela A. Ross, »Imitation of Film-Mediated Aggressive Models«, in: *Journal of Abnormal Social Psychology* 3 (1963).

30 Richard J. Borden, »Witnessed Aggression: Influence of an Observer's Sex and Values on Aggressive Responding«, in: *Journal of Personality and Social Psychology* 31 (1975).

31 Siehe Craig A. Anderson und Brad J. Bushman, »Effects of Violent Video Games on Aggressive Behavior, Aggressive Cognition, Aggressive Affect, Physiological Arousal, and Prosocial Behavior: A Meta-Analytic Review of Scientific Literature«, in: *Psychological Science* 12 (2001); und Freedman, *Media Violence and Its Effect on Aggression,* a. a. O.

32 Zu mehr Informationen über Medien und allgemeine Erregung siehe Dolf Zillmann und Jennings Bryant, Hg., *Responding to the Screen: Reception and Reaction Process,* Hillsdale, N. J. 1991.

33 Penny Holland, »War Play in the Nursery: Zero Tolerance May Harm Both Boys and Girls«, in: *New Therapist* (Winter 2000), London: European Therapy Studies Institute.

34 Einen guten Überblick über die Vorurteile und Fehlinterpretationen, mit denen Zuschauerreaktionen häufig beschrieben werden, bieten Martin Barker und Julian Petley, Hg., *Ill Effects: The Media/Violence Debate,* London 1997.

35 Siehe Geoffrey Cowan, *See No Evil: The Backstage War over Sex and Violence on Television,* New York 1979.

Kapitel 3

1 Siehe zum Beispiel Laurence R. Goldman, *Child's Play: Myth, Mimesis, and Make-Believe,* Oxford: Berg 1997; und N. Blurton Jones, Hg., *Ethnological Studies of Child Behaviour,* Cambridge: Cambridge University Press 1972.
2 J. K. Rowling, *Harry Potter und der Stein der Weisen,* Hamburg: Carlsen 1998; und die Fortsetzungen.
3 Siehe auch Brian Sutton-Smith, *The Ambiguity of Play,* a. a. O.
4 Das Zitat von Donald Roberts stammt aus einem Interview mit dem Autor; ausführlich dargestellt sind seine Ansichten zu dem Thema in Donald F. Roberts, »Media Templates«, in: *Journal of Broadcasting and Electronic Media* 42 (1999). Siehe auch Dolf Zillmann, Jennings Bryant und Aletha C. Houston, Hg., *Media, Children and the Familiy: Social Scientific, Psychodynamic, and Clinical Perspectives,* Hillerdale, N. J.: Lawrence Erlbaum 1994.
5 Jeffrey Cole, *The UCLA Television Violence Monitoring Report,* Los Angeles: University of California at Los Angeles 1998.
6 Dieses Thema wurde noch nicht systematisch analysiert, jedoch weisen mehrere Daten und Ergebnisse in diese Richtung: Siehe Donald F. Roberts et al., *Kids and Media at the New Millennium,* Menlo Park, CA: Henry J. Kaiser Family Foundation 1999; *National Television Violence Study,* 3 Bde., Thousand Oaks, CA.: Sage 1996, 1997, 1998; sowie demographische Angaben von verschiedenen TV-Networks und Kabelsendern.
7 Kimberley M. Thompson und Kevin Haniger, »Violence in E-Rated-Video Games«, in: *Journal of the American Medical Association,* August 2001.
8 Siehe zum Beispiel *Youth Violence: A Report of the Surgeon General,* Ministerium für Gesundheit und soziale Angelegenheiten, Januar 2001; sowie David Bender und Bruno Leone, Hg., *Juvenile Crime,* San Diego: Greenhaven Press 1997.
9 *Detroit Free Press,* 1., 2., 3. und 9. März 2000.

10 Das Zitat stammt aus einer Quelle, die ich verloren habe. Ich notierte mir den Satz aus einem Interview anlässlich der Veröffentlichung von *Stories for Children* (dt.: *Massel & Schlamassel und andere Kindergeschichten,* München: Hanser 1988) und wäre froh, wenn mir ein Leser oder eine Leserin hier weiterhelfen könnte.

11 Das weiß ich aus meinen eigenen Erfahrungen mit Unterhaltungs- und Spielwarenherstellern; wissenschaftlich ergründet wurde das Thema jedoch von Daniel S. Acuff und Robert H. Reiher, *What Kids Buy and Why: The Psychology of Marketing to Kids,* New York 1997.

12 Anna Freud, *Research at the Hampstead Child-Therapy Clinic and Other Papers, 1956–1965,* Madison, Conn. 1969.

13 Ernest Becker, *Die Überwindung der Todesfurcht,* München 1985.

14 Mary Pipher, *Pubertätskrisen junger Mädchen und wie Eltern helfen können,* Frankfurt/Main 1999.

15 Bruno Bettelheim, *Kinder brauchen Märchen,* München 1980. Eine gründlichere und umfassendere Erörterung, die anscheinend Bettelheims Primärquelle war, ist Julius Heuscher, *A Psychiatric Study of Fairy Tales: Their Origin, Meaning, and Usefulness,* Springfield, Ill. 1963.

16 Vivian Gussin Paley, *Boys and Girls: Superheroes in the Doll Corner,* Chicago 1984, pp. 73–74, 80.

Kapitel 4

1 Lenore Terr, *Beyond Love and Work: Why Adults Need to Play,* New York 1999. Weitere Informationen zur Funktion des Spiels liefern Brian Sutton-Smith, *The Ambiguity of Play,* Cambridge 1997; ders., Hg., *Play and Learning,* New York: John Wiley 1979; und Iona Opie, *The People in the Playground,* Oxford 1994.

2 Siehe A. D. Pelligrini, »Boys' Rough and Tumble Play and Social Competence«, in: *The Future of Play Theory,* hrsg. von A. D. Pelligrini, Albany 1995.

3 Eine ausführlichere Darstellung der Beziehung zwischen Spiel und Medien findet sich bei Marsha Kinder, *Playing with Power in Movies, Television, and Video Games: From Muppet Babies to Teenage Mutant Ninja Turtles,* Berkeley 1993.
4 Vivian Gussin Paley, *Boys and Girls,* a. a. O., pp. 70 f., 108.
5 E. B. White, *Wilbur und Charlotte,* Zürich 2000. (Ursprünglich erschienen 1952.)
6 Kinder, *Playing with Power,* a. a. O.
7 Terr, *Beyond Love and Work,* a. a. O.; und R. E. Herron und Brian Sutton-Smith, Hg., *Child's Play,* New York 1971.
8 Siehe Sharon Mazer, *Professional Wrestling: Sport and Spectacle,* Jackson, Miss. 1998.

Kapitel 5

1 Vivian Gussin Paley, *Boys and Girls,* a. a. O., p. ix.
2 Melvin Konner, »Aspects of the Developmental Ethology of a Foraging People«, in: *Ethological Studies of Child Behaviour,* hrsg. von N. Blurton Jones, Cambridge 1972.
3 Peter J. Smith und Kevin J. Connolly, *The Ecology of Preschool Behavior,* Cambridge 1972; und Lenore Terr, *Beyond Love and Work,* a. a. O.
4 K. Conner, »Aggression: Is It in the Eye of the Beholder?« in: *Play and Culture* 2 (1989).
5 Siehe Barrie Thorne, *Gender Play: Boys and Girls in School,* New Brunswick, N. J. 1994; und Brian Sutton-Smith, »The Play of Girls«, in: *On Becoming Female,* hrsg. von C. B. Knopp und M. Kirkpatrick, New York 1979.
6 Siehe Sharon R. Mazzarella und Norma Odom Pecora, Hg., *Growing Up Girls: Popular Culture and the Construction of Identity,* Bern 1999; und Mary F. Rogers, *Barbie Culture,* Thousand Oaks, CA 2000.
7 Siehe ebd.; und Sherrie Inness, *Tough Girls: Women Warriors and Wonder Women in Popular Culture,* Philadelphia 1998.
8 Siehe Justine Cassell und Henry Jenkins, Hg., *From Barbie to*

Mortal Kombat: Gender and Computer Games, Cambridge 1998.

9 Einen ausführlichen Überblick über die Klischees und Vorurteile von Hollywood und das komplexe Verhältnis des weiblichen Publikums zu ihnen gibt Jeanine Basinger, *A Woman's View: How Hollywood Spoke to Women, 1930–1960,* Middlefield, Conn. 1995.

10 Weitere Überlegungen zur japanischen Popkultur finden sie bei Frederick L. Schodt, *Inside the Robot Kingdom,* Tokio 1998; und ders., *Manga! Manga! The World of Japanese Comics,* Tokio 1983. Siehe auch Joseph Campbell, *Mythologie des Ostens,* München 1996.

11 Ruth Handler und Jacqueline Shannon, *Dream Doll: The Ruth Handler Story,* Ann Arbor 1994.

12 Siehe Cassell und Jenkins, *From Barbie to Mortal Kombat,* a. a. O.; und Valerie Walkerdine, Helen Lucey und June Melody, *Growing Up Girl: Psychosocial Explorations of Gender and Class,* New York 2001.

Kapitel 6

1 Siehe David E. Ruth, *Inventing the Public Enemy: The Gangster in American History, 1918–1934,* Chicago 1996.

2 Daten von der International Digital Software Association (http://www.idsa.org).

3 Siehe Brian Sutton-Smith, *The Ambiguity of Play,* a. a. O.; ders., Hg., *Play and Learning,* New York 1979; und Lenore Terr, *Beyond Love and Work,* a. a. O.

4 *Joint Statement on the Effects of Entertainment Violence on Children,* a. a. O.

5 Siehe George Gerbner, »Desensitization Toward Violence in Our Society as a Result of Violence in the Media«, Vortrag auf der Internationalen Konferenz über Mediengewalt in New York, 1994; und George Gerbner, Michael Morgan und Nancy Signorelli, »Violence on Television: The Cultural In-

dicators Project«, in: *Journal of Broadcasting and Electronic Media* 39 (1995).

6 Paul Hirsch, »A Reanalysis of Gerbner et al.'s Findings on Cultivation Research«, in: *Communication Research* (1980 und 1981); Jib Fowles, *The Case for Television Violence,* a. a. O.; und Marilyn Jackson-Beeck und Jeff Sobal, »The Social World of Heavy Television Viewers«, in: *Journal of Broadcasting* 24 (1980). Siehe auch Robert Kubey und Mihaly Csikszentmihalyi, *Television and the Quality of Life,* Hillsdale, N. J. 1990.

7 Jib Fowles, *The Case for Television Violence,* a. a. O.

8 *Joint Statement on the Effects of Entertainment Violence on Children,* a. a. O.

9 A. M. Rosenthal, *Thirty-Eight Witnesses: The Kitty Genovese Case,* überarb. Ausgabe, Berkeley 1999.

10 Ebd.; und Bibb Latané und John M. Darley, *The Unresponsive Bystander: Why Doesn't He Help?* New York 1970.

11 Fred Molitor und Kenneth William Hirsch, »Children's Toleration of Real-Life Aggression after Exposure to Media Violence: A Replication of the Drabman and Thomas Studies«, in: *Child Study Journal* 24 (1994).

12 Andere Auslegungen solcher Ergebnisse finden sich bei Jib Fowles, *The Case for Television Violence,* a. a. O.; David Gauntlett, *Moving Experiences,* a. a. O.; und Dolf Zillmann und Jennings Bryant, Hg., *Responding to the Screen,* a. a. O.

Kapitel 7

1 *Frontline: The Killer at Thurston High,* Dokumentarfilm, ausgestrahlt im Public Broadcasting System, Januar 2000.

2 Siehe »Tragedy Hits Home«, *Eugene Register-Guard,* 24. Mai-2. Juni 1998; und »Bound for Violence«, *Eugene Register Guard,* 27. November 1998.

3 Mike A. Males, *Framing Youth: 10 Myths About the Next Generation,* Monroe, Maine: Common Courage Press 1999, p. 280 f.

4 Youth Vision, *Adult Attitudes Toward Youth,* Chicago: Youth Vision 1995; L. Dorfman, K. Woodruff, V. Chavez und L. Wallack, »Youth and Violence on Local Television News in California«, in: *American Journal of Public Health* 87 (1997); Males, *Framing Youth,* a. a. O.; und *Uniform Crime Reports for the United States,* Washington, D. C.: Department of Justice 1997, 1998, 1999.

5 Mike A. Males, *The Scapegoat Generation: America's War on Adolescents,* Monroe, Maine 1996; *Uniform Crime Reports for the United States,* Washington, D. C. 2000; und Elizabeth Donohue, Vincent Schiraldi und Jason Ziedenberg, *School House Hype: School Shootings and the Real Risk Kids Face in America,* Washington, D. C. 1998.

6 »The Costs of Youth Violence«, *San Francisco Chronicle* vom 4. April 2001.

7 David Bender und Bruno Leone, Hg., *Juvenile Crime,* San Diego 1997; Jonathan Kozol, *Amazing Grace: The Lives of Children and the Conscience of a Nation,* New York 1995; U. S. Advisory Board on Child Abuse and Neglect, *A Nation's Shame: Fatal Child Abuse and Neglect in the United States,* Washington, D. C. 1995; Donohue et al., *School House Hype,* a. a. O.; und *Uniform Crime Reports for the United States,* 1999 und 2000.

Kapitel 8

1 Homer, *Ilias,* in der Übersetzung von Johann Heinrich Voß, München 1963.

2 Dies ist der sehr kurze Abriss einer langen, komplexen Veränderung in den Beziehungen zwischen Individuum, Gewalt und Gesellschaft. Eine ausführlichere Perspektive bieten Norbert Elias, *Über den Prozeß der Zivilisation,* 2 Bde., Frankfurt/Main 1991 und 1997; und Eric A. Johnson und Eric H. Monkonnen, Hg., *The Civilization of Crime,* Urbana 1996.

3 Siehe Robert Mayhew, *Aristotle's Criticism of Plato's Republic,* London 1997.

4 Ted Robert Gurr, Hg., *Violence in America,* Bd. 1: *The History of Crime,* Newsbury Park, CA. 1989.

5 Michael Lesy, *Wisconsin Death Trip,* New York 1973.

6 Die Anekdote stammt aus einem Begleittext zur Spielwarenausstellung der Forbes-Galerie in New York.

7 Charles Musser und Carol Nelson, *High-Class Moving Pictures: Lyman H. Howe and the Forgotten Era of Traveling Exhibition, 1880–1920,* Princeton 1991, S. 266.

8 Siehe Jeffrey Goldstein, Hg., *Why We Watch: The Attractions of Violent Entertainment,* Oxford 1998.

9 Angaben von Movie Database im Internet: http://www.imdb.com.

10 Angaben von der International Digital Software Association: http://www.idsa.org.

11 Eine weniger krasse Analogie als »Krieg« gebrauchte Jeffrey Goldstein (siehe Anm. 8), der die beiden Lager in der Debatte über Mediengewalt mit zwei alten Ehegatten verglich, die seit so vielen Jahrzehnten über dasselbe Thema streiten, dass sie schließlich den Eindruck machen, als ginge es ihnen nicht um die Wahrheit, sondern um das Streiten an sich.

12 Zu den Groschenromanen im Allgemeinen siehe J. Randolph Cox, *The Dime Novel Companion: A Source Book,* Westport, Conn. 2000; Michael Denning, *Mechanic Accents: Dime Novels and Working-Class Culture in America,* New York 1987. Zum Protest gegen die Groschenromane siehe Lydia C. Shurman, »Anthony Comstock and His Crusade Against ›Vampire Literature‹«, Artikel vorgelegt auf der Popular Culture Association Conference, Toronto 1999; Evelyn Geller, *Forbidden Books in Americas Public Libraries, 1876–1939,* Westport, Conn. 1984; und Marjorie Heins, *Not in Front of the Children: Indecency, Censorship, and the Innocence of Youth,* New York 2001.

13 Siehe Robert Sklar, *Movie-Made America,* New York 1994.

14 Jeanine Basinger, *A Woman's View,* a. a. O.

15 Leonard J. Leff und Jerrold L. Simmons, *The Dame in the Kimono: Hollywood, Censorship, and the Production Code,* New York 1990;

Mick LaSalle, *Complicated Women: Sex and Power in Pre-Code Hollywood,* New York 2000; und Garth S. Jowett, Ian C. Jarvie und Kathryn H. Fuller, *Children and the Movies,* Cambridge 1996.

16 Jenry James Forman, *Our Movie-Made Children,* New York 1934; Arthur Kellogg, »Minds Made by the Movies«, in: *Survey Graphic* (Mai 1933).

17 Ebd.

18 Eine Weiterentwicklung dieser Ideen findet sich bei Todd Gitlin, »The Symbolic Crusade Against Media Violence Is a Confession of Despair«, in: *Chronicle of Higher Education* (Februar 1994); und Heins, *Not in Front of the Children,* a. a. O.

19 Zitiert in »Surgeon General Sees Danger in Video Games«, in: *New York Times* vom 10. November 1982.

20 *Joint Statement on the Impact of Entertainment Violence on Children,* a. a. O.

21 Craig A. Anderson, *Violent Video Games Increase Aggression and Violence,* Aussage vor dem US-Senatsausschuss für Handel, Wissenschaft und Transport, der am 9. April 2001 über das Thema »Der Einfluss interaktiver Gewalt auf Kinder« tagte. Zur Inverness-Studie siehe Derek Scott, »The Effect of Video Games on Feelings of Aggression«, in: *Journal of Psychology* 129 (Juli 1994).

22 A. d. Ü.: *nukem* ist umgangssprachlich für »zerstör sie«, von »to nuke«; *huggem* bedeutet »umarme sie«.

23 Die Angabe stammt von der International Digital Software Association (http://www.idsa.org).

24 Bruno Bettelheim, *Kinder brauchen Märchen,* a. a. O.

25 Maurice Sendak, *Wo die wilden Kerle wohnen,* Zürich 1963. Die Anekdote stammt aus Richard Pollak, *The Creation of Dr. B: A Biography of Bruno Bettelheim,* New York 1997.

26 Siehe Denning, *Mechanic Accents,* a. a. O., S. 9.

27 Michael E. Parrish, *Anxious Decades: America in Prosperity and Depression, 1920–1941,* New York 1994; und Mike A. Males, *Framing Youth,* a. a. O.

Kapitel 9

1 Siehe Molly Haskell, *From Reverence to Rape: The Treatment of Women in the Movies,* überarb. Aufl., Chicago 1987; und Yvonne Tasker, *Working Girls: Gender and Sexuality in Popular Cinema,* London 1998.
2 Angaben von der International Digital Software Association: http://www.idsa.org. Siehe auch Heather Gilmour, »What Girls Want: The Intersections of Leisure and Power in Female Computer Game Play«, in: *Kids' Media Culture,* hrsg. von Marsha Kinder, Durham, N. C. 1999; und Justine Cassell und Henry Jenkins, Hg., *From Barbie to Mortal Kombat,* a. a. O.
3 Siehe auch Jeffrey P. Moran, *Teaching Sex: The Shaping of Adolescence in the Twentieth Century,* Cambridge 2000; Valerie Walkerdine, Helen Lucey und June Melody: *Growing Up Girl,* a. a. O.; und Lynn E. Ponton, *The Sex Lives of Teenagers,* a. a. O.
4 Siehe Nina Auerbach, *Our Vampires, Ourselves,* Chicago 1997.
5 Siehe auch Sharon R. Mazzarella und Norma Odom Pecora, Hg., *Growing Up Girls,* a. a. O.
6 Siehe auch Daniel J. Kindlon und Michael Thompson, *Raising Cain: Protecting the Emotional Lives of Boys,* New York 1999.
7 Siehe zum Beispiel Haskell, *From Reverence to Rape,* a. a. O.
8 Siehe auch Sherry Inness, *Tough Girls,* a. a. O.; sowie Cassell und Jenkins, *From Barbie to Mortal Kombat,* a. a. O.
9 Zu den Komplexitäten der Identifikation mit einem Spiel-Ich siehe Sherry Turkle, *Leben im Netz. Identität in Zeiten des Internet,* Reinbek 1998.

Kapitel 10

1 *Joint Statement on the Effects of Entertainment Violence on Children,* a. a. O.
2 Lt. Col. Dave Grossman, *On Killing,* Boston 1995.
3 B. F. Skinner, *Was ist Behaviorismus?* Reinbek 1982.

4 Siehe Johan Huizinga, *Homo Ludens. Vom Ursprung der Kultur im Spiel,* Reinbek 1987.
5 Siehe Jonathan L. Freedman, *Media Violence and Its Effect on Aggression,* a. a. O.
6 Eine ausführliche Darstellung ihrer Erkenntnisse bietet Helen Smith in ihrem Buch *The Scarred Heart,* a. a. O.
7 Steven Poole, *Trigger Happy: Video Games and Entertainment Revolution,* London 2000; sowie Angaben von der International Digital Software Association (http://www.idsa.org).
8 Craig A. Anderson, *Violent Video Games Increase Aggression and Violence,* a. a. O.; und Freedman, *Media Violence and Its Effect on Aggression,* a. a. O.
9 E. Pooley, »Portrait of a Deadly Bond«, in: *Time* vom 10. Mai 1999.
10 James P. McGee, »The Classroom Avenger«, in: *Forensics Journal* 4 (1999); und Caren D. DeBernardo und James P. McGee, »Preventing the Classrooms Avenger's Next Attack«, in: *Center for School Mental Health Assistance Newsletter* (Herbst 1999).
11 Grossman, *On Killing,* a. a. O., S. 234.
12 Siehe auch Poole, *Trigger Happy,* a. a. O.; und J. C. Herz, *Joystick Nation: How Video Games Ate Our Quarters, Won Our Hearts, and Rewired Our Minds,* Boston 1997.
13 Mihaly Csikszentmihalyi, *Die außergewöhnliche Erfahrung im Alltag. Die Psychologie des* flow*-Erlebnisses,* Stuttgart 1995; und Mihaly Csikszentmihaly und Reed Larson, *Being Adolescent,* New York 1984.
14 Poole, *Trigger Happy,* a. a. O.; Steve L. Kent, *The Ultimate History of Video Games,* Rocklin, CA 2001; sowie Angaben von der International Digital Software Association (http://www.idsa.org).
15 Siehe Jeanne B. Funk, »Girls Just Want to Have Fun«: Ihr Artikel wurde eingereicht beim Kongress zu dem Thema *Playing by the Rules: The Cultural Policy Challenges of Video Games,* der 2001 an der Universität Chicago stattfand; wird erscheinen im Verlag Duke University Press, Durham, N. C. Siehe auch Heather Gilmour, »What Girls Want: The Intersections

of Leisure and Power in Female Computer Game Play«, in: *Kids' Media Culture,* hrsg. von Marsha Kinder, Durham: N. C. 1999.

16 Poole, *Trigger Happy,* a. a. O.; Herz, *Joystick Nation,* a. a. O.; sowie Angaben von der International Digital Software Association (http://www.idsa.org).

17 Craig Anderson äußerte seine Bemerkung auf dem Kongress *The Cultural Policy Challenges of Video Games.* Mein Verdacht ist, dass die E-Mails leere Drohungen waren, eine unreflektierte Form von Phantasiegewalt; allerdings deuten sie auf eine bei manchen Spielern vorhandene Tendenz hin, die Verhältnismäßigkeit aus den Augen zu verlieren, denn es gibt wohl kaum einen lächerlicheren Versuch, die eigenen Spiele zu verteidigen, als einen verbalen Angriff gegen einen prominenten Kritiker gewaltorientierter Unterhaltung.

18 Siehe auch Marsha Kinder, Hg., *Kids' Media Culture: Consoleing Passions,* Durham, N. C. 2000; und Henry Jenkins, »Lessons from Littleton: What Congress Doesn't Want to Hear about Youth and Media«, in: *Independent School* (Winter 2000).

19 Michael Balboni in einer Sendung des Nachrichtenkanals Fox am 4. August 2000.

20 Michael E. Parrish, *Anxious Decades: America in Prosperity and Depression, 1920–1941,* New York 1994.

Kapitel 11

1 Zitiert in »Protecting Children, Tempting Pandora«, in: *New York Times* vom 27. Juni 2001.

2 Siehe zum Beispiel D. J. Flannery und C. R. Huff, Hg., *Youth Violence: Prevention, Intervention, and Social Policy,* Washington, D. C. 1998; Monroe M. Lefkowitz, Leonard D. Eron, Leopold O. Walder und L. Rowell Huesmann, *Growing Up to Be Violent: A Longitudinal Study of the Development of Aggression,* New York 1977.

3 Siehe Ralph J. DiClementi, William B. Hansen und Lynn E. Ponton, *Handbook of Adolescent Health Risk Behavior,* New York 1996.

4 Den therapeutischen Sinn der Spiegelung beschrieb Alice Miller in *Das Drama des begabten Kindes,* Frankfurt/Main 1979. Ich benutze den Begriff hier auch für andere, verwandte Prozesse. Siehe auch Jerome Bruner, *Actual Minds, Possible Worlds,* a. a. O.

5 Ausführlich dargestellt sind Dr. Pontons Empfehlungen in ihren Büchern *The Romance of Risk* und *The Sex Lives of Teenagers,* a. a. O.

6 Mark L. Wolraich, D. B. Wilson und J. Wade White, »The Effect of Sugar on Behavior or Cognition in Children: A Meta-Analysis«, in: *Journal of the American Medical Association* 274 (1995).

7 Daniel S. Acuff und Robert H. Reiher, *What Kids Buy and Why,* a. a. O.

8 Siehe M. Hogben, »Factors Moderating the Effect of Television Aggression on Viewer Behavior«, in: *Communication Research* 25 (1998).

9 Siehe Donald F. Roberts, »Media Templates«, a. a. O.

10 Siehe auch Jib Fowles Buch *The Case for Television Violence,* a. a. O.

11 Siehe Robert Kubey und Mihaly Csikszentmihalyi, *Television and the Quality of Life,* Hillsdale, N. J. 1990; und Mihaly Csikszentmihalyi, *Die außergewöhnliche Erfahrung im Alltag,* a. a. O.; und ders., *Flow. Das Geheimnis des Glücks,* Stuttgart 2001.

12 Lynn Ponton, *The Romance of Risk,* a. a. O.

Kapitel 12

1 Siehe Helen Smith, *The Scarred Heart,* a. a. O.

2 James P. McGee, »The Classroom Avenger«, a. a. O.

3 Rachel Lauer, »Coercion in Schools: Depression and Violence in Youth«, Vortrag auf der Konferenz der Schulpsycho-

logen für New York City, Sozialarbeiter und Unterrichtsevaluatoren an der Pace Universität 1998.

4 Siehe William Damon, *Greater Expectations,* New York 1996.

5 Text von Ice-T, *Home Invasion* (1993) Emd/Priority Records.

6 Ebd.

7 Siehe auch Arno Gruen, *Der Fremde in uns,* Stuttgart 2000.

Kapitel 13

1 Siehe auch Gerard Jones und Will Jacobs, *The Comic Book Heroes,* überarbeitete Ausgabe, Rocklin, CA. 1996.

2 Michael Chabon, *Die unglaublichen Abenteuer von Kavalier und Clay,* Köln 2002.

Die Originalausgabe erschien 2002 unter dem Titel
Killing Monsters bei Basic Books, New York.

Ullstein Verlag
Ullstein ist ein Verlag des Verlagshauses
Ullstein Heyne List GmbH & Co. KG
ISBN 3-550-07584-7
 Printed in Germany
Satz: LVD GmbH, Berlin
Druck und Bindung: Clausen & Bosse, Leck